本书在2014年度国家社会科学基金重点项目
"传统媒体与新兴媒体融合发展研究"（14AZD038）
结项报告的基础上，作了大篇幅的更新、修订。

清华新闻传播文丛

柳斌杰 陈昌凤◎主编

陈昌凤◎著

媒体融合
策略与案例

中国社会科学出版社

图书在版编目（CIP）数据

媒体融合：策略与案例/陈昌凤著．—北京：中国社会科学出版社，
2019.12（2023.8 重印）

ISBN 978 - 7 - 5203 - 5817 - 0

Ⅰ.①媒…　Ⅱ.①陈…　Ⅲ.①传播媒介—研究　Ⅳ.
①G206.2

中国版本图书馆 CIP 数据核字（2019）第 290467 号

出 版 人　赵剑英
责任编辑　郭晓鸿
特约编辑　张金涛
责任校对　李　剑
责任印制　戴　宽

出　　　版　中国社会科学出版社
社　　　址　北京鼓楼西大街甲 158 号
邮　　　编　100720
网　　　址　http：//www.csspw.cn
发 行 部　010 - 84083685
门 市 部　010 - 84029450
经　　　销　新华书店及其他书店

印　　　刷　北京明恒达印务有限公司
装　　　订　廊坊市广阳区广增装订厂
版　　　次　2019 年 12 月第 1 版
印　　　次　2023 年 8 月第 3 次印刷

开　　　本　710×1000　1/16
印　　　张　21.5
插　　　页　2
字　　　数　331 千字
定　　　价　108.00 元

序

传播技术进入数据化、移动化、智能化时代，信息传播也在向个人化、分享式、互动式变革，曾经的专业媒体面临巨大挑战。第一，信息生产主体正在改变。任何一位互联网用户都可以成为信息生产者，中国有超过 8.29 亿网民，每天生产信息 300 多亿条。2018 年各类自媒体号总注册数约 3155 万，其中微信公众号超过 2000 万，自媒体工作者超过 260 万。第二，信息的内容形态正在发生变革，新闻不再独领风骚，旅游、生活、汽车、金融、房产、创业、科技、美食、动漫、文化等成了自媒体十大热门内容；受青睐的是文字、图片、短视频、动图、直播等，其中音频自媒体异军突起，喜马拉雅 FM 的总用户规模突破 4.7 亿，荔枝的语音直播上线 3 个月收入就过千万元；短视频正在爆发式增长，2017 年已呈现草根化趋势，以普通用户生产内容为主的短视频构成了"快手""抖音"等大众类短视频社交平台的主要推送内容。截至 2019 年 1 月，抖音用户总数大约逾 8 亿人次，日活跃用户已经突破 2.5 亿，月活跃用户突破 5 亿，日视频播放量超过 10 亿次。生产流程也不同于传统时代的采写编评播制摄，超过 80% 的自媒体人每天的工作内容是寻找素材、写文章、排版等"创作"。第三，信息传播载体也在变革，媒体正在向平台化方向发展，整合各种资源，可以多来源内容汇聚、多媒体制作生产、多渠道内容发布、平台化对外服务，业务节点化、数据云存储、资源共享并可扩充。第四，传受关系在变革，不仅产消正在融合，信息消费者结构、关注的内容也在变化，并且带来了媒体生产、信息与社会各方面互动关系的变革。第五，媒体经营迥异于传统时代，传统媒体有的通过转型做成了内容供应商，有的通过融合多元经营娱乐产业、互联网金融、电商等产业，也有的向付费方向发展；而在自媒体领域，音视频自媒体的内容付费产品越来越受到市场欢迎，内容付费产品形态包括音频录播、图文分享、在线问答、视频直播、视频录播，还有投资创业类内容、工作知识或经验。流量分成、广告、稿费、电商、打赏等成了自媒体人的主要收入来源。第六，传播理念和原则也在悄然变革，学界业界和公众对算法带来的透明度问题的关注超过了传统的客观性等问题。第七，伦理的把关者、守门者，正在从以人为主力，转向以智能技术为主要手段，人机协作时代正在到来……

在如此迅捷的变革浪潮中，传统媒体也在寻求未来之路。中国传统媒体担负着重大的政治使命和社会职责。以习近平同志为核心的党中央高度重视传统媒体和新兴媒体的融合发展，多次发表重要讲话做出重要指示。2014 年 8 月 18 日，中央出台《关于推动传统媒体和新兴媒体融合发展的指导意见》至今已有 5 年，5 年来媒体融合在中国作为国家战略在深入推进。人民网最近发布的《2019 全国党报融合传播指数报告》显示，党报的网站开通率达 93.4%，聚合新闻客户端和微信平台的入驻率均超过 80%，76.1% 的党报建设了自有新闻客户端；73.5% 的党报入驻微博平台；半数党报开通了抖音号。

本书是在媒体变革的大背景下，以中国国家战略为指导考察媒体融合的现状和问题，结合国际国内著名的报纸、广播电视、通讯社和新型媒体平台的案例，运用参与式观察、深度访谈、文献研究等方法，从媒体融合的现状与问题、原因、策略三个层面，按照技术融合、产业融合、文化融合、政策融合四个维度，在纵横交叉点上分层次探讨传统媒体与新兴媒体融合的战略，呈现媒体融合与政治、经济、社会、技术等社会背景之间的互动关系，展示媒体变革及其催生的新型关系的历史、现状与未来趋势。研究运用了丰富的一手调研数据、经典和新近文献，对包括数据化、移动化、智能化等新型技术在媒体融合中的运用加以分析，力求前沿性、前瞻性。

本书是在 2014 年度国家社会科学基金重点项目"传统媒体与新兴媒体融合发展研究"（14AZD038）结项报告的基础上，经过大篇幅的更新、修订而完成的。书稿保留了课题的基本框架，但是章节内容进行了大比例的调整和更新，这一方面是为了更新和增加媒体新近发展的丰富的时限性数据；另一方面跳出自己的课题可以借鉴更多同行专家的新锐研究成果，视野更加开阔。在此也特别感谢评审专家对课题结项报告的中肯评价和建设性意见。在修订书稿的过程中，笔者感触颇深。大约在十五年前，笔者便关注传统媒体的转型问题，其间曾带着学生们"卧底"于 BBC iPlayer、CNN iReport、《纽约时报》的 App，费尽努力访谈他们的主管，那时搜集、调研得来的媒体变革资料，几乎都是欧美发达国家的，那时他们要领先中国媒体许多。即使到五年前，中国的媒体变革还寂寂无声都是语言大于行动，而笔者的研究（包括上述课题），都还要去欧美的媒体中寻求先进的案例，因为中国的媒体相当滞后。但是，现阶段中国的媒体进步迅速，中国的新闻界和新媒体平台也能提供世界最先进的案例、最顶尖的技术运用了，这是令人欢欣鼓舞的！所以在课题结项后，笔者又去探讨中国的众多案例，如《人民日报》的中央厨房、新华社的"MAGIC"智能生产平台，地方媒体如江苏广电总台的"荔枝云"，并且亲身参加今日头条灵犬反低俗助手的试测等活动。这些内容使这本书更加鲜活、更接地气了。比如英国 BBC 的融合历程和中国"荔枝云"融合平台分别代表了早期和现阶段广播电视融合化探索，这样也把国际国内、初期与现阶段媒体融合的历程汇集成了更完整的、更多面的融合路径。

学术是一个永远留有遗憾的事业。本书还存在诸多不足，如框架分为 4 个维度，实在是出于论述的需要。实际上融合的本质就是去边界化，而不能划分出清晰的边界。另外由于研究工作跨度数年，一些调研数据和资料在时限上有所参差，理论提炼也有欠缺。此外，尽管笔者购买收集检索了多部国内外相关著作，包括逾百本国内关于媒体融合的书籍，但是因时间精力所限，无法一一拜读学习。业界同人们永远是我的学友，学界同行们永远都是我的榜样。

如果没有真正的新闻，媒体融合了也就是没有灵魂的空壳、牟取利益的工具。媒体融合的目标是为了延续历史悠久的、承载着伟大使命和重要功能的人类新闻与传播事业，希望中国的媒体融合是在这个意义上载入史册。愿做如火如荼的媒体融合实践的历史的记录者，愿拙作对媒体融合的实践和研究有所借鉴和启发。

陈昌凤

2019 年 8 月 6 日

目　　录

绪论 媒体融合成为国家战略

　　媒体融合战略在全球范围内都在如火如荼地推进。与西方的从媒体行业、市场开拓进行媒体融合的目标定位有所不同，中国是从国家战略、政治战略层面定位媒体融合目标、推动媒体发展的。中共十八大以来，习近平总书记在多个重要场合传递了推动传统媒体和新兴媒体融合发展的一系列政策信息，并历史上首次以极高规格的会议研究出台推动媒体融合发展的政策文件。

　　习近平总书记首次提及"传统媒体和新兴媒体融合发展"，是在2013年8月19日全国宣传思想工作会议的讲话中。他在讲到宣传思想工作创新时说：手段创新，就是"要积极探索有利于破解工作难题的新举措新办法，特别是要适应社会信息化持续推进的新情况，加快传统媒体和新兴媒体融合发展，充分运用新技术新应用创新媒体传播方式，占领信息传播制高点"。①

　　2013年8月23日，全国宣传思想工作会议召开后不久，中共上海市委常委会议传达全国宣传思想工作会议精神和习近平讲话精神时，市委书记韩正说，上海要努力在新媒体领域有所作为，杜绝犹豫徘徊，更不能逃避退让做"鸵鸟"。② 10月28日上海报业集团即宣告揭牌，成为上海加快传统媒体和新媒体融合发展、拓展发展空间的重要举措；集团将整合报业资源，特别是在新技术的运用、新媒体的发展、新领域的拓展上负起责任。③ 在中央通过一系

---

　　① 中共中央文献研究室编：《习近平关于全面深化改革论述摘编》，中央文献出版社2014年版。中国共产党新闻网，2014年8月8日［2015－05－07］。
　　② 缪毅容：《市委常委会传达全国宣传思想工作会议和习近平总书记重要讲话精神　着力加强和改进宣传思想工作　韩正要求加强科学理论学习，坚定理想信念，始终保持政治上清醒坚定》，《解放日报》2013年8月24日第1版。
　　③ 王志彦：《更好适应形势和发展需要　更好发挥上海报业影响力引导力　上海报业集团正式成立 韩正出席并揭牌，新集团凸显主要报纸内容特色优势，加快传统媒体新媒体融合发展》，《解放日报》2013年10月29日第1版。

列场合与渠道传递推动传统媒体和新兴媒体融合发展政策信息的背景下，从中央到地方以此为指导开展了一系列探索，为此后正式出台相关政策打下了实践基础。①

2013 年 11 月 9 日至 12 日，中共十八届三中全会在北京召开，研究全面深化改革的若干重大问题。全会通过了《中共中央关于全面深化改革若干重大问题的决定》，共分为 16 个部分，在第十一部分"推进文化体制机制创新"中，提出了"整合新闻媒体资源，推动传统媒体和新兴媒体融合发展"的要求。② 这是继习近平当年 8 月在全国宣传思想工作会议上提出媒体融合的政策课题后，中国共产党又一次在最高层面做出推动媒体融合发展的部署。

2014 年被称为"媒体融合元年"，"媒体融合"作为显性话题受到学界的持续关注。③ 这首先因为宣传思想文化领域开始不遗余力地部署、推进融合工作。2014 年 1 月 3 日，全国宣传部长会议在北京召开，中共中央政治局常委、中央书记处书记刘云山出席并讲话。④ 这次会议再次明确要求，加快传统媒体和新兴媒体的融合发展。⑤ 2014 年 4 月 14 日，中共中央政治局委员、中央宣传部部长刘奇葆出席推动媒体融合发展座谈会并讲话。⑥ 2014 年 5 月至 6 月，刘云山在陕西⑦、人民日报社⑧，刘奇葆在浙江⑨、光明日报社⑩等地方和中央

---

① 陈昌凤、杨依军：《意识形态安全与党管媒体原则：中国媒体融合政策之形成与体系构成》，《现代传播》2015 年第 11 期。

② 中共中央文献研究室编：《十八大以来重要文献选编（上）》，中央文献出版社 2014 年版。

③ 陈力丹、廖金英：《我国传媒产业将如何重新洗牌？——2014 年话媒体融合》，《广播电视信息》2015 年第 1 期。

④ 彭波：《全国宣传部长会议在京召开 刘云山出席会议并讲话》，《人民日报》2014 年 1 月 4 日第 1 版。

⑤ 华春雨、史竞男：《改革创新探新路——中央主要媒体积极推进媒体融合发展》，《人民日报》2014 年 4 月 14 日第 4 版。

⑥ 焦莹：《刘奇葆在推动媒体融合发展座谈会上强调 在媒体融合发展之路上走稳走快走好》，央广网，2014 年 4 月 14 日，http：//china. cnr. cn/gdgg/201404/t20140414_515293646. shtml。

⑦ 隋笑飞、娄辰、叶前、吴振东、涂铭：《网络空间越来越清朗——"扫黄打非·净网 2014"专项行动让广大干部群众看到网络环境的改善》，新华网，2014 年 9 月 5 日，http：//news. xinhuanet. com/politics/2014 - 09/05/c_ 1112384450. htm。

⑧ 倪光辉：《刘云山在人民日报社调研时强调 充分发挥宣传舆论的积极作用 扎实推进社会主义核心价值观建设》，《人民日报》2014 年 6 月 30 日第 1 版。

⑨ 新华社：《刘奇葆在浙江调研时强调 以社会主义核心价值观引领文化改革发展》，《人民日报》2014 年 5 月 19 日第 4 版。

⑩ 新华社：《刘奇葆在光明日报社调研时强调 用文化传播和滋养社会主义核心价值观》，《人民日报》2014 年 6 月 14 日第 4 版。

媒体的调研中，都谈到了媒体融合发展。2014 年 4 月 23 日《人民日报》刊登了中共中央政治局委员、宣传部部长刘奇葆的长篇署名文章《加快推动传统媒体和新兴媒体融合发展》，强调加快推动媒体融合发展是对 2013 年习近平在全国宣传思想工作会议上讲话和中共十八届三中全会《中共中央关于全面深化改革若干重大问题的决定》精神的落实。①

在此基础上，2014 年 8 月 18 日，习近平主持召开的中央全面深化改革领导小组第四次会议审议通过了《关于推动传统媒体和新兴媒体融合发展的指导意见》，习近平就此发表讲话。这是中国当前媒体融合政策体系的核心政策，它确立了推动传统媒体和新兴媒体融合发展政策在中国全面深化改革中的重要地位。从中共十八届三中全会通过的《中共中央关于全面深化改革若干重大问题的决定》，在全面深化改革的总框架下对推动媒体融合发展做出部署，到中央全面深化改革领导小组第四次会议通过核心政策文件《关于推动传统媒体和新兴媒体融合发展的指导意见》，以及在那前后中国共产党领导人关于推动媒体融合发展的讲话、文章等——主要有习近平在全国宣传思想工作会议上的讲话、在中共十八届三中全会上的讲话、在中央全面深化改革领导小组第四次会议上的讲话，以及政府对执政党决策的落实性文件——如李克强在 2015 年政府工作报告中提出促进传统媒体与新兴媒体融合发展，形成了全局性、统领性的推动媒体融合发展的国家战略。

以习近平同志为核心的党中央高度重视传统媒体和新兴媒体的融合发展。2016 年 2 月 19 日习近平总书记在党的新闻舆论工作座谈会上的讲话中，专门指出媒体"融合发展关键在融为一体、合而为一"；2018 年 8 月 21 日习近平总书记在全国宣传思想工作会议上的讲话中，进一步提出"要扎实抓好县级融媒体中心建设"；2019 年 1 月 25 日习近平总书记在中共中央政治局第十二次集体学习时的讲话中，再次深刻分析全媒体时代的挑战和机遇，明确提出推动媒体融合向纵深发展的重大要求："加快推动媒体融合发展，使主流媒体具有强大传播力、引导力、影响力、公信力，形成网上网下同心圆……"这次集体学习还把"课堂"设在了媒体融合发展的第一线人民日报社。

综上所述，媒体融合战略在中国不仅是媒体行业的发展措施，而且已经

---

① 刘奇葆：《加快推动传统媒体和新兴媒体融合发展》，《人民日报》2014 年 4 月 23 日第 6 版。

成为一项国家战略。从 2014 年 8 月中央出台《关于推动传统媒体和新兴媒体融合发展的指导意见》至今已有 5 年，5 年来媒体融合在中国作为国家战略在深入推进。据人民网的统计，到 2019 年年终，我国全部党报的网站开通率达 93.4%，入驻聚合新闻客户端和微信平台的党报均超过 80%，自建新闻客户端的党报达 76.1%，入驻微博平台的党报达 73.5%，半数党报开通了抖音号。① 与此同时，各种类型的媒体也在蓬勃发展，曾经全国只有几千家媒体在生产新闻，现在中国有超过 8.29 亿网民，每天生产信息 300 多亿条。② 同样地，全世界的媒体都在谋求融合发展。

本书将在中国开展媒体融合发展战略的大背景下，努力以开阔的视野对传统媒体与新兴媒体融合历史、现状和未来趋向进行研究，从技术、产业、文化以及政策四个维度的融合入手，采用深度访谈、参与式观察、扩展案例等研究方法，对国际国内典型案例进行跟踪调研，对不同类型、不同规模、不同阶段的传统媒体和新兴媒体的创新实践进行分析和提炼，从而探究媒体融合战略层面的理念方针和媒体机构战术层面的实践方略。媒体融合最初是从技术融合开始的，数字传播技术的发展打破了印刷媒介、音频和视频媒介之间形态区隔而形成数字媒体样态，将文本、视频、音频、交互式图形等融合在一个平台上去呈现"叙事流"，带来了内容载体融合、传播渠道融合和终端融合；媒体产业融合既是媒体与其他产业的融合，也是媒介内部资源、生产、产品、技术、市场、服务等各个方面的重构与重组，各个产业在生产层面的交融是媒介融合的本质；在媒体融合过程中发生的生产者与消费者两端文化的相互结合与吸收，通过传播的互动手段，充分挖掘用户的价值和能动作用，促成了"产消"之间的融合，形成了文化融合；在对信息生产的监管中，需要政策与制度层面的资源整合与协同运作——这些整合与协作发生于对既有政策的解读与修订、相关新媒体政策的制定与执行、机构部门的配置与合作等，因此加快推进新媒体与传统媒体的融合过程，需要政策的融合提供制度环境的保证，也为既有资源的整合优化和监管效率提供保障。因此，媒体融合不只是一个行业领域、一个经济方面的战略，更是一个宏大的政治战略。

---

① 《人民网副总裁唐维红发布〈2019 全国党报融合传播指数报告〉》，人民网"人民数据"微信公众号，2019 年 7 月 31 日。

② 《网易 CEO 丁磊：媒体发展的关键在于信息的消费升级 | 德外荐读》，"德外 5 号"微信公众号，2019 年 7 月 31 日。

第一章 媒体融合研究现状

本章将回顾国际国内对"媒体融合"的相关研究文献，讨论媒体融合的源流、内涵和范畴，也为后文从技术、产业、文化、政策四个维度论述媒体融合打下基础。本章还将通过梳理近十年来我国媒体融合方面的著述，以呈现国内媒体融合从实践到理念方面的探索。

第一节 从形态到产业、文化：媒体融合的边界

一 关于"融合"

学界和业界尚未就"融合"的定义达成合意，这从一个侧面表明传媒和信息领域内"媒介融合"① 发展变化之迅速。在尼古拉·尼葛洛庞蒂（Nicholas Negroponte）的设想中，印刷出版行业、电脑行业和广播电影行业的融合被表述为三个相互交叉且趋于重叠的圆环，② 是早期媒介融合的先声。实际上，尼葛洛庞蒂把计算机的交互性引用到了媒介领域，早在 1968 年在他的著作《建筑机器》（*The Architecture Machine*）中，就说到可以辨别和吸收人的会话物质、建立会话的预测模型的机器，从而讨论机器的交互性。到了 20 世纪 70 年代，尼葛洛庞蒂将他的想法推向了更加灵活的语境，特别是媒体领域，比如通过计算机技术演变成一个复合的"我的日报"（Daily Me）③。1985 年

---

① 本书着眼于传统媒体的融合发展，因此以"媒体融合"为题，将不区分"媒介融合"和"媒体融合"。

② ［美］尼古拉·尼葛洛庞蒂：《数字化生存》，胡泳、范海燕译，海南出版社 1996 年版。

③ 同上书，第 290 页。

尼葛洛庞蒂在麻省理工学院（MIT）创设了媒体实验室，他在媒体实验室宣称"传统的大众媒体将基本上消失"。①

美国学者保罗·莱文森曾经指出："媒介可以合作，以求贴近前技术环境，从而存活下来，媒介进化似乎有汇聚的趋势，合作的媒介各自履行延伸和复制的任务。"② 他的论述是想表明：媒介的融合是进化的必然方向。根据美国新闻学会媒介研究中心主任纳奇森所下的概念定义，"融合媒介"为"印刷的、音频的、视频的、互动性数字媒体组织之间战略的、操作的、文化的联盟"。他强调融合媒介最值得关注的并不是集中了各种媒介的操作平台，而是媒介之间的合作模式。③

（一）肇始于技术回应的"融合"

1983 年，麻省理工学院的另一位教授伊契尔·索勒·普尔（Ithiel De Sola Pool）提出了"传播形态聚合"，他认为科技正在被赋予自由的生命力，媒介发展开始呈现出了多种功能于一体化的趋势。他在《自由的科技》（*Technologies of Freedom*）一书中指出："各种模式融合"的过程正在模糊媒体之间的界限，"一种单一的物理手段，无论是电线、有线电缆，还是无线电波，可以承担过去需要几种方式才能提供的服务内容；相反，过去任何一种媒介提供的服务，无论是广播、电视、报纸，还是电话，现在可以通过多种不同的物理手段来提供。过去存在于一种媒介及它的用途之间的一对一的关系正在消失，概括而言，这就是不同媒介形式融合的涵义。"④ 书中考察了各种技术之间相互依赖关系，以及这种依赖关系对公共政策的意义。他指出，一种物理形态的网络将能够承载所有类型的媒介服务，而一种媒介服务也可以发布于任何物理形态的网络。通常认为，"媒介融合"（Media Convergence）这一概

---

① Fred Hapgood（1995），*The Media Lab At* 10，https：//www.wired.com/1995/11/media/.
② ［美］保罗·莱文森：《莱文森精粹》，何道宽译，中国人民大学出版社 2007 年版，第 18 页。
③ 转引自蔡雯、黄金《规制变革：媒介融合发展的必要前提——对世界多国媒介管理现状的比较与思考》，《国际新闻界》2007 年第 3 期。
④ Ithiel de Sola Pool, *Technologies of Freedom：On Free Speech in an Electronic Age*, Cambridge，MA：Harvard University Press，1983，p. 23. 译文转引自黄旦、李暄《从业态转向社会形态：媒介融合再理解》，《现代传播》2016 年第 1 期。

念最早在此提出。① 普尔也因此开创了以传播技术手段和形式作为着眼点的媒介融合路径。

(二) 超越技术形态的 "融合"

所谓 "融合"，不是表示原本分离的媒介技术现在开始交互连接，需要考虑媒介生产和消费等其他环节，并且需要看到社会、文化、经济、技术等多种因素的参与。② 丹麦学者克劳斯·布鲁恩·延森认为，把 "媒介融合" 看成先前诸种不同技术正经历着的无缝整合并且逐渐融合成为共享平台的看法，是不合适的。在 20 世纪 80 年代至 90 年代，还只是基于将 "世界容纳进一个媒介" 的模型而建立起虚拟媒介环境，随着自然物体、人工产品和社会环境多种媒介界面的融合，未来要实现的构想就是 "世界作为一种媒介"。③ 罗杰·菲德勒认为 "融合" 是 "将两个或更多种的传播形式集合为一个整体的任何媒体"。④ 1995 年 Sage 出版社创办了《融合文化：新媒体与旧媒体的冲突地带》(*Convergence*：*The International Journal of Research into New Media Technologies*)，其主编亨利·詹金斯 (Henry Jenkins) 就认为媒介融合不只是技术，他强调媒介融合的文化逻辑。⑤ 他后来还在专著中论述 "融合文化"，反对把媒介融合主要当作 "一个技术过程，即在一种设备上汇集了多种媒体功能的过程"。⑥ 他认为包括横跨多种媒体平台的内容流动、多种媒体产业之间的合作以及那些四处寻求各种娱乐体验的媒体受众的迁移行为。"是消费者在他们的日常生活中把各种媒体整合到一起。" 融合带来的是连锁反应，它 "改变了技术、产业、市场、内容风格以及受众这些因素之间的关系。融合改

---

① 邓建国：《媒介融合：受众注意力分化的解决之道——兼与 "反媒介融合论" 商榷》，《新闻记者》2010 年第 9 期。

② Julia Knight，Alexis Weedo，*Editorial*，Convergence (First Published March 1，1995)，1995，Vol. 1 (1)，p. 5.

③ ［丹］克劳斯·布鲁恩·延森：《媒介融合：网络传播、大众传播和人际传播的三重维度》，刘君译，复旦大学出版社 2014 年版，第 4、85—86 页。

④ ［美］罗杰·菲德勒：《媒介形态变化：认识新媒介》，明安香译，华夏出版社 2000 年版，第 22 页。

⑤ Henry Jenkins，*The cultural logic of media convergence*，Convergence：International journal of cultural studies，2004 (1) – journals. sagepub. com.

⑥ ［美］亨利·詹金斯：《融合文化：新媒体与旧媒体的冲突地带》，杜永明译，商务印书馆 2012 年版，第 31 页。

变了媒体业运营，以及媒体消费者对待新闻和娱乐的逻辑"。"记住这一点：融合所指的是一个过程，而不是终点"。应该努力揭示融合是如何在"横跨各种媒体渠道的信息和娱乐内容的传播流动中浮现的"，"事实上，融合代表了一种文化变迁，因为它鼓励消费者获取新信息，并把分散的媒体内容联系起来"。①

延森认为，媒介融合带来了研究上的转向——从作为技术的媒介转向作为实践的传播。作为实践的一个中心命题是：特定的媒介与传播实践将对社会组织（从微观到宏观）产生何种影响？解决上述问题，首先需要解决交流与传播观念的理论规范问题。他基于对交流/传播观念史的考察，将视野扩展到哲学、符号学、社会学、阐释学、控制论等领域，多次使用"元"这一词汇来描述新媒体，包括"元传播""元数据""元技术""元媒介"等概念，把核心指向数字化的传播场景，希望建构全新的认识论范式。他通过重新梳理传播思想史，从亚里士多德、康德、皮尔士的思想和语言学中寻找答案，试图重新界定传播和媒介。蔡雯等认为，国外学术界和新闻业界对"媒介融合"的理解还是有着比较明显的差异，学者的学术界的视野比较宽广，讨论维度多样，近些年更是将媒介融合视为一种影响整个系统的现象；而新闻业界的眼光显得较为单一，主要从媒介生产的自身逻辑角度来理解媒介融合，关注的是媒介内部空间所关涉的一整套相互关系以及整合。②

随着媒介的发展和技术的更新，"媒介融合"日益成为学界和业界关注的热门话题，并给出了很多多样化的视角和研究。美国密苏里新闻学院副院长莱恩·布鲁克斯教授于 2006 年 4 月在中国人民大学新闻学院的学术讲座中说，"媒介融合"是一个新闻学上的假设，其核心思想就是随着媒体技术的发展和一些樊篱的打破，电视、网络、移动技术的不断进步，各类新闻媒体将

---

① ［美］亨利·詹金斯：《融合文化：新媒体与旧媒体的冲突地带》，杜永明译，商务印书馆2012 年版，第30、2、47、8、31 页。

② 蔡雯：《从"超级记者"到"超级团队"——西方媒体"融合新闻"的实践和理论》，《中国记者》2007 年第 1 期；蔡雯、王学文：《角度·视野·轨迹——试析有关"媒介融合"的研究》，《国际新闻界》2009 年第 11 期。

融合在一起。同时，他还特别强调"媒介融合是不可逆转的潮流"①。早在2003年，美国西北大学的教授还根据不同传播语境下"融合"一词所表达的含义归纳出美国当时存在的媒介融合的五种类型：所有权融合、策略性融合、结构性融合、信息采集融合、新闻表达融合②。

二　我国对媒体融合的理解和探究

（一）学界的研讨

在国内较早进行媒介融合研究的蔡雯等认为，我国从一开始就将"媒介融合"置于新闻业务及其操作层面，"融合新闻业"成为"媒介融合"的另一个代名词，并由此延伸到新闻组织的架构、新闻议题的整合、新闻生产过程资源的调配、新闻产品的发布，乃至从业者的素质和技能、新闻教育的变革等。③

国内的业界理解和实践，与学界的期待也存在较大距离。黄旦等批评"媒介融合"要讨论的就是融合——不同媒介在功能上如何互补，以及内容生产如何分配和共享，而不是"媒介"本身——技术和社会基础是什么、为什么是可能的以及由此造就的是什么样的一种融合等问题，简言之，媒介融合的产品生产及其结果，就代表着媒介融合思考及其实践的所有意义。④

国内较早论述媒体融合的，如陈力丹等从电信业和媒介业的融合，预测未来会产生大媒体产业，即具备跨国家、跨产业、跨媒介特点的新型产业生态和产业群。⑤ 喻国明提出"产业融合"的趋势并进行了阐述。⑥ 熊澄宇

---

① 《聚焦媒介融合和公共新闻——密苏里新闻学院副院长 Brian Brooks 教授系列讲座》，《国际新闻界》2006 年第 5 期。

② 蔡雯：《从"超级记者"到"超级团队"——西方媒体"融合新闻"的实践和理论》，《中国记者》2007 年第 1 期。

③ 蔡雯：《从"超级记者"到"超级团队"——西方媒体"融合新闻"的实践和理论》，《中国记者》2007 年第 1 期；蔡雯、王学文：《角度·视野·轨迹——试析有关"媒介融合"的研究》，《国际新闻界》2009 年第 11 期。

④ 黄旦、李暄：《从业态转向社会形态：媒介融合再理解》，《现代传播》2016 年第 1 期。

⑤ 陈力丹、付玉辉：《论电信业和传媒业的产业融合》，《现代传播》2006 年第 3 期。

⑥ 喻国明：《中国传媒产业的融合与发展》，《新闻前哨》2010 年第 2 期。

认为：不同传媒形式正在以各种方式相互渗透、结合和交融，整合、融合和汇聚已成为当代传媒形态发展的主流。这种传媒形态的整合表现为三种类型：整合传媒终端，多种媒体功能整合在一起，以一种开放的终端平台将信息和服务传递给使用者；整合传媒生产与传播渠道，传媒生产和传播渠道实现融合化和一体化；整合传媒机构，不同类型的传媒机构可以通过各种方式进行合作、联盟乃至合并等方式，实现业务、资源和战略等方面的整合。①

融合（convergence）指数字环境中计算、通信与媒体的聚合。研究和理解由技术与媒介的融合带来的社会影响、经济影响和文化影响，在当代信息传播环境中具有不言自明的重要性②。"媒介融合"这一概念的提出，肇始自将传统媒介融合于一体的想象，目前已经拓展到更宽广的范围。随着数字技术广泛运用于现代传播，网络传播也乘着时代的浪潮迅猛发展，媒介从形态上推陈出新、产业上整合重组，在这一变局中，新闻生产机构从规则、流程到渠道、方式都在发生巨变，生态、文化也随之变革。在实践中，"传播形态融合"被诸如网络宽带化和文件压缩等数字技术推动前进，传媒的技术与产业均获得了突破。

事实上，中国学界对媒介融合话题的关注从21世纪之初就已经开始。在2005年报业遭遇"寒冬"之后，其受关注程度不断攀升，到2014年时，"媒介融合"已经成为万众瞩目的焦点。2014年8月18日，中央全面深化改革领导小组第四次会议审议通过了《关于推动传统媒体和新兴媒体融合发展的指导意见》，习近平总书记做了重要讲话，媒介融合发展由此上升到了国家战略的层面。该指导意见要求媒体创新内容生产、加强重点平台建设、扩展内容传播渠道、拓展新技术新业态，并要求积极适应融合发展要求，完善经营管理机制，发挥市场机制作用。上海报业集团、成都传媒集团等均制定新战略，并在2014年提出将战略重心开始向媒体融合全面转移；国家社科基金重大课题、重点课题均列入了"传统媒体与新兴媒体融合发展研究"的项目，课题的研究丰富了媒体融合的文献③。

---

① 熊澄宇：《整合传媒：新媒体进行时》，《国际新闻界》2006年第7期。

② Pavlik, J. V., & McIntosh, S., *Converging Media：A New Introduction to Mass Communication*, New York：Oxford University Press, 2001.

③ 李良荣、周宽玮：《媒体融合：老套路和新探索》，《新闻记者》2014年第8期。

（二）关于媒体融合的著作和报告

学界的积极参与，带动了相关领域的分析与研究的开展。据不完全统计，近十年的时间里，由知名出版社出版的关于媒介融合（或媒体融合）的著作超过百部，从书名即可看出关于媒介/媒体融合的著作内容，从模式、动因、战略等综合性宏观性论述，到报纸、广播电视等不同媒体形态的论述，到媒体融合业务、产业的论述，到制度、理念、受众等层面的论述，林林总总，多元丰富，体现了这十年左右中国从实践到理论层面对媒体融合论题的探索。在此列出其中部分著作：

王菲：《媒介大融合：数字新媒体时代下的媒介融合论》，南方日报出版社2007年版

傅玉辉：《大媒体产业：从媒介融合到产业融合》，中国广播影视出版社2008年版

杨继红：《新媒体融合与数字电视》，清华大学出版社2008年版

唐润华：《媒介融合和金融危机背景下的中国报刊业》，新华社新闻研究所2009年版

徐沁：《媒介融合论》，中国传媒大学出版社2009年版

喻国明：《传媒变革力——传媒转型的行动路线图》，南方日报出版社2009年版

黄楚新主编：《媒介融合背景下的新闻报道》，浙江大学出版社2010年版

徐沁：《媒介融合论：信息化时代的存续之道》，中国传媒大学出版社2010年版

陈伟军：《媒介融合与话语越界——传媒文化的多维阐释和散点透视》，中国社会科学出版社2011年版

邓瑜：《媒介融合与表达自由》，中国传媒大学出版社2011年版

胡正荣、赵树清、马建宇主编：《媒介融合时代的电视新闻创新》，中国传媒大学出版社2011年版

黄楚新主编：《媒介融合背景下的传媒创新》，浙江大学出版社2011年版

黄金：《媒介融合的动因模式》，中国书籍出版社2011年版

许颖：《媒介融合的轨迹》，中国人民大学出版社2011年版

蔡敏、韦文杰：《媒介融合胜出战略》，中国书籍出版社2012年版

蔡雯：《媒体融合与融合新闻》，人民出版社2012年版

刘强：《融合媒体受众采纳行为研究》，上海交通大学出版社2012年版

麦尚文：《全媒体融合模式研究——中国报业转型的理论逻辑与现实选择》，人民出版社2012年版

肖锋：《媒介融合与叙事修辞》，中国传媒大学出版社2012年版

赵靳秋、郝晓鸣：《新加坡大众传媒研究：媒介融合背景下传媒监管的制度创新》，中国传媒大学出版社 2012 年版

杨溟编：《媒介融合导论》，北京大学出版社 2013 年版

覃信刚：《媒介融合、台网互动解析》，云南人民出版社 2013 年版

邰书锴：《数字未来：媒介融合与报业发展》，人民日报出版社 2013 年版

王润珏：《媒介融合的制度安排与政策选择》，社会科学文献出版社 2014 年版

中央人民广播电台提升中国互联网国际传播力课题组编著：《传统媒体和新兴媒体融合发展的愿景与路径》，社会科学文献出版社 2014 年版

毕书清：《新时期的媒体融合与数字传播》，江苏凤凰科学技术出版社 2015 年版

段鹏：《挑战、变革与提升：媒介融合背景下中国广播电视舆论引导能力研究》，中国人民大学出版社 2015 年版

姜平：《媒介融合教程》，武汉大学出版社 2015 年版

刘立伟：《决胜全媒体——多媒体融合全流程制作》，化学工业出版社 2015 年版

万小广：《媒体融合新论》，新华出版社 2015 年版

杨翠芳：《媒体融合发展综论》，人民出版社 2015 年版

徐轶瑛：《规制变革：中国媒介融合发展的路径选择研究》，首都经济贸易大学出版社 2015 年版

喻国明：《媒介革命——互联网逻辑下传媒业发展的关键与进路》，人民日报出版社 2015 年版

张文锋：《走向治理——媒介融合背景下西方传媒规制理性与实践》，西南交通大学出版社 2015 年版

周志平：《媒体融合背景下数字内容产业创新发展研究》，浙江工商大学出版社 2015 年版

陈映：《欧美传媒政策的范式转型：以媒介融合为语境》，中国社会科学出版社 2016 年版

费君清：《媒介融合与文化传承》，浙江大学出版社 2016 年版

宫承波：《媒介融合概论》，中国广播影视出版社 2016 年版

何伟：《媒介融合时代的传媒集团企业文化建设——以宁波日报报业集团为样本的研究》，浙江大学出版社 2016 年版

陈接峰：《有用才王道：媒介融合时代的媒体生存法则》，科学出版社 2016 年版

黄楚新：《新媒体融合与发展》，人民日报出版社 2016 年版

梁玉峰：《融合趋势下的媒体发展策略研究》，光明日报出版社 2016 年版

喻国明、丁汉青：《传媒发展的范式革命：传统报业的困境与进路——基于 2015—2016 中国报业景气状况调查与研究》，人民日报出版社 2016 年版

邓建国：《媒体融合：基础理论与前沿实践》，复旦大学出版社 2017 年版

李骏：《媒介融合前瞻——为新闻插上数字的翅膀》，浙江大学出版社 2017 年版

刘俊：《融合时代的传媒艺术》，中国传媒大学出版社 2017 年版

任锦鸾、刘丽华、李波、黄锐：《媒体融合与创新》，中国广播影视出版社 2017 年版

王勇：《媒介融合背景下我国广电全媒体发展研究》，中国广播影视出版社 2017 年版

肖叶飞：《媒介融合与媒体转型》，安徽师范大学出版社 2017 年版

张瑜烨：《媒介融合与报业体制变革》，人民出版社 2017 年版

周跃敏、钱丽萍：《再创 深融 重塑——媒体融合发展的探索与思考》，江苏人民出版社 2017 年版

周逵：《融合与重构：中国广电媒体发展新道路》，中国传媒大学出版社 2017 年版

高红波：《电视媒介融合论》，社会科学文献出版社 2018 年版

段鹏：《中国主流媒体融合创新研究》，中国传媒大学出版社 2018 年版

付晓光：《互联网思维下的媒体融合》，中国传媒大学出版社 2018 年版

蒋旭灿、袁志坚：《媒体融合背景下媒体人转型研究》，浙江大学出版社 2018 年版

景德明：《新疆党报与新兴媒体融合发展研究》，知识产权出版社 2018 年版

李轶、王慧、徐鹏：《媒介融合趋势下的新闻传播及其变革研究》，中国商业出版社 2018 年版

孟笛：《媒介融合背景下的数据新闻生产研究》，上海大学出版社 2018 年版

王建军：《互联网＋时代的媒体融合》，上海交通大学出版社 2018 年版

闫勇、李瑶：《电视媒体融合发展的探索与实践》，九州出版社 2018 年版

袁琴、何静：《现代新媒体的融合与发展》，吉林大学出版社 2018 年版

张帆：《媒体融合背景下我国报业转型的发展策略研究》，武汉大学出版社 2018 年版

钟央：《电视新闻全媒体融合》，科学出版社 2018 年版

胡怀福、周劲：《王者融归——媒体深度融合 56 个实战案例 解析报业痛点 决胜智媒时代》，人民日报出版社 2019 年版

王海智：《融合创新——广播电视媒体发展之道》，北京邮电大学出版社 2019 年版

张蓝姗：《媒介融合 电视＋互联网的跨界与转型》，清华大学出版社 2019 年版

同时我国学术界还选择性地出版了若干部译著，从中可以理解中国学术界在努力向国际前沿的媒介融合汲取养料。较著名的译著包括如下（不限于）：

〔美〕罗杰·菲德勒：《媒介形态变化：认识新媒介》，明安香译，华夏出版社2000年版

〔澳〕Stephen Quinn、〔美〕Vincent F. Filak：《媒介融合：跨媒体的写作和制作》，任锦鸾译，人民邮电出版社2009年版

〔美〕亨利·詹金斯：《融合文化：新媒体与旧媒体的冲突地带》，杜永明译，商务印书馆2012年版；Castells，M（2009），Communication Power，Oxford：Oxford Uni－versity Press.

〔丹〕克劳斯·布鲁恩·延森：《媒介融合：网络传播、大众传播与人际传播的三重维度》，刘君译，复旦大学出版社2012年版

此外，还有不少业界的媒体融合的个案总结和年度报告，以及管理部门编撰的报告，以部分年度报告为例如下：

中共中央宣传部新闻局：《中国媒体融合发展的实践与探索》，学习出版社2015年版

新华社新媒体中心：《中国新兴媒体融合发展报告2013—2014》，新华出版社2014年版

朱咏雷：《上海媒体融合全记录2014（上、下卷）》，上海三联书店2016年版

上海市互联网信息办公室、中共上海市委宣传部新媒体：《上海媒体融合全记录2015（上、下卷）》，上海三联书店2018年版

北京市新闻工作者协会编，梅宁华、支庭荣等主编：《媒体融合蓝皮书：中国媒体融合发展报告》2011—2019年连续出版8年，最新一期社会科学文献出版社2019年版

唐绪军、黄楚新、彭韵佳：《中国媒体融合发展报告》2014—2017年出版3本，中国社会科学出版社2018年版

上海社会科学院新闻研究所媒体融合发展创新团队：《上海媒体融合发展研究五年报告（2013—2018）》，上海社会科学院出版社2018年版

人民日报社编：《融合坐标——中国媒体融合发展年度报告》，人民日报出版社2016年版；《深度融合——中国媒体融合发展年度报告（2017—2018）》，人民日报出版社2019年版

第二节　"媒体融合"研究的期刊文献

本节将对21世纪以来前十数年有关媒体融合的文献进行梳理，从而了解媒体融合在中国的出现、发展情况及其研究进展和焦点。

一　"媒体融合"文献概览

通过对"中国知网"（CNKI）的题名进行"高级检索"（检索的关键词或含"媒体融合""媒介融合""全媒体""融合媒体""融合媒介"，模糊检索），本研究获取了 2008 年—2018 年 11 年的相关文献数据后统计出相关文献的情况①。

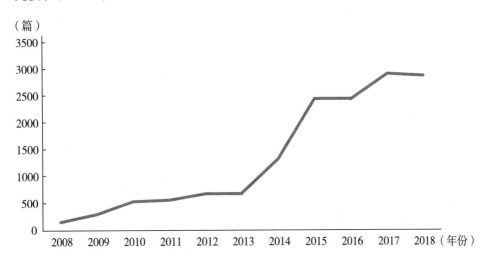

图 1.1　2008—2018 年有关"媒体融合"的相关文献数量

从图 1.1 可以看出，对"媒介融合"的研究，在 2008 年已经受到了学界一定的关注（157 篇②），并呈现逐年快速上升的趋势，到了 2014 年"媒体融合"已成为重要的研究话题，当年发表的文献量较上一年 696 篇增加了 90%（1326 篇）。如绪论所回顾的，由于 2014 年起国家开始部署媒体融合战略，经过一定时间的准备，2015 年的研究达到一个高点，比上一年又增加了 85%，达到 2446 篇。

另一个相关研究话题是"媒体转型"（"高级检索"题名，所用的关键词或含"媒体转型""媒介转型""报纸转型""报业转型""广播电视转型"等），尽管其关注的热度并未如"媒介融合"那么高，但也是常被传媒业界提及的重要话题之一，有时则与媒体融合相交叉。其相关研究文献的

---

①　2017 年曾做过 2000—2016 年文献检索，当时包括较多报纸文章，因此与此次 2019 年 7 月的检索数据有所不同，特此说明。

②　事实上在经过 2005 年报业寒冬、拐点后，从 2006 年起媒体融合已经开始受到关注，有 43 篇文献，2007 年达 106 篇。

数量态势如图 1.2 所示。

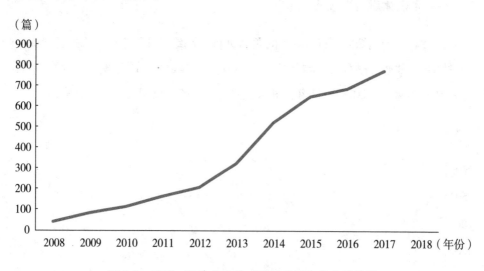

图 1.2　2008—2018 年有关"媒体转型"的文献数量

从图 1.2 中可以看出，对"媒体转型"关注的文献数量的变化情况，2008年以来相关研究文献在数量上呈现了稳步增长的态势。实际上在"媒体融合"战略实施之后，"媒体转型"即已成为"媒体融合"的一个子命题，是对融合路径、机制、方法的探讨。从文献数量看，对"媒体转型"的研究，大致更多集中于广播电视媒体的转型领域。这也回应了中国媒体在近十年来的探索实践。

二　"媒体融合"研究主体分析

有关媒介融合与媒体转型的问题，是新闻传播业发展中的急迫课题，因此学界与业界都对此十分关注。从具体研究主体的机构属性来看，总体上可以分为新闻传播学界、传媒业界和第三方研究机构这三大类。本书在前期国家社科基金重点课题"传统媒体与新兴媒体融合发展研究"（14AZD038）报告中[1]，选取了研究媒体融合的前 15 家机构，对 2001—2016 年有关"媒体融合"主题进行研究的主体进行了统计分析（见图 1.3）。[2]

---

[1]　见国家社科基金重点课题"传统媒体与新兴媒体融合发展研究"（14AZD038）结项报告。

[2]　陈昌凤：《"媒体融合"的学术研究态势与业界变迁方向——21 世纪以来媒体融合研究的文献分析》，《新闻与写作》2015 年第 3 期。

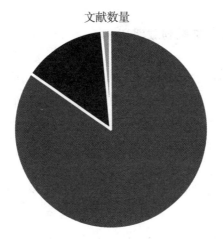

图 1.3　2001—2016 年对"媒体融合"主题进行研究的主体

统计发现：在媒体融合的相关研究文献中，有近 85% 来自新闻传播学界，约有 14% 来自新闻业界，而第三方研究机构的文献数量只占 1%。2001—2016 年对"媒介融合"主题进行的研究，学界所关注的程度和研究的相关成果远远高于业界和第三方研究机构。那么，哪些大学在"媒体融合"领域贡献的文献数量较多呢？国内新闻传播院系中有 11 家的研究文献数量较多（见图 1.4）。

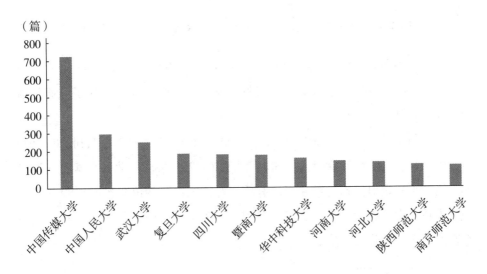

图 1.4　2001—2016 年国内 11 家新闻传播院系较多研究"媒体融合"

三 "媒体融合"文献刊载期刊分析

学术研究的成果，一般会以论文的形式发表在相应的期刊上。那么，哪些期刊发表了与"媒介融合"相关的研究成果呢？我们前期课题报告对媒介融合主题论文发文量排名前 11 位的期刊的相关文献进行了统计。①

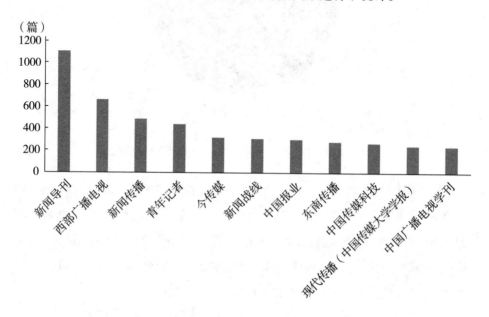

图 1.5　2001—2016 年"媒体融合"主题论文发文量排名前 11 位的期刊统计

除了图中所列出的 11 本期刊外，紧随其后的还有《传媒观察》《现代视听》《国际新闻界》《电视研究》等期刊发表的文献也较多关注了"媒体融合"领域的研究。

在参与统计的 2001—2016 年所有文献中，发表在北大核心期刊的有 3639篇、中文社会科学引文索引（CSSCI）期刊的 2265 篇、科学引文索引（SCI）的 1 篇、工程索引（EI）的 4 篇。有关"媒体融合"的论文共有 5489 篇，其中发表在北大核心期刊上的文献总量最多，发表在 CSSCI 期刊上的论文约占总数的 1/5（两类刊物有交叉）。

---

① 以先前文章为基础，2017 年更新了数据。先前文章：陈昌凤：《"媒体融合"的学术研究态势与业界变迁方向——21 世纪以来媒体融合研究的文献分析》，《新闻与写作》2015 年第 3 期。

（篇）

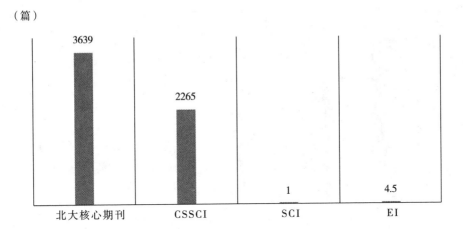

图 1.6　2001—2016 年关于"媒体融合"主题论文发表期刊种类统计

从图 1.6 可以看出，在发表有关"媒介融合"研究的论文数量上，北大核心期刊所占比例最高。

四　"媒体融合"的研究变迁

2014 年被称为"媒体融合元年"。2014 年传媒业界的期刊也都围绕着媒介融合、媒体转型等话题组织、策划学术讨论。由于文献数量较大，本节仅选取了《中国记者》（隶属于新华社）、《中国广播电视学刊》（隶属于新闻出版广电总局）、《新闻记者》（隶属于上海社科院）、《新闻与写作》（隶属于北京日报报业集团）4 家代表了不同地区、隶属于不同层次机构的新闻传播业界的期刊（事实上有的取向已经转向学术性），同时选取了新闻学界的《现代传播》和《国际新闻界》两家期刊，共 6 家期刊，对其 2014 年关于"媒体融合"研究的相关文献进行了统计（见图 1.7）。

经过人工统计还发现，主题词虽未包含媒体融合但是有相关论文实际上是研究融合问题的，比如《新闻记者》中尽管很少出现"融合"字样，但较多论文涉及新媒体，其中如纽约时报创新报告、卫报用算法编辑报纸等文章，已计入了媒体融合的文献。统计发现，上述 6 家期刊关于"媒体融合"的话题讨论主要集中在以下几个方面：一是"融合的必要性、迫切性讨论"；二是"什么是媒体融合、如何融合"；三是"在两会、APEC 等大型活动的报道业

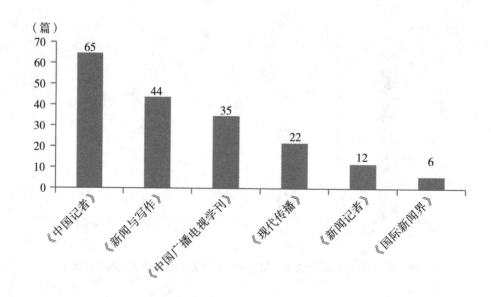

图 1.7 2014 年 6 家期刊关于"媒体融合"研究的文献统计

务中如何运用融合手段"；四是"国内各类媒体的实践和探索"；五是"国际媒体的经验介绍与分析"；六是"融合中的版权与伦理问题"；七是"媒介融合时代的新闻传播教育与人才培养"；八是"融合带来的表达方式、传播话语的变化"——这部分的研究包括偏向传播学术方向的，比如《国际新闻界》第 5 期刊出的《官方与民间话语的交叠：党报核电议题报道的多媒体融合》①。

在对文献内容的对比分析中，我们发现一些由传媒业界主管主办的期刊发表了数量较多的"经验之谈"，这些"经验"大多来自国内的国家级或是省市级媒体的实践体会。其中有关"媒体融合"的相关讨论，有一些写得比较深入（如从融合的理念，到组织机制、内容生产、平台等各方面的创新都有涉及），但大部分的讨论理论深度不够，理解与描述过于简单和表面化。对于文献中引用的融合理论也比较单一，多数理论主要是参考麦克·卢汉（Marshall McLuhan）的"媒介即信息"理论、卡斯特尔（Manuel Castells）的网络社会特征、詹金斯（Henry Jenkins）的融合文化以及一些新媒体方面的

---

① 戴佳、曾繁旭、王宇琦：《官方与民间话语的交叠：党报核电议题报道的多媒体融合》，《国际新闻界》2014 年第 5 期。

理论。大部分文献中，对于国内媒体真正的融合实践案例涉及较少，一些来自媒体业界基层单位的作者把开设网站、开设微博、制作图表这类单一的行为均视同媒介融合的实践。

在融合业务操作层面，由于微信和移动客户端等新型媒介形态的发展，催生了大量新的媒体和节目形式，如微信公众账号、网络自制节目、社交电视、数据新闻等。上述 6 家期刊发表的文献对这些最新的媒体和信息形态的研究也占了较大比例。从研究方法上看，新闻传媒业界主管主办期刊的论文，采用较为规范和严格研究方法的论文数量较少，大多数文章是从新闻实践出发、以服务于传播实践为目的，媒介批评类、总结类和述评类文章较多，对"媒体融合"这个话题也不例外，这也从某种程度上反映了我国媒体融合实践的现状。

2015 年以来，在"大数据""数据新闻"等热潮的推动下，关于融合的论述和实践获得了学界和业界的更广泛关注，2015 年 7 月 4 日，国务院印发《国务院关于积极推进"互联网＋"行动的指导意见》，"互联网＋"代表一种新的社会形态，即充分发挥互联网在社会资源配置中的优化和集成作用，将互联网的创新成果深度融合于经济、社会各域之中，提升全社会的创新力和生产力，形成更广泛的以互联网为基础设施和实现工具的经济发展新形态。李克强在政府工作报告中提出，"制定'互联网＋'行动计划，推动移动互联网、云计算、大数据、物联网等与现代制造业结合，促进电子商务、工业互联网和互联网金融（ITFIN）健康发展，引导互联网企业拓展国际市场。"[①]"互联网＋"对于传媒产业的发展提出了转型和改变的客观要求，也进一步促进了媒介融合的深化发展。这阶段对于"媒介融合"的讨论议题集中于在媒介融合的进程中加深对互联网的理解，探析"互联网＋"模式下媒介的融合迭代与效能转换以及讨论如何创建一个基于互联网逻辑的媒介发展的新模式。

与此同时，数据在传媒发展中的作用越来越重要，各媒体通过平台合作的方式扩大对资源的利用，增强对数据的分析能力。无论纸质媒体、电视媒体、网络媒体或社交媒体，媒体在大数据时代的变革首先体现在新闻生产、

---

① 喻国明：《用"互联网＋"新常态构造传播新景观》，《中国广播》2015 年第 8 期。

呈现、维护用户关系的方方面面，大数据时代，媒体通过媒介融合方式充分挖掘信息的二次价值。学者据此展开大数据背景下数据新闻实践研究，新闻可视化的具体应用和未来发展趋势等议题也进入学者的视野之中。

第三节　我国媒体融合升级的现状和痛点

按照 2019 年 2 月发布的《媒体融合蓝皮书：中国媒体融合发展报告（2019）》的说法，我国媒体融合已由形式融合、内容融合升级至以体制机制融合为主要特征的融合 3.0 时代。该蓝皮书认为，2017—2018 年堪称我国媒体融合由"相加"迈向"相融"的转折点，由单体融合、各自融合迈向区域融合、整体融合的关键点，由企业云建设迈向媒体云建设的新起点。[①] 学界于 2017 年起评选中国应用新闻传播十大创新案例，2017 年的创新案例包括人民日报社新媒体中心、新华网、浙江日报报业集团、今日头条、澎湃新闻、梨视频、上海发布、新京报我们视频、封面新闻、财新传媒数据新闻中心，[②] 2018 年的创新案例包括新华社新媒体中心、人民日报海外版、上海广播电视台、腾讯新闻、字节跳动、第一财经、界面新闻、浙江长兴传媒集团、阿牛科技、微信公众号"兽爷"等，[③] 从中也可见目前媒体融合和新媒体现状之一斑。

一　报业融合的现况

改革开放四十多年来，中国报业始终与中国的改革开放相伴而行，随着政治、经济、社会的变革而改革创新，经历了解放思想、市场形成与繁荣的黄金时期。2005 年之后在互联网的冲击下，报业广告增幅下降，"报业寒冬"出现。2011 年 5 月中央出台《关于深化非时政类报刊出版单位体制改革的意

[①] 北京市新闻工作者协会编，梅宁华、支庭荣主编：《媒体融合蓝皮书：中国媒体融合发展报告2019》，社会科学文献出版社 2019 年版。

[②] 评选由中国新闻史学会应用新闻传播学研究会主办。参见《2017 中国应用新闻传播领域十大创新案例出炉》，http://news.xinhuanet.com/2017 - 10/29/c_ 1121872103.htm。

[③] 《2018 中国应用新闻传播十大创新案例出炉》，http://media.people.com.cn/n1/2018/1022/c40606 - 30354108.html。

见》，报业转企改制的近十年蓝图落地，但是举步维艰。21 世纪以来传统报业纷纷探索自己的融媒转型之路。[①] 有研究认为，报业融合经历了初期的报网融合阶段、新媒体融合阶段、"互联网 +"带动融合阶段。[②]

从各种产业数据分析，中国报业已越来越不具备市场化运行条件，沿袭了几十年的原有报业运行机制和理念已不符合当前的发展环境，需彻底变革。2018 年又有 53 家报纸停休。从发展趋势来看，"一城一报"将成为现实，党报由于特殊需要能多份共存，都市报则只可能存在一份，其他都市报要么被裁撤，要么彻底变革。报刊与广电也在整合中，2018 年天津海河传媒中心宣布成立，将天津日报社、今晚报社、天津广播电视台职责整合，作为天津市委直属事业单位。但是这轮整合时的媒体经营能力在此之前已大幅下滑，互相拖累的可能性较大。大连报业与广电整合之后，开始让广电员工承担订报任务，甚至出现员工将订报信息上网而致"乞讨式发行"的舆情事件。天津市的相关改革方案明确指出，要"强化事业单位公益属性，全面清理事业单位承担的行政职能"。而辽宁各地的媒体整合方案却又都强调"企业化管理"。在改革方向上，不同地方持不同的态度。[③]

在媒体融合方面，传统媒体产业转型与融合发展存在误区，传统媒体比新兴媒体面临着更大的生存压力，传统媒体的产业创新部署又更多地受到固有思维与行政力量的影响，所以导致传统媒体产业转型与融合发展策略层面陷入了"大而全"的误区，力求通过媒体形态上的扩展与市场规模的提升来谋求产业转型，其终极发展目标是综合性、全媒体、大体量的平台化媒体集团，体现的依然是传统媒体的思维；融合发展战略格局有局限，媒体管理者、运营者受制于来自市场的现实压力并不能从系统的层面考虑问题，更多地关注如何解决当下存在的盈利困境、取得更高的用户量与广告份额，诸多既定战略及其相应的运营路径却趋于失效；传统评价指标也在失效，新兴指标依托大数据技术会具有科学化、数据化、综合化等特点，需要转型到新型传播；融合中的运营创新并未击中用户痛点，缺乏持续发展能力，技术创新转化为

---

① 唐绪军、崔保国：《中国报业四十年的改革发展之路》，《中国报业》2018 年 7 月上半月刊（上）。

② 黄楚新：《改革开放四十年来中国报业融合发展实践与探索》，《出版发行研究》2018 年第 4 期。

③ 陈国权：《2018 中国报业发展报告》，《编辑之友》2019 年第 2 期。

盈利模式创新还有待探索。①

2018 年以来中国报业协会按照中宣部工作部署，② 在行业内开展"抓痛点、谋实策"的调研活动，针对 23 个痛点问题③，发动全国报社寻找破解难题的办法和路径，并精选了 56 个实战案例出版成书④，书中确定的"当下报业亟待解决的痛点难题"列有 15 个，从中可以看到当前传统报业的媒体融合工作目标宗旨、实施路径、困难和问题：

（1）全媒体时代，从浅融到深融，如何做到不忘初心，牢记使命，把党的声音传得更深、更远？

（2）全面深化改革背景下，报业如何通过顶层设计建成新型主流媒体？

（3）体制机制改革，如何完善报业"事业单位 集团公司"的双重法人治理结构？

（4）当前事业单位改革，报业可以争取哪些红利？回归财政供给体系，利大还是弊大？

（5）报纸与广电合并，是 1 + 1 > 2，还是水火不相容？

（6）报业如何站在风口，通过县级融媒体中心和智慧城市建设，打通舆论引导的最后一公里？

（7）媒体深度融合中，如何从发布型过渡到交互型，最终实现平台型？

（8）新媒体实现了天量阅读，如何将流量变现，盈利模式如何重构？

（9）推进媒体融合，需要从财政供给的输血型转为自我造血型，这其中如何设计商业模式？

（10）报业组织构架创新，如何实现采编经营"两分开"？新闻栏目制、经营项目制能融合进一个事业部吗？

（11）报业如何跨界多元产业，驶向蕴含庞大需求的蓝海？

（12）报业最需要哪些人才？如何制定人才战略？留住人才有哪些实招？

---

① 严三九：《中国传统媒体与新兴媒体产业融合发展研究》，《新闻大学》2017 年第 2 期。

② 《黄坤明在宣传思想文化战线大调研电视电话会议上强调 以大调研推动大落实促进新发展》，新华网，http://www.xinhuanet.com/politics/2018 - 02/23/c_ 1122443340.htm。

③ 参见《全国报业大调研，中报协出手放大招》，https://www.sohu.com/a/233412827_ 268628。

④ 胡怀福、周劲：《王者融归——媒体深度融合 56 个实战案例 解析报业痛点 决胜智媒时代》，人民日报出版社 2019 年版。

（13）媒体深度融合中，报业如何突破瓶颈，构建自身的技术体系？

（14）事业单位和集团公司，如何设计报业薪酬体系的双轨模式？

（15）报业版权如何实施有效保护？

二 广播电视业融合的现状

广播电视业的融合在各个层面上得以部署。为了适应媒体融合发展的新态势，国家广播电视总局设媒体融合发展司，按照中央机构编制委员会办公室《国家广播电视总局职能配置、内设机构和人员编制规定》（自 2018 年 7月 30 日起施行），其职责是：拟定广播电视重大改革措施，推进体制机制改革。协调推进三网融合，推进广播电视与新媒体新技术新业态创新融合发展。管理发放信息网络传播视听节目许可证，承担广播电视视频点播业务的审批工作。

2018 年 3 月，中央决定在"中央三台"的基础上组建中央广播电视总台，要按照"台网并重、先网后台"的思路，持续推动"三台三网"加速融合，利用中央三台的人才、技术和平台优势，发挥出 1 + 1 + 1 > 3 建立总台新媒体"一键触发"机制，三台移动端共同推送总台重要评论和精品报道，实现传播效果最大化。按照他们的总结：大屏小屏联动、线上线下融合，三台合并使电视节目可以"听"，广播节目可以"看"，电视节目和广播节目在网络平台同时播出，以文字、图片、视频、音频等多样化形式让主流价值遍地开花。这是媒体在巩固自身优势的同时，积极拥抱技术进步与创新改革的尝试。①

广播电视领域的融合，在技术层面尤其可圈可点。2019 年 3 月两会期间，中央广播电视总台 5G + 4K 新技术探索运用于重大活动直播，他们称之在中国广播电视史上具有里程碑意义。融媒体展示平台同时亮相，AI"记者助理"正式上岗 H5、微视频继续创新，《定制你的合成声音 AI 主播》等小程序很聚

---

① 《数说中央广播电视总台媒体融合"增量"》，http：//www.cctvwr.com/content.php？id = 875&tid = 21&pid = 4。

用户。① 中国的广播电视融合模式，尽管有人总结为主要体现于合并前中央人民广播电台的"台网一体"模式、中央电视台的"台网捆绑"模式，与英国BBC 或美国 CNN 的"台网融合"模式有所不同，② 但是近两年的融合势头很猛。

与此同时，各级区域广电媒体纷纷围绕中央关于媒体深度融合的战略部署，因地制宜，从平台升级、流程再造、体制机制优化入手，打造出一批各具特色的融媒体中心，并进入常态化运行。今后要进一步深度融合，广播电视系统必须推进三个方面的模式创新：一是平台模式创新，打破传统媒体组织和业务的块垒，合并资源与团队，以用户为中心，用新平台倒逼媒体内容生产组织模式的革新，实现深度融合；二是运营模式创新，突破媒体条块分割的体制格局，实现产业资源跨区域、跨行业、跨平台的整合重组，建设融合传播共享合作平台；三是生态模式创新，通过提升智慧内容制播能力，提升融合一体化发展水平，开辟新领域、培育新引擎、拓展新功能，向"多媒体形态、多信息服务、多网络传播、多终端展现"的全业务服务模式演进。通过媒体深度融合，使广播电视与政务、商务、教育、医疗、旅游、金融、农业、环保等相关行业合作，与物联网、移动互联网等融合，通过移动化策略在智慧城市、智慧乡村、智慧社区、智慧家庭建设中的进行产业布局，并促进广播电视在技术、内容、业务、形态、功能等各方面的转型升级。③

三 通讯社的融合发展

新闻通讯社的融合，相对于报业和广播电视，在介质形态上并不突出，但是有其自己的特征。无论是路透社、美联社、彭博社，还是中国的新华社、中新社，都有这样的尝试和努力，开创具有通讯社特点的融合发展新模式，也都取得了明显的成效。以新华社为例，其融合的定位是：聚焦通讯社主体业务，形成立体多样、手段先进的现代传播体系。新华社实施以"五大拓展"

---

① 《中央广播电视总台："新技术 +"将引领媒体融合发展新方向》，http：//media. people. com. cn/n1/2019/0313/c40606—30974177. html.

② 李建文、谭宇：《广播电视全媒体融合的三种模式研究》，《视听》2018 年第 9 期。

③ 参见李岚《区域主流媒体深度融合要有三个创新》，"国家广电智库"（微信公众号），https：//mp. weixin. qq. com/s/5CLndfq2giJQOJ9J7v – H3w。

为主体的系统化创新工程，即内容方面由单纯注重新闻价值向新闻价值与传播价值并重拓展；产品方面由新闻报道向新闻产品拓展；平台终端方面由一体化发展向移动端优先拓展；体制机制方面由传统采编架构向新型融合采编架构拓展；保障机制方面由以传统通讯社业务保障为主向适应媒体深度融合的一体化支撑体系拓展。①

新华社的举措包括：通过平台搭建、社群分享、线下互动等方式，扩大产品覆盖面，并推进通讯社供稿线路改革，整合传统线路，新设短视频专线，搭建基于互联网的全媒体供稿库，变单一单向供稿为互动交互发布；努力进行体制机制创新与采编架构再造，以"中央厨房"为龙头工程并于 2017 年升级、扩容、提质，综合运用资源整合、融合加工、舆情监测、业务管理、影响力评估、远程指挥六大系统功能，实现文字、图片、视频、技术等多工种同台作业，带动全社实现资源整合、媒体融合、采编流程再造。② 通过"中央厨房"将全媒报道平台从单纯的产品制作中心升级为全社融合报道指挥中心、策划中心和协调中心，打造成"指挥协调总调度、组织策划总枢纽、融合加工总平台、全媒发布总出口"，推动全媒报道一体化指挥机制向传统编辑部门和国内外分社延伸；在机制方面还打造适应互联网生态的"编辑部＋"新型采编架构，围绕通讯社主体业务，探索"编辑部＋项目组""编辑部＋融媒体工作室""编辑部＋课题组"等形式；打造"三微三端一平台"（三微：微博账号、微信公众号和微视频产品；三端：新华网、新华社客户端和现场云；一平台：海外社交媒体平台），形成立体化融媒体传播矩阵；在业务管理、组织结构、人才队伍、技术应用等方面努力构建深度融合的一体化支撑保障体系。

全球主要媒体，包括主要新闻通讯社，都在以视频业务作为战略突破口，随着移动传播成为主要传播形态，直播和短视频业务更成为重点中的重点。目前新华社正在着力打造的视频智媒体平台，核心目标是聚合与新华社视频业务相关的所有媒介资源和生产要素，形成体系聚合。视频技术平台要与新

① 《刘思扬：打造具有通讯社特点的融合发展新模式》，http：//media. people. com. cn/n1/2017/0329/c411869—29177592. html。
② 白林：《从源头活水到终端再造——探索通讯社融合发展的几点思考》，《传媒》2017 年第 5 期。

华社所有在用和新建的技术系统互联互通，使这个平台上集聚的资源、要素、功能和能力，成为新华社整体的有机单元，更高层面体系的有机组成部分，形成新华社更强劲体系竞争力的重要部分。基本建设理念是超越空间整合，实现体系聚合。其核心不在于技术或设备的更新，而是构建从用户需求获知到采集、内容生产、用户服务的全流程，通过建立音视频生产体系管理平台，与采、编、发、供各环节的所有系统在底层联通，共享数据，分发信号，传送产品，回馈状态，从而构建音视频内容生产服务技术、业务体系，促进全社的业务融合。①

新闻通讯社近几年还在智能化技术的运用上做出了诸多努力，推出了"MAGIC"智能生产平台等。新华社的业务融合，同样存在机制、体制以及传统业务隔阂、人才适应等多方面的问题，如今在实践中探索、突破和创新，在媒体融合大背景下通讯社的发展前景广阔。

---

① 陆小华：《增强体系竞争力：媒体融合平台构建的核心目标——新华社全球视频智媒体平台的探索与思考》，《新闻记者》2019 年第 3 期。

第二章　媒体融合研究的问题与设计

本研究将结合媒体融合的战略及其相关案例策略，规划确定本书的研究问题、思路、逻辑框架和方法，主要按照媒体融合的问题是什么、为什么和怎么办三个方面，及四个维度来设计研究框架。

第一节　媒体融合研究思路

一　研究问题

媒体融合是从实践到理念层面都在不断演进的现象，它首先来自技术领域发现的端倪，继而在实践层面开始尝试，并在理论观念层面进行探讨。它的研究，仍然关乎哲学性的世界观、认识论和方法论，即"是什么"（历史、现状和问题）、"为什么"（原因）、"怎么办"（策略）的基本逻辑。本书的研究将主要从以下三个方面展开：

一是国际国内融合发展的现状与困境——回答"媒体融合是什么"的问题；

二是融合发展中困境产生的原因分析——回答"媒体融合为什么"的问题；

三是加快推进融合发展的结论和建议——回答"媒体融合怎么办"的问题。

从观念层面、认识层面再到方法层面提出的问题，将在技术、产业、文化、政策四个维度的融合上展开。

二 研究设想

本书的研究将按照上述三方面、四维度来设计基本框架，即按照媒体融合的逻辑来确定思路，按照技术融合、产业融合、文化融合、政策融合的维度进行研究。不同的议题按照不同的研究方法来探讨媒体融合的现状与问题。

本研究的总体设想如图 2.1 所示：

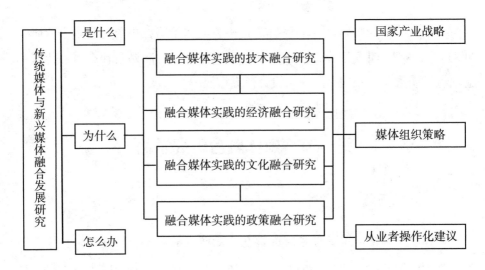

图 2.1 媒体融合的研究设想

要探讨媒介融合的理念、把握融合现状，必须首先对涉及媒介融合的技术力量、政治政策、经济产业和文化行为等多股力量间的绞和、博弈机制展开探讨，从而理解媒介融合所引发的媒介的裂变与重组及其媒介生产方式的革命，并研究媒介融合带来的规制、伦理与文化层面的问题。

按照上述总体设想，本研究将在后文中分为四个部分进行讨论：

一是融合媒体实践的技术融合研究；

二是融合媒体实践的产业融合研究；

三是融合媒体实践的文化融合研究；

四是融合媒体实践的政策融合研究。

篇章结构的主体便是按照这四部分内容，展示媒体融合的现实，分析原因，并提出相应的对策。

第二节　媒体融合研究的逻辑框架

研究者、决策者理解和把握媒介融合，有着不同的层面。宏观层面，有学者采用技术融合、产业融合、文化融合三个维度把握融合媒体全景，尽管这三个方面在很多细节的讨论中仍呈现出相互交叉和互为影响的情形；中观层面，集中观察媒体机构、媒体种类、媒体内容、媒体使用、媒体发行、媒体受众、媒体专业、态度和价值观的变化；微观层面，考察具体的媒介形态包括印刷、广播电视、互联网门户等传统媒介渠道与新兴新媒体渠道之间的融合实践①。实质上，中观与微观层面的研究也可以置于宏观三维度框架下，与此同时，出于中国媒体、通信行业和互联网产业等融合媒体的主体互相影响所塑造的特有融合媒介生态，指导政策与监管体制的融合（Policy Convergence）也成为契合本土语境的研究重点。因此本研究将从如下四个维度进行。

一　技术融合维度

在媒介发展史中，任何一种媒介的产生都仰赖于技术的革新，传媒发展离不开技术的推动。技术工具在媒介融合中的作用不容小觑，正如阿尔文·托夫勒在《第三次浪潮》中将大数据比作是"第三次浪潮的乐章"② 一样，随着曾经的三网融合的进一步推动，多媒体联动逐步成形的时代，以云计算等大储存量为基础的大数据技术为媒体融合带来了更多的可能性，也提出了相应的挑战。

当下出现的网络和数字化时代传媒业的飞跃带来了以媒体融合为首的一系列变化。依托数字媒体的普及与网络社区的兴盛，技术融合成为最常见的形态。法恃和巴冉的《计算和通讯系统的聚合》就集中探讨了通信技术与计

---

① Pavlik, J. V., & McIntosh, S., *Converging Media: A New Introduction to Mass Communication*, New York: Oxford University Press, 2011.

② ［美］阿尔文·托夫勒：《第三次浪潮》，《电气传动》1984 年第 2 期。

算机技术的整合。

技术融合（Technological Convergence）指的是具体的传媒技术样态的整合，即打破印刷媒介、音频和视频媒介之间区隔而形成数字媒体样态的过程与结果。这种融合样态在新闻领域最为常见，对新闻从业者在文本、视频、音频的驾驭与整合能力提出了更高的要求。在新闻传播领域，通过技术融合生产出的里程碑式产品，出现于2012—2014年前后，以文字、音视频、交互式图形等呈现"叙事流"，使得业务形态的融合越来越紧密，最终纸媒、广电、互联网的三者融合，融合类新兴作品的数量越来越多，最终量变引起质变——新闻业的形态变革。尤以纽约时报网的专题项目"雪崩"（Snow Fall，此处按专题内容意译）为标志性成果。[①]

技术融合产生的媒体，和与之相对应的传统媒体相比较而言，前者的核心特性已经发生了根本性的改变。例如，电子阅读设备（如Kindle）所承载的内容虽然仍被标签为"网络出版"或者"网上印刷"（Print Online），但是由于承载能力的几何级增长、在同一阅读平台上实现几本书之间的相互标注和链接、内嵌进设备中便捷智能的字典查询功能、连接互联网、根据个人喜好修改字体等各种功能与传统的印刷出版技术的"融合"，阅读体验发生了根本变化。不仅是印刷文字，传统的音视频技术同样在经历数字媒体融合的过程中发生了使用体验的根本性转变。对传统的媒介组织机构而言，掌握和应用日新月异的技术形态，并且实现技术新样态与媒体自身优势的平滑接轨，是适应数字化信息环境以突破发展瓶颈的关键问题。

安东尼·吉登斯提出的"脱域"（disembeding）的概念，在"网络社会"的探讨上不断赋予政治、经济与文化视角的细致分析，其核心是阐述了通过时空转换组合，进而形成社会关系重构的机制。从这一层面来说，互联网既是"脱域"的条件和可能性，也成为脱域的动能。具有脱域特征的互联网环境必然成为当下新闻生产的现实背景，有学者将之总结为：（1）新闻生产的主体多元化；（2）新闻生产的客体多元化；（3）新闻生产的范式互动化三个方面的特征。脱域特征进而使新闻生产的链条和构成发生变化，形成新闻生产中的脱域之困。传统媒体如何面对"脱域"挑战学界，莫衷一是从区域空间的定

---

① 陈昌凤：《创新中的新闻业：编辑融合与经营分离》，《新闻与写作》2013年第4期。

位角度而言，"建构本土媒介社区新闻生产体系"是全球本土化的策略。[①]

融合媒体的实践开始于 21 世纪初的美国，论坛公司（The Tribune Company）和媒介综合集团（Media General Inc.）分别以其拥有的在同一个地区的报社、电视台和网站为基础，构造了不同类型的"融合新闻"平台，其主要特点是采用多媒体手段进行新闻传播活动。[②] 从一开始媒体融合与传统的信息生产专业密切相关，"融合"也是横置于信息技术公司面前的挑战与机遇。新兴的互联网技术公司或公司联盟在寻求技术突破的同时，必须尊重媒介融合的经济规律和文化特色，并与传统媒介积累的优势资源进行贯通，进而谋求长远发展。在世界范围内，谷歌（Google）是领跑新技术与传统媒体实现反哺性融合的佼佼者，没有传统信息产业的整合性优势，谷歌的强大搜索技术本身便成为无本之木。所以，谷歌公司发展初期就开展谷歌图书扫描、建立新闻数据库等前瞻性融媒举措，并在每一次互联网信息技术革新中，开源新的信息流，以丰富和充实搜索数据对象。谷歌、BBC、聚合类新闻媒体和国内的新闻客户端因此成为可以分析的重要案例，人们可以对作为世界和中国的互联网产业巨头和搜索技术反哺性融合传统信息生产的实体，开展基于深度访谈、实地调研和调查问卷的研究。

近年来，在数据挖掘、数据分析等大数据技术发展的影响下，融合新闻报道又呈现出新的趋势，技术变革对新闻生产的影响进一步凸显，但绝不是多种技术形态的简单堆砌，事实上，技术融合的真正目标是新闻报道的质量和广大用户的体验。随着信息领域"网络社会"的崛起，对于互联网信息公司而言，对分销渠道的控制的重要性，超越了对内容掌控的重要程度。对渠道的掌控，也正是"技术融合"与"产业融合"的一个交叉点。

二　产业融合维度

产业融合（Economic Convergence，亦称经济融合）指的是互联网公司、通信公司和传统媒体公司的合并，在英美市场经济环境中表现为上述不同类

---

① 操慧：《脱域：互联网时代的新闻生产》，《四川大学学报》（哲学社会科学版）2012 年第 3 期。

② 蔡雯：《媒介融合前景下的新闻传播变革——试论"融合新闻"及其挑战》，《国际新闻界》2006 年第 5 期。

型公司之间的兼并和收购，这一过程同时能够释放出更多的经济增长与创新空间[1]；在市场经济的条件下，新闻业务改革的深化和传媒产业的新发展必须与资本运作相结合，传媒业借助外部资金与自有资金的结合来实现自身发展，其中涵盖在市场经济条件下通过银行企业的融资等手段实现资本的扩大化等。在中国，国家宏观调控资源分配与部门整合的跨界合作和市场经济为基础的公司间收购并购，是两条分量相当的产业融合进路。媒介融合中的种种改革，都需要从媒介融合时代新的市场需求和产业发展规律出发。

李·奥尔森（Lee Olson）等[2]在管理学视域中将融合的层次和创新的层次进行梳理与对比，认为融合能够带来组织创新，即良性的"融合效应"的一个方面。美国新闻学会媒介研究中心主任纳奇森将"融合媒介"定义为："印刷的、音频的、视频的、互动性数字媒体组织之间战略的、操作的、文化的联盟。"普尔强调的是媒介平台基础上的功能开发，而纳奇森强调融合媒介最值得关注的并不是集中了各种媒介的操作平台，而是媒介之间的合作模式[3]。传播技术的革命性进步，爆发性地释放出了传播渠道资源，传播渠道的数量和品质的迅速增长导致媒介产业的生态环境发生深刻变革。从传播内容的原创能力及内容资源的集成配置能力、传播渠道的拥有和掌控能力以及对于销售终端的掌控能力、终端服务链产业链价值链的扩张能力三个板块对传媒产业进行考察，可以发现内容的重要性在逐渐衰减，而控制渠道和扩张终端服务链成为传媒产业核心竞争力的关键因素，这意味着传统媒体"渠道霸权"的终结。[4]

以美国的媒介产业融合为例，在过去五十年中，在传统媒体、通信公司和互联网公司之间的融合数不胜数，例如 Comcast 和 NBC Universal 之间的并购。不间断的兼并与收购形成了传媒集团"少而大"的趋势，称为"整合"

① Pratt, Andy C. C., *New Media, the New Economy and New Spaces.*, Geoforum. 31. 4 (2000)：425 - 436. Chan – Olmsted, SM M., "Mergers, Acquisitions, and Convergence: the Strategic Alliances of Broadcasting, Cable Television, and Telephone Services", *Journal of Media Economics*. 11. 3 (1998)：33 - 46.

② Lee, Sang M., Olson, David L., Trimm, Silvana, The Impact of Convergence on Organizational Innovation, *Organizational Dynamics*, Vol. 39, No. 3, pp. 218 - 225.

③ 转引自蔡雯、黄金《规制变革：媒介融合发展的必要前提》，《国际新闻界》2007 年第 3 期。

④ 喻国明：《终结渠道霸权构建新传媒帝国》，http：//finance. sina. com. cn/review/observe/20050919/11491978894. shtml，2005 – 09 – 19。

（Consolidation），其结果是带来由少量巨型媒介公司形成的寡头局面。[1] 娱乐公司可拥有新闻生产机构，而传统上通常被排斥在传媒领域之外的大型公司也可以通过资本运营的方式购买传媒公司，例如通用电气公司（GE）购买了美国国家广播电视网（NBC），而实现了产业的融合。

媒介产业融合既是媒介与其他产业的融合，也是媒介内部资源、生产、产品、技术、市场、服务等各个方面的重构与重组。在这方面，国内外学者近年的研究成果相当丰硕。国内有研究认为，各个产业在生产层面的交融才是媒介融合的本质。[2] 从中外媒介融合的实例可以看出，每一次融合都要涉及媒介内部的组织资源与组织结构的重构，也涉及跨行业的生产重组。[3] 荷兰阿姆斯特丹大学的媒介研究学者马克·都泽（Mark Deuze）把产业融合与产消融合放在了一个框架下考虑，认为媒介产业融合是跨企业、跨渠道、跨体裁、跨技术的媒介生产与消费的融合。媒介产业融合涉及不同利益相关方的联系与参与，不同媒介公司的并购与重组，技术、价值和创意在生产网络中的流动等。[4] 有学者结合传媒产业的特征，指出传媒产业的经济特征呈现出四种变化趋势：资源禀赋从渠道稀缺向内容稀缺转化、盈利模式从单一收入渠道向多元收入渠道转化、产业格局从分立到融合转化、市场结构从高度垄断到竞争性市场转化。[5]

不难看出，媒介产业融合的影响是巨大的，它对于整个传媒格局、经济特征将进行彻底的重塑，也将对媒介的竞争方式产生直接影响，媒介融合带来了彻底的产业重组与流程再造，与内容包装商、渠道提供商、平台提供商等共同完成产品的多种形式生产、多种渠道传播、多种平台"贩卖"。有学者认为，传统媒介一向自守的介质壁垒将被冲破，传媒市场的版图和游戏规则

---

[1]　Wirtz, B. W. , Reconfiguration of value chains in converging media and communications markets, *Long Range Planning*, 34（4），489 –506；Pavlik, J. V. , & McIntosh, S. , *Converging Media: A New Introduction to Mass Communication*, New York: Oxford University Press, 2011.

[2]　王菲：《媒介大融合：数字新媒体时代下的媒介融合论》，南方日报出版社2007年版，第22页。

[3]　参见蔡雯《媒体融合与融合新闻》，人民出版社2012年版。

[4]　Mark Deuze, Media Industries, Work and Life, *European Journal of Communication*, 2009, 24（4）: 467 –480.

[5]　肖赞军：《数字化时代传媒产业的经济特征》，《国际新闻界》2009年第7期。

将被极大改写。① 产业融合的驱动因素很多，最基本、最主导的是什么？这些因素之间的关系是什么？在多种合力的作用之下，媒介融合将遵循什么样的路径进行转变？本研究将对这些问题进行探讨。

在对数字化浪潮的产业融合过程中，也有对产业融合持审慎立场的声音。国际有学者认为：新的媒介融合经济，存在扩大数字鸿沟和社会隔阂的风险。② 传播政治经济学领域著名的学者丹·席勒（Dan Schiller）指出了产业融合过程中的"数字资本主义"（Digital Capitalism）趋势。③ 他认为，数字资本主义的宏伟目标是在为不断扩张的公司内及公司间经济过程提供经济网络（Economy Wide Network），实现这一目标需要政策层面的配合，公司资本所有权和对融媒经济网络的控制权的整合，要求搁置争议，甚至搁置讨论。而"新自由主义"（Neoliberism）如同其名称所蕴含的意义一样，压制"不被需要"的政府监管与经济调控，复兴维多利亚英国的自由主义经济政策，为经济公司和实体提供更自由的融合空间。

三　文化融合维度

文化融合（Cultural Convergence）包括全球化传播和信息流通融合两个层面。文化融合以"认同"（Identification）为核心。媒介内容在全球网络文化格局中的传播，通过文化融合突破了地域、民族、国家疆界等固有界限的区隔，是全球文化混溶现象在媒介融合背景下的全球化表征。例如，由 HBO 公司出品的电视剧《欲望都市》（*Sex and City*），能够跨越文本本身讲述纽约市白领生活的地理边界，在泰国、墨西哥等国的白领女性群体中激起了文化身份的认同。④

另外，文化融合主题中也包含了媒介内容的消费、创造和扩散。从传统媒体时代的相对被动和静态的媒介消费文化，过渡为媒介"受众"与新媒体

---

① 喻国明：《直面数字化：媒介市场新趋势研究》，《新闻实践》2006 年第 6 期。

② Perrons, D. , Understanding social and spatial divisions in the new economy: new media clusters and the digital divide, *Economic Geography*, 80. 1 (2003): 45 - 61.

③ Dan S. , *Digital Capitalism: Networking the Global Market System*, MIT Press, 2000.

④ Jenkins, H. , The cultural logic of media convergence, *International Journal of Cultural Studies*, 2004: 7 (1), pp. 33 - 43.

技术"用户"身份的重叠与融合而形成的"产消者"（Prosumer）角色为中心的互动、动态的媒介消费文化，这种产消融合以分享型传播为核心，用户进行分散的新闻生产，这一点也是探讨文化融合的重要主题①。对传播领域而言，产消融合强调了在信息生产中用户（传统称作受众）的作用，用户的信息偏好、行为偏好，用户的观点和建议，都对信息生产产生了影响。其中研究要点包括新一代媒介内容产消者作为意义生产实践的态度和行为模式②。学者斯文森（T. Syvertsen）和特伯格（E. Ytreberg）从机构及制度的视角分析文本生产群体在线社区的文化以及文本生产者之间的关系③。公众参与新闻生产的兴起，一定程度上也给新闻真实性带来了更大的挑战，为此学者尼克·库尔德里（Nick Couldry）提出建立一个将媒介内容生产者和消费者都考虑在内的媒介伦理，史蒂芬·沃德（Stephen J. A. Ward）提出了"开放的媒介伦理"和"全球化的第五等级"的概念，打破了"传播者—受众"的二元划分，强调了公众在信息传播中扮演的重要角色。④

詹金斯（H. Jenkins）总结了新的媒介生态中"生产者"和"消费者"之间权衡博弈的九大主题：（1）受众测量（Revising Audience Measurement）；（2）媒介内容规制（Regulating Media Content）；（3）所有权限制（Restricting media ownership）；（4）数字经济洗牌（Redesigning the digital economy）；（5）反思媒介美学（Rethinking media aesthetics）；（6）修订知识产权（Redefining intellectual property rights）；（7）生产者与消费者权益再博弈（Renegotiating relations between producers and consumers）；（8）重构全球化格局（Remapping globalization）；（9）公民参与和公民再参与（Re - engaging citizens），⑤ 詹金斯

---

① Jenkins, H., The cultural logic of media convergence, *International Journal of Cultural Studies*, 2004, 7 (1), pp. 33 – 43.

② Hasebrink, U., & Domeyer, H., Media repertoires as patterns of behaviour and as meaningful practices: A multimethod approach to media use in converging media environments, *Participations*, 2012: 9 (2), 757 – 779.

③ Syvertsen, T., & Ytreberg, E., Participation and play in converging media. Institutional perspectives and text – user relations, *Nordicom Review*, 2006, 27 (1), 107 – 110.

④ Ward, . S. J. A., Toward an open ethics: implications of new media platforms for global ethics discourse, *Journal of Mass Media Ethics*, 2010, 25 (4), 275 – 292.

⑤ Jenkins, H., The cultural logic of media convergence, *International Journal of Cultural Studies*, 2004, 7 (1), pp. 33 – 43.

认为这九个方面也正是当下媒介融合的文化逻辑。

这一研究主题下面所包含的一个假设是，传统媒体在新的信息技术环境中仍然主导内容的生产与供给，所以"大众传媒"的格局依然存在。不过在此基础上，传统视域中的个人信息交互，例如电子邮件、短信通信工具等，也可以在网络平台上开展大众传播的功能，人际传播、组织传播和大众传播之间的界限日益模糊。为更合理有效地把握"产消者"带来的融媒文化，个人隐私、消费者权益、媒介公司经济模型等成为相互影响且亟须公开讨论的研究课题。例如，学者克洛齐（D. Crouch）、杰克逊（R. Jackson）和汤普森（F. Thompson）共同阐述了信息技术整合带来文化旅游体验的变化①，传统媒体的叙事者也是旅游文化书写者，在旅游体验层面承担着"中介者"的角色②。在融合媒体时代，对旅游文化的书写突破了传统媒体的旅游广告和宣传的形式，对旅游产业复杂性的融合与整合成为更为紧迫的方向③。

四 政策融合维度

媒体融合需要进行技术融合、产业融合、文化融合的同时，还需要政策融合（Policy Convergence）。文化融合是发生在信息生产者与消费者之间的融合，而政策融合是管理层面的融合。在对信息生产的监管中，需要政策与制度层面的资源整合与协同运作——这些整合与协作发生于对既有政策的解读与修订、相关新媒体政策的制定与执行、机构部门的配置与合作等。新媒体与传统媒体的融合中，前提是首先需要政策层面的融合。政策融合可以提供制度环境的保证，也为既有资源的整合优化和监管效率提供保障。政策融合指的是随着信息传播技术（ICTs）的发展，对信息生产及监管的实践中出现既有政策的解读与修订、相关新媒体政策制定与执行、机构部门的配置与合作等政策与制度层面的资源整合与协同运作。

媒介融合的政策融合探讨涉及法律体系。大陆法系与海洋法系的法律和

① Crouch. D. , Jackson. R, Thompson. F. , *The Media and the Tourist Imagination：Converging Cultures*, N. Y. ：Routledge, 2005.

② Gunn , C. , *Vacation scape：Designing Tourists Regions*, Washington D. C. ：Taylor and Francis, University of Texas, 1972.

③ Archer , B. , *Sun , Sea , Sex , Sand & Media.* Campaign, 1997：29 – 30.

体制环境中，融合进路各有所侧重。法制体系较为成熟的国家倾向于对既有法律的再次解读，例如耶鲁大学法学院克拉滕梅克（T. G. Krattenmaker）和普卫（L. A. Powe）从宪法的高度探讨媒介技术和技术公司的融合过程，以及这一过程中传媒机构和政府监管部门等的政治政策层面的问题。[①] 拜因斯（Byrnes）则认为新信息基础的融合还会涉及知识产权、默认规则等相关问题的研究。[②] 在剥离传媒可经营性资产的基础上，放松产业经济性规制，降低行业进入壁垒，通过并购与重组实现传媒产业融合。[③]

　　媒介融合的政策融合研究始于美国技术评定局（US Office of Technology Assessment）在 1990 年发表的研究报告《临界连接》（Critical Connections），从那时起，政策融合就提到了议事日程上来。在中国讨论政策融合，我们首先必须明确中国现代媒介治理政策经历了什么样的变化，明确政策制定的内在动力与外在动因，厘清影响中国媒介治理政策形成与变迁的原因；其次需要深入研究他国，特别是发达国家的"顶层设计"，以作对比借鉴。本研究将中国与日本、美国等媒介融合规制做对比研究，希望从日本和美国等媒介融合规制中，为中国未来媒介规制寻求有益的参考。

　　我国的媒体融合政策研究始于 2007 年，蔡雯、黄金提出媒介融合要取得突破性进展，关键在于制度层面的媒介规制变革。[④] 如何走向规制融合，学界的焦点首先集中在数字媒体内容管理体系的讨论上，选择这个领域作为研究的切入点，对于传媒业来说十分具有前瞻性。

　　加快推进新媒体与传统媒体的融合过程，政策层面的融合可以提供制度环境的保证，也为既有资源的整合优化和监管效率提供保证。但是，疏通政策壁垒具有难度，而政策与机构的融合过程中，一些问题仍待深入探讨：如何取舍把握适度，避免与产业融合类似的权力过分集中？如何推进良性的政策融合，从而能够保证市场经济良性运作？值得探讨的还有通过金融市场推

---

① Krattenmaker T. G., Powe L. A., Converging First Amendment Principles for Converging Communications Media, *Yale Law Journal*, 1995, 104（7）: 1719-1741.

② Byrnes, S. M., Copyright Licenses, New Technology and Default Rules: Converging Media, *Diverging Courts. Loy. LA Ent. L. Rev.*, 2000: 20, 243.

③ 肖叶飞、刘祥平：《传媒产业融合的动因、路径与效应》，《现代传播》2014 年第 1 期。

④ 蔡雯、黄金：《规制变革：媒介融合发展的必要前提——对世界多国媒介管理现状的比较与思考》，《国际新闻界》2007 年第 3 期。

动技术创新研发，进而推进文化维度融合朝向有利于文化繁荣和认同共识的方向发展等问题。

第三节 媒体融合的研究方法

本研究在不同的议题下分别采用不同的研究方法，包括政策分析方法、定性比较分析法、扎根理论、扩展案例法、问卷调查法、深度访谈法、参与式观察等，以新闻传播学、管理学、计算机技术与科学等方面的相关理论为指导，结合国家体制、市场变革以及受众转型等需要，对传统媒体与新兴媒体融合发展的技术、产业、文化以及政策四个维度进行研究分析。

一 基于博弈论的政策分析法

近30年来，博弈论在经济管理和公共政策分析中得到了广泛的应用。在政策分析中，它为我们提供了个人和团队行为的新分析框架。应用博弈论的理论和方法，我们将能够更加真实地描述个人和群体在社会系统中的行为，并对公共政策实施的后果做出更为准确的预测。博弈论提供的分析方法对公共政策分析的议题具有重要的方法学价值。事实上，制定公共政策的过程也是一个博弈运作过程。在其中可能有不止一个政策机构参与，政策的形成是通过博弈由不同政策主体实现的一种均衡。博弈论假设那些参与社交活动的人是理性人，并且理性人会选择他们自己的行为，选择目的是最大化他们自己的偏好。基于博弈论的政策分析是研究整个社会系统内不同的社会利益主体如何通过博弈的方法最终达到平衡的解决方案。这些分析和预测可以为减少政策失误和优化政策参数提供若干具有说服力的证据。目前，博弈论已被非常广泛地应用在公共政策分析与相关评估之中。本研究采用这种研究方法来评估和讨论中国目前的媒体融合相关政策。

二 扩展案例法

扩展案例方法是由英国社会人类学"曼彻斯特学派"最先开创的，后来在布洛维的手中得以成熟与发展的一种研究的方法。在布洛维看来，扩展案例方法的"扩展"体现在四个方面之上：从简单的观察者到参与者；观察跨越时间和空间；从微观过程到宏观力量；理论上的扩展。每个发展层面都包括几个对话：参与者与观察者之间的对话，该领域事件之间的对话，微观与宏观之间的对话以及理论之间的对话。扩展案例法的核心特征可以概括为"将理论带入田野之中"，布洛维坚决反对民族志学者可以在没有任何"前瞻性"或社会理论预设的情况下进入田野之中的观点。他称为"天真的经验主义"，并指出它常常伴随着"同样天真的实证主义"，它假设社会分为两部分：一部分被客观知识的生产者占领，知识则存在于另一个与之隔绝的部分。但是，正如布洛维所说的那样："任何障碍都不可能使我们的科学实验室的与真实的世界彻底分开。"案例研究着眼于现实生活中的临时现象，通过对案例的深入解读，理论发展最终通过将研究者从观察者延伸到参与者，从具体情境到过程，再到结构的扩张，使研究的案例实现从特殊到一般，从微观到宏观的转变①。本研究采用扩展案例的方法，对传统媒体和不同类型、规模、阶段的新兴媒体的创新实践进行分析研究，总结其一致性特点，为后续研究访谈打下坚实的基础。

三　深度访谈法

深度访谈是最重要的定性数据收集方法。与问卷调查相比，访谈具有更充分的灵活性，以及更大的解释意义的空间，使研究对象更具有主动性。与只能看到或听到研究对象的明确行为的参与式观察相比，深入访谈也可以进入被研究对象的内心世界，了解他们的想法和情绪。② 深度访谈是一种非结构化的、直接的、一对一访谈形式。访谈期间，调查人员对调查对象进行了深入访问，以揭示特定问题的潜在动机、态度和感受，这些问题最常用于深度调查。此方法的具体应用包括详细了解复杂行为、敏感话题或访问企业高管，专家和政府官员。作为定性研究的一种方法，深度访谈法在社会学领域具有重要地位，学术界主要是指非结构化访谈。在本研究中，深度访谈法主要用于研究媒介融合产业和政策的现状及其困境，对不同类型的传统媒体资深业

---

① Burawoy, M. , The Extended Case Method, *Sociological Theory*, 1998, 16（1）：4 –33.
② 参见陈向明《质的研究方法与社会科学研究》，教育科学出版社 2000 年版。

内人士和新兴媒体资深业内人士进行访谈，定性地从战略上分析传统媒体与新兴媒体融合发展过程中的影响因素。

四　参与式观察

参与式观察是个案研究和定性研究的重要组成部分，也是学者进行社会调查的重要手段，它最早由 Linderman① 提出，他将社会科学研究中的观察者分为"客观观察者"和"参与观察者"。参与式观察起源于"田野工作"之中，该方法的首先应用是马林诺夫斯基在特罗宾岛进行的实地研究，这种方法后来在人类学、民族志、民俗学、社会学、农学、旅游学、宗教学等学科中得到推广应用，近年来更是被广泛引入其他领域。参与式观察是指研究人员和被研究人员一起生活，通过密切的相互接触和直接体验来倾听和观察他们的言语和行为，这种观察更加自然，研究人员可以对当地的社会文化现象形成具体的感性认知，并深入被观察者的文化之中。本研究将参与不同类型的传统媒体和新兴媒体的观察并获取其信息生产过程，组织结构和工作氛围的第一手资料。

---

① Linderman, F. A., *An Analysis of Errors in Arithmetic*, University of Arizona, 1924.

第三章　媒体的技术融合研究

　　媒体融合最初是从技术融合开始的。技术融合主要是打破印刷媒介、音频和视频媒介之间区隔而形成数字媒体样态，将文本、视频、音频、交互式图形等融合在一个平台上去呈现"叙事流"。在数据挖掘，数据分析等大数据技术发展的驱动下，融合技术形式呈现出新动态新趋势。技术变革对新闻制作的影响更加显著，信息通信技术形式更加尊重用户体验的趋势。技术融合的实践开始于 21 世纪初的美国，论坛公司等以旗下的报社、电视台和网站为基础，采用多媒体手段传播新闻，打造了不同类型的"融合新闻"平台。未来的技术融合将更加成熟、更加深入。

第一节　技术融合实践探索

　　21 世纪以来达成的共识是，影响未来最重要的技术是大数据、智能化和移动化，这些技术对传媒也产生了深远的影响。技术的发展一直是媒体形态演变的重要动力，在不同的历史时期之中，主流技术体系与媒体模式发展的关系呈现出对应关系。媒体融合也是数字通信技术发展带来的媒体形式的变化。数字通信技术的发展极大地影响了媒体的内容制作、渠道和终端三方面。它带来了内容载体的融合、通信渠道的融合和终端的融合。

一　数据技术在媒体融合中的运用

　　目前，国际国内在传统媒体和新兴媒体融合发展上都进行了一系列数据化尝试和探索。国际上，英国《卫报》、美国《纽约时报》《华盛顿邮报》明确采用了"数据新闻"（data journalism）的概念，并进行了大量的新闻实践。以《卫报》为例，2009 年其开设了"数据商店"（data store）专刊，设有"大数据""数据新闻""数据博客"等细分渠道，它与伦敦政治经济学院合作。针对 2011 年伦敦骚乱，《卫报》用了超过一年的时间里完成了融合报道《解读骚乱》（*Reading the Riots*）。该报道对 260 万条 Twitter 数据的统计分析，并使用"交互式图形"方法来呈现社交骚乱期间的社会动荡，呈现出网络上传播的七个谣言传播主要途径。这份融媒体报道也获得了 2012 年度谷歌公司"数据新闻奖"。融合媒体时代用户的数据使用，实际上是重构"生产者—内容—用户"之间的新型互动关系。使用户因素渗入信息生产的过程之中，可以说"媒介融合"的进程中，用户正在参与媒介生产过程并与媒介彼此关联。用户参与了信息的生产，从而缔结出一种媒介生产者与消费者之间的新型融合关系。被动的、消极的受众正在向具有主动的、互动的信息使用者转变，因此数据分析工具是促进媒体深入融合的工具。

数据技术在媒体的运用越来越普遍。2019 年 6 月，《纽约时报》更是公开了该报对记者编辑进行的数据技能培训计划，他们在之前的一年半时间已经培训出了 60 位熟练掌握数据技能和理念的记者。[①] 与此同时，国际的知名媒体纷纷组建数据分析团队，为记者和各种内容生产者自主开发新型数据工具，快速而有效地提升记者数据运用能力，从而让记者通过内容与用户达成一种内在的互动。《金融时报》3 月推出了新的数据分析工具 Lantern，帮助新闻编辑室了解包括点击率在内的各项数据，了解哪种新闻类型更容易使用户产生互动和共鸣——分析用户在网页上花费的时间、受众的留有率、屏幕滚动速度、社交表现以及读者所使用的设备类型等多项数据，从而努力获得更多用户的关注。[②] 事实上媒体近年开发数据分析工具的还有不少，比如英国《卫报》2011 年推出的数据分析工具 Ophan 就很有影响，《纽约时报》的主编声称今夏推出的 Stela 是受到 Ophan 的启发。Stela 是"story and events analyt-

---

① Lindsey Rogers Cook, How We Helped Our Reporters Learn to Love Spreadsheets, https：// open. nytimes. com/how－we－helped－our－reporters－learn－to－love－spreadsheets－adc43a93b919.

② 《让记者不再感觉"被掏空"，国外媒体数据分析的独门秘笈》，http：//mt. sohu. com/ 20160804/n462686094. shtml.

ics" 的缩写，即新闻故事和事件分析①。这些数据分析工具的目的，都是为了让记者更多地了解用户是如何消费新闻等信息的、用户是如何与信息进行互动的，从而帮助记者更有效地生产内容、提供更符合用户需求的内容产品。这些工具的侧重点也不完全一样，有的更多是针对单篇文章（包括视频）的分析，比如《纽约时报》的 Stela，有的主要是用于测量用户消费信息时的点击、停留、社交分享等各种数据。它们主要是针对本媒体的数据和用户的工具。还有一类是给所有的记者和作者开放和参考的工具，比如谷歌 2009 年开发的 Living Stories，以及谷歌的数据分析（Google Analytics）。② 在国内，中央电视台也在 2014 年马年春节期间通过和互联网公司的合作，推出了"据说春运"和"据说两会"系列报道。这一形式也引起了其他媒体的争相效仿，比如广州日报传媒股份有限公司与甲骨文软件公司也达成战略协议，建立大数据业务。

二　智能技术对媒体融合的影响

人工智能（Artificial Intelligence，AI）技术与大数据、云存储、虚拟/增强现实等新兴科技一起，带来新闻内容生产和分发的变革，正在大大提高新闻生产和传播的效率，改变媒体融合的格局。与新闻相关的人工智能技术包括了机器学习、自然语言、语音处理、视觉信息等多项，在新闻采访、写作、评论、制作、播报、互动、策展等领域已经使用相当广泛。人工智能在新闻生产和分发过程中，从事新闻内容生产的专业媒体机构不再占据主导地位，技术供应商、社交媒体平台、广告公司、个人写手等多方介入，形成内容生态的矩阵等。

新华社于 2018 年 6 月 13 日发布了媒体大脑 2.0 "MAGIC" 智能生产平台，具有全链路自动完成画面分析、捕获、制作、配乐、加标题、合成、发送等功能，可高效地生产出有趣有料的短视频，提供了一条"数据 + AI + 计

---

① S. ，W. ，The New York Times is trying to narrow the distance between reporters and analytics data，July 25，2016，http：//www. niemanlab. org/2016/07/the – new – york – times – is – trying – to – narrow – the – distance – between – reporters – and – analytics – data/.

② 本段内容参见陈昌凤《数据分析工具：驱动记者与用户新型互动融合——数据助益媒体融合时代信息生产模式的变革》，《新闻与写作》2016 年第 11 期。

算资源"的解决路径，成为新闻内容生产的好帮手。该平台的首次运用是报道俄罗斯世界杯比赛，从 6 月 13 日俄罗斯世界杯开赛至 7 月 7 日 16 时，"MAGIC"平台生产世界杯短视频 35511 条，播放总量已突破 8330 万，对所有的 170 个进球，MAGIC 都实时产生进球视频，平均用时 50.7 秒，最快一条《俄罗斯 2：0 领先埃及》的生产仅耗时 6 秒。这些短视频在新华社客户端、优酷、UC、今日头条等平台同步推送。为了满足用户个性化定制进球视频的需求，"MAGIC"平台研发出"MAGIC 进球机器人"，7 月 4 日入驻新华社公众号，为用户提供世界杯开赛以来最全的进球视频。手机用户根据提示向机器人"发出指令"，即可获取相应进球视频推送。机器人可接收的指令包括球员名字、球队 名称、比赛名称、进球类型以及不同关键词的交叉搭配等。①

仅从新闻写作环节而言，国际上，美国、德国、法国、英国自 2012 年开始涌现一批技术公司从事自动化写作的软件开发，其应用范围包括体育、金融、天气、政治选举方面的消息写作。② 美联社等已经充分采用智能技术提升新闻生产量和速度。"机器人写手"在 2014 年 3 月 18 日的美国加州 4.4 级地震上也发挥了巨大作用，《洛杉矶时报》从美国地质勘探局的计算机系统收到地震信息后，将数据输入事先准备好的模板之中，自动生成地震新闻。在中国，腾讯财经、新华社、第一财经（联合阿里巴巴）以及今日头条等媒体机构自 2015 年起先后推出了自动化写作软件，集中于财经、体育领域的简单消息写作。智能运用大大提升了新闻的生产能力，还能引导互动——不仅是浅层次的会话和回复，加入神经网络技术的人工智能正在获得"发现视角、引导舆情"的能力。例如，与维基百科、the guardian、NYT、economist 等均有业务合作关系的应用 Perspective API，可以就关于"气候变化"议题在 49 则留言中有 47 则与"毒性"相关，进而确定讨论方向。评论互动的管理也开始向算法这一低成本的操作转移。据 Poynter 调查，《赫芬顿邮报》采用语义分析算法工具 JULIA 来管理新闻评论。JULIA 是"Just a Linguistic Algorithm"（只是一种语言算法）的缩写，这一机器学习的算法程序仅由两人负责，两人

---

① 《从 1.0 到 2.0 "MAGIC" 又给新闻智能生产带来哪些 "魔术"?》，2018 年 8 月 26 日，https：//www.sohu.com/a/250102896_ 770746。

② Dorr, K. N., Mapping the field of Algorithmic Journalism. *Digital Journalism*, 2016, 4 (6)：700 - 722.

即可对该报每天千万数量级的新闻评论做出管理和回应。而且，这一算法具备不断学习的能力，可以掌握各类语言并与不同留言会话。① 由于人工智能具备强大的内容生产功能，它对媒体的产消融合也带来了重要影响，原有的专业型生产、用户型生产，可能进入"用户 + 人工智能生产"（UGC + AIGC）②。

除了写作，人工智能技术还参与了内容管理。一款名为 Spot. IM 的机器人耗资 1300 万美元，其掌握协助管理网络发言，清除垃圾言论（spam - proof）的功能，从而帮助建构更为强健的网络社区。③ 由于智能算法的应用，新闻生产的取向根据民众的口味来判断，新闻标题也逐渐交由人工智能掌管，新闻则处于"无终态"状态，可以随时实时更新。④ 通过智能算法对大规模新闻进行自动化策展，也取得了大量的成果。智能化算法通过综合新闻话题的整体信息，包括背景、历史、当前进度、不同意见和讨论等，呈现事件在事实层面和意见层面的全貌。⑤ 此外，近年来通过智能化的手段对社交媒体上的海量新闻进行大规模自动核查，也成为计算机界的前沿热点。作为人工智能重要分支的自然语言处理技术在核查事实方面取得了若干重要突破。智能化的新闻核查系统（fake news detection system）可以通过预测特定文本被蓄意伪造的概率，自动帮助用户检测和过滤潜在的虚假新闻，并为职业新闻人核查事实提供辅助。在美国 2016 年大选中因虚假新闻备受压力的 Facebook，以及同样面临信息真实性危机的 Google News，相继增加并提升其事实核查的应用。Facebook 于 2017 年开始对可疑的信息添加了警告标签，对"有争议的"信息加上第三方事实核查网站的链接；Google News 于 2017 年引入了事实核查标签，推出了"猫头鹰项目"（Project Owl）等举措。⑥

互联网新技术还催生了新闻聚合类媒体（news aggregator），一种新型的

---

① http：//www. dataversity. net/moderating - 70m - huffpost - comments - with - julia/.

② 恒大研究院：《互联网内容产业报告：内容付费崛起，优质内容为王》，2018 年 7 月 9 日，http：//www. 199it. com/archives/ 746687. html。

③ http：//mediashift. org/2016/09/looking - beyond - comments - spot - im - wants - build - platform - deep - engagement/.

④ 本段参见仇筠茜、陈昌凤《黑箱：人工智能技术与新闻生产格局嬗变》，《新闻界》2018 年第 1 期。

⑤ 陈昌凤、师文：《智能算法运用于新闻策展的技术逻辑与伦理风险》，《新闻界》2019 年第 1 期。

⑥ 陈昌凤、师文：《智能化新闻核查技术：算法、逻辑与局限》，《新闻大学》2018 年第 6 期。

新闻内容供应商。它们通过智能技术抓取互联网上各种渠道的信息，并以特定方式进行整合的网站或新闻客户端。① 传统意义上的聚合类媒体，包括了Google、雅虎等门户网站，这些网站以特定主题分类整合新闻内容，并为用户提供指向特定新闻内容的链接。近年来，以 Buzzfeed、今日头条为代表的中外技术类公司依靠技术手段追踪、分析用户行为，凭借用户真正感兴趣的内容吸引读者，赢得了较为广泛的用户群体和市场份额。新闻聚合类媒体的兴起，正在创造一种全新的受众信息接收生态。借助算法推荐机制，用户得以从互联网的海量信息中高效地获得相对有价值的信息，或得以与有共同兴趣爱好的其他用户进行信息分享。如今，这种算法推荐机制已经成为互联网信息流动的核心逻辑，机器算法在一定程度上决定着信息的意义、信息的流向，以及受众对信息感知的方式。在新闻聚合类媒体的运作中，机器算法的加入，颠覆了传统的新闻采编流程。在传统媒体机构中，由记者进行新闻采访、写作，并经由人工编辑的方式完成编辑和出版流程。但机器算法的运用，则使得新闻聚合类媒体呈现出与传统媒体截然不同的新闻生产逻辑。新闻聚合类媒体是一个信息分发平台，其大部分内容，是借助网络爬虫技术，从各大媒体、网站等内容生产方那里进行信息抓取；并通过机器算法，进行信息的分发。在新闻生产过程中，新闻聚合类媒体用机器算法代替了人工编辑，并且在纳入传统媒体所生产的新闻内容之外，还纳入了用户生产的内容（UGC）；在分发环节，由传统媒体机构生产的内容在聚合类平台上进行了二次分发。机器算法和爬虫技术的运用，则极大提升了生产和分发的效率。如此种种技术，对融合中的传媒业格局产生了颠覆性的影响。②

三 移动技术对媒体融合的影响

移动化技术给传统新闻业带来了巨大的机遇和挑战。早在 2011 年之前，

---

① Isbell, K. (2010), The rise of the news aggregator: Legal implications and best practices, Retrieved from: https://www.researchgate.net/profile/Kimberley_Isbell/publication/228242270_The_Rise_of_the_News_Aggregator_Legal_Implications_and_Best_Practices/links/553e91d70cf20184050f88de.pdf.

② 本段参阅陈昌凤、王宇琦《新闻聚合语境下新闻生产、分发渠道与内容消费的变革》，《中国出版》2017 年第 12 期（《新华文摘》2017 年第 19 期转载）。

新媒体领域就出现了新概念 SoLoMo（Social，local，mobile 的缩写），认为新技术的价值应以社会化、本地化和移动化为三个重要的指标衡量。移动化使得信息组织方式更加灵活了，它也影响着新闻机构的运作模式、改变着移动社会成员接收信息的方式，在时空上解放了阅读者，给传统新闻业的融合战略带来了巨大的机遇和挑战。手机、汽车、便携笔记本电脑和平板电脑等诸多移动终端，成为整合和呈现新闻信息的新平台。终端入网、推送和订阅、App 应用、个性化定制打造出的"移动阅读"，在报纸、广播电视、通讯社的新媒体战略中，占有重要地位。早在 2011 年，美国《纽约时报》《华尔街日报》，英国《卫报》，以及 BBC、CNN、美联社、汤森路透集团，那时都已经在不遗余力地打造移动新媒体。比如，《纽约时报》专门为黑莓手机打造的"生意本黑莓阅读"（DealBook Blackberry reader）App 应用，全天 24 小时提供财经新闻，每分钟更新一次，对权威媒体的财经新闻、信息和金融界的资讯进行整合，同时提供离线阅读和在线阅读，让用户"与重大新闻全天候直接通电"。《纽约时报》的应用程序"时报浏览"（Times Skimmer）中，读者根据喜好定制属于个人的信息版面。它可以用一句话为你说出美国最出彩的新闻，也可以组织起你关注的话题的所有新闻导语。《纽约时报》地产的苹果手机应用（The New York Times Real Estate app for iPhone）是专为 iPhone 打造的手机应用，将房地产行业相关的新闻报道、言论与深度搜索工具进行整合，通过列表整理出最受欢迎的房地产信息，成为纽约客找房的必备和首选。通讯社也在进行移动化升级，路透社的"路透长廊"App（Reuters Gallaries Application）汇集了路透社所有获奖的新闻照片和新闻视频，按照主题进行分类和链接，按照话题、类型、用户兴趣等编织成相互连接的数据库，用户对同一条新闻的阅读可深可浅。路透社还将每天编辑推荐的优质新闻图片整合为幻灯片形式。2011 年广播电视业已经在大力开拓移动战略。BBC 采取碎片化的移动策略，提供音视频娱乐信息。BBC Mobile 的头版以新近电视剧为主打，将视频精彩片段、关键情节和一周集锦剪辑成短片，用户可以轻松下载观看。此外，BBC 还按照网站新闻板块提供的内容，向发送短信的用户提供简短的内容概要、主题的链接，供用户进行深层次的阅读，包括新闻（News）、汽车杂志（Top Gear）、视频短片（Video clips）、足球（Football）、广播（BBCRadio）、旅游新闻（Travel News）、

《神秘博士》（Doctor Who），以及 BBC 音乐（BBC Music）。①

　　根据 2019 年 3 月 DotC United Group（DUG）发布的《2018 年度全球移动互联网市场报告》，全球互联网用户已达 43 亿人次，约占全球人口 57%，智能手机活跃用户持续增长，全球各国移动互联网连接不同程度实现提速，移动互联网发展尚好。中国、美国、日本三大龙头市场，以及印度、印度尼西亚两大新兴市场都为全球移动互联网发展做出了卓越的贡献。2018 年全球移动互联网广告市场飞速扩张，数字广告支出高达 68% 市场份额，其中，美国和中国作为全球移动互联网广告市场增长的领头羊。② 另据 2019 年 7 月 23 日移动数据研究公司 QuestMobile 发布的《中国移动互联网 2019 半年大报告》，到 2019 年 6 月，中国移动互联网月度活跃用户规模为 11.4 亿，用户平均每天花在移动互联网上的时间近 6 小时（人均单日使用时长为 358.2 分钟）。这其中，短视频贡献了六成以上的整体时长增量，小程序的重要性正在逐渐增强，百万量级以上的小程序数量已达 883 个，月活用户超过 500 万的小程序数量增长到了 180 个。③

　　有研究将"移动媒体"界定为个人的、便携式的、用户控制的、交互的、能接入互联网的、可实现用户之间和用户与网络之间信息交换与共享的平台，而"移动传播"，即基于移动媒体的传播，是通过各种移动平台，在用户之间、用户与网络之间进行信息交换的传播过程。④移动通信孕育了移动媒体和移动传播，移动互联网则催生了移动传播。在移动传播中，媒介、信息传播者和接受者都可以是移动的，由技术、人、信息在传播中构建的环境也是移动的，传播以同步性、本地化和个性化的方式，重构了传播环境。⑤随着移动互联网络硬件设施与智能设备的普及化，信息生产与传播机制也发生了深刻变化，并重新塑造了原有的传播格局，衍生出移动传播，媒体、用户、信息

---

　　① 陈昌凤、仇筠茜：《移动化：媒介融合的新战略》，《新闻与写作》（媒体融合蓝皮书特刊）2012 年 3 月。

　　② 《UG：2018 年度全球移动互联网市场报告》，http：//www. sohu. com/a/299370730_ 515969。

　　③ 《移动互联网 2019 年半年报告显示》，http：//finance. sina. com. cn/stock/relnews/cn/2019 - 07 -26/doc - ihytcerm6362112. shtml。

　　④ 邹军：《移动传播研究：概念澄清与核心议题》，《新闻大学》2014 年第 6 期。

　　⑤ Klaus Bruhn Jensen, What's mobile in mobile communication? *Mobile Media & Communication*, 2013（1）：26 -31.

能够适应移动的传播状态。[①] 如今手机被认为是开启了移动传播时代的媒介，它构建了新型的信息与人、与空间的关系，从而也缔造了新型的传播关系。移动带来了融合媒体的新形态，超短视频、移动音频、碎片化信息成为移动时代受欢迎的形态。

移动化技术如今最值得一提的还有 5G（5th Generation），即第五代通信技术的运用，从专业通信角度给 5G 定义的三大应用场景是：eMBB（增强移动宽带），URLLC（高可靠低时延连接），mMTC（海量物联）。增强移动宽带，意味着更高速与高容量的网络，5G 正式商用时，无线接入速率可以达到每秒 1G 左右，可以更好地承载全息影像中多维度视频信息；高可靠低时延连接，低时延的高速率、高清视频传输，AR/VR 也会在 5G 时代进一步推进；海量物联，每平方公里连接的物联网终端数量可以达到 100 万个，超过 4G 的 10 倍，汽车、自行车、冰箱、空调都可以轻松联网，所谓"万物皆媒"。2019 年被称作 5G 元年，4 月韩国三大电信运营商正式开始为大众办理 5G 手机入网手续，美国电信运营商威瑞森公司也在两座美国城市启动了 5G 手机网络服务，中国于 6 月 6 日由工信部向中国电信、中国移动、中国联通、中国广电发放 5G 商用牌照，标志着我国正式进入 5G 商用元年[②]。全球将迎来一个更具魅力的移动互联网时代，媒体与传播必然也会有重要的发展。有研究特别强调 5G 时代沉浸式传播将会大放异彩。在新的 5G 网络技术条件下，VR 技术可以超越早期诸如游戏应用加强身体和社会体验的目的，5G 无线的网络数据传输能力可以使得 VR 设备使用者摆脱早期设备连线的累赘，具有更强的移动性。[③]

5G 具有高速率、低时延、大连接的特点，在媒体方面，一方面，5G 将在技术层面直接或间接带来更高质量的信息传输，以推动媒体融合；另一方面，5G 时代新媒体平台、业态、媒体数量与问题很可能出现巨大变化，从而

[①] 黄楚新、彭韵佳：《我国移动传播的发展现状与趋势》，《新闻与写作》2017 年第 8 期。

[②] 我国跳过 5G 试商用阶段，直接进入 5G 正式商用，比原计划提前了一年。按照工信部原本计划，我国 5G 试验将分两步走：第一步是 2016—2018 年底，为 5G 技术研发试验，主要目标是参与支撑 5G 国际标准制定；第二步是 2018—2020 年，为 5G 产品研发试验，主要目标是开展 5G 预商用测试。

[③] 周逵：《冲突与构想：5G 移动通信技术创新扩散中的社会与传播议题》，《新闻春秋》2019 年6 月。

促使传播方式、媒体格局、舆论生态出现变化，对媒体融合带来新的挑战。实际应用已经验证，在保证5G网络信号可以覆盖的前提下，采用5G信号可以实现更高精度视频、更大数据的稳定传输，5G技术有助于提升视频直播的质量。例如，南方报业传媒集团"南方+"客户端推出的"直播广东"品牌的核心技术支撑平台"南方+"移动媒体直播平台，具备视频、图文、电视信号、专业摄像、手机、无人机等直播综合能力。2019年5月，"南方+"直播平台先后在世界超高清视频产业大会直播中成功试水"4K超高清视频拍摄+5G信号传输"和"VR视频拍摄+5G信号传输"的视频直播，以及在世界电信日纪念大会和"南方+"5G频道上线活动中使用"5G手机拍摄+5G信号传输"的全流程5G移动网络直播。另据爱立信预测，到2021年，将有280亿部移动设备实现互联，其中IoT（物联网）设备将达160亿部，M2M（机器到机器）终端数量将大幅激增。新闻工作者在收集信息和分发信息的时候面对的智能终端更加多样化，信息传播会变得无处不在，呈现形式也将千变万化。[1] 视频直播将是5G应用的主要场景之一。5G条件下，多个摄像头采集的信息可以同时实现高速传输，这意味着用户可以从更多视角来体验一场盛大的活动、一场精彩的比赛，加上高清技术的应用，即使不采用VR技术，用户也可以获得全方位的"进入感"。将大大提高承载着更多的感官功能和信息数量的新兴媒介VR与AR的使用效果。[2]

四　技术优化新闻产品

技术催逼新闻工作者们对一个热点事件做出即时判断，从而快速传播新闻。但是记者们的判断不可能总是正确的，而且即时反应缺乏整体观、缺乏宏观思维。如何解决这样的问题？技术正在逐渐改善这样的状况，比如让数据技术告诉我们采集报道什么样的信息最有吸引力——数据可以指导我们判断哪些信息是更具有新闻价值的。"今日头条"曾抓取2015年全年的用户信息使用的海量大数据，通过技术分析发现：在政务信息方面，具备服务性、

---

[1]　张力：《5G来了!》，微信公众号"人民网舆情数据中心"，2019年6月13日，https：//mp. weixin. qq. com/s/XAU3qZC5GWrgMCXGuWhQ0g。

[2]　慕海昕、彭兰：《新体验、新风险：5G环境中的人与传播》，《新闻论坛》2019年第3期。

专业性、趣味性、本地化、互动性特征的信息，是最引人关注的。这类利用数据技术做出的分析，有利于信息生产、新闻生产的方向性策略的确定。

程序化技术运用也在改善新闻传播。互联网时代的信息时代已经变得非常程序化，纯靠数据驱动的新闻已经出现，数据新闻和计算机辅助新闻报道使用数据加强深度调查，发现信息之间隐藏的逻辑关系，并增强报告的说服力。程序员扩大了传统记者进行新闻操作的范围和功能，出现了一种全新的"程序员式记者"（programmer – jounalist）。他们进行"结构化信息"（structured information）的收集，这些信息是可以直接剪切、拼接和放入电脑程序的信息，也就是可以被计算机抓取的数据。《芝加哥论坛报》的"芝加哥犯罪"（Chicago Crimes）网站使用结构化信息作为要素，并使用社区地图和统计表作为演示的手段。它能够以各种街道，甚至社区和建筑物中为原点呈现各种类型的犯罪信息。该信息可以是过去一天、几天，甚至几个月或几年的信息。通过将鼠标放在任何一个社区上，都可以获得该社区的犯罪统计数据；点击社区将获得更详细的所有定居点和建筑物的犯罪点映射图，进一步的点击会在更加精确的范围内查询结果。一些重要的犯罪信息附有深入的报告链接。同时还有可视化的图形信息，以及相应的表格信息，里面列出了犯罪情况和生活质量指数。通过互联网获取结构化信息，并且把自己的作品也以结构化的方式呈现——将来在同类事件上就可以给后来的记者抓取、使用和参考。[1]

技术也在创新信息类型。人们对特定信息的需求催生了大量小规模的信息载体，2010 年前后国际传统媒体开设的个人专营网站的兴起就是这样的案例。如今这种形态已经在自媒体领域非常普遍。Wonkblog 是华盛顿邮报网络的政策博客，该公司运营之初反响就颇佳。道琼斯公司 AllThings D 则创造了一种新型媒体。[2] 今天，这些特点已被转移到个人网站之中，而不再是大公司的特权。例如，由著名的个体经营媒体专家 Ben Thompson 经营的 Stratechery. com 网站提供了大量科技领域的战略和商业信息，是各大科技企业必须阅读

---

① 以上参见陈昌凤《融合式报道与程序化新闻信息改变思维》，《新闻与写作》2013 年第 12 期。
② 陈昌凤：《自主的媒体人与个人专营网站的崛起——网络时代传统新闻戒律正在被颠覆》，《新闻与写作》2013 年第 9 期。

的博客；TimUrban 开设了 waitbutwhy.com 网站，内容深度远远超越传统媒体，有些文章甚至达到单篇 9 万字的长度。在中国，这种独特形式的新媒体，从每天记录一分钟的"罗辑思维"到媒体大量进驻的"今日头条"，都发挥着不容小觑的影响力。这些通过新技术建立起的媒体大多使用 KOL（Key Opinion Leader，关键意见领袖）模式，它不仅创新媒体形式，而且改变新闻媒体的传统观念——打破了传统新闻业强调的客观、中立，事实和观点不可混杂的传统。很多的习惯和观念都被分解了。这种媒体之中不仅有大量的意见、态度和个人表达，而且结合了信息、新闻和观点，使得各类内容不再需要分类。

与此同时，媒体也开始了通过使用网络平台实现细分和独特内容的策略。依照传统策略，媒体会保持内容的一致性，以不同的形态去适应不同的平台；而目前，媒体已经开始为特定平台的受众制作与其他平台不同的内容，并通过特定的渠道进行精准传播。中国的"今日头条"使用了算法技术，将特定的信息服务推向不同的用户。传统媒体已经逐步开始了这种内容精准化传播的策略。例如，《纽约时报》创建的食品网站不仅美观，而且还开发配套的应用软件；美国在线媒体"BuzzFeed"的报道领域原本集中于娱乐和生活方式信息，目前增加了新的严肃新闻报道、调查报道和长篇报道等，正在创造一种独特的新闻体验；新媒体集团 Vox 拥有一个餐饮网站 Eater、一个专注于的购物和零售领域的网站 Racked、一个房地产信息网站 Curbed、一个综合新闻网站 VOX、一个游戏网站 Polygon、一个体育网站 SBNation、一个技术文化网站 TheVerge 以及技术领域网站 Recode。整个大媒体集团分为不同类型的信息，每个子网站都集中在一定的服务领域，形成了具有自己特色的大量网站，充分满足了人们对信息的深度需求，这些产品是更有前景的信息产品。

第二节　技术融合的集大成产品：中央厨房

"中央厨房"的概念应用，是媒体融合领域一个了不起的创新，是媒体融合发展的阶段性高点，全球媒体都曾努力拓展这个"中央厨房"的功能。在中国，人民日报社通过实践"中央厨房"的模式开辟了中国传媒发展的新格局。《人民日报》的"中央厨房"是贴近广大受众，投眼国际，面向未来的新一代内容制作、传播和运营系统。该系统的主线是信息内容的制作和传播，不仅服务于人民日报下的各类媒体，也为整个传媒行业搭建了一个公共平台，以此集聚各方资源支持、制作高质量的内容，形成发展合力。"中央厨房"已成为传统媒体转型和新闻改革的领跑者。

一 人民日报社的融合旗帜：中央厨房及其架构

《人民日报》于 2014 年成立报社内部各部门的联合工作团队，启动人民日报"中央厨房"的建设，这是人民日报在融合方面的核心产品，也成为如今引领中国报业的典范性融合成果。人民日报"中央厨房"于 2016 年投入使用，主要服务于人民日报总编室、人民日报"报、网、端、微"等业务部门人员以及新成立的"融媒体工作室"。人民日报中央厨房的组织架构如图 3.1 所示。

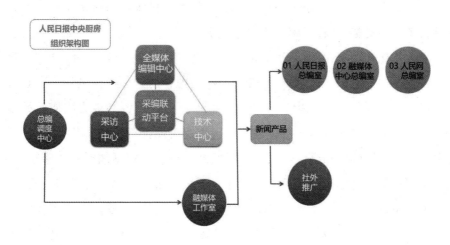

图 3.1 人民日报中央厨房的组织架构①

人民日报的"中央厨房"是报刊新闻采集、运营和管理的指挥中心和中央控制平台。报社领导可以控制"中央厨房"中的所有媒体，有效实现所有媒体产品的收集、制作和发行。人民日报"中央厨房"遵循"一体策划、一

---

① 叶蓁蓁：《人民日报"中央厨房"有什么不一样?》，《新闻战线》2017 年第 2 期。

次采集、多种生成、多元传播、全天滚动、全球覆盖"的设计理念，已建成三个平台，包括空间平台、技术平台和新闻业务平台。人民日报传媒科技有限公司建设并运营的"中央厨房"位于人民日报社中新媒体大厦 10 楼，建筑面积约 3200 平方米。专注于内容制作和传播的"中央厨房"不仅服务于人民日报的各类媒体，还为整个传媒行业搭建了一个公共平台，支持高质量内容的制作，收集资源来自各方，形成发展合力。人民日报社社长杨振武对"中央厨房"的定义是：面向受众、面向国际、面向未来的新一代的融合传播体系。"新一代系统"① 意味着新的内容生产、新的传播方式和新的管理运行模式。

在媒体融合时代，传统媒体的转型已成为一种必然的趋势，但很难发现一种各媒体通用的模式。根据不同媒体的基础实力和发展条件，需要建立其不同媒体各具特色的融合路径。人民日报社的中央厨房媒体工作室是在《人民日报》传统纸媒和媒体整合战略体系的条件下成立的。在不断变化的观众需求的情况下，人民日报坚持拓展媒体整合品牌和探索创新新闻制作方式，对于传统媒体的整合路径具有一定的参考意义。

在信息化和数据化的时代背景下，"新闻记者"逐渐成为"内容制作者"，简单的新闻文章写作已开始转变为新闻内容的"多媒体策划"。但从总体情况来看，媒体产业之中存在低端产能严重过剩、各种内容同质化严重、高端内容较为稀缺的问题。数据的干预可以提升新闻的价值，帮助受众更好地掌握信息的准确性和高度。人们可以使用数据信息将新闻事件的感知增加到更深层次的信息知识中。2016 年以来，人民日报的中央厨房数据新闻与可视化实验室顺应了这一趋势。它以时代特色新闻为内容主题，以"大数据＋"为出发点，借助各种报告形式和可视化工具，制作除了多次会议的特色报道。尤其是关于两会政府工作报告数据的报道，新经济解释系列报道、"世界无烟日"H5 报道和全国旅行日报道等，都是一些深入的特色报道，具有一定的传播性以及影响力。

---

① 叶蓁蓁、关玉霞、戴玉、周祎、魏贺：《人民日报中央厨房："大数据＋"模式推动媒体供给侧改革》，《新闻战线》2016 年第 7 期。

二　人民日报社中央厨房：技术引领内容创新

人民日报不是第一个建立"中央厨房"的媒体，但人民日报的"中央厨房"在建设过程中，引起了业界的广泛关注，被普遍视为媒体融合发展的标杆。人民日报传媒技术总经理叶蓁蓁总结了"中央厨房"的三大创新，即"顶级设计""生态体系"和"技术体系"①。内容创新是技术创新的核心目标。

首先，人民日报"中央厨房"是一个设计完整的媒体融合系统。这一系统是根据中央领导的意见搭建的顶层设计，人民日报"中央厨房"在中央宣传部的直接指导下，结合过去两年中自身运营实践，借鉴国内外媒体同行的摸索经验，设计出了一套全新的运营模式，并进行了完备系统开发与整合。2016 年 2 月 19 日，习近平总书记调研人民日报时，充分肯定了"中央厨房"的方法。

整体结构上，主编调度中心是整个体系的指挥中心，是战略制定、采写、编辑、分发网络的核心层，这一机构负责宣传任务协调、重大专题规划、采访人员指挥等工作。采编联动平台是平台性的联动机构，它由一个采访中心、一个编辑中心和一个技术中心三部分组成。它负责执行指令并按需收集反馈。这部分的人员来自"报纸、网站、客户端、微博、微信"等多个部门，所有人共同组成一个统一的工作小组，听从调度中心的命令生产和处理所有媒体新闻产品，所有产品直接录入后台新闻稿件库。报纸总编室、新媒体中心总编室、人民网总编室都要从这个新闻稿库中获取稿件。这些新闻稿件可以直接作为成品出版，也可以作为其他新闻的素材被再次加工。所有产品首先由社交媒体推出，然后推广到国内外各大合作媒体。目前，人民日报的"中央厨房"可以提供 18 种语言的新闻产品，并为全球 500 个主要媒体和新闻网站提供支持。

在上述组织结构下，人民日报提供相应的完整运作机制，包括总编辑会议、采访前会议等。人民日报通过编辑协调会和采前会等形式部署日常

---

① 叶蓁蓁：《人民日报"中央厨房"有什么不一样》，《新闻战线》2017 年第 2 期。

编辑任务、组织编辑活动。总编辑是"中央厨房"日常运作的最高决策机构。每周一下午，总编辑会召开定期协调会，对前一周的新闻传播效果进行回顾评论，协调编辑联动工作，安排本周重要的宣传任务并对重大新闻选题进行讨论。采前会议制度由当日的副主编主持，在每天早上举行，编辑调度中心、媒体编辑中心、技术中心和报刊采访部领导都需要参加会议。会议内容包括汇报选题、报道新闻线索、研究当日公众舆论、讨论关键稿件、布局编辑和相应工作①。此外，还建立起了重大突发事件紧急报告机制，安排专职工作人员 24 小时监测，同时进行融合新闻的生产、加工和传播。

以"中央厨房"为机构，人民日报已经实现了报纸的业务和采编的分离。地方事务部、经济和社会事务部、政治事务部和体育部被一体化的采访部门所取代。原来的版面编辑工作已转移到总编室进行。同时，采访人员实现了整合管理。在机制上，服务于各个平台的记者的身份保持不变，各种薪水待遇保持不变。基本工资还由原单位支付，但绩效工资由使用单位进行评估审定，"独家、原创、深度、首发"的稿件可以获得较高的报酬。

为了提高内容质量、生产多样的产品，促使媒体人的创造力产生更大的内容价值，人民日报的"中央厨房"对机制进行了大刀阔斧的改革，建立了一个全新的业务线，鼓励报纸、网站、客户端和微博微信的记者与编辑根据兴趣、能力进行组合，共同进行项目建设，实现资源嫁接，最终实现跨界生产、创造新产品，充分释放整个媒体的生产活力，这也是"中央厨房"从重大事件报道到常规事件的一次崭新尝试。人民日报"中央厨房"不仅追求"千人一面"的大事件推广，还通过信息后处理和深加工激发各渠道积极性，创造内涵价值。

媒体工作室建立起了"四跨" + "五支持"机制②："四跨"可以让记者编辑跨部门、跨媒体、跨地区、跨学科进行私下组织，建立起小型的作战突

---

① 《人民日报"中央厨房"介绍》，《中国传媒科技》2017 年第 4 期。
② 李天行、周婷、贾远方：《人民日报中央厨房"融媒体工作室"再探媒体融合新模式》，《中国记者》2017 年第 1 期。

击队;"五支持"是"中央厨房"作为一个媒体孵化器,要负责在五个方面提供支持——资金、技术、推广、运营等,目前,已开设学习大国、麻辣财经、国策说、一本正经等16个工作室,内容包括政治、文化、教育、社会和国际等领域。融合媒体工作室极大地激发了记者的内容创作激情。

其次,人民日报"中央厨房"是一个融合技术体系。它不是一个内部IT系统,而是大数据、移动性、可视化和智能媒介的融合产物。

技术系统旨在为所有新闻线索,选定主题,沟通效果和操作效果提供数据支持。"中央厨房"通过整个网络捕获的实时数据,全国各地发生的热门事件可以即时在地图上呈现;新闻线索不再依赖于记者的亲身体验,而可以通过互联网进行抓取和分析;通过评估传播效果和对用户肖像进行描绘进行新媒体运作,每篇文章都有真实的效果评估和反馈;通过数据分析,媒体可以深刻理解用户的阅读偏好和行为特点。这些技术产品的功能可用于"中央厨房"大厅,也可以呈现在电脑、iPad和手机等终端上,还支持实现远程工作、并通过"人机交互"完成部分工作。

新闻的采写编辑主要由采编联动平台负责,除此之外报纸版面智能设计系统和视觉产品制作平台可以为产品增色。采编联动平台是内容制作的协调工具,职责是执行报道组织并按需收集反馈。报纸版面智能化设计系统用于提高报纸布局的排版效率。它是一个智能设计工具,具有内容审查与编排等功能。视觉产品制作平台是编辑记者的H5制作工具。它消除了编辑们的技术障碍,提高了生产效率。内容推荐系统支持移动互联网,App、微信、微博等平台一键发布,并推送给新闻用户。

最后,人民日报"中央厨房"是一个软件平台,可以进行内容分发、舆情监测、对用户行为展开分析并进行可视化产品制作等一系列集合技术工具,前后期编辑人员始终在线连接,所有终端通道均集成一体化,逐渐形成了新媒体优先、报纸深入挖掘的全方位媒体报道工作模式。"中央厨房"还可以根据用户发布的评论信息对用户进行情绪分析,了解用户对新闻的偏好,并进行个性化推荐,以实现准确的新闻推送。在2017年两会期间,基于机器学习、语音识别交互、运动控制等技术的实体机器人"小融"进入人民日报中央厨房大厅,这款机器人具备热点实时播报功能并可以与一线记者语音互动。

在与记者进行语音互动时，小融不仅可以向记者提供语音查询服务，而且"中央厨房"的在线总编可以在通过"小融"直接定位到一线记者的具体方位，大大提高两次会议报告的效率和协调运作与沟通。①

在未来上百年最具影响力的技术包括移动化、智能化和数据化，目前已经被用于新闻媒体行业的各个方面。技术的使用是使新闻生产和沟通更容易、更方便和更有效。"中央厨房"的技术解决方案是中国媒体集成手段，它已经使十多家与媒体技术相关并且在各自领域处于领先地位的公司成为技术工具支持，并被汇集到一个融合云中供整个行业使用。中央厨房在降低媒体融合技术门槛上也进行了一些尝试。如果媒体要创建一个全新的直播产品"人民日报 Live Office"，只需敲入一段代码，所有媒体客户端就可以连接到实时视频工具，所有的媒体客户端就都具备了直播的技术基础，后端系统支持五路信号统一接入，媒体可以使用导游台控制设置延迟时间，来引导内容并避免广播风险。与其他商业网站相比，这种机制是独一无二的。例如，他们几年前就创建了两套 H5 制作工具，一套是普通编辑使用的基本级别，另一套是高级编辑使用的专业级别。哪个单位需要做专业的 H5、VR 或视频，可以直接在融合云上发送内容包，技术系统是完全开放的。这意味着全国范围内的所有媒体团队可以使用技术工具接受内容包并完成产品制作。

再次，人民日报"中央厨房"创建了一个开放合作的生态系统，它不仅仅局限于人民日报内部进行媒体整合与发展，而是创建起一个新的开放式协作新内容平台。目前，人民日报的"中央厨房"系统已经与全国范围内多家当地媒体建立了战略合作关系，合作能够通过内容资源共享，协作生产、建设工作室帮助各地方媒体加快整合过程。比如"国策说"视频节目登陆地方电视台，这也引导和带动了许多传统媒体使用大数据、云计算和数据可视化等新技术创作内容。从技术上讲，它可以帮助媒体同行避免走弯路，快速建设专属小厨房，并可根据独特的需要与人民日报"中央厨房"连接，实现内容合作、资源整合与沟通。

---

① 《人民日报"中央厨房"介绍》，《中国传媒科技》2017 年第 4 期。

三　人民日报社中央厨房革新的意义与未来方向

"中央厨房"的大胆改革源于对人民日报、对传统媒体的一系列观察和判断，它的使命是改变媒体存在的下列问题：

第一，低端产能过剩。媒体内容制作主体正在由以往专业机构主导的PGC生产模式向由专业机构、用户和各种社会团体生产的 PGC ＋ UGC ＋ OGC 模式转变。但是，生产实体的多样化并没有显著提高信息内容的质量，普通用户和媒体从业者都不满意他们收到的信息和媒体服务。

第二，高质量内容供应严重不足。重要的、及时的、深入的、互动的、沉浸式的信息内容和传播方式远远不能满足需求巨大的用户市场。规模庞大的内容需求市场中，移动终端的迅速普及不给具有权威性、原创性的高端内容更大的传播空间。

第三，内容产业迫切需要供给侧结构性改革。内容制作中存在严重的结构性不平衡。因此，需要强化技术支持、构建顶层设计、确立沟通和生态的核心目标，战略性启动新型传播生态模式。

因此，人民日报"中央厨房"式的改革，是希望通过建立一套新机制来激活系统，产生新的生产能力，为用户提供创新型的内容。目前，人民日报系统是旗舰＋三大平台＋新平台构建的系统。旗舰是报纸——《人民日报》，三个平台是人民日报、两微终端和户外电子屏幕。其用户总数到 2017 年前已经达到 3.5 亿。做好内容始终是最关键也是最重要的任务。在媒体之外的大量行业正在走向"内容＋"的背景下，"中央厨房"所要做的同样是"内容＋"。

随着技术的演进，移动互联网的地位将会由智能互联网取代，将来将会进入人联网时代，而未来媒体的核心功能仍将为生产优质的内容产品、思想产品。中国媒体独特的价值模式是：作为执政资源和治理手段的政治价值，凝聚共识弥合分歧的社会价值，记录时代传承文明的文化价值，连接用户服务市场的商业价值。融合发展需要流程再造、结构调整、用户关系重构、善用资本力量四轮驱动。[①] 人民日报"中央厨房"的建设正在继续按照中央关

---

① 叶蓁蓁：《"互联网＋"巨变刚刚开始——从中央厨房的建设理念谈起》，《中国编辑》2017年第 9 期。

于推进媒体深度融合的要求，建立并充实数据新闻及可视化报道团队，推进"媒体融合云"的落地合作，提升新闻生产力和传播力。

第三节 "新闻客户端"：媒体融合的重要切入点

在传统媒体与新兴媒体的融合中，二维码、云报、移动客户端的发展已成为中国传统媒体进入移动互联网的常用方式，移动客户端的发展最为普遍。新闻客户端成为继新闻网站之后，报纸、电视、广播、通讯社乃至传统门户WEP端网站应对互联网变革挑战的重要平台。随着传统媒体形态的式微，生存危机迫使其必须开辟路径以保存、提升用户数量。而对于门户网站来说，移动端新闻阅读的发展分流了WEP端的流量，一定程度上对原有的门户网站造成冲击，发展新闻客户端也是其保持、扩大互联网原有影响力，进一步扩大用户规模的重要路径。因此，移动互联成为大势所趋的今天，新闻客户端成为各类媒体展开竞争、进行媒体融合的重要平台。因而，了解新闻客户端的发展路径，相当于了解融合媒体实践的一个重要窗口。

一 新闻客户端的兴起

新闻客户端正在成为移动互联网时代的"新宠"，中外媒体都在努力打造自己独特的新闻客户端。客户端（Client，亦称用户端），是与服务器相对应、为客户提供本地服务的程序。新闻客户端是为用户提供新闻的程序、应用，它与"服务器"是一对相对的设备。通常情况下，安装于用户个人设备上、在本地运行的应用程序，都需要客户端与服务器一起工作，服务器是信息聚合、存储和分发的通用端口。客户端的种类多样，人们通常使用的电子邮件收发端口、网络浏览器等都属于客户端。如今我们所说的"新闻客户端"，一般是指移动终端（手机、平板电脑、智能穿戴设备等）使用、以无线方式接收信息的新闻资讯类应用程序，其主要功能是为用户提供新闻信息、娱乐程序及其他类型的信息服务。

数字化网络化的新媒介时代，打造自己的新媒体平台、兴办移动新闻客户端是传统媒体面对生存发展危机的重要选择。在融合发展的过程中，各个媒体的客户端路径选择存在较大差异，目前形成"流程转变""载体转变"和"资源共享"三种路径。

中国新闻客户端发轫于 2010 年前后，随后 3 年间，各大门户网站由 WAP 转战客户端，在新闻阅读领域展开竞争。2010 年 6 月，搜狐公司推出我国首个新闻类客户端，目标是"实时定位"与"个性化阅读"；2010 年 10 月，腾讯推出 ios 版新闻客户端"腾讯新闻"的目标是"洞察真相"的"事实派"；2011 年网易门户事业部推出新闻客户端"网易新闻"，要做"有态度"的新闻报道，并重视与用户互动。随后新浪、百度、凤凰等门户网站纷纷推出新闻客户端。2013 年 4 月搜狐首家宣布该公司旗下搜狐新闻客户端成为国内首个用户数突破 1 亿的新闻客户端。在初期的三四年内，中国新闻客户端市场上由门户网站转型的产品，占据了多半份额，搜狐、腾讯、网易、新浪、凤凰居前五，共占据新闻移动客户端市场超过七成的份额。

新闻客户端很快也成为传统媒体的新式武器。据人民日报的报道，自 2010 年该报启动自主研发手机客户端起不到一年的时间，相继推出了二十余种客户端软件，涵盖了大部分主流智能手机系统，业务涉及新闻阅读、互动社区、企业应用等。2011 年 5 月人民网基于苹果平台的客户端中、英、日、西、俄、法、阿七语种的新闻客户端全部上线，2012 年 5 月人民日报安卓客户端正式面向全球用户发布，2014 年 6 月人民日报客户端宣布正式上线，时任社长杨振武在人民日报的融合发展战略布局中指出，客户端是一个重要切入点，将借助移动平台，充分展现人民日报的各类优质新闻内容。它不是简单照搬报纸内容，而是要立足移动互联网传播，改变传统报纸的采编机制流程，呈现符合用户需要的新闻信息。以客户端上线为标志，人民日报将形成法人微博、微信公众账号、客户端三位一体的移动传播布局，从单一的纸质媒体，演变为融合报纸、刊物、网站、微博、微信、客户端、电子阅报栏、二维码、手机报、网络电视等多种传播形态的现代化全媒体矩阵。①

---

① 《人民日报客户端上线》，http：//paper. people. com. cn/xwzx/html/2014 - 07/01/content _ 1483756. htm。

2014 年 6 月，与中央级媒体人民日报推出客户端"人民日报"几乎同时，国家级通讯社新华社也推出了自己的客户端产品"新华社发布"，被视为中国媒体大力转型、加速传统媒体与新兴媒体全方位融合的重大举措。这也标志着中国的传统报纸媒体开始掀起客户端热潮。为拓展移动市场，国内报纸媒体普遍采取在 iPhone 和 iPad 的苹果操作系统、安卓系统上开发客户端，有的同时采取抢占智能移动终端的方式开发本报阅读器，但多都无果而终。2014 年起媒体融合成为国家部署的战略，传统媒体即大规模向移动互联领域转型，新闻客户端成为重要选择。2014 年紧随人民日报之后的，是浙江日报推出新媒体产品"浙江新闻"，成为媒体融合先锋浙报集团最受瞩目的新媒体产品；同年 7 月，上报集团推出"澎湃新闻"。据统计，2011—2014 年间，报纸推出新闻客户端的比例由 11% 猛增至 72%，[①] 客户端已经成为传统媒体进行转型的"标配"。这意味着我国传统媒体融合转型发展已经从借助外部平台分发内容，发展到独立运营自己的新媒体。

随着手机客户端市场不断壮大，以客户端接入手机网络成为超过半数手机网民的选择，政策与市场大背景合力之下，新闻客户端用户规模持续性扩大，2014 年新闻类客户端在手机使用者中的安装比例约为 59.6%[②]，用户规模已经达到 4.95 亿[③]。其中以 35.8% 的手机网民选择客户端为资讯获取的首要途径。在使用频率方面，2014 年新闻客户端活跃用户每人每日运行情况中，每天打开次数在 1—2 次间的用户占比最大，达到 46.4%，其次打开 3—5 次的手机用户占比约为 35.0%；在使用时长方面，"搜狐新闻"当时据称人均日均运行时长达到了 15.6 分钟，大部分新闻类应用的运行时间不满 10 分钟（如本章第一节所述，2019 年 6 月我国移动互联网人均单日使用时长平均已经达到 358.2 分钟，用于移动客户端的时长自然也提高了许多）；在使用功能方面，2014 年超过半数（50.4%）的用户会使用客户端自带新闻频道进行阅读新闻，45.4% 的用户使用自定义订阅功能阅读新闻，评论跟帖、阅读新闻弹

---

① 刘胜、袁超一：《党报传媒集团做新闻客户端的优势——动向新闻客户端异军突起的背后》，《新闻前哨》2015 年第 3 期。

② 艾瑞咨询：《2014 中国移动互联网情况》，http：//news. iresearch. cn/zt/246303. shtml。

③ 《2014 年 Q4 中国手机新闻客户端市场研究报告》，比达网，http：//www. bigdata - research. cn/content/201502/171. html。

窗推送的用户比例分居第三、四位①；在使用场景方面，乘坐交通工具、睡前为最高频出现的场景，时段呈现大体分散，若干时间集中的特点。总的来说，随着用户数量激增，竞争者大量涌入，市场和移动互联领域商业模式逐步完善，手机新闻客户端的发展模式发生了 4 个转变：由内容竞争为主到内容、技术、运营结合的全方位竞争；由同质化倾向转为追求差异化；由单纯的阅读工具升级为流量分发平台；盈利模式更加多元。

二　新闻客户端分类

新闻客户端按照内容生产模式可以分为三种样态——PGC、AAC 和 RSS、UGC。② 本研究认为此划分方式有一定的合理性：首先新闻客户端是以承载新闻内容为目标的，因此以内容如何生产作为其标识有合理性；其次传统媒体较之门户网站等机构，显性的区别就是表现在内容生产模式上。

PGC（Professionally - generated Content）是指专业化生产新闻内容的客户端，是由专业性较强的媒介组织运用成形的生产体系进行新闻产品生产与传播的客户端。此种类型的客户端从采编流程、内容设置遵循新闻专业生产的模式。由于内容生产需要相当成本，这种形态在互联网界较为稀缺，目前几乎传统媒体转型都用了客户端，都是 PGC 类型。这类客户端包括多家媒体出产的客户端如人民日报、新华社、央视等的客户端，或者专门机构生产的客户端如澎湃新闻。

AAC（Advanced - technology）指通过智能分析技术直接提取新闻信息的聚合平台型的客户端，这种类型技术性较强，能够无须人工二次编辑直接抓取新闻、推送用户新闻客户端。此种类型的客户端通常与 RSS 技术结合使用，在强大的互联网资源下利用爬虫等技术手段进行智能化新闻聚合，具有技术驱动性、资源整合性、兴趣推荐性的特点。国内较有代表性的客户端有今日头条、百度新闻等。今日头条目前也带有 UGC 的内容。

UGC（User - generated Content）指用户生产内容的新闻客户端，主要依

---

① 吕弘毅：《传播学视阈下的移动新闻客户端研究》，广西师范学院，硕士学位论文，2014 年。
② 张永芹：《移动"纸媒"：梦想能否照进现实？2012 年移动新媒体新闻客户端影响力研究——以我国报纸类手机新闻客户端为例》，《新闻实践》2012 年第 9 期。

赖其用户群的生产力量产出内容，以客户端为平台进行展示与传播。UGC 模式生产新闻专业性较弱、参与门槛低，常常以自媒体形态出现，一些无原生机构的在线新闻平台即以此方式生产内容。它也是许多专业媒体的生产源，尤其是国际媒体广泛采用 UGC 扩大其产品量、获得独家信息源，中国媒体一般不采用 UGC 以避免各种风险，但澎湃新闻的"热追问"栏目可以自作 UGC 产品。国内的 UGC 新闻客户端主要在社交性客户端中有所体现，如新浪微博。

三　传统媒体转型利器——客户端案例分析

（一）党报客户端发展现状

2014 年 8 月党中央出台《关于推动传统媒体和新兴媒体融合发展的指导意见》至今正好五年。五年来，各级媒体积极探索融合发展的路径，着力提升党的新闻传播的传播力、引导力、影响力、公信力。本节借鉴人民网于 2019 年 7 月 30 日发布的《2019 全国党报融合传播指数报告》的数据，呈现党报客户端的发展现状。①

根据人民网对 2019 年 1 月 1 日—5 月 15 日全国 377 家三级党报（中央级报纸 12 家，省级党报 33 家，地市级党报 332 家）的考察，全部党报的网站开通率为 93.4%，82.8% 入驻聚合类新闻客户端；76.1%（287 家）党报自建了新闻客户端。在监测的 11 个安卓应用商店中，党报的安卓新闻客户端下载量均值为 245.1 万，较上一年同期增长 29%。下载量过千万的党报客户端有 12 个，百万级的 22 个，十万级的 63 个，万级的党报客户端占比最高，为 43%，下载量不足 1 万的党报新闻客户端占 23%。人民日报客户端下载量最高，接近 2.8 亿。

接下来本研究选取《东方早报》转型而成的"澎湃新闻"、《解放日报》转型而成的"上海观察"和新华社转型而成的"新华社发布"三个客户端为研究对象，以其转型路径和发展现状为起点，通过实地调研、参与式观察和

---

① 参见人民网《人民网副总裁唐维红发布〈2019 全国党报融合传播指数报告〉》，"人民数据"微信公众号，2019 年 7 月 31 日。

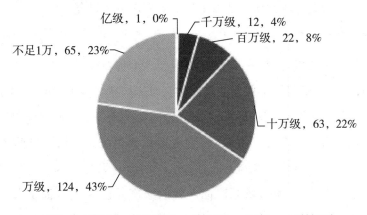

图 3.2　2019 年党报新闻客户端下载量

访谈的方法，分析和研究其发展路径中的优势、劣势。①

　　本研究所选取的三个对象发展路径与发展现状有较大差别，发展中呈现出不同的特色。转型发展之前，《东方早报》是上海市的都市报，其定位是以长三角信息为主的财经类综合性日报；《解放日报》是中共上海市委机关报，具有党报性质；"新华社"（"新华通讯社"），具有国家通讯社的性质，同时是一家世界性通讯社，是媒体类型多样的全媒体机构。转型发展之后，"澎湃新闻"专注于时政与思想，成为思政领域内纵深发展的典范。"上海观察"独探付费阅读道路，立足上海党政干部和公务员群体的需要，与政府展开深层次互动。"新华社发布"以强大的信息为支撑，集成各国、全国各个分社资源，以技术、内容相结合的新形式产品为售点，成为实现首个盈利的传统媒体转型新闻客户端。

　　因此上述三个客户端"澎湃新闻""上海观察""新华社发布"的母媒体转型前性质和类型各有不同——既有都市类媒体，又有党属媒体、国家级媒体；既有报纸，又有通讯社；转型后发展路径与定位亦各有不同——免费全国性思政客户端、付费地区性党政客户端、免费全国性党政客户端，各有一

　　① 本节参见陈昌凤、鲍涵《全员转型与生产流程再造：传统媒体的融合转型分析》，《新闻与写作》2015 年第 9 期；清华大学新闻与传播学院毕业生毕业论文，鲍涵《媒介融合背景下〈东方早报〉与澎湃新闻的竞争战略研究》（2015 年 5 月）。

定的代表性。因此，本次研究选取上述三个客户端为研究对象。

（二）客户端基本状况对比

第一类，都市报转型——时政化专业型"澎湃新闻"。

2014 年 7 月 22 日，上海报业集团的新媒体产品"澎湃新闻"在苹果 app-store 亮相，同日 PC 端网站开通。"澎湃新闻"的前身是上海报业集团旗下的著名综合性都市报《东方早报》，转型之后总部仍位于上海，目前"澎湃新闻"致力于打造一款以互联网为平台、以"时政与思想"为主要聚焦、以深度原创内容为核心竞争的新闻产品。目前该产品已完成全面覆盖，PC 端、WAP 端、智能手机客户端和 iPad 客户端均已上线，从地域分布上看，北上广、长三角、珠三角三个地区是用户覆盖集中区域，上海地区用户量占用户总量 19.8%，其次比重较大的地区分别为北京（17.8%）、广州（13%）、浙江省（9%）。目前"澎湃新闻"下载装机量突破 1200 万，单日活跃用户量超过 180 万。

"澎湃新闻"具有相当的影响力，其发刊词《我心澎湃如昨》在互联网引发各方强烈关注，随后其王牌栏目"打虎记"顺应时事节点，对重大反腐新闻进行一系列强有力的报道，为澎湃新闻赢得大量拥趸。2014 年底中国年度新锐颁奖典礼上，该新闻产品获得"年度传媒之新媒体"的称号。它是以市场化模式运营的党属媒体，由政府直接投资支持的新媒体试点。内部工作人员无事业编制，在人员招聘、薪酬用工、进退待遇方面遵照市场模式进行。

第二类，通讯社转型——新闻集成型"新华社发布"。

2014 年 6 月 11 日，国家通讯社"新华社"推出第一款新闻应用产品"新华社发布"，以强大的采编优势为主打，突出"国社"权威特色的"新华社发布"是党媒在互联网时代抢占舆论阵地、重拾话语权的重要战略性产品，也是响应媒体融合趋势的重大举措。这款国内唯一的全球一手资讯平台标榜"差异化信息来源"，是全球资讯现场报道的出口。目前该产品的下载装机量已经突破 3300 万。

强有力的内容制造团队是"新华社发布"的撒手锏，编辑工作由新华社从各部门抽调组成"新媒体中心"承担。新华社借力全国分社的资源优势，将"新华社发布"与全国各地党政新闻客户端分端相连接。运营初期以"巴西世界杯"为主打，49 人的报道团队占到巴西前线国内媒体持证记者半数。后期"新华社发布"以增强特色服务和提供个性化咨询为主打，聚集权威信息、扩展集群效应，客户端成为新华社进行新媒体转型的龙头产品。

它在性质上是党媒，国务院信息化工作办公室将新华社定位为全国性时政客户端、党政客户端的最大内容、服务提供商。作为国家级通讯社的重点新媒体产品，"新华社发布"是党中央进一步巩固宣传阵地的重大战略部署。在推广运营模式上，逐步向市场化模式靠拢，建立起新华新媒文化传播有限公司，对客户端进行进一步开发、推广。

第三类，党报转型——地域化付费型"上海观察"。

2014 年 1 月 1 日，上海报业集团第一个新媒体客户端"上海观察"正式推出。"上海观察"是解放日报社出品的收费新闻客户端。以"聚焦上海、深度评析"为宗旨，"上海观察"着眼于上海本地政经新闻的报道与解读，上海观察客户端将目标受众定为沪市公务员群体，并将逐步扩展到关注上海市政经的高端人群，以付费模式为门槛着力打造地域化党政新闻精品客户端。2014 年 10 月完成改版，目前下载装机量已达到 52 万，收费用户 28 万，其中约 26 万用户为公费订阅。

"上海观察"的运营团队小而精，由解放日报抽调人员为主组成 12 人规模的团队进行内容生产、运营推广，这是党报优化采编流程、精减人员解放生产力的重要举措。以分众化传播形成聚众之势，扩大影响力的同时赢得了良好的口碑，为解放日报进行新媒体转型打响第一枪，被称为党报的"自贸区"。

这是党报的探索。"上海观察"从组织上隶属于"解放日报"报社新媒体中心，作为党报的新媒体产品，"上海观察"承担了新媒体探路人的角色，探索新媒体时代党报内容生产、推广、盈利的新模式与党报队伍建设的新方法，最终实现融合时代提升党报影响力的目标。

（三）客户端传播内容对比

"澎湃新闻"首页为"头条"和若干"推荐"稿件组成，稿件由澎湃各栏目新闻组成。通过左右滑动手势可查看其四大板块——"时事"（Policys）、"财经"（Business）、"思想"（Insights）、"生活"（Life）以及互动平台"热追问（Answers）"。

2015 年 5 月 15 日，"澎湃新闻" 3.0 版本上线，"热追问" 栏目将逐步关停，取而代之的是类似知乎的问答类交互板块 "问吧"。澎湃上线之初，"热追问" 作为基于新闻产品、展现新媒体互动性、构建同用户之间关系的问答社区颇受重视，设计初衷是通过 "热追问" 中新闻问答的形式生产高质量、通俗化的新闻内容同时加强用户黏性，但在后期运作中由于运营水平有限、激励与引导欠缺、社区环境发育不足、用户数量较少等因素未能实现预期目标，因此面临被关停的局面。

"澎湃新闻" 每个板块下包含若干子栏目①，具体栏目名称、分布、数量统计见表 3.1。

表 3.1   "澎湃新闻" 栏目统计（2015）

板块名称	下属栏目		栏目数量
时事 （Policys）	中国政库 中南海 舆论场 打虎记 人事风向 法治中国 一号专案 港台来信 长三角政商 直击现场 知食分子	绿政公署 澎湃国际 外交学人 澎湃防务 译中国 澎湃人物 浦江头条 教育家 全经现场 美数课 快看	22
财经 （Business）	财经上下游 自贸区连线 地产界 10%公司	金改实验室 能见度 牛市点线面 澎湃商学院	8

① 初创时共 47 个栏目，详细介绍与统计见陈昌凤《新闻客户端：信息聚合或信息挖掘——从 "澎湃新闻" "纽约客" 的实践说起》，《新闻与写作》2014 年第 9 期。

板块名称	下属栏目		栏目数量
思想 （Insights）	社论 思想市场 私家历史 翻书党 艺术观	文化课 逝者 澎湃研究所 请讲 专栏	10
生活 （Life）	有戏 运动家 身体 私·奔 私家地理	生活方式 澎湃联播 视界 亲子学堂	9
合　计			49

“新华社发布”首页为“焦点”新闻，顶端四条滚动大图新闻，下端为新华社各部门新闻组成，绝大部分稿件由“新华社中国网事”供稿。

“新华社发布”客户端新闻栏目为四个固定板块加一个定制板块构成，四个固定板块为焦点、国际、军事、评论。“定制”栏目为用户个人选择，供选内容包括“新华视点、新华视界、新华国际、我报道、新华体育、财经分析、新华炫闻、新华军事、新华每日电讯、新华全媒头条、参考消息报、中国证券报、瞭望、半月谈”等14个板块，除此之外，新华社各分社、旗下各报刊、知名记者也可在客户端开设专属栏目，用户可在“搜索”中定制。

“上海观察”首页为一篇大图，图片链接当日头条稿件，点击首页“查看最新目录”按钮，可查看当日主打5条新闻。首页右上角“JF”标记的按钮链接当天解放日报的电子版全文，用户可自行点击查看。

“上海观察”新闻栏目菜单中包括“政情、城事、风云、文史、经济、舆情、海外、快讯、读书、活动”10个板块，除此之外设计“电子书”功能，读者可免费下载由“上观”编辑部推荐的书籍，截至2015年5月，书城内已增加至10本书。

关于稿件更新。“澎湃新闻”客户端建立时，编辑部有相当数量的备稿，因而初期稿件数目较多。随后由于采编节奏未能跟进，稿件质量有所下降，编辑部主动压缩稿量，稿件数目下降。目前随着采编流程熟练，逐步开始增加稿量。"上海观察"出稿情况较为稳定，日均10篇稿件。"新华社发布"稿件伴随新华社各部门在客户端开辟专属栏目、加强与自媒体的合作等因素，数量不断上升。

"新华社发布"主打综合类新闻，更新数量最多，日均更新量为183篇，新闻滚动性较强；"澎湃新闻"更新数量次之，日均更新129篇，达到了较为良好的新闻滚动性；"上海观察"日均更新数量为10篇，对于一个新闻客户端而言更新数量较少，未能有效利用移动客户端实时更新信息、提供丰富的资讯阅读的应然作用。

表3.2 澎湃新闻、新华社发布、上海观察内容原创统计（截至2015年5月）

客户端	稿件数量	原创数量	原创比例	转载来源
澎湃新闻	905	468 纯原创156 综合报道146 约稿166	51.7%	新华网、人民日报客户端、"冲锋号"微信公众号、人民日报、中国经济网、深圳新闻网、中国青年报、检察日报、央视新闻客户端、国际在线、中国台湾网、中新网、河南电视台、中国广播网、中国纪检监察报、南华早报、新华国际客户端、环球网、新华网、清华金融评论、国泰君安非银团队、首都师范大学文化研究院、外文编译等
新华社发布	1280	742	57.9%	人民网、中新网、央广网、人民检察院案件信息公开网、中国青年报、最高人民检察院网站、人力资源和社会保障部网站、京华时报、经济日报、新京报、教育部网站、平安武汉网、时代周报、浙江新闻客户端、澎湃新闻、国际部网、山西省纪委监察网站、吉林省纪委监察网站、株洲晚报、军报记者微信公众号、中国经济周报
上海观察	68	32	47.1%	解放日报(39.2%)、人民日报、上海市委组织部等

从新闻原创性来看，三个转型客户端的原创比率均保持在较高的水平上，这一点充分体现出传统媒体的优势所在。对比而言，"新华社发布"依托强大的新闻采编组织，在原创性方面有着突出的表现，但是对稿件的二次编辑较为欠缺，客户端新闻与通稿几乎完全一致，语言风格较为呆板；"澎湃新闻"稿件中，纯原创数量并非主流，在其原创首发的稿件中约三分之二的稿件是基于其他媒体报道的综合整理、重新解读与约稿，相较而言，"澎湃新闻"编辑队伍实力强劲，适应于互联网语体，在新闻再加工方面进行了新的探索；"上海观察"纯原创的稿件数量约占一半，大部分是约稿，除此之外，脱胎于《解放日报》的"上海观察"在转载来源方面选择范围较小。

（四）客户端功能对比

三类客户端的功能也各有特色，从统计中可见一斑，见表3.3。

表3.3　　　　　　澎湃新闻、新华社发布、上海观察客户端功能统计

	澎湃新闻	新华社发布	上海观察
频道定制	支持	支持	不支持
订阅新闻	支持	支持	不支持
头条封面	广告	新闻	新闻
搜索新闻	支持	支持	支持
图片新闻	支持	支持	支持
视频新闻	不支持	支持	不支持
新闻推送	支持	支持	支持
原创栏目数	47	40＋	9
本地新闻	不支持	支持	不支持
聚合阅读	不支持	不支持	不支持

续　表

	澎湃新闻	新华社发布	上海观察
用户收藏	支持	支持	不支持
分享方式	12 种	4 种	6 种
社交登录	不支持	支持	不支持
用户积分	不支持	不支持	不支持
内置广告	支持	支持	无
内置游戏	无	支持	无
话题投票	不支持	无	无
回帖评论	支持	支持	支持
无图模式	支持	不支持	不支持
夜间模式	支持	不支持	不支持
离线下载	不支持	不支持	不支持
字体设置	支持	支持	支持

总的来看，三个客户端都具备了基础性功能：能够满足用户阅读、分享、评论的需求。但是在对个性化需求的满足上尚有一些不足：个性化定制收藏、多种媒体表现形式、个性化设置等方面仍有较大的改进空间。

（五）客户端传播的受关注度——评论数的对比分析

由于传播效果涉及的方面较复杂，计算点击量和评论数，通常能简要呈现受关注程度。由于点击量难以计算，因此本研究单纯以文后的评论数量，作为客户端传播受关注程度的一项指标，对比一下 3 类客户端的受关注度，见表 3.4。

表 3.4 澎湃新闻、新华社发布、上海观察客户端传播效果统计

客户端	稿件数量	评论数量	每条稿件获得评论数
澎湃新闻	905	29869	33
新华社发布	1280	142329	111
本平台评论	806	3409	4
导入"今日头条"评论	474	138839	293

在传播内容的受关注度方面，"澎湃新闻"最为突出，"新华社发布"次之，"上海观察"相较较弱。值得一提的是，由于"新华社发布"与"今日头条"有新闻评论互相导入的功能，因此在统计上可能会有误差，但是这种互相导入的功能，其实是扩大了信息的受关注程度的。仅就本平台自身评论数目而言，"上海观察"与"新华社发布"条均评论数仅为个位数，"澎湃新闻"条均评论数为 33 条，新闻评论是用户参与反馈的最重要手段之一，评论数目在一定程度上反映出客户端对于读者的影响力强弱。

（六）客户端市场运营现状对比

新华社发布是实现盈利的首个转型客户端。其盈利方式包括首页广告、以新闻资源与商业网站进行置换、为地方党政客户端提供付费服务、稿件等，目前，已经成为国内第一个实现基本盈利的主流媒体转型客户端。

澎湃新闻宣称三年内不以盈利为目标。其获利方式包括首页广告、以优质内容为源出售新闻信息为主，目前广告数目较少，内容方面仅有"腾讯新闻"一家媒体以百万价格进行购买。目前年运营费用大约为 1 亿元，广告以及内容收入总额为 6000 万—7000 万元，尚未实现盈利，目前该客户端宣称三年内不将盈利作为目标。

上海观察以公费订阅作为部分经济支持。其获利方式基于其打造的内容"收费墙"，收费标准为每个用户每年 100 元，目前收费用户主要为公费订阅者，除此之外编辑部每月集合整理一本"精选集"出售。客户端无任何广告。由于上报集团、上海市委宣传部及解放日报的强大的资金支持，客户端无盈利压力。

（七）客户端产品预期对比

澎湃新闻是要打造思想与时政集纳平台。未来规划中，"澎湃新闻"宣称将坚持专业、精准、特质化的路线，打开思政领域垂直市场，建立起国内最优质的思政平台。集纳、整合优质时政信息，通过经验、技术、人力投放等种种因素的合力形成一个专业性强、以原创为特色的时政类信息瞭望台。以盈利为目标进行持续性市场化探索，以优质、开放性信息服务赢得市场，实现扭亏为盈。集聚多种传统媒体、自媒体力量，建立"自由小号的联合体"。

新华社发布则要建设全国党政媒体总管。该客户端表示将继续弘扬"让全世界都能听到我们的声音"的理念，成为传播主流声音、把握舆论阵地最大的新闻客户端之一，以"新华社发布"为先声建立整个政务新媒体服务体系，结合地方资源基础建立起全国首屈一指的移动客户端集群产品；成为各地政府提供政务信息公开、服务的平台，为全国群众提供便民服务的平台；同时加强商业模式的形成，联合电商探索新闻产业化、资本化的发展模式，最终成为全国各地党政媒体与公共服务的"总入口""总平台"。

上海观察将探索可复制的党报"自贸区"。该客户端目标是增强专为VIP用户提供的增值服务，黏合高端读者；注重社会效益的发掘，进一步提升党报的新媒体影响力，成为党报改革的"旗舰"。坚持付费阅读模式，建立中国人自己的付费墙，在体制内建立一个有影响力的党报"自贸区"，为其他党报转型客户端提供可复制的路径蓝本。

四　传统媒体转型客户端的具体路径分析

上述三家客户端都有其转型的具体路径，下面从人员、组织结构、内容生产等多方面进行转型探索。

（一）从业人员转型

新华社发布的工作人员，主要依靠新华社社内招聘转岗编辑，团队从新华社社内二次招聘组合而成，来源包括社内各部门的员工，不限编制，不论年限，都可以通过公开招聘，竞聘中心的职位。目前新媒体中心内部共有20余名编辑人员，形成了实习编辑—编辑—高级编辑—签发人的体系，主要负责在客户端平台组织、编辑、整合社内各个部门、社外各正式渠道的新闻。其余新华社总社20余个部门、各个国内地区分社和一些海外分社的内部的采编团队，均远程维护自有媒体栏目，在组织上不归新媒体中心管理。薪酬方面，以职称、岗位定级进行薪酬区分。优秀稿件可申报总编室表扬稿、社表扬稿，给予奖金。基本工资和每月奖金暂时未与稿件数目和质量挂钩。

澎湃新闻的工作人员，主要由记者转型编辑转岗而来。"澎湃新闻"团队由《东方早报》团队进行全员转型组成，形成"一套人马两套班子"的运行模式。目前，《东方早报》团队与"澎湃新闻"团队在实际上合二为一，日常工作开展以"澎湃新闻"建设与发展为核心，《东方早报》在原来基础上维持基本发行工作。

《东方早报》原有500余名工作人员，"澎湃新闻"建立之后，100余人从《东方早报》完全转岗至"澎湃新闻"，不再承担《东方早报》的任务，这部分人员包括新闻编辑、栏目总监、技术人员与运营人员。50余人留在《东方早报》团队中，仅负责《东方早报》相关事务，这部分人员包括新闻编辑、校对、排版、美编、报纸发行人员等。剩下300余人为两个团队共用人员，同时承担"澎湃新闻"和《东方早报》的任务，这部分人员为内容生产者和高层管理人员，如《东方早报》的时任总编刘永洲兼任"澎湃新闻"的副总监一职。以"澎湃新闻"的"思想"板块为例，此板块由《东方早报》"上海书评"栏目转型而成，"思想"新闻中心时任总监张明扬兼任"上海书评"的执行主编，目前"澎湃"专职编辑、记者共9人兼职"思想"与"上海书评"的记者共4人"上海书评"留有专职编辑1人。

在薪酬机制上，"澎湃新闻"与《东方早报》时期改变不大。记者薪酬以"底薪＋绩效"为模式，底薪约占总额三分之一，绩效考核采取"打分制"，由栏目总监对稿件内容进行考核，给予1—5分的评价，计算绩效的标准由东方早报时期注重"字数""独家性"转变为注重"独家""深度""快"三个要素，点击量在目前绩效考核中有一些影响力，但尚未落实为固定制度。编辑薪资以上班天数为决定性因素，与其操作稿件数量、传播受关注度等因素暂不挂钩。

上海观察采取的新的方式，通过抽调人员新建工作团队。《解放日报》各岗位抽调而来的记者、编辑、运营与中层管理者，加上从《新闻晨报》《新闻晚报》招聘的若干编辑，组成了全新的"上海观察"团队。如在解放日报社担任科技类条线记者的章迪思转岗为"上海观察"的"文史"栏目时任主编。"上海观察"团队结构包括编辑、运营、管理人员，目前有主编1人、副主编1人、执行主编1人、栏目主编7人、运营和美编各1人，栏目主编统筹下形成了采编一体化的生产模式，以"小而精"的运作模式进行内容生产和产品运营。薪酬机制与《解放日报》时期差别不大，仍是"底薪＋绩效"模式，底薪所占比例约为三分之二，绩效仍采用与《解放日报》一致的"计件"式激励制度。据内部预计，未来将建立起根据点击量计算的数据化绩效模式，点击量统计以客户端为主、微信为辅。

（二）组织机构转型

新华社发布在组织机构上尝试了公司化转型。新华社发布客户端归属新华新媒文化传播有限公司，该部门由"新华社新媒体中心"经过转型而成，是新华社进行公司化改造的重要举措，从组织机构上看，新华社新媒体中心成立于2012年，是新华社最年轻的直属部门，2014年11月4日，新华社新媒体中心成立"新华新媒文化传播有限公司"。组织转型后，原有人员编制仍属体制内，并计划以公司名义招聘若干运营、技术、编辑人员，编制归属体制外。管理人员原有部门人员兼任职位进行综合管理，如新媒体中心常务副主任、总编辑陈凯星兼任新华新媒文化传播有限公司总经理。内部部门划分为：总编室，采访部，编辑一、二部，事业拓展部，市场部，综合协调部，研发技术部，多媒体数据部。新闻产品按照《党政企客户端群采编发管理规程》制作发布。

澎湃新闻要进行全面组织再造。隶属上报集团的澎湃新闻几乎完全打碎原有成形的组织机构，它不同于浙报集团、南方报业集团在保持原有组织结构基础上另立新媒体部门进行融合探索的举措。由于纸媒和互联网媒体属性、部门构成、运作模式存在较大差别，澎湃新闻大刀阔斧地进行了全面的组织再造。其前身《东方早报》"采编、管理、发行"为主的结构，在澎湃新闻这里转化为以内容生产团队为核心、运营部门为辅、外包技术团队为支持的新型组织，两个媒体在经营方面完全分开，以两套模式各自运转。内容生产在一套人马下以"两套组织体系"进行，澎湃内部报网融合的媒体转型并非是简单的栏目"搬迁"。从内容组织结构方面来说，《东方早报》按照大都会、中国、国际、财经、文化五个板块划分，而目前澎湃新闻的时事板块涵盖了原来中国、国际和大都会三个部门。澎湃新闻诞生的时机非常特殊，其团队、孵化土壤、政策资源等都是当时特定环境下衍生而成的。①

此外，较之《东方早报》时期，澎湃新闻显现出"去编辑化"的扁平式组织结构，记者对所在板块的总监直接负责，总监负责所有稿件的统筹与编辑分配工作，在互联网时代此种模式改变了《东方早报》时期报社内部垂直性组织架构，简化了之前垂直化的稿件审查流程，一定程度上提升了新闻编发的速度。可以看出，澎湃新闻的转型是一种尝试全面的组织再造过程。澎湃新闻时任总编李鑫认为：澎湃新闻组织再造的模式是可以复制的路径，传统媒体正确运用此机制进行转型，是能够获得成功的"通路"。

"上海观察"不同于上述两个客户端，它是由报社部门分管的机构。上海观察客户端与网站在组织结构上隶属于解放日报新媒体中心，与解放网及其旗下两个微信公众号共同受到新媒体中心的管理。因此，作为一个全新成立的团队，"上海观察"并不存在组织转型的情况。目前，从其内部组织看来，上海观察并未形成自运转的生产流程，稿件与技术都由外部资源供给，组织以编辑团队为核心，运营与管理由编辑兼任。

（三）内容生产转型

"新华社发布"不同于一般客户端要进行内容生产，它主要是进行内容编辑。"新华社发布"客户端几乎不直接生产内容，内容来自新华社社内外多渠道的支持。它主要提供新闻融合产品。

---

① 陈昌凤、鲍涵：《全员转型与生产流程再造：传统媒体的融合转型分析》，《新闻与写作》2015 年第 9 期。在研究过程中，清华大学新闻与传播学院 2011 级学生鲍涵等同学赴上海访谈了"澎湃新闻"的采编人员、运营人员，包括中高层管理人员。

表3.5 新华社发布转型前后内容操作对比

	转型前（新华网）	转型后（新华社发布）
选稿来源	新华社国内、海外各分社供稿	新华社成品稿、客户端原创稿（包括客户端约稿）、其他可供转载的新闻网站稿件
选稿标准	以国内、国际时政话题为主，注重权威性和国内外重大突发事件的报道；注重题材的重要性，对受众反馈关注较少	几个主类——时政、国际、社会、财经、体育这下都可选择，更加注重稿件的话题性、趣味性；注重用户反馈，随时按报道效果调整报道方式
表现形式	图文结合形式为主	图、文、音频、视频相结合，并推出系列轻应用；手机端MV、全景照片、以HTML5语言来写的多媒体作品等
审稿流程	记者—编辑——级签发人—入库—二级签发人—发表	客户端编辑—二级签发人/终审签发人—上传至客户端
工作方式	工作时间固定，分为白班、夜班两个班次轮流上岗，以白班编辑为主，稿件的编发基本在白班时段完成，夜班编辑只起到补充作用	工作时间不固定，加班现象时有发生；在处理应急突发事件时，工作时间和工作流程更加灵活

"澎湃新闻"的内容转型模式，集中体现于"三审"制度持续强化方面。

表3.6 澎湃新闻发布转型前后内容操作对比

	转型前（东方早报）	转型后（澎湃新闻）
选稿来源	报社采编团队生产稿件、报社约稿、通讯社通稿等	澎湃—东方早报联合生产的稿件、可供转载的各大媒体稿件、约稿、自媒体稿件、微信公众号稿件、学术期刊文章等
选稿标准	以上海新闻为关注点；注重社会新闻、文化新闻	以全国性新闻为关注点；注重思想新闻，时政新闻

	转型前（东方早报）	转型后（澎湃新闻）
表现形式	报纸图文稿件	多媒体化稿件，形式更加丰富
审稿流程	记者—编辑—副总编	记者—编辑—总监—副总编
工作方式	1条新闻1篇稿件；夜班编辑统一审稿；工作时间、地点较为固定	1条新闻3稿件；24小时三班倒机制，稿子随到随审；工作地点、时间弹性大

"上海观察"主要致力于本地政务报道，以外稿为主。

表3.7　　　　　　　　　　　上海观察转型前后内容操作对比

	转型前（解放早报）	转型后（上海观察）
选稿来源	解放日报团队采编成稿为主	稿子70%来自外稿，作者多为媒体从业者、高校研究人员
选稿标准	题材为与上海政治经济相关的重大时间：传统性政务报道为主	题材多元化；增加特色稿件如："韩政一周"等分析性稿件，开辟政务报道新方向
表现形式	表达方式以"解放体"为主，报纸图文稿件	表达方式多元化；多媒体稿件，表现形式多样化
审稿流程	记者—编辑—主编—副总编	编辑—"上海观察"副主编—解放日报副总编
工作方式	以内容采编为主；每天早上召开选题会；夜班进行稿件编辑，时间较为固定	以选题、编辑为主；每周一、周五召开选题会，编辑部随时随地讨论选题；上午转载解放日报重点文章，稿件编辑时间较为弹性、自由

（四）经营推广转型

首先来看看澎湃新闻的经营推广，它是内容推广与渠道推广并重的模式。《东方早报》时期，经营任务主要为两块——报纸发行与广告。《东方早报》

时期实行报纸广告代理制，发行业务归《东方早报》管理，广告业务则由上海最具实力的传媒广告运营商东杰传媒全权代理，东杰传媒成立了"东方早报运营中心"，探索出一条报纸经营与采编发行相分离的专业化路线。此种制度在《东方早报》时期为报纸的资本运作提供了良好的制度条件，周一至周四发行30万份，周五发行35万份，周六至周日发行20万份。从用户关系上来看，由于缺乏直接的反馈途径，虽然建立起初步的"读者数据库"，但与读者的交流互动深度与频度较低，呈现出单向传播为主的模式。

到了"澎湃新闻"时期，其经营任务主要为两块——客户端推广与多种盈利模式探索。目前客户端推广模式主要有两种，内容推广与渠道推广，内容推广是借用其他平台（门户网站、客户端、微博、微信等）刊载澎湃原创内容，这些平台包括多家急需内容的搜索引擎等工具类网站，如金山毒霸、百度搜索、知乎、喜马拉雅有声频道等，除此之外同一些有内容生产的网站（如网易有道的"每日一词"）建立起了内容互推、流量导入的机制。渠道推广是借用应用市场平台（ios平台的App Store与Android平台的安卓市场）进行推广，可以直接带来更多下载量。在盈利模式的探索方面，澎湃新闻以广告为主，目前有开屏广告和内嵌广告两种，营收达到6000万元。除此之外，澎湃新闻积极推动面向各大平台的内容出售，已获得腾讯百万级别合约。

在用户关系方面，澎湃新闻积极增强用户黏性，"发言""跟踪""分享""收藏""点赞"的按钮设置，为用户提供了交互的空间，并打通了与其他社交性平台（微博、微信）的连接。除此之外，"澎湃新闻"通过数据跟踪手段对用户兴趣点和行为进行检测，内容用户行为数据反馈至产品运营与技术部门，点击量、互动量、访问量、转发量数据反馈至编辑部门。

"新华社发布"是通过多种运营方式促盈利的。新华社是国家级通讯社，在传统媒体时代，新华社以其强大的采编体系为基础提供文、图新闻。在运营方面，除去国家资金支持之外，新闻产品与广告为其两个基本营收点，立足全媒体布局，覆盖多渠道，向各类媒体提供集成信息服务，如独家提供两会相关的新闻信息服务。同时新华社进军网站、微信、微博等互联网、社交平台领域，力图打造立体化、全覆盖的多形式新闻产品，各个环节衍生出了经济效益，并获得了大量广告资源。在用户关系方面，新华社旗下的新华网拥有"用户点题"机制，面对用户需求有针对性地提供新闻产品；除此之外新华社进军社交渠道，在微博微信领域与用户有所互动，不过相对而言手段较单一，平时的产品交互性较弱。

"新华社发布"十分注重运营推广，目前主要有五种手段：与各大应用市场合作推广，以 banner 位置和有奖下载等活动扩大下载量；联合社交网站进行品牌推广和流量导入；加大社会活动力度，如在春节期间与铁路总公司联合推出客户端春运特刊，并以赠送红包方式吸引关注，同时联合了国内知名WiFi 提供商，在春运期间为用户在机场、火车站提供免费无线网，登录页面直接导入新华社发布下载；联合运营商、手机分销商对手机等智能设备进行出厂内置。在用户关系方面，账号与用户原有社交账号直接连接，无须注册即可分享；在突发性事件报道中，采用"现场提问式"直播报道，读者可以通过提问记者直接获取一手信息，拉近读者与新闻的距离。

与上述两家客户端有所不同，上海观察主要专注于扩大区域内影响力。《解放日报》作为上海市委机关报，作为党的舆论阵地具有很强的政治色彩，具有丰厚的组织优势、政治优势和思想优势，在上海及全国具有相当的权威性与影响力。在运营方面，由于上海市各市委机关均有订阅任务，因此报纸发行基本无压力，此外有一定的广告收入。在用户关系方面也有所开拓，为拓展党报的品牌效应，报社建立了主题活动部，通过开展线下活动加强编辑、记者同读者之间的互动交流，如开展解放系列"文化""教育""健康"讲坛，与上海市委合作举办"践行群众路线"宣传活动、学雷锋活动等，力图延伸党报的社会影响力，但缺乏与读者持续有效互动的途径。

"上海观察"延续了《解放日报》的党报特性，内容以上海政经深度报道为主，主要覆盖公务员群体。在产品运营方面，上海观察以上海党政干部、公务员为核心客户建立起客户端付费阅读模式，将客户端一些原创独家性稿件锁定为仅供付费用户阅读的内容，每个用户每年缴纳 100 元的费用（目前已拥有 26 万付费用户），加上连续两年获得上海市委宣传部 1000 万的资金作为运营支撑，这些资金足以维持客户端基本运作。覆盖公务员群体之外，上海观察和蜻蜓、喜马拉雅、阿基米德等合作制作有声新闻进行推广，同时外接今日头条、百度新闻等平台，导入流量和评论。在用户关系方面，"上海观察"进行了系列线下活动，如面对上海市区县用户进行讲课交流等、每年举办一次大型读者论坛等，除此之外通过微信群的形式集合核心用户与他们展开深入交流。由于目标受众比较明确，一些互动较为有效，但是与更广大的用户的交流渠道还不够丰富。

五　新闻客户端存在的问题与解决的路径

移动客户端信息量大、互动性强、信息更新快等明显优势，一定程度上使得传统媒体通过与移动互联网的结合发展焕发了生机。但是，一些国外的大媒体如《纽约时报》NYT Opinion 客户端的失败绝不是个例，它折射出当下传统媒体与移动互联网融合发展的过程中面临的订阅用户稀少、盈利空间不足等一系列发展困境。媒体新闻客户端在市场卖点、用户关系黏性以及与其他产品的关联方面，也不占优势。目前我国传统媒体的移动客户端主要存在以下几方面的问题：①

第一，内容生产以复制传统媒体内容为主。当前，传统媒体运行移动客户端的常用模式，就是对原有媒体平台上的内容进行复制，并融合智能终端的特性，作少量的调整。这对于媒体机构来说，不失为一种既节约成本又能保证内容质量的稳妥做法。但是，这种做法的一个突出的弊端就在于，通过复制传统媒体报道进行移动客户端的信息发布，会导致移动客户端的时效性降低，甚至落后于时效性本就不强的传统媒体，使媒体在市场竞争中处于不利的地位。

第二，同质化现象突出。传统媒体的客户端有很大一部分是以发布新闻资讯为主要内容，这部分客户端则面临着更为严重的同质化现象。内容大同小异、信息缺乏深度往往导致新闻客户端缺乏竞争力，无法吸引到固定的用户群体。

第三，移动客户端尚未找到稳定持续的盈利模式。长期以来，网络用户早已形成的免费获取信息的习惯，使得我国绝大部分传统媒体的移动客户端进入苹果应用商店时都会选择采取免费下载的方式，试图吸引更多的受众。

---

① 本节参见本课题阶段性成果：陈昌凤、王宇琦《传统媒体的移动化：媒体客户端的现状与问题》，《中国广播》2014 年第 12 期。

为此，国内媒体的移动客户端很难通过收费下载和付费阅读等方式获得收入，可以依靠的收入大部分来源于广告。如何探索出一个可持续操作的稳定盈利模式，依然是我国不少媒体客户端乃至国外不少大报的新闻客户端共同面临的难题。

传统媒体进军移动互联网的路径，值得探索。

第一，要紧紧围绕媒介融合的重心——内容至上的原则。转型中的传统媒体必须将内容作为媒介融合实践的重心，媒介技术是报道的辅助手段和体现方式。在媒介融合实践中，信息发布的质量离不开媒体的"跨媒介叙事"（transmedia storytelling）能力亨利·詹金斯所说的。媒体要提高跨媒介平台的信息传播能力，就必须根据不同的媒介平台属性发布有针对性的相应内容，利用各个媒体平台的独特优势，协同讲述完整的新闻故事。媒体的跨媒介叙事能力，一定程度上取决于新闻专业能力的高低。只有提高媒体的专业性，才能提高媒体移动客户端的信息质量。同时，传统媒体还应充分发挥其深度报道的优势，以提高移动客户端的内容生产质量。

第二，要避免信息同质化，注重用户反馈。媒体的移动客户端的内容应注重多样化，媒体机构要充分发掘优势、发展特色。对于地方媒体来说，一个可能的策略就是实行本土化策略，突出区域特色，从本地受众的信息需求出发，提供有针对性的资讯产品。移动客户端避免同质化倾向的另一个做法，就是通过用户定制的方式，满足用户的个性化需求。媒体也要在受众分析方面做足文章，精准分析客户端用户群体的特征，针对用户的使用习惯、主要兴趣，有的放矢地进行信息服务。除了移动客户端发布的信息之外，客户端自身的设计也必须根据用户的反馈和产品使用情况做出实时的调整。《纽约时报》客户端 NYT Opinion 虽然因订阅用户不足而面临即将关闭的困境，然而该 App 的部分受用户欢迎的功能依然会在该报旗下的其他数字产品中得以存续。此外，该报发现 NYT Opinion 的一部分订阅用户是通过网站订阅该 App 的信息，而非是直接下载该 App，于是他们关闭了该 App 却保留了该 App 的线上订阅服务，继续留住了一部分忠诚的读者。

第三，探索适合移动客户端的盈利模式。在短期内，我国媒体的移动客户端通过收费下载和付费阅读等途径获得收入的可能性不大，广告可能会继续成为媒体移动客户端的主要盈利模式。移动客户端主要以免费的形式为读者提供信息服务，再把从读者群中获得的传播影响力销售给广告主。为此，移动客户端就要通过提高信息质量、满足用户需求等方式尽可能争取到更多的受众、覆盖更多的细分市场。当然，移动客户端也可以通过与电子商务平台合作等方式开拓其他盈利的途径。待条件成熟后，也可尝试通过付费下载、付费订阅等方式获得更大的盈利空间。

第四节　新闻聚合类媒体发展路径分析

一　新闻聚合类媒体的运作逻辑

新闻聚合类媒体（news aggregator）是一种新型的新闻内容供应商，通常是指抓取互联网上各种渠道的信息，并以特定方式进行整合的网站或新闻客户端。[①] 新闻聚合类媒体是技术融合型产品，其信息源包括传统媒体的新闻、自媒体平台信息、社交媒体上用户发布的信息，目前已经从新闻类信息扩展到各类其他的大量信息。在此以国际上较具代表性的 Buzzfeed（嗡嗡喂）、国内的今日头条为例，探讨这类产品的运作逻辑。[②]

Buzzfeed 创立于 2006 年，是社交新闻聚合网站的早期代表。Buzzfeed 最初是一家研究网络热门话题的实验室，它通过技术手段采集用户行为数据，分析用户感兴趣的话题，并推送相关信息。Buzzfeed 首要运作逻辑，就是基于社交网络平台的用户行为而进行信息生产。通过基于社交网络的用户行为分析，Buzzfeed 发现，轻松、诙谐、娱乐化的内容更容易获得转发和传播。因此，该平台上所呈现的信息，有很大一部分聚焦于这类娱乐化信息。Buzzfeed 平台甚为流行的"清单体"文章，如《77 项看似荒诞不经但实则千真万确的

---

① Kimverley Isbell, The rise of the news aggregator: Legal implications and best practices [EB/OL], 2010 - 8 - 30, https://www.researchgate.net/profile/Kimberley_Isbell/publication/228242270_The_Rise_of_the_News_Aggregator_Legal_Implications_and_Best_Practices/links/553e91d70cf20184050f88de.pdf.

② 本节参见课题阶段性成果：陈昌凤、王宇琦《新闻聚合语境下新闻生产、分发渠道与内容消费的变革》，《中国出版》2017 年第 12 期。

事实》，以及各种小测试，都为平台积聚了大量人气，其中一些内容甚至在互联网上获得了病毒式的传播速度和影响力。2015 年年初，由 Buzzfeed 发布的一则关于裙子是蓝黑条纹还是白金条纹的帖子，不仅在该平台上广为传播，甚至扩散到全球各地，也成为当时微博、微信等社交平台上的热门信息。Buzzfeed 第二重要的运作方式，是其内容分发与各大社交平台进行了广泛的连接。对于 Buzzfeed 的每条内容，用户都可以将其分享到自己的各个社交媒体账号上，包括 Twitter、Facebook、Google + 等，借助这些成熟社交平台，Buzzfeed 得以进一步拓展自身的影响力。

国内的新闻聚合类媒体也在蓬勃兴起，如今日头条、一点资讯等，它们目前的成功运作与 Buzzfeed 强调社交性和话题性有所不同，更注重信息与受众个人兴趣的匹配性和定制化。

今日头条借助算法推荐技术，在分析用户兴趣和行为的基础上，向用户推送个性化信息，最初核心是基于内容的算法推荐。在用户第一次使用今日头条时，该产品会通过算法对用户的社交媒体账号进行分析，对用户身份、职业、兴趣爱好、使用的终端特征等进行定位与标签化，将环境因素也考虑在内，然后将与用户相符的、已经标签化的信息内容推送给他们。用户每次的阅读行为都会被精准记录，这不仅包括用户感兴趣的新闻主题，也包括下滑、上拉、停留时间、开机启动次数等具体的行为细节，因为这些细节同样体现出用户对产品所推送的内容以及对产品本身的态度和兴趣。随着技术的发展，今日头条的算法也有了精进，目前集中体现在运用算法匹配用户特征、环境特征和信息特征方面。①

一点资讯的运作逻辑，与今日头条较为相似，都是通过机器算法匹配用户兴趣，进行个性化的推送。但一点资讯的推荐机制中，增加了用户搜索订阅的机制，即用户可以主动搜索自己感兴趣的内容，并进行订阅；而今日头条的推荐，则更多是通过机器算法对用户兴趣和行为的自动分析，进行用户兴趣识别和信息推送。

一般情况下，随着用户使用次数的增多，机器推荐引擎对用户阅读兴趣的分析就会越准确。因此，以今日头条、一点资讯为代表的这类依托机器算

---

① 《今日头条算法原理（全文）》，2018. 1. 16，https：//www. toutiao. com/i6511211182064402951/。

法的新闻聚合类媒体正在凭借其对用户兴趣的准确匹配以及个性化的精确信息分发，迅速在聚合类媒体产品市场中占据一席之地，并获得了远高于传统新闻客户端的用户规模和用户日均使用时长。

总体而言，聚合类媒体的核心运作逻辑，在于对用户的精准了解并力求以产品满足其需求。新兴的聚合类媒体通过信息抓取技术从互联网上广泛采集信息，再借助社交关系或算法匹配，向用户推送符合其兴趣或价值偏好的特定信息。借助算法推荐机制，用户得以从互联网的海量信息中高效地获得相对有价值的信息，或得以与有共同兴趣爱好的其他用户进行信息分享。这种算法推荐机制已经成为目前互联网信息流动的核心逻辑，机器算法在一定程度上决定着信息的意义、信息的流向，以及用户对信息感知的方式。目前，最常用的算法有基于内容进行的推荐——根据用户以前的浏览历史记录，向用户推荐"用户查找和用户尚未联系"的选项、基于用户的协同过滤算法——假设"您可能喜欢类似的东西、你喜欢的人"以及一个基于关联规则的推荐——找出如何找到销售过程中不同内容的相关性。

二 新闻聚合革新内容消费方式

某种程度上，媒介技术的进步可能使受众更容易和与自己兴趣相投的人们产生连接，进而加剧社会价值观念和意识形态的分化。新闻聚合类媒体的兴起，正在创造一种全新的受众信息接收生态。在传统媒体语境下，媒体机构面向大众生产新闻，并依赖人工编辑的方式进行分发，没有明确的细分受众或者个性化定制的意识，因而受众会接受到相似的信息，客观上也有利于受众信息接收的平衡。而新闻聚合类媒体更多借助机器算法，以用户各自的社交关系或信息偏好为标准进行信息筛选，这有可能使受众陷入"过滤泡"与"回音室"的信息困境中。

注重技术性匹配的聚合类媒体，正在逐渐通过机器学习和推荐引擎技术，向用户推荐与其兴趣和价值观高度匹配的更为个人化的信息，这在一定程度上会使用户陷入由"过滤泡"制造的虚拟信息图景中。Facebook 于 2006 年推出的"新闻推送"（NewsFeed）即带来了相关的批评，甚至有前工作人员披露他们推送时倾向于压制保守倾向的信息、推送自由倾向的信息。

"过滤泡"（filterbubbles）的概念，由 Eli Pariser 于 2011 年在他的著作《过滤泡：互联网没有告诉你的事》（*FilterBubble*：*What the Internetis Hiding from You*）中提出。他指出，以机器推荐算法为代表的互联网技术，正在使得用户获取的信息日益个人化；用户接收到的信息，往往会受到其检索历史、阅读记录等的影响，并受到机器算法的操控。

从这个意义上而言，用户接收到的信息，都是由互联网平台上的机器算法用"过滤泡"过滤之后的产物。过滤泡的存在，会带来两个主要的问题。

第一，经由"过滤泡"过滤的信息，带上了用户个人的价值偏好和阅读习惯，因而会导致一定程度的信息偏向，造成用户接收信息的失衡状态。随着用户使用机器推荐类新闻聚合产品次数的增多，用户将只能接收到与自己的阅读兴趣相符的信息，而与其兴趣不相符的其他重要信息，比如重大新闻、突发事件等，或是与其价值观念和思维方式不完全契合的信息，就很可能被新闻聚合产品自动排除在外。久而久之，用户虽然在新闻聚合类平台上获得了符合自己喜好的信息，但是却丧失了获得更全面信息的可能性。这可能会进一步加剧受众的信息失衡状态，并造成受众的价值偏向。皮尤研究中心2014 年 10 月发布的一项研究报告，在检视了美国人的新闻消费习惯后发现：美国人消费什么新闻通常与其政治倾向性相关。

第二，由于算法本身的运行方式以及固有弊端，经由机器算法推荐的信息，有可能并不是用户真正需要的信息。在以机器推荐引擎为内核的平台上，用户点击的任何一条新闻，都会被记录下来，并经过算法的处理，被认为是用户感兴趣的主题。但是，在一些情况下，用户可能是在特定情境下需要获得相应信息（比如外出旅行时获取目的地的相关资讯），或是出于个人兴趣之外的其他因素而进行信息的获取（比如出于社交需求而进行的转发行为），但基于机器算法的新闻聚合产品就会将这些信息同样记录为该用户感兴趣的信息，并一直向用户推送相同主题的内容。在这种情况下，用户真正感兴趣的信息，有可能就会被"过滤泡"排除在外，或者在其获得的信息中，处于相对不显要的位置，而有可能被忽略。

而随着 Buzzfeed 为代表的注重社交性的聚合网站的兴起，用户可以接收并分享与他们的兴趣与立场相契合的信息。这类依托社交链传播的关系型分发，则使得用户容易沉浸在自己和朋友组成的"回音室"（echochamber）中，很大程度上只能接触到符合自身倾向和兴趣的信息。社交性新闻聚合网站助推了"回音室"的形成。这意味着用户很大程度上只能和与自己观点相似的用户进行对话，与他们组成相对紧密的圈子；而与自身价值观相悖的信息，则由社交网站的信息分享机制排除在外。这可能会进一步巩固用户自身现有的立场，使得拥有不同观点和价值观的人群进一步分化，进而加剧社会价值观的分化和对立。

在 Buzzfeed 平台上，拥有相似政治倾向的人们，会组成相对紧密的在线社交关系，并通过在线互动，分享与自身政治倾向一致的信息。比如，民主党的支持者们，会逐渐处于由彼此组成的回音室中，阅读并分享与他们的政治立场相符的政治新闻，而与其政治倾向相悖的信息，则逐渐经由 Buzzfeed 平台的传播机制而被排除在外。

社交媒体有许多相似的情形。研究表明，在 2016 年美国总统大选中，Facebook 上支持特朗普的用户，仅有四分之一的"好友"是支持希拉里的，而支持希拉里的用户中也只有不到五分之一的"好友"是支持特朗普的。Facebook 的专家还专门研究了意识形态多元化的问题并在 2015 年的《科学》杂志上发表了研究报告。

三　新闻聚合创新新闻生产方式

在新闻聚合类媒体的运作中，机器算法的加入，颠覆了传统的新闻采编流程。在传统媒体机构中，由记者进行新闻采访、写作，并经由人工编辑的方式完成编辑和出版流程。但机器算法的运用，则使得新闻聚合类媒体呈现出与传统媒体截然不同的新闻生产逻辑。新闻聚合类媒体是一个信息分发平台，其大部分内容，是借助网络爬虫技术，从各大媒体、网站等内容生产方那里进行信息抓取；并通过机器算法，进行信息的分发。

在新闻生产过程中，新闻聚合类媒体用机器算法代替了人工编辑。在今日头条团队中，编辑的人数非常少，但却有约 1500 名工程师，其中大约 800 名工程师专攻算法设计和资料分析。机器算法以及爬虫技术对新闻生产流程的介入，不仅大大提高了新闻生产和分发的效率，还增强了新闻生产活动的针对性，针对不同的受众喜好，进行个性化的信息分发。对于传统媒体的人工编辑和规模化分发，无疑具有颠覆性的影响。对于传统媒体而言，按部就班的新闻采编流程和人工编辑，不仅在新闻生产的效率上落后于新闻聚合类媒体，使得传统媒体机构陷入更深层次的内容生产焦虑，也更凸显出传统的新闻生产中受众意识的匮乏。

新闻聚合类媒体对传统媒体新闻生产带来的另一个影响，则是用户生产内容（UGC）的加入，聚合类媒体的内容生产，同时纳入了用户内容生产（UGC）与传统媒体所生产的新闻内容。以今日头条的"头条号"为例，2015年公司启动了"千人万元计划"，这个项目是指平台每月至少要有 1000 条高质量的头条新闻收获不少于 1 万元的收入。2016 年 9 月，今天的头条提出，下一年至少要投入 10 亿元资助补贴原创短片创作者的，助力短视频创作爆发，到 2017 年 11 月，今日头条 CEO 张一鸣在今日头条创作者大会上宣布其旗下所有短视频产品总播放量超过 100 亿，较上年同期增长了 170%；头条号总数超过 120 万，平均每天发布 50 万条内容。[①]

在聚合类媒体平台上，原创自媒体内容正在逐渐获得与传统媒体所生产的内容相匹敌的受众数量。在 2016 年今日头条日均 5.1 亿次阅读数中，头条号贡献了 3.7 亿的阅读数，占比 73%；而从数量上看，头条号每天的文章数量却仅占文章总数的 30%—40%。这意味着聚合类媒体上的用户原创内容，正在呈现出相比于传统媒体所生产的内容更为强大的用户吸引力。聚合类媒体平台在内容生产过程中对用户生产内容的纳入，正在进一步挤压传统媒体的生存空间。

四　新闻聚合创新分发渠道

对于传统媒体而言，新闻聚合类媒体带来的最大挑战，在于对内容分发渠道近乎垄断式的占据。在传统媒体时代，新闻生产和分发都由媒体机构完成；媒体记者和编辑完成新闻采编，再通过媒体自身的发行或播出渠道完成内容的分发。但新闻聚合类媒体的盛行，使得由传统媒体机构生产的内容在

---

① 《张一鸣演讲全文：今日头条短视频总播放量超 100 亿》，腾讯科技讯，http：//www.chinaz.com/news/2017/1122/830511.shtml。

聚合类平台上进行了二次分发。

在内容分发过程中，无论是基于社交关系还是基于机器算法的新闻聚合类媒体，都通过其独有的分发逻辑，得以占据更大的市场份额以及更多的用户使用时间。Buzzfeed 为代表的社交性聚合类媒体，通过基于社交平台的用户行为分析与传播机制设计，为用户提供与社交关系紧密相连的信息获取与资讯分享，增强了用户黏性，并得以借助社交网络进一步拓展用户数量；以今日头条为代表的机器算法类新闻聚合平台，凭借精准契合受众阅读兴趣和阅读习惯的个性化推送，实现了信息分发与受众兴趣的高匹配，因而无论是从用户总数还是从用户日均使用时长方面，都远超普通的新闻客户端。

新闻聚合类媒体对内容分发渠道的占据，同时意味着这类媒体平台对广告商的吸引力增强。以今日头条为例，在其成立前四年，今日头条积累了 4.8 亿用户，成为仅次于腾讯的第二大新闻资讯供应商，2016 年的年收入约为 10 亿美元，其中，广告是其最主要的盈利来源。

聚合类媒体通过社交化、精准化的内容分发，垄断内容分发渠道，并同时吸引广告商，这意味着由传统媒体生产的内容，只有少量在传统媒体自有的渠道中完成分发，而绝大部分内容则流向了这些聚合类媒体平台。

新闻聚合类媒体的发展，正在快速革新现有的媒介生态，并对传统媒体的新闻生产和内容分发产生颠覆性的影响。在新闻生产流程中，新闻聚合类媒体通过纳入 UGC 内容，使传统媒体与自媒体之间的用户争夺更为激烈；机器算法和爬虫技术的运用，则极大提升了内容生产和分发的效率，使依赖人工编辑的传统媒体面临更大的内容生产焦虑。在内容分发过程中，新闻聚合类媒体通过基于社交关系或机器算法的分发机制，得以获得更多的用户份额，并对传统媒体的内容分发渠道形成了近乎垄断式的占据，传统媒体因而面临受众流失和广告份额减少的困境。此外，新闻聚合类媒体正在使受众的新闻消费方式趋向个人化，并可能使受众陷入由信息偏向导致的"过滤泡"和"回音室"的困境中。与此同时技术"矫正器"开始出现，比如华尔街日报推出的"蓝推送、红推送"（Blue Feed, Red Feed），《卫报》的"吹破你的泡泡"（Burst Your Bubble）、健形矫姿器（Lumolift）的新应用，都在尝试让信息消费更加平衡。

第五节　技术融合在广电媒体中的运用

通过技术进行融合后，媒体并没有完全放弃原有的形态，只是融合驱动了原有的媒体的创新发展。电视媒体作为曾经的世界第一媒体，在新技术条件下也在不断探讨发展的新路径。本研究将以中英两个广播电视媒体为案例，通过实地观察、深度访谈、文献研究的方法，对英国广播公司（BBC）的新媒体化历程进行研究，① 对江苏省广播电视总台"荔枝云"融合平台进行介绍，分别探讨早期和现阶段广播电视融合发展的路径。

一　从 BBC 看早期广电融合

（一）从数字化和数据库开始

20 世纪 90 年代，BBC 便开始了对新媒体战略的部署和规划，其中，网站建设是该规划的重点之一。1989 年 BBC 的在线服务首次在网络实验室开始运行，两年后 BBC 的研究团队更是颇有远见的抢先注册了 bbc. co. uk，而现在这已成为了家喻户晓的网络域名。

约翰·伯特（John Burt）是 BBC 开始网络化运营的先驱者。1992 年，他被任命为 BBC 的运营主管，负责对这一传统媒体进行新媒体化转型。他在任的 10 年间，积极推动 BBC 的组织机构改革，将国际化、市场化、网络化和用户化的经营理念带入了 BBC。1994 年，在他的积极运作下，成立了附属于 BBC 的全资商业分支机构——BBC 环球公司，并开始正式经营 BBC 早期的网络服务平台——BBC online（BBC 在线），这也标志着传统媒体网络化运营的开始。

事实证明，网络时代的到来给 BBC 带来了巨大的机遇。BBC 在线（BBC online）借助网络传播速度快、覆盖面广、关注度大等优势，迅速将"网络空间公共服务"拓展开来，网络用户可以通过网站视窗及时浏览到最新的新闻、

---

① 　郭亦丹：《BBC 媒介融合的核心策略研究》，清华大学新闻与传播学院，硕士学位论文，2013 年。

财经、体育和天气等方面的信息。1996 年，BBC 更是与 ICL 公司签订了有关 beeb.com 商业网站的联合运作协议，开发了网络购物与交易的全新平台。到 1998 年，BBC 在线已经成为新媒体网络用户群体中极具知名度的网站。凭借着 BBC 在英国乃至全世界的影响力，以及丰富、快捷和权威的新闻内容，BBC 在线将多角度、多背景和多来源的信息进行整合，推出了包括文字、音频和视频等形式各异的多媒体新闻链接，这既有助于新闻浏览者对事件进行横向比较，又能深入事件背后挖掘真相。从新闻的广度和深度而言，BBC 在线在当时已经做到了极致。

Web2.0 时代的到来，更是使 BBC 在线成为融合媒体的引导者和用户化服务的先行者。在给传统受众提供更为主动的用户体验的同时，BBC 在线在英国的播客市场更是扮演着用户培育者的角色。通过引入 RSS（订阅源）技术，BBC 在线从单纯的新闻生产者逐渐转变为以用户需求为出发点，突出个性化服务的门户网站。用户量大、忠诚度高、自主化强成为 BBC 在线至今为人称道的绝对优势。为进一步继续提高服务质量，2006 年 BBC 决定将 1937 年以来的所有节目内容入库，将上百万的节目链接进行分类存档，用户可以在播客上任意选取自己感兴趣的内容，甚至可以创建自己的电台，并与好友进行讨论，充分满足了新媒体用户对自主化和个性化的需求。此外，BBC 积极推动网络信息与广播、电视、手机、个人电脑、平板电脑和游戏终端等多平台兼容的运作模式，进一步拓展资讯的覆盖空间。2005 年春，英国政府发布了"皇家宪章审查绿皮书"，重新定义了数字时代里 BBC 应担负的职责和义务。在绿皮书里增加了一个新的职责："推动英国电台实现数字化飞跃并成为数字时代的行业领导者。"[①] 这对 BBC 来说，具有划时代的意义，标志着一个拥有百年历史的传统媒体开始了网络时代的转型。

此后，BBC 于 2006 年初推出了受众研究工作的"创意未来"计划，设定了此后六年的研究蓝图，其核心宗旨就是：一切从受众需求出发，一切以用户体验为核心。为此，BBC 进行了内部机构调整，将营销和客户部放到了整个战略的核心部位，充分把受众需求与市场运作联系在一起，让"需求"引

---

① 赵彦华：《谁在操纵 BBC：公众？政府？——透视英国政府关于 BBC 公共广播改革的"绿皮书"》，《国际新闻界》2005 年第 2 期。

导市场，让市场萌发"需求"，从而形成数字化媒体运作的循环模式。BBC 网站也对 BBC 整体数字化改革发挥了先导作用。BBC 于 2008 年联合同行共同组成了数字服务产业联盟，发起了"画布"项目（ProjectCanvas），整合免费地面电视、免费卫星电视、iPlayer 以及 DemandFive 等线上平台，最终建立起一个规模庞大的 IPTV 服务平台，此举使 BBC 网站逐渐成为各种媒体信息的综合浏览平台。

在媒介融合方面，BBC 做了大量尝试。比如网络播出一体化，是将电台声音与视频、图片相融合的生产传播模式，最先应用于 BBC 第 5 电台频道（5Live）的转播，借助在播音室的摄像头和与新闻内容相关的图片、视频，或是记者照片，使原本单一的播放形态和内容丰富了许多，用户还可以通过网站上的滚动文字浏览下一档新闻的标题、受访者和用户的互动反馈，这样既拽住了听众的耳朵，又抓住了听众的眼睛，发挥了技术融合的典型特点，成为"开放式视觉电台播放"模式。

另一个例子是 Red Button 项目，创办于 1998 年，成为一时间最受欢迎的播放载体，平均周使用量更是达到了惊人的 1100 万人次。借助数码频道上的多余带宽，BBC 将文字新闻、纪实报道、体育转播、天气预报等内容融合在了一起，以提供除正常节目以外的额外服务。一个正在看英国斯诺克世锦赛直播的观众，可以随时将屏幕并列切换到澳大利亚橄榄球赛的转播当中，而且同时可以收听到 BBC 第 5 电台频道转播的印度板球运动员在场上的精彩表现，并了解明天当地的天气。在 2012 年伦敦奥运会的报道和互动环节，BBC Red Button 使观众们可以随时切换自己想看的赛事并与转播记者团队进行互动，为此赢得了超过 15 个传媒大奖，包括国际艾美最佳互动服务奖。

交互广播更是 BBC 的首创，利用数字化技术将声音与情节按时间节点进行切分，使节目形态更加丰富多样，也更具戏剧性。广播剧"The Wheel Of Fortune"（财富轮盘）就是情节交互广播的成功之作。听众可以在广播剧情进展过程中的任意重要节点切入剧情，并可在多种剧情视角中进行切换，这样在同一故事背景下衍生出来的多条情节线索和走向，令听众引向完全不同的结局。BBC 曾计算过，整个故事进程中听众有多达 900 多亿种选择方式来收听这一广播剧。

另一个产品 TVBLOG，通过技术创出的新形态实现了 BBC 与用户的互动和融合。它鼓励用户在 BBC 网站建立自己的电视博客，发布自己观看节目的感受以及自己制作的 UGC 音、视频、图片和文字记录，其他用户可以到 Facebook 或 Twitter 等社交媒体上分享这些博客。TVBLOG 目前的视频审核仍相当严格，用户自制内容的权限更倾向对 BBC 的节目总监、制作人、主持人、编剧、演员等名人用户开放，活跃用户群也较多集中于电视圈，广大的普通用户则更多扮演着评论、分享的角色。

（二）媒介融合的经典案例：BBC iPlayer

BBC 花巨资研发、创建于 2007 年的 BBC iPlayer 网络视频点播服务，有深厚的媒介转型背景，是 BBC 媒介融合策略的核心案例，在政策环境、投资规模、技术创新、用户前景和行业发展等多方面有着特殊地位与研究价值。

BBC iPlayer 实现了技术跨越式融合创新：2007 年，第一代 BBC iPlayer 正式推出，首次实现了从技术层面整合全媒体传输的渠道；2008 年，推出了第二代 BBC iPlayer，集成了无线视频点播功能和终端扩展功能，平台包括 iphone, ipodtouch 和诺基亚，三星等移动终端，并与 Adobe 公司合作开发客户端软件，此外 iPlayer 开始在 Wii 游戏网络频道中嵌入音频和视频，可以进行更新和下载；2010 年，第三代 BBC iPlayer 开始整合社交功能，与 facebook, twitter 和 windowslivemessenger 携手并行，同时兼容 40 种不同设备和平台的数据；2011 年，BBC iPlayer 开放欧洲 11 个国家的国际市场使用权；2012 年，BBC iPlayer 与微软 Xbox360 合作，将触角伸向体感交互游戏平台，实现手势和语音识别来进行操控和搜索，实现了人机智能化。

BBC iPlayer 的诞生契合了媒介融合的时代使命，满足不同层次用户的需求并推行个性化服务。iPlayer 以传统权威媒体内容为依托，保留了原有的忠实用户群；通过跨平台服务拓展，吸引年轻化、网络化新用户。BBC 用户可以通过 iPlayer 服务在 BBC 官网上以直播、时移、点播等方式下载或收看（听）过去 7 天内 BBC 电视台播出的全部音视频节目。这是通过技术创新了用户与媒体的关系。

从 BBC iPlayer 的实践可以体会到：利用现有技术，满足客户需求，根据用户需求变化而不断调整更新，是媒体融合的重要方向。这其中，减小时间和空间对服务的影响，提供传媒过程中的互动和社交，及时吸纳反馈、实现流畅的双向信息流动，都是在媒体融合时代所追求的目标。它的数次更新换代，不断革新技术和服务理念，但始终基于用户体验。

（三）技术体系的优化革新："软件＋服务"的数字化

BBC iPlayer 几代革新的成功均离不开技术体系的优化与革新。其中，BBC 借助微软公司的技术理念和软件支持，合作研发针对 BBC 媒体内容进行版权保护的 DRM 系统，并与 Xbox360 积极合作在 Xbox live 上推出视频服务平台，都成为 BBC iPlayer 技术革新史上辉煌的亮点和突破。可以说，BBC iPlayer 系统的独立性、通用性，以及较好的兼容性、安全性，均为它在产品拓展、国际扩张以及增强用户黏性等方面奠定了重要基础。

BBC iPlayer 与微软合作，继承了"软件＋服务"（Software＋Services，简称 S＋S）的理念。S＋S 是微软公司为新一代计算机提供的技术运载方式，也是 BBC iPlayer 研发过程中强有力的技术支持。传统软件行业都在向着软件服务（Softwareasa Service，SaaS）的方向转型，其最终形态是以非常简单的终端模式（如网页浏览器）连接服务器，从而实现目前所有软件可以实现的功能。微软公司提出了 S＋S 的理念，一方面将软件服务化，同时保存了用户终端的简单处理能力，满足用户的个性化、定制化、外形美观等需求。BBC iPlayer 运用 S＋S 通过本地客户端与线上服务器的实时对接，使其最大限度地为客户提供发挥空间，也使用户体验更具选择性和灵活性，始终跟上用户需求的步伐，这种全新的组合方式彻底击败了传统意义上单纯的软件或服务开发，达到了软件即服务、服务定向开发，以及 Web2.0 技术融合，集成出全新的"软件＋服务"的运作方式。

BBC iPlayer 起初的设计是将大容量的媒体文件借助 P2P（pear to pear）点对点技术进行拆分和传输，使用户在作为客户端使用媒体文件的同时，也作为服务器为更多用户提供资源。但随后 BBC 意识到，这种共享方式会加大用户的流量成本，因为在英国，一些互联网供应商会对数据下载和上传流量施行双重收费，这使一些用户因为使用了 BBC iPlayer 的 P2P 下载服务而很快达到了流量上限而不得不额外向网络运营商付费。鉴于这种情况，iPlayer 改用自身服务器向用户提供直接下载服务。这样做的前提是，BBC 拥有丰富的媒体视听资源，只需对资源重新进行分类匹配，便可轻松满足 iPlayer 用户的使用需求，这既为用户节省了下载流量费用，又可以更直接地对用户下载内容进行管理和统计，实时掌握最受用户欢迎的媒体视听资源，为 BBC 提供了最直接的反馈信息。

此外，借助 S + S 技术支持，BBCiPlayer 绑定了微软数字版权管理系统（DRM）。借助该系统，iPlayer 提供下载的内容将会在指定时间内自动删除，这样既节省了用户终端的硬盘占用空间，又有效保护了 BBC 媒介产品的知识产权。BBC 借助 iPlayer 软件 + 服务的运营模式，拉近了与用户的距离，也将自身服务变得更高效、更灵活。在接受我们课题组的访谈时，BBC 负责点播节目的总经理、BBC iPlayer 负责人丹尼尔·丹克（Daniel Danker）解读了其中的重要意义："用户的潜在价值并不在于他能为你带来什么，而是他永远能让你变得更强大。"以 S + S 的技术理念为支撑，辅以相应的技术构建起来的 BBC iPlayer 新媒体平台实现了传播关系的进化。传统的点对面的大众共享型传播关系，在融合时代转型为点对点的个体分享传播和互动式传播。BBC iPlayer 的数字化平台实现了已有电视与广播节目的实时与延迟推送，并在技术的支持下走向移动，这意味着传统共享性传播的时空限制被打破。这种革新主要得益于对新技术的应用和拓展，其实现体现了新媒体时代对新型传播关系中用户时间观念的重组；iPayer 平台融合当代人网络社交需求，积极调动用户主观能动性并帮助个体发出声音和传播声音。iPlayer 的这种举措，在服务一体化的云计算时代，走在了新媒体的前列。而这一功能的实现也成为支持新型分享型、互动型传播的重要基础。丹尼尔·丹克（Daniel Danker）在接受我们课题组的访谈时说过："借助微软的 S + S 技术支持，我们需要达到的目的是让用户能用最便利的方式享受我们的服务，从而更大限度地挖掘用户的潜在价值。"

在 BBC iPlayer 三代革新以后，一项英国媒体用户的调查结果显示，iPlayer 已经逐渐成为英国最流行的试听媒体点播器。这一成功不仅得益于 BBC iPlayer 的自主点播功能，而且与多平台媒体设备的兼容密不可分，这样用户几乎可以在任何时间、任何地点收听和收看任何自己想要的节目。多终端、跨平台的融合服务是目前网络服务的大势所趋，这一趋势背后的主要推动原因，一方面是包括智能手机、平板电脑等移动数字产品的兴起，使时间和空间对人们访问媒体的限制进一步弱化；另一方面，智能化电视的研究与发展，以及电脑和电视的逐步统一趋势，都意味着服务市场的延展已经拓展到了不同的平台。尽管 IT 界人士普遍认为多终端和多平台会逐渐走向统一，但就目前的局势而言，任何不能兼容多终端和多平台的产品必然会弱化自己的竞争力。

BBC iPlayer 的成功，与其主流技术和终端的合作策略密不可分。BBC iPlayer 具有广泛的兼容性，移动设备 iPod、iPad 等均可实现音视频产品的"任意附着性"，满足用户随时随地观看、收听的使用需求。这种多平台兼容性的实现并不是产品开发团队维护了多平台的 iPlayer 版本，而是因为其播放器软件本身就被定位和实现为一款多平台服务终端。iPlayer 播放器最早与微软公司合作，从而从 Windows 电脑平台起步，在 2008 年 3 月，实现与 Mac 系统整合，iPhone 与 iPod touch 的用户开始能够在苹果终端使用该产品。除了主流移动端，iPlayer 播放器甚至面向任何内置浏览器的 PDA 产品，其中包括早期的 NokiaN95 手机等。由此我们可以看到，在跨平台融合电视的发展中，BBC iPlayer 高瞻远瞩，走在了时代前列。而这种思想也体现了成为大趋势的云计算意识，一样的终端在不同的平台，给予用户相同的优质服务。

BBC iPlayer 的竞争力还体现在平台的集约优势能够吸纳更多的用户，包括曾经并不热衷 BBC 电视节目的年轻用户。由于平台终端的丰富，偏好不同平台的更多用户可以接触到 BBC 的节目，从而使产品和服务能够被更多人接受并建立起直接的联系。技术的发展带来了多元化的终端和平台（包括手机、平板电脑、智能电视顶盒、Shazam、游戏社交平台 Xbox live/Wii channel），以技术发展为驱动力，实现了数字化融合生存方式。2012 年 3 月，BBC 和微软公司共同宣布推出 Xbox Live，标志着 BBC iPlayer 正式跨入在英国最受欢迎的游戏平台 Xbox 平台时代。这是继 Sony 公司的 PlayStation3 和任天堂的 Wii 之后，BBC iPlayer 又一次实现了与大型游戏平台的兼容。此前，BBC iPlayer 已完成了与包括维珍媒体、BT 视觉、Free Sat、Free view 频道，以及索尼 PlayStation、任天堂 Wii 等游戏平台和智能手机、平板电脑等用户终端的兼容。此次 Xbox Live 的推出，英国广播公司作为唯一的内容提供商，将节目在英国向所有 Xbox360 的用户免费播放。BBC iPlayer 在 Xbox360 上的呈现和操作是如此的简单方便，甚至到了令人难以置信的程度。当用户刚刚打开电视机，Xbox360 的欢迎界面会瞬间将用户带入人机互动的全新时代，iPlayer 的功能选条就在其中。借助安装在电视顶部的 Xbox3603D 体感装置，系统能轻松捕捉到你在扫描范围内所做出的任何动作。根据事先设定好的形体语言指令，用户只需在 iPlayer 的选框上稍作停留，iPlayer 就会以延展的视频效果出现在用户面前。更令人叹为观止的体验在于 BBC iPlayer 在 Xbox360 平台上彻底实现了职能语音识别功能。当双手都被占用而无法发出肢体指令时，用户可以按照 iPlayer 界面上的类别搜索短语和节目标题，念出自己想要收看的节目，iPlayer 会像一部智能机器人一样，分析用户的发音和声线，再将其与系统预设的声音指令相匹配，从而自动跳转到用户想要搜索的下一集菜单或是想要收看的节目，而这一语音识别的准确度甚至可以让一个斯拉夫语系的小朋友轻松使用这一功能，只要你能念出来。iPlayer 还对所有节目的搜索和选择也提供了字母顺次选择的方案，借助游戏控制器上的立体旋钮，用户可以像玩游戏一样选出自己想要收看的节目，整个操作富于趣味感和参与感。

BBC iPlayer 以转型后的融媒体姿态汇入新环境中，在新平台下实现传媒功能，营造全新的用户体验，包括感应互动、可接收信息等。通过这样的方式，增强自身竞争力实现媒体转型，而用户体验的升级又吸引了更多用户，其中包括喜爱追赶新潮流的青少年用户，带来与未来新用户对接的潜力，同时 BBC iPlayer 可以通过分析不同阶层的用户，来预测未来的发展趋势并不断进化和实现新的关系模式。Xbox 和 Wii 等终端在近几年迅速崛起并在年轻人中炙手可热，它们最初以电视游戏机的视角介入，以体感的新互动方式作为特色，辅以智能电视和无线网络技术，逐渐把社交和服务的意识带入了电视这一传统媒介之中。

iPlayer 实现了人机交互模式下向"认知媒体"的拓展，这也是 BBC iPlayer 与 Xbox 平台合作的亮点。本课题对 BBC iPlayer 的主要负责人进行了深度访谈，其中负责点播节目的总经理丹尼尔·丹克在接受访谈时畅想未来："未来的 BBC iPlayer，将朝着人机智能交互的模式研发和推进，'虚拟真实'的交互体验将是未来大众媒介和人类传播理想的目标，也是 BBC 未来的奋斗目标。""iPlayer 与 Xbox 平台的免费兼容，实现了在无须额外付费的前提下免费收听和收看我们的节目。一直以来，我们的目标就是让所有的英国观众和听众都能成为我们的用户，现在我们做到了。"丹尼尔·丹克在接受我们课题组访谈中几次强调，BBC 所做的所有努力就是希望能够满足更广泛、更多元的用户需求。BBC iPlayer 第一次可以通过手势和语音识别进行控制和搜索，用户只需轻轻挥舞手臂就可以控制整个界面，甚至可以喊出自己想要选择的类别和节目名称。虽然这只是认知媒体技术的起步阶段，但是"传统"的英国广播公司已经开始利用用户的感官体验为自己开拓出更加广阔的发展前景，媒体也真正实现了"是人体延伸"的麦克卢汉式的畅想。

从 BBC 终端拓展与开发的路径，我们能够看到用户在媒介传播过程中发挥的绝对作用。无论是当今的人机交互与"认知媒体"，还是未来何种形式的新媒介，用户已经成为电视媒体创造新媒介形式的动力和助力，成为电视媒体远景开发的创新源头。正如詹金斯所说"融合发生在消费者的头脑里"，媒介的作用是建立了产品与消费者之间的桥梁，因此媒介的形式、介质、构造都是不确定的。未来 BBC iPlayer 的媒介平台还可能拓展到家庭影音、网络购物、车载、时尚家电、教辅设备、贴身播放器、电子书、商务谈判演示等，任何能够为用户创造新体验和新价值的媒介，都可能是未来媒介的样子。个体用户物质与精神生活的需要，成为媒介与产品的目标，电视媒体在与新媒体技术融合的过程中，其任务就是要实现对现代人当前或者未来生活方式的一种高度契合的跟进。因此，电视媒体在终端战略的转型，是要基于用户的需求开发潜在的媒介形式；也正是用户与视听媒介的全面接触和交互，改变了新媒体的格局。

二 从江苏广电"荔枝云"看现阶段广电融合

上述英国 BBC 融合实践，代表了广播电视媒体早期融合的先进案例。在此再以江苏省广播电视总台"荔枝云"融合平台为例，① 介绍现阶段先进的广播电视融合的发展状况。

（一）以技术更新为契机布局融合平台

江苏广电总台在媒体融合的大背景下，以广播电视技术设备更新、高清升级换代为契机，推进媒体融合发展。"荔枝云"平台建设规划从革新生产模式开始，进而建设统一的云平台，再进一步建立对外服务体系。因此三个阶段的规划是：第一阶段，整合全台新闻资源，建立"多来源内容汇聚、多媒体制作生产、多渠道内容发布"的全新生产模式，实现传统媒体与新媒体的全面融合和全新流程再造；第二阶段，整合广播电视、新媒体原有技术系统，重点实施对传统栏节目、综艺节目综合制作的业务重构，建成广播电视制作、新媒体制作分发的所有业务全台统一的云平台；第三阶段，不断优化和完善平台功能，建立多元化的基于云平台的对外服务体系，提供多种基于云平台的融合媒体业务的应用服务，充分发挥平台的整体效应。

"荔枝云"平台顶层设计站位高，其制定符合新闻宣传和产业发展规律的技术体系和策略，既要解决现有问题，又兼顾未来发展；既要提升传统业务，又支撑新媒体业务，形成支撑传统媒体与新兴媒体深度融合的技术体系。为此他们确立了建设的基本原则：高安全：确保平台的安全稳定运行及业务的连续服务；前瞻性：要适应未来融合媒体业务发展方向，充分考虑到对未来业务变化与创新的支持；标准化：通过制定标准化的接口规范协议，能够支持多个厂家参与、不断接入的业务应用，便于用户优选功能应用服务，同时便于与第三方云平台的对接；可扩展：平台应具备快速实现资源弹性可扩展的能力，可随时满足业务增长扩容的需要和任何业务资源动态调整的能力，并且具备承载多租户的能力，可随时开辟新的业务用户租户服务。

---

① 本节参见毛敏明、苏琦《江苏省广播电视总台"荔枝云"平台》，《有线电视技术》2019 年第 6 期。

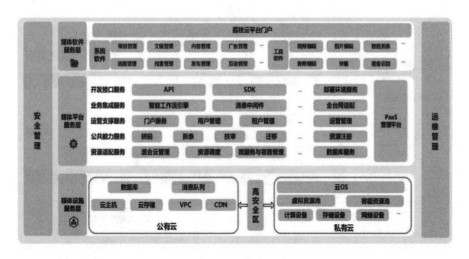

图 3.3　"荔枝云"平台的整体架构

值得一提的是"荔枝云"技术平台的"租用公有云+自建私有云"的混合云模式，充分应用云计算、大数据等技术，采用并确立"技术平台化、业务产品化、服务生态化"的建设路线。公有云平台面向融合媒体业务与新媒体业务，将与互联网联系紧密的业务，例如汇聚采集类、大数据挖掘分析、简单编辑工具、新媒体生产分发等部署到公有云平台；私有云平台面向传统内容节目生产业务与安全性高的业务，例如视频复杂剪辑、音频制作、调色、节目包装等部署到私有云平台。同时，"荔枝云"平台拓展了高安全区作为融合业务安全域，成为"荔枝云"私有云的重要组成部分，为新媒体内容生产与运营、地市台媒体业务运营、办公 OA 业务等，提供高安全、可扩展的技术平台和业务应用（见图 3.3）。

（二）融合新闻业务与推进新媒体业务

以"荔枝云"为平台，江苏省广电总台于 2016 年组建了"融媒体新闻中心"。"荔枝云"平台整合全台新闻资源，形成"多来源内容汇聚、多媒体制作生产、多渠道内容发布"的全新生产模式，实现了融媒体新闻资源统一调度、新闻生产多平台统一管控、新闻多元化传播效果统一把控，构建了全新的新闻生产运行机制，形成了支撑传统媒体与新兴媒体深度融合发展的平台化技术体系，新一代技术架构的应用实践，解决了广电行业融合媒体生产所面临的核心问题（见图 3.4、图 3.5）。

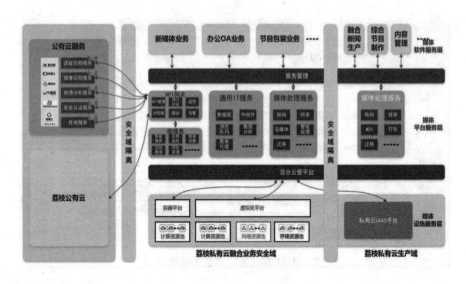

图 3.4 "荔枝云" 技术平台规划

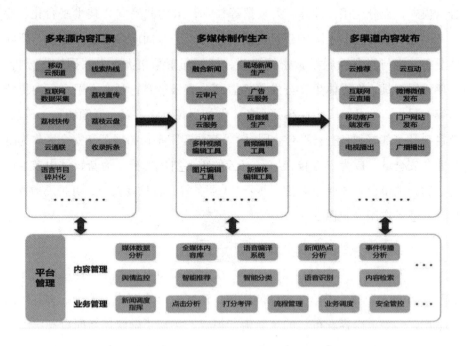

图 3.5 "荔枝云" 融合媒体业务流程

"荔枝云" 平台整合了广播、电视和新媒体等原有全台网架构下的技术系统，实现了多个内容板块的内容汇聚、生产和发布等各个环节的全面云化，完成台内原有全台网体系架构向融合媒体技术平台架构的转化。江苏广电总台卫视频道季播节目、城市频道、综艺频道、影视频道、公共新闻频道、购物频道等多个频道的技术系统已从全台网迁移到"荔枝云"平台制作和送播，包括编辑、包装、审片、配音、演播室应用等业务模块，充分利用虚拟化桌面以及云部署的优势，在不同应用场景下，灵活、方便、高效地进行节目生产制作，用户可以自由选择云平台的非编工具制作，并通过智能工作流引擎实现了生产流程动态调配，结合云平台资源弹性、共享、可扩充的特点，全面提升了生产的质量与效率，提高了融合媒体内容生产能力，同时能快速实现创新业务应用上线需求。与此同时，新媒体业务在"荔枝云"公有云和私有云融合业务安全域上进行部署，充分利用"荔枝云"平台能力，打造微服务化、多租户化的新媒体服务平台。平台不仅支撑自有"荔枝""我苏"两大品牌新媒体系列产品的内容生产与发布，还为南京报业、苏州报业、宜兴广电、金坛广电等地市媒体的新媒体客户端提供内容生产与发布的支撑服务。2018 年在中央部署县级融媒体战略后，该平台全面支撑江苏省县级融媒体中心建设及未来的运营工作，在不到一年的时间内部署了二十多家公司、六大类、四十多款融合媒体生产应用与工具服务，为江苏省县级融媒体中心提供融合媒体生产与发布能力、宣传服务能力、党建/政务/民主服务能力、移动客户端运营支撑能力等，着力打造成"媒体 + 政务""媒体 + 服务""媒体 + 电子商务"的多元化信息服务综合体。

第六节 技术融合代表性工具——数据工具的应用

大数据已成为人类生活不可或缺的社会经济信息传播元素。事实上，数据一直存在，但之前一直没有受到重点关注。数据是基于观察结果或事实的信息。这是以数理逻辑对客观事物进行的归纳。数据是用于呈现未经处理的客观事物的原始信息，包括声音和图像等连续值以及文本、符号等离散值。目前我们所讲的数据与计算机科学中的数据大致相同，是所有可被输入计算机并可通过计算机程序处理的信息的总称。符号、数字和其他表达形式不能完全表达数据所表示的内容，而数据必须得到解释。数据和数据解释是不可分割的。信息传播的重要性在于对数据的解释。大数据是数据的集合，通常无法在一定的时间段内被常规软件工具捕获、管理和处理。大数据是一个前景广阔、具有高增长率的专业领域，需要新的处理模式才能使得数据处理具备更强的决策能力、洞察力和流程优化能力，形成多样的信息资产。IBM 曾经提出了大数据的 5V 特性：Volume（大量）、Velocity（高速）、Variety（多样）、Value（低价值密度）、Veracity（真实性）。因为新技术的运用，数据分析可以通过全样本数据而不是少数样本数据（比如抽样分析使用的数据）来描摹或解读、分析数据的意义。目前一些数据新闻里也已经运用大数据分析方法。①

一　数据工具运用于新闻传播

"数据新闻"这一说法最早出现在美国学者梅耶的《精确新闻》中，指的是在数据化的社会大背景之下，利用计算机数据辅助进行生产的新闻。数据新闻的开山之作《数据新闻手册》认为，数据新闻就是用数据报道新闻，将记者的新闻敏感和叙事能力与庞大的数字信息结合起来。根据《2013 年世界新闻创新报告》可知数据新闻是"一个规范地收集、整理、分析和查询结构化和非结构化数据库，以确定数据收集中的模式，趋势，统计偏差和异常情况的新闻业"。数据新闻的定义比较清晰，在大数据时代，媒体从业者越来越多地得到业界的认可，收集、处理和制作新闻的能力也日渐增强。互联网之父伯纳斯·李曾这样预测："数据新闻是未来，记者需要成为数据传输渠道，他们可以使用工具分析数据，帮助公众获取知识。"美国 Narrative Science 公司使用数据模板每隔 30 秒就可以撰写出一则全新的新闻报道。撰写新闻报道时，公司创始人则大胆预测，认为："未来 90% 以上的新闻将是计算机生成

---

① 关于数据新闻业务的研究，参见课题组的阶段性成果：陈昌凤、刘少华《"大数据"时代如何做新闻?》，《新闻与写作》2013 年第 1 期；仇筠茜、陈昌凤《大数据思维下的新闻业创新——英美新闻业的数据化探索》，《中国广播电视学刊》2013 年第 7 期；陈昌凤《数据新闻及其结构化：构建图式新闻》，《新闻与写作》2013 年第 8 期；王宇琦、陈昌凤《数据新闻及其可视化》，《中国新闻传播研究》（下），中国传媒大学出版社 2014 年版；陈昌凤、乌日吉木斯《数据新闻与大数据思维的应用》，《新闻与写作》2014 年第 4 期等。

的数据新闻。"

数据分析如今已经成为记者和各类内容创作者了解用户需求、提升内容产品的有效性的重要手段，但是目前记者还不可能都被训练成为数据分析师。那如何才能让记者获得数据给予的力量？进入 Web2.0 的关系网络时代后，新闻及各类信息的生产者如何通过内容产品来提高与用户的互动和受关注的程度？要实现这些，需要有新的技术做支撑。

国际的知名媒体在 2015 年前后即已纷纷组建数据分析团队，为记者和各种内容生产者自主开发新型的数据工具，快速而有效地提升记者数据运用能力，从而让记者通过内容与用户达成一种内在的互动。如英国的金融时报，在 2016 年 3 月就推出了新的数据分析工具 Lantern，帮助新闻编辑室了解包括点击率在内的各项数据，了解哪种新闻类型容易使用户产生互动和共鸣，分析用户在网页上花费的时间、屏幕滚动速度、用户保留率，评论内容以及读者使用的设备类型和其他数据，通过数据进行精准匹配，努力获得用户的更多关注。①

事实上媒体近年开发数据分析工具的还有不少，比如《英国卫报》2011年推出的数据分析工具 Opha 就很有影响，《纽约时报》的主编声称今夏推出的 Stela 是受到 Opha 的启发。Stela 是"story and events analytics"的缩写，即新闻事件分析。这些数据分析工具的目的，都是为了让记者更多地了解用户是如何消费新闻等信息的、用户是如何与信息进行互动的，从而帮助记者更有效地生产内容、提供更符合用户需求的内容产品。这些工具的侧重点也不完全一样，有的是针对单篇文章（包括视频）的分析，比如《纽约时报》Stela，还有的主要是用于测量用户消费信息时的点击、停留、社交分享等各种数据，它们都是主要针对本媒体的数据和用户的工具。还有一类是给所有的记者和作者开放和参考的工具，比如谷歌 2009 年开发的 Living Stories，以及谷歌的数据分析（Google Analytics）。值得一提的是，中国也有了专门为记者和内容创作者开发的数据分析工具——"今日头条"最近开放的"媒体实验室"。

---

① 陈昌凤：《数据分析工具：驱动记者与用户新型互动融合——数据助益媒体融合时代信息生产模式的变革》，《新闻与写作》2016 年第 11 期。

二 为媒体人打造数据工具：谷歌新闻实验室

信息传播技术正在给整个新闻生产格局带来变化，谷歌新闻实验室立足于技术和媒介的交叉点，尝试着通过提供开放的数据、便捷的搜索与核验工具以及一系列创新性新闻项目等，帮助新闻机构与从业者更好地应对以公民参与和目击媒体为标志的信息超载时代。谷歌提出，之所以进行这项尝试，是因为"很难想象这个世界上有比高品质新闻业更重要的信息来源"。在接下来的部分，我们将结合谷歌新闻实验室的具体内容，探析专业新闻机构在目击媒体时代如何造就"高品质的新闻业"。①

谷歌新闻实验室在开篇词中提到了三种途径来实现技术和媒介交叉点上的创新：首先，要确保新闻工作者都能更方便地使用其搜索引擎、地图、视频平台等工具辅助报道；其次，希望新闻记者和编辑都能够更好地利用谷歌的实时搜索数据；最后，希望能够促进新闻工作者与企业的合作项目，从而给媒体业创造更多机会。基于上述三种途径，谷歌新闻实验室也是围绕"工具""数据"和"项目"三部分而展开。

"工具"部分以教授新闻工作者更高效地使用谷歌的各种搜索工具为主。以调查（research）、报道（report）、传播（distribute）和优化（optimize）四方面为主题，实验室提供了一系列时长5分钟至20分钟不等的课程，这些课程运用文本、动画、视频等手段帮助用户提高其信息获取、视觉呈现和传播的能力。例如，"调查"这一主题中共包含12个课程视频，包括如何更好地使用高级搜索、反向图片搜索、趋势、问卷调查等工具，这些工具有的能够帮助新闻工作者更精准地搜集社交媒体上的信息及其地理方位等，有的则能够有助于对社交媒体上的信息进行核验，例如反向图片搜索就能够有效检验社交媒体上流传的图片是否为原创。这四方面的工具能够使新闻工作者更有效地利用包括目击媒体在内的网络资源，对突发事件信息进行全面、深入的报道。

---

① 本节参见课题组阶段性成果：黄雅兰、陈昌凤《"目击媒体"革新新闻生产与把关人角色——以谷歌新闻实验室为例》，《新闻记者》2016年第1期。

图 3. 6　谷歌新闻实验室的"工具"部分

"数据"部分重点介绍如何运用"谷歌趋势"（google trends）进行数字新闻（data journalism）的实践，与目击媒体并不直接相关。谷歌趋势是一款基于搜索日志分析的应用产品，可以向用户展示某一搜索关键词以分钟为单位被搜索的频率及其他相关统计数据。除了基本的使用方法，"数据"部分还列举了《时代》周刊、《纽约时报》《华盛顿邮报》《赫芬顿邮报》等专业新闻机构使用"谷歌趋势"进行的独立报道，向用户具体展示如何使用数据进行分析和报道。

图 3. 7　谷歌实验室"数据"提供大量专业媒体使用谷歌趋势进行的数字新闻报道

　　"项目"部分由谷歌和尼曼新闻实验室（Nieman Lab）、皮尤调查中心（Pew Research Center）、ProPublica 等媒介研究机构联合主持，对一些创新媒介组织及创业公司的项目进行内容指导和资金支持，已经开展的项目包括"第一稿"（FirstDraft）、"YouTube 新闻专线"（YouTube Newswire）、"目击媒体实验室"（WITNESS MediaLab）、"调查报道中心"等八个项目。其中，如何更好地使用"目击媒体"和用户生产的内容（UGC）是其最核心的内容。例如，"目击媒体实验室"由谷歌与人权组织"目击"联合组建，以普通公众为目标群体，目的在于帮助公众掌握更有效的拍摄技巧，使其能够在突发事件和人权事件爆发时拍摄高质量的现场影像，以便更好地报道或维护自身利益；"YouTube 新闻专线"由谷歌和视频网站 Storyful① 联合创立，这个项目以专业媒体机构为目标群体，Storyful 的编辑会对 YouTube 上的热门视频进行核验和比较，并遴选出当天最具新闻价值的目击视频，希望能够为专业媒体机构提供更加丰富的新闻素材；而刚刚上线的"第一稿"项目，更是以专业新闻媒体为服务对象，其创建目的就在于帮助记者掌握搜索和核验信源的必要知识及工具，用更准确、更符合伦理的方式找到目击媒体上的有效信息并加以使用。下文将以"第一稿"为例，对专业媒体应对目击媒体的策略进行具体介绍。

图 3.8　"第一稿"网站首页

---

　　① Storyful 网站与其他媒介公司联手对社交网站上的视频和新闻信息进行验证和汇总，提供主流新闻媒体之外的信息平台，具体信息参见 https：//storyful.com/。

　　"第一稿"提供的"资源"包括五部分内容①。第一类资源是目击媒体上的信息搜集，包括如何利用谷歌搜索找到最合适的目击媒体、如何使用Tweetdeck找到最精准的推特帖子、如何使用Followerwonk找到某特定地点最可能成为目击者的推特用户等。第二类资源是验证目击媒体上的信息的方法，包括如何核验社交媒体上某个账户的真实性和可靠性，如何检验Instagram、YouTube上的图片或视频的上传时间，如何使用TinEye以及谷歌图片等工具检验那些流传于社交网络的图片是否为原创；此外，"第一稿"还设计制作了核验图片信息的手册，通过五个步骤的设计，系统地帮助新闻工作者通过验证图片的原始版本、拍摄者、拍摄地点、拍摄时间和拍摄原因等要素来判断图片的真伪。第三类资源与使用目击媒体资源时的伦理与法规有关，包括信息版权保护、社交媒体用户的隐私权保护等问题。第四类资源为案例分析，即通过具体的案例展示如何有效利用目击媒体获得常规采访手段不易获取的新闻信息，例如通过Facebook获知一名参与了巴黎恐怖袭击的年轻人的日常生活信息。第五类资源为"错误和欺骗"，这里列举了很多从目击媒体流向专业新闻机构的虚假消息的案例，总结了信息传播过程中的教训并提出了相应甄别虚假信息的方法。"第一稿"不仅关注目击媒体信息的搜集和验证，也强调信息使用和新闻生产中的伦理和法规问题；同时，"教程＋案例"的方式还能够立体呈现新闻从业者在应对目击媒体时可能遇到的问题并提出了具体的解决方式。

　　谷歌新闻实验室的价值正在于为公民和专业媒体之间架设了桥梁。在数字环境中，当大多数关注聚焦于普通公众能动性的调动和技术赋权时，公民新闻等概念应运而生，但是公民新闻和专业媒体机构的新闻生产不应当是对立和相互独立的关系，而应当是相互补充、共同建构和完善信息环境的合作关系。以杰伊·罗森（Jay Rosen）、杰夫·贾维斯（Jeff Jarvis）、丹·吉尔默（Dan Gilmore）等为代表的"未来新闻学"所提倡的也正是这种参与式新闻生产②，其核心观点之一就是"专业记者通过微博等社交媒体与受众保持'高度黏合'的关系"。然而，这种新闻传播的"全民化"并不是要用公民记

　　①　关于"第一稿"具体信息，参见 http://firstdraftnews.com/。
　　②　王侠：《"未来新闻学"的理念及争论》，《新闻记者》2012年第10期。

者完全取代媒体机构和专业记者，而是要"在确保新闻品质和公信力的前提下，让这些业余人士更为积极地参与新闻生产"①；特别是，伴随着普通民众的技术赋权，新兴信息传播技术也会带来"智能暴民"（smartmobs）等现象。从广义上看，实验室所提供的工具、数据和项目可以为每一位互联网用户所使用，提高其信息搜索和辨别的能力；特别是其中的一些项目专门针对普通公众，有助于其信息素养的提升，使其在突发事件发生时能够拍摄和提供更多质量更高的目击信息。从狭义上看，新闻实验室的立足点更在于专业新闻从业者，让其提高信息检索、辨别和汇总的能力。通过这两方面的努力，将公众和专业媒体统合在未来新闻学的框架中。

但应当注意的是，尽管谷歌在开篇词中提到要"与记者和企业家合作共同搭建媒体的未来"，但是目前来看，这一项目还是由科技公司领衔，而要让新闻实验室更加符合新闻生产的需求，也需要更多记者和专业媒体机构的参与。

三 数据工具对媒体生产的影响

数据工具对媒体生产正在产生非常重要的影响。前面提及美国《芝加哥论坛报》的"芝加哥的犯罪"网站（ChicagoCrimes）对实时数据、结构化数据的运用，而英国《卫报》和美国《纽约时报》是后 Web2.0 时代数据新闻生产的开山者，在数据新闻领域做出了有益探索，并且各具特色。

《卫报》在 2009 年创办了全球第一个数据新闻专栏"数据博客"②，可谓数据新闻里程碑，《卫报》数据新闻涵盖政治、经济、体育、战争、灾难、环境、文化、时尚、科技、健康等多个领域。其数据来源以政府及政府组织公开的信息为来源，具有较强的权威性③，这是由于放开数据的先行者英国政府有大量的数据公开，民众有权申请知道政府名录中的任何数据，此外，《卫报》通过技术手段抓取网络数据，有意识地获取所需数据作为补充，进一步

---

① 史安斌、李彬：《回归"人民性"与"公共性"——全球传播视野下的"走基层"报道浅析》，《新闻记者》2012 年第 8 期。

② 《卫报》"数据博客"（http://www.guardian.co.uk/news/datablog）。

③ 章戈浩：《作为开放新闻的数据新闻——英国〈卫报〉的数据新闻实践》，《新闻记者》2013 年第 6 期。

丰富了报道范围。数据可视化是《卫报》的撒手锏，从数据地图、泡泡图、词频图到社会网络关系图，静态和动态相互结合，采用多种类型的可视化方式多维整合数据，数据呈现非常清晰。如2011年8月伦敦发生骚乱事件，《卫报》通过动态图方式对事件进行了梳理，读者拖动下方的时间条可以观看每天、每时段发生的事件，点击具体的事件标识，在屏幕左方会弹出具体的图文描述，非常形象生动地展示了一个时间跨度大、参与人数多、进程复杂的事件全貌（见图3-9）。

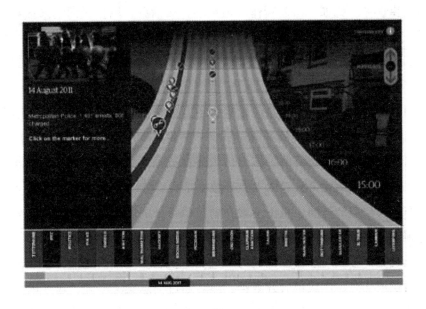

图3.9 《卫报》数据博客对伦敦骚乱报道截图

《纽约时报》于2014年推出了全新的The Upshot专栏。专栏主要侧重于政治、经济领域的数据新闻，帮助读者通过数据分析深入了解事件背后的深层内容和意义。《纽约时报》的数据新闻非常个性化，编辑进行设计数据新闻的重点是与读者加强互动。如让读者通过选择年龄、性别、受教育程度等因素，了解自己所在社会阶层失业率的趋势和现状，互动性很强。通过这种强大的互动模式，读者可以了解当前的失业情况。在这个新闻中，《纽约时报》使用的数据是劳工统计局公布的失业率数据，是完全公开的。《纽约时报》只是对这些数据也做了自己的统计分析。

在国内，财新集团"数据可视化实验室"、腾讯新闻"数据控"、新华网

"数据新闻"等栏目也在数据新闻领域进行了有益的探索。2012 年以来"今日头条"用新科技的方式，重新界定"什么是新闻""什么是头条（新闻）"——"你关心的，才是头条"。2016 年 10 月上线的今日头条新媒体实验室要向创作者们回答"如何成为头条（新闻）"——"怎样创作，才是头条"。"今日头条新媒体实验室"是一个开放的数据平台，目标是给记者和广大的自媒体创作者在报道和创作方向上提供借鉴，重点还是希望高效地连接人与信息。它的核心手段也是通过分析产品内容、描摹用户状况，为内容生产者提供参考。比如，当前写作者最关心什么话题、用什么词汇来描述，用户反响如何、怎么回应等，通过平台收集、挖掘数据与学习，"今日头条"的机器人可以测算出与每个热词相关联的词汇及其相关性，自动识别出每个话题下不同的创作方向。

对于国内媒体而言，多数还很难自主开发自己的数据分析工具，因此使用"新媒体实验室"这类的开放工具，不失为一个适用于新技术时代需求的快速有效的办法。但是目前许多媒体人还视数据为数学、计算机等领域中高深莫测的一类东西，更有媒体人觉得数据是只有做"数据新闻"的人才用得上的东西，他们的思维还跟不上现在新技术带来的新形势。相当一部分的媒体主编、编辑、记者，还是在用"揣测"来描画受众、用户的需求。如今，数据分析工具可以用来验证他们的"揣测"是否正确了。之前，一些记者和研究者使用社交媒体获得公开数据，然后通过信息交叉验证，建立内容之间的关联，也有一定的效果，而如今，新的数据分析工具会让此工作变得更加简便而有效。未来我们需要扩大数据规模。媒体用户的大数据库，大部分都是从合作方获取，对于数据分析工具而言，其源头是"数据"，如果没有充分的数据积累，没有内容比较精准的结构化的数据，数据分析工具就很难得出科学的分析结果。计算数据的相关性，需要丰富的历史数据；而对信息的分析，则需要挖掘和分析用户的内容偏好、行为偏好的现实数据。因此，数据分析工作首先要扩大其搜集和使用结构化数据的范围，要契合传统媒体和新型媒体融合的需求来扩大数据规模。由此可以看出，我国的媒体融合还有很长的路要走。①

---

① 陈昌凤：《数据分析工具：驱动记者与用户的新型互动融合》，《新闻与写作》2016 年第 11 期。

四　数据工具对媒体内容的影响

数据新闻生产从数据挖掘开始，数据挖掘有两种：一是记者发现一个新闻线索，然后按图索骥在数据中找到相关资料；二是通过算法从海量数据中挖掘出有价值的信息，发现新闻线索，由此确定报道的主题内容。

数据新闻的信息处理包括过滤和可视化两个步骤，过滤数据指的是新闻工作者对数据进行处理后根据报道主题进行数据筛选的过程。数据信息源是否可靠，数据量是否足够，数据质量是否过关，数据是否具有时效性等都是应该考察的，将数据进行过滤之后要转为统一格式，根据数据新闻的编辑原则进行批处理。可视化指的是将不直观的零散数据转变成直观的图形、图表格式，这样更符合受众的阅读认知习惯，能够收获更好的传播效果，可视化方式有数据表格、图形、地图、网格图等多种模式。英国《卫报》编辑称为"用最好的方式向受众讲故事"。

数据新闻生产的过程就是将一堆零散的、意义稀疏的数据变为受众能迅速获知高密度信息的新闻报道。对于读者而言，数据新闻的编辑意味着价值不断上升（见图 3 - 10）。

图 3.10　数据新闻的生产过程

在融合媒体时代，用户的数据使用实际上是重构"生产者—内容—用户"之间的新型互动关系，使用户因素渗入信息生产的过程之中。媒介融合的进程中，用户正在参与媒介生产过程并与媒介彼此关联。用户参与了信息的生产，从而缔结出一种媒介生产者与消费者之间的新型融合关系。被动的、消极的受众正在向具有主动的、互动的信息使用者转变，因此数据分析工具是促进媒体深入融合的工具。

五　数据工具发掘用户的互动能量

媒体融合在全世界范围内正在向纵深方面发展，已经从初期的技术形态的融合、中期的产业范畴的融合，发展到向生产者和消费者的"产消融合"，在后文中将有专章论述。2012 年春，"Prosumer"这个词，被编入了维基百科，这个词是生产者和消费者词汇的组合。从传播学的角度来看，"生产与消费"融合在一起的本质是利用交互信息传播手段充分挖掘用户行为，据此进行价值判断。对于信息传播而言，这种模式强调用户在信息生产中的作用。用户的阅读偏好、行为模式以及用户的意见和建议都会对信息生产产生某些影响。

2014 年 4 月披露的《纽约时报》内部的创新报告中，专门提出要调整编辑部职能，组建数据分析团队。同年 6 月，《纽约时报》和《华盛顿邮报》一起与 Firefox 火狐浏览器所属的 Mozilla 公司宣布合作创建在线用户社区，主要是获取用户的评论和分享的图片，链接和其他的媒介形态。两家报纸能够收集和使用用户提供的内容，例如其他形式的新闻报道，触发互联网上的讨论，并根据用户的阅读偏好和行为模式去理解用户需要什么并向用户提供目标产品。这个项目由奈特基金会资助，被命名为珊瑚项目，是一个可以让用户深度参与到新闻报道和选题的对话之中的在线社区，还是一个内容和评论的开源平台，宗旨是"新闻需要每一位"，2015 年 4 月仍在招聘专业人士参与建设。

纽约时报公司在创新报告中急切表达了他们需要与用户的深度互动，他们需要深入了解一些问题，例如：网站主页上的内容应该多久进行一次更新？用户参与多媒体交互报道的具体情况如何？传统功能和专栏能够在数字时代提高数字用户忠诚度吗？他们认为"任何大规模创新都必须在新闻编辑室建立其一支强大的数据分析团队，这一点是必要的"。团队可以统计文章的点击、评论、分享数量、读者的阅读时间、受众对文章的阅读速度等。这些数据在帮助我们发现用户喜好趋势，更好地制定媒体发展策略方面扮演更重要的角色。不难发现，纽约时报的许多记者和编辑都希望能够更多地了解他们的受众是如何参与到新闻中的。

这些需求和信息的中心是用户。因此，纽约时报公司的内部数据分析工具 Stela 每日将数据信息以邮件方式发送到新闻编辑室。通过数据分析工具，记者和编辑能够了解哪些具体因素促使文章有更多人阅读、参与互动，包括了解标题改变、社交推广等措施带来的用户反馈。Stela 目前主要是分析单篇文章，也在向视频分析领域拓展。它也向记者提供核心数据，主要是从纽约时报的网站和移动应用数据，包括点击率、信息消费来源等基本数据，还有用户的国家分布情况、订阅者（或注册者）的比例，社交分享数据的分析，以及用户是如何发现新闻、分享新闻的，让记者和编辑更清楚什么推送能带来更广泛的分享。可以看出，纽约时报公司的内部数据分析工具 Stela 是围绕用户信息为记者和编辑提供服务的。

六　数据工具对媒体用户的影响

信息个人化时代正在到来。移动技术、智能化技术，已经为极其个人化做好了一切技术准备，智能算法推荐的信息，可以点对点精准到达。但是人们有了更多的信息权利可以选择自己喜好的内容，甚至成为一种"消费者主权"。信息出现了泛滥、过载的情况，理论上我们可以获取无穷的信息。但是个人化的选择带来的信息的偏向，却让我们视野更加狭小，信息爆炸时代产生了井蛙效应。

我们每天都会获得很多信息，而信息过滤机制（包括算法推荐），让我们只看到我们想看到的东西，只听到自己认同的观点，只跟观念相同的人交朋友，那些观点不断重复之后不断加深，最终变成一个只能听到自己声音的"密室"，即信息的回声室效应。著名政治哲学家、伦理学家玛莎·纳斯鲍姆曾经论述：人在感情上非常狭隘，经常在各种情形下会简化为"好的我们""坏的他们"的定式。媒体长期以来给予的信息是不够充分的。实际上人们身处复杂的、互相关联的世界里，但是却相当无知。

大众媒体时代，专业媒体是按照共同兴趣（general interest）和公共利益（public interest）原则，经过信息价值/新闻价值判断筛选信息，提供给大众的。人们可以不经意地瞄到、听到、看到一些未曾预料、并不特别寻常的信息，但是不经意的信息却经常会带来意想不到的传播效果，有时一则偶然的信息甚至会带来很大的机遇和人生转折；无数的人经常获取同样的信息、同样的娱乐内容，人们的同质信息消费占很大比例，共同的话题带来的共同兴趣，让人们有共同的知识和经验，社会的黏合性也会增加。但是互联网时代要适应个人化的信息需求，传播中综合性的信息内容正在减弱，细分、垂直的则在加强，人类兴趣结构随之渐渐在改变；大家获取更多元信息的同时，共同的知识和经验明显减弱，随之带来很多社会问题，比如认知和观点的分裂、极端化的发展，比如对他人的藐视、社会小团体带来的风险。

七 人工智能技术对媒体发展的影响

智能技术正对媒体发展带来前所未有的影响。[①] 假如在一个算法型新媒体终端上，我们随意点开过几条八卦新闻，基于内容的算法推荐就不断给你推送八卦内容。同样地，由于我们的个人喜好，它可能集中给我们每日推送我们褊狭的喜好（比如烹饪、下棋、书法等），我们的视野较大众媒体时代，反而是更狭窄了。并不是信息生产者生产的内容更狭窄了，生产者只是更垂直、更精专于特定领域的内容，而我们用户却掉入了一个垂直领域的井底，在某些条件下我们只看到井上的天空。1956 年在达特茅斯"人工智能夏季研讨会"上首次明确提出了人工智能的概念，经过几十年的发展，人工智能在 2016 年迎来了收获期，这一年被称为"人工智能元年"，许多应用取得突破性进展，据麦肯锡预计，至 2025 年全球人工智能应有市场总值将达到 1270 亿美元 。人工智能的发展也得到了各国政府的重视，2016 年 5 月美国白宫成

---

① 关于本节与下文智能技术对媒体的影响，参见课题阶段性成果：陈昌凤、石泽《技术与价值的理性交往：人工智能时代信息传播》，《新闻战线》2017 年第 8 期；陈昌凤、虞鑫《未来的智能传播：从"互联网"到"人联网"》，《人民论坛》（学术前沿）2017 年第 12 期；陈昌凤、霍婕《权力迁移与人本精神：算法式新闻分发的技术伦理》，《新闻与写作》2018 年第 1 期；仇筠茜、陈昌凤《黑箱：人工智能技术与新闻生产格局嬗变》，《新闻界》2018 年第 1 期，等等。

立了"人工智能和机器学习委员会"，2017年和2018年人工智能连续两年被写入中国政府工作报告。一方面，人工智能正在一步步地由幻想变为现实，给多个行业和领域带来颠覆性的影响。另一方面，人工智能是一个涉及计算机科学、生物学、数学、语言学、心理学、哲学等诸多领域的综合性的学科，进一步发展会产生很多伦理问题。人工智能已经在多个行业中崭露锋芒，在新闻传播业，人工智能的应用已越来越普遍，如算法运用、机器人写作、自然语言的生成和处理、语音文本之间的相互转换、传感器新闻等，给传媒生态带来了巨大的变化。

自Geoffrey Hinton在2006年提出深度学习（Deep learning）以来，人工智能算法的瓶颈被突破，语音识别、图像识别、语义理解上的算法设计思路被颠覆。算法技术的发展使得在海量信息流中通过算法推荐定点投放信息的模式受到越来越多的追捧，新闻分发的权力由大众媒体转移到了算法平台，由人移交给了人工智能。算法推荐的运作逻辑是这样的：当用户第一次使用某平台时，该平台会对用户进行"画像"，将用户的年龄、职业、兴趣爱好等信息标签化，推送与之相符合的信息，此后用户的阅读行为都会被精准记录下来，包括打开某新闻的停留时间，鼠标的上拉下滑等细节，通过算法的分析不断提高推送信息的精准度。这会带来两个方面的问题：一是信息茧房效应，指的是我们在信息选择的过程中，偏向于选择与我们价值观相符，能愉悦我们的信息，久而久之就会将自己像蚕一样困在茧房之中，只沉迷于自己赞同的信息，桑斯坦认为，信息消费者过滤所读所看所听的力量，正变得越来越强大。算法的成熟和人工智能日益增长的运算能力使得在海量信息中定点推送迎合受众口味的信息成为可能，这种信息选择偏向会加剧信息茧房效应，甚至产生群体极化现象，即团体成员间一开始只是存在某些偏向，但是在商议之后，人们朝偏向的方向继续移动、形成极端的观点，结果，不同团体之间越来越难以协商，造成严重的社会问题（James Stoner，1961）。二是算法操控问题，利·巴里瑟（Eli Pariser）在其著作《过滤泡：互联网没有告诉你的事》（Filter Bubble：What the Internet is Hiding from You）中提出了一个"过滤泡"（filterbubbles）的概念，直指算法操控问题，在他看来，用户接收到的信息往往会受到检索历史、阅读行为和习惯等影响，这都会受到算法的操控。

由于"过滤泡"过滤信息的依据是用户的个人喜好和阅读记录等，那些不符合用户喜好或与用户价值观相左的信息有可能自动被过滤掉，用户在某些特定情境下的信息获取也有可能被当作兴趣爱好记录下来，这会导致用户获取全面信息可能性的丧失或者与真正感兴趣的信息失之交臂的情况的出现。幸运的是，开始有媒体意识到了上述两个问题，如《卫报》的专栏"刺破你的泡泡"（Burst Your Bubble）和2016年《华尔街日报》推出的"红推送，蓝推送"（Red Feed，Blue Feed）就旨在给用户推送与其立场观点相左的信息，从而进行技术纠偏。

近年来，美国最早将机器人写作引入新闻生产领域并广泛应用于财经、体育、突发灾害新闻的报道，美联社使用Automated Insights公司开发的Wordsmith平台撰写的财经信息和洛杉矶时报使用Quakebot系统写就的地震报道引起了人们的广泛关注。我国的机器人写作肇始于腾讯的Dream writer于2015年9月撰写的题为"8月CPI涨2%创12月新高"的一篇新闻稿件，此后，相继出现了新华社的"快笔小新"，第一财经的"DT稿王"，"今日头条"的"张小明"等写作机器人。虽然就目前来讲，机器人写作存在着缺乏深度、缺乏特色且仅局限于某些个别领域等缺点，但其24小时待命的工作状态和超强的时效性仍给新闻业界带来了不小的冲击。不仅如此，机器人写作背后的机器工具理性和人的价值理性之间的冲突也值得我们关注——机器人写作是不掺杂人类感情的，新闻稿件的生成完全依赖于数据和算法，这更多地表现为一种工具理性，即对信息的真实、准确、完整的追求，然而，人是有情感需求的，在很多时候会把尊严、爱、理想、信念等价值追求放在第一位，这是人的价值理性，这种价值理性通常有不同程度的模糊性，很难转化为精确的系统和算法设计，因此，也就很难被机器人写作所理解。

人工智能发展的三大基础——超强的运算能力、海量的数据以及精准的算法中除了超强的运算能力与计算机的硬件发展水平关系更为密切外，其余两个都离不开数据，人们持续的互联网使用行为和购买行为等积累了海量的数据，这些数据成为人工智能自主学习的基础，同时，精准算法的获得也需要在大数据的基础上进行反复实验，比如前述在算法领域取得突破性进展的深度学习（Deep learning）就对数据量提出了更高的要求，同时数据为人工智能提供着资源和支持。云栖智库在报告中也提到，现阶段制约人工智能领域重大突破的关键，并不是算法不够先进，而是缺乏高质量的数据集。为了跟上人工智能的发展步伐，媒体纷纷组建数据分析团队，开发数据分析工具成了媒体近年来的新兴业务之一。媒体开发的数据分析工具主要分为两类，一类是主要针对本媒体的用户和数据的分析工具，如金融时报开发的 Lantern 和纽约时报开发的 Stela，这类数据分析工具的目的是让记者更多地了解用户，从而更有效地进行内容生产；一类是开放给所有内容生产者的分析工具，如 Facebook 的 Facebook insight 和"今日头条"的"媒体实验室"，这类分析工具在给内容生产者提供创作方向借鉴的同时，试图建立人与信息之间的高效连接。和机器人写作类似，数据分析工具的开发和利用同样存在着片面强调数据的工具理性的隐患，此外，还有着"唯数据论"和"数据独裁"的风险。

第七节 技术融合现存问题

以新闻客户端、聚合类新闻媒体和一些融合案例为代表，数据工具、智能算法、移动化等技术运用于新闻业，取得了很多成就。但是，融合媒体实践的技术融合存在四大困局。

一 思维困局：单向传播理念老化

互联网对于传播方式的革新根本，是其改变了大众传播时代单线、单向传播模式，以转变互动性为核心的多向传播模式，传播观念发生了以传播者为中心到以受众为中心的根本转变，UCG 模式的出现进一步模糊了受传双方的关系，传播关系被重新定义。

对于传统媒体而言，长期形成的传播理念在短时间内难以改变，思维困局从根本上阻碍了其转型路径。以新闻客户端的发展为例，在各大应用市场排行榜上，商业网站转型的手机客户端牢牢占据下载主流，以百度手机市场"新闻"类应用排行榜为例，该应用市场对用户使用情况进行了分析，结果显示腾讯新闻使用者数量在亿级别，网易新闻、百度新闻、新浪新闻、今日头条的使用者数量在短短几年内都达到千万级别，而截至 2015 年前文说到的"新华社发布"使用者数量为 520 万人、"澎湃新闻"为 100 万人、"上海观察"为 4391 人。

市场占有率的差别与产品的互联网适应度密切相关，目前，传统媒体转型客户端生产的模式仍是传统的记者采访写作成稿，编辑根据互联网特性对稿件进行加工，最终登载到网站、微博、微信、客户端，这就是"＋互联网"的思维。不同于传统媒体单向传播的"宣传"血统，每一个网站转型的客户端背后都是当今中国发展势头最强劲的网站，商业网站为这些活跃客户端提供了"根正苗红"的网络血统——在运营网站过程中企业积累下的网络资源意识、互联网运作经验和用户核心观，这些恰恰是传统媒体所缺乏的而在转型中所必备的思维因子。

二　团队困局：科层化机制的束缚

在产品生产之中，团队决定了产品的未来。而传统媒体的客户端生产团队大多由原来的采编工作人员直接组成，且团队运作模式与之前科层化机制一脉相承。从团队结构上看，传统媒体转型的新闻团队缺乏专业性强的专职广告、推广、技术人员，缺陷较为明显，与商业网站成熟的运作团队形成鲜明对比，传统媒体转型的团队中，技术和运营成为大多数传统媒体的短板。

以网易新闻客户端为例，其运作团队包括负责内容生产的新媒体中心、负责产品的移动中心、负责广告的销售部、负责品牌与公关的市场营销部以及在 2015 年前后即有十余人组成的后台技术部门，这种成熟的运营团队满足了网易客户端的建设的各方面需求，内部组织框架适应了互联网时代的媒体需求，而在同时期，上文所研究的"新华社发布""澎湃新闻"和"上海观察"三个新闻客户端 90% 以上的人员完全负责内容生产，运营工作都是由采编人员转岗后承担的，技术则以外包方式交于别的团队进行平台建设与维护，不健全的生产团队极大地阻碍了客户端的开发与运营。除此之外，原有人才流失、新进人才不足也成为各家传统媒体生产中最突出的问题。[①]

---

① 陈昌凤、鲍涵：《全员转型与生产流程再造：传统媒体的融合转型分析》，《新闻与写作》2015 年第 9 期。

从当年的团队运作机制上看，那个时期传统媒体仍受科层化制度阻碍，逐级上报、层层审批成为基本组织内关系形态，很多战略决策需要经过层层审批，团队内部沟通成本较高、沟通速度减缓，单位中科室多、系统杂，各个平台之间难以进行统一管理与协调，在对外沟通中阻力更大、效率更低。这大大违背了互联时代"短平快"的交流模式，与互联网公司中扁平化的团队结构差异明显。多数传统转型新媒体处于"事业编制下的市场化尝试"，尚未形成真正的现代化公司制度，传统媒体体制如何与新媒体模式进行融会贯通尚待继续探索。

三　产品困局：互联网产品观缺乏

一个新闻产品，发展成功与否与用户数目、盈利情况密切相关，一定的用户基础、有效的盈利方式，是新闻产品可持续发展必不可少的两大要素。

传统媒体的品牌影响力能为其在运作之初吸纳一部分用户，但若想长期稳定实现用户增长，仅仅依靠声望优势是远远不够的，随着使用的不断深入，用户对产品的判断会越来越依据自身的用户体验。

第一，从产品内容来说，传统媒体的内容与互联网未能实现接轨，体验度较差。在新闻转载普遍、成本低的情况下，新闻产品在内容生产上不可避免地出现同质化倾向。此时，产品的用户体验好坏对于用户选择至关重要，传统媒体转型而成的新闻客户端产品普遍存在产品体验感水平偏低。从客户端内容来看，媒体类客户端原创比例较高，产品生产耗费精力主要集中在内容生产上。这与其重视新闻生产的产品基因息息相关。客户端新闻的呈现形式、表达方式甚至栏目布局分割都与之前的传统媒体十分相近，以当时的"新华社发布"为例，虽然新华社抱着媒体转型的心态参与产品生产，但在实际操作中，当时其客户端新闻生产完全以"新瓶装旧酒"的形式进行，客户端编辑直接拷贝稿库中的稿件进行发布，而不根据移动媒体的新特点进行内容的制作、加工，此时移动互联仅仅变成了外在包装形式，客户端是传统媒体的内容的二次传播（几年后的今天，情况已经有明显不同）。从内容更新速度看，由于客户端重新定义了媒体的"时空"观，新闻客户端随时可以进行后台操作、24 小时滚动更新。当时传统媒体转型而成的新闻客户端普遍存在更新滞后、信息流小的弱点。手动排序与刷新、人工定时推送的模式与四大门户网站的客户端滚动的信息流、迅速的消息推送之间存在较大的差别。

第二，从客户端界面、操作来看，传统媒体的客户端普遍存在界面不美观、操作便捷性差的问题，这与其缺乏新媒体产品制作的经验有关，对界面、操作设计与改良的忽视大大减弱了用户的产品体验度。

与大众传播时代以发行与广告为主要盈利点不同，互联网的开放性早就形成了内容获得"零"门槛的局面，传统付费阅读已经不适应移动互联的时代，因此，媒体必须创新盈利方式才能为其生存与发展提供必要的保障。传统媒体转型客户端依然延续"广告"为主的运营模式，在盈利手段上缺乏创新，大多集中在内置广告一点之中，而"上海观察"的付费阅读无疑更是照搬报纸时代盈利模式，若无政府支持，难以实现真正的盈利。即使是传统媒体中市场化模式较为成熟的都市报《东方早报》，转型为"澎湃新闻"后也一度面临着"叫好不叫座"的尴尬局面，广告收入无法支撑其庞大的内容生产成本。除此之外，以内容为核心售卖点的传统媒体饱受版权问题困扰。内容生产的成本全部由传统媒体自己负担，但一度能被随意转载，网络媒体免去了内容生产的成本却坐拥其成果，尽管一些有能力的传统媒体开始与网络平台签订售卖协议，但并非多数媒体都有这样的能力。版权问题也是传统媒体转型的原创类媒体面对的一个难题。

四　规制和伦理困局

新型技术运用于融合媒体，对管理和治理带来了极大挑战，原有的不少法律法规和政策，已难以适用新的技术融合。此外，技术带来的利益易得、效益最大化，也带来了许多伦理的问题。这里从数据技术、移动技术带来的新闻规制和伦理问题作简要的讨论。①

（一）数据带来的伦理问题

在数据带来的伦理问题中，大数据的影响较为复杂，它对个体身份、隐

---

① 陈昌凤、虞鑫：《数据时代的隐私保护》，《新闻与写作》2014 年第 6 期；陈昌凤、王宇琦：《公众生产信息时代的新闻真实性研究》，《新闻与写作》2016 年第 1 期；陈昌凤、霍婕：《权力迁移与人本精神：算法式新闻分发的技术伦理》，《新闻与写作》2018 年第 1 期。

私权、所有权、声誉等都带来了影响。① 2014 年 5 月 1 日，美国总统行政办公室发布了其用 90 天时间完成的奥巴马总统所需的"大数据"的报告，报告检视了大数据是如何改变美国人的生活与工作方式的，是如何改变美国政府与商业、民众之间关系的。报告特别讨论了大数据与隐私权的问题。② 大数据正在开启一次重大的时代转型，各个领域都在发生着变革。大数据就像一把双刃剑，在开辟人类社会一个新纪元的同时，给个人隐私这一古老的话题带来了极大的挑战。收集一个人可以被收集到的所有的数据，通过相关关系的分析，商业机构就可以预测这个人的状况。一个折扣商店通过购物等网络行为，能预测出一个高中女生怀孕的信息，从而找到商机、给她邮寄婴儿服和婴儿床的优惠券。③ 最近几十年来，全球范围内的隐私规范的核心准则，是开始让人们自主决定如何处理他们的信息、由谁来处理他们的信息。但是互联网打破了传统时代的隐私认知，互联网带来的"网络社会"中，公共领域与私人领域之间的界限日渐模糊，因而出现了一种奇特的混合物"明私"（publicy）——公开的隐私，它是由公开（public）和隐私（privacy）两个单词合成的词语，表示的是在即时通信手段不断升级的情况下由个体向公众传递的隐私。比如社交媒体的用户发布的状态、发出的个人信息、上传的照片，已经将个人信息公开在互联网平台上，传播的是一种"明私"。在大数据时代，用户的购物偏好、健康数据、运动轨迹等信息，都被暴露无遗④，互联网管理中个人隐私权问题受到多个国家的重视，比如美国在 1995 年发布的《个人隐私与国家信息基础结构》白皮书中，提出了电信（网络）环境下保护个人隐私的两大原则：告知和许可数据收集者，即应当事先告知客户他们在收集何种个人数据及如何使用，只有在客户同意后，收集者才能按照事先宣布的用途自由地使用这些数据。这是传统时代的原则，而大数据时代需要一个新型的隐私保护模式，即如舍恩伯格等所言，这个模式应当将责任从民众、用户转

---

① 可参见 Kord Davis, *Ethics of Big Data：Balancing risk and innovation*. O´Reilly Media, Inc., 2012。

② *Big Data：Seizing Opportunities*, *Preserving Values*, Executive Office of the President, May 2014.

③ ［奥］维克托·迈尔·舍恩伯格、肯尼思·迈克耶：《大数据时代》，盛杨燕、周涛译，浙江人民出版社 2015 年版，第 77—78 页。

④ Andrej Zwitter, Big data ethics, *Big Data & Society*, 2014：1（2），https：//journals. sagepub. com/doi/10. 1177/2053951714559253.

移到数据使用者，应当更着重于数据使用者为其行为承担责任，而不是将重心放在收集数据之初取得个人同意上。而隐私保护也需要创新途径，其中一个做法就是将数据模糊处理，从而不能精确显示个人的隐私信息。[①]

在此背景下新闻很容易出现侵权问题。由于数据挖掘中所应用的原始数据涉及大量用户个人隐私，导致受众隐私权被侵害的事件屡有发生。以2016年的美国大选为例，纽约时报、华盛顿邮报、Fox等新闻媒体在进行大选预测时，运用了大量以互联网信息技术进行选民信息的抓取、整合与判断。选举团队也将大数据作为竞选中的秘密武器，通过选民在社交网站的行为等作为数据来分析特定群体的需要，然后为他们定制针对性的信息、匹配相应的传播渠道。如知名的Deep Root Analytics公司将多达2个亿的社交网站个人账户同选民相互匹配，获得了数量庞大、内容精准的数据，以这样准确的数据驱动选举信息，对选举产生相当的影响。通过技术手段将个人不愿为人知的信息用于新闻生产对个人隐私造成的侵犯需要监管。未来，机构对于数据所有权的重视与受众对数据隐私权的保护间可能会产生碰撞的矛盾。如果没有一个完备的系统对大数据安全进行保护，所有对大数据美好设想都会变成空中楼阁。

当然，运用于新闻传播中的数据经常只是小数据。无论大小数据，在运用中新闻存在更多的伦理问题，比如新闻真实性，包括基本事实的真实性、呈现和解读的真实性。数据是现实状况的描述，但并不能代表完全的真实，数据的取样、搜集、整理、加工等环节众多，容易出现数据失实的情况。2015年全国政协委员、国家审计署原副审计长董大胜在"两会"上称，过去几年中国经济数据造假严重，而且造假的不只是GDP数据，还包括财政收入、信贷数据、进出口数据等。在以GDP论英雄的绩效考核形势之下，2014年上半年，全国31个省级单位的GDP总和为30.3万亿元，而国家统计局公布的全国GDP总数为26.9万亿元，各省份GDP总和超全国数据3.4万亿元。而在GDP数据上，这种"1+1>2"的怪圈存在已非一年两年。[②] 从此种新闻不

---

① ［奥］维克托·迈尔·舍恩伯格、肯尼思·迈克耶：《大数据时代》，盛杨燕、周涛译，浙江人民出版社2015年版，第220—221页。

② 《上半年地方和全国GDP数据再次出现"打架"》，http://news.163.com/14/0808/17/A3553PCU00014AEE.html。

难看出，数据造假现象是十分普遍的。数据新闻依赖大量的各方面发布的数据，要辨别其真假其实已经有很大难处。而大数据新闻这种"精美的少数派报告"的形式相当于一条引经据典的假新闻，所产生的社会影响将比一般假新闻更加严重。在数据新闻中，除造假之外，数据生产者刻意对数据进行歪曲、部分隐瞒和误读的行为也会严重影响新闻真实性的基本原则，给受众带来误解。如在 2016 年 10 月的报道中，国家工商总局公布了对淘宝、天猫、易迅和京东商城等一系列网上购物平台产品抽检的结果。"抽检总共提供有效送检样品 497 批次，检测发现 172 批次商品质量不合格，总体不合格商品检出率为 34.6%。"① 因此有媒体耸人听闻地报道"中国网购商品三分之一不合格"，事实上，工商总局的抽检本就是针对问题频发、有"前科"的商品进行有选择的突击检查，不合格率高是一种常见的情况，这一数据并不能代表全部商品的合格情况。在大数据新闻中，数据来源是否权威、可信度如何、是否正当使用都将直接影响新闻报道的真实性。

最后是数据新闻的版权问题。不同于多方把关的传统媒体的清晰版权界限，网络独有的高效易传播性加大了信息版权监管的难度，在数据新闻领域的数据窃取问题对原创数据新闻工作者十分不利。目前，有的新闻网站利用爬虫技术大量抓取新闻，在呈现时刻意模糊来源，造成侵权。比如新闻聚合类平台利用大数据对用户爱好进行分析并推送个性化新闻，利用搜索引擎和爬虫技术抓取新闻获取消息的方式，经常出现侵害新闻原作者的版权的问题。近年在传统媒体与新型平台的法律纠纷中，有不少就是关于信息版权纠纷的。②

目前数据等技术带来的伦理问题，已经引发了业界学术界的关注。而大数据的伦理隐忧不容忽视，在发展、运用大数据进行新闻工作时，要明确公众媒体权力的界限，恪守新闻伦理的边界。与此同时，新闻工作者更应避免陷入唯技术论的窠臼，数据新闻强调的数据思维、数据理念，是利用数据将记者的新闻洞察力转变为切实论据的一种方式，而不能改变新闻求真务实的

① 法治网新闻，http：//www. legaldaily. com. cn/index/content/201610/10/content_ 6830332. htm？node = 20908。

② 《从门口野蛮人到新闻业掘墓人》，今日头条，http：//it. sohu. com/20161129/n474470973. shtml。

本质追求。如果不建立在有价值内核的新闻价值的基础上，大数据新闻就会失去生命力。

（二）智能技术带来的伦理问题

按照发展层次的不同，人工智能可划分为专用人工智能、通用人工智能、超级人工智能三个阶段。目前，应用于新闻传播领域的人工智能还只停留在专用人工智能层面，雷·库兹韦尔（Ray Kurzweil）预测，随着技术的发展，未来20年内机器可能通过人工智能的自我完善，达到"奇点"，从而根本性地重塑人类未来，我们要对人工智能未来的发展中可能会出现的问题保持警惕。

近年来，国内外互联网巨头纷纷布局人工智能，Google接连收购Schaft、DeepMind、Nest（分别为机器人公司、人工智能初创公司和智能家具公司）等数家公司，IBM收购了长于深度学习技术的Alchemy API公司，Facebook收购了致力于机器翻译和语音识别的MobileTechnologies公司，百度与宝马签署合作协议共同研发自动驾驶技术，腾讯投资了机器识别公司Diffbot和开发可穿戴智能设备的真时科技公司；在人才引进上，各大公司也毫不含糊，Google引入了深度学习的开拓者Geoffrey Hinton，Facebook引入了提出"人工神经网络"理论的Yann LeCun；不仅如此，这些互联网巨头还纷纷打造各自的人工智能开源平台，如Google的Tensorflow、Facebook的Torchnet以及IBM的SystemML等，这些平台允许用户在平台上使用其算法系统，获得开源代码，这种开源核心的目的在于扩大市场和吸引人才，开源会使人工智能的发展加速，但是起主导作用的仍然是大公司和行业巨头。不难看出，人工智能未来的发展与大型商业公司的布局息息相关，然而，商业公司是追逐利益的，普遍遵循着资本逻辑与市场逻辑，不同的公司研发人工智能的着力点不尽相同，要警惕人工智能发展方受到商业公司天然的逐利倾向的影响。成熟的商业公司一般有着自己独特的价值追求和企业文化，也会在不知不觉中影响人工智能的发展，举例来说，Google News算法中判断新闻排名的核心取向是"新闻价值"和新闻源的质量，但Facebook的新闻栏目News Feed算法的核心却是"Friends and Family First"（朋友和家人第一），带有强烈的社交媒体的风格，企业文化对人工智能未来的发展可能带来的影响同样值得关注。

美国传播学者蒂奇纳（P. Tichenor）等在 1970 年提出了"知识沟"假说，认为社会经济地位高的人能比社会经济地位低的人更快地获取信息，随着技术的发展，二者的知识差距将呈扩大而非缩小趋势，此后该假说不断发展，相继出现"信息沟""数字鸿沟"等理论。而人工智能是一个涉及面广的复杂学科，人工智能技术的发展需要大量资本、技术、数据的积累，对人工智能的理解涉及多学科的背景知识，未来人工智能沟可能会出现并逐渐扩大。事实上，人工智能沟的产生已经初现端倪。一方面，正如美国总统执行办公室在报告中指出的那样，人工智能是一种"巨星偏向型"（superstar - biased）的技术进步，它所带来的裨益可能只归于社会上很小比例的一群人，人工智能技术的创新提高了那些从事抽象思维、创造性任务以及解决问题人员的生产力，导致这些岗位的需求增长，而人工智能驱动的自动化会使得一些技术含量低的工作被人工智能替代，发展造成的不平等在一定程度上有所增加；另一方面，从全球范围来看，目前人工智能的发展集中于美国、中国、欧洲等少数国家和地区，呈现不平衡的状态。

从互联网到移动互联网再到物联网乃至未来的人联网，连接都是至关重要的问题，人工智能是解决连接技术瓶颈的关键，未来经过人工智能的大发展，我们可以轻松实现虚拟空间和现实空间的无缝连接，甚至可能连接到人的心灵空间，人类与人工智能之间的壁垒正在慢慢消解。但是，当人类通过智能穿戴设备使自身的感官能力大大延伸，通过人工智能的连接达到人与机器的深度结合时，我们将会面临一个问题——我们的意识还完全是自己的吗？我们将面临一个"人之所以为人"的价值挑战。

在人工智能背景下，传统意义上媒介伦理范畴已经发生改变，网络及新媒体的特性改变了媒介伦理的作用机制，真实性、透明度、算法偏向等都是特别受到关注的问题。人工智能技术在新闻生产中的运用，使得技术本身和技术商业化一道，将新闻诸多流程推向了"黑箱"等，人工智能技术不断发展所暴露出的问题，让不少学者开始采用一种批判的视角对之进行"冷思考"。我们也要开始思考一些新出现的重要问题：过度依赖算法这样的工具理性，会否影响新闻工作者和我们每位写作者的价值判断？如何能让工具理性与价值理性更好地融合起来？数据如果成为评估报道效果的主要标准，那么如何避免记者编辑以点击率、访问量作为唯一诉求，进而一味迎合用户，导致内容品质下降等问题？智能算法技术潮流不可阻挡，我们不能因噎废食批判了之，如何用积极的心态建设新技术环境下的传媒生态？这些需要我们在未来作深入的探究。①

第八节　传统媒体技术融合策略探析

传统媒体在利用新技术进行整合方面既有优势又有劣势。如何避免弱点并继续深化整合，需要进行战略性探索。传统媒体具有巨大的专业优势和内容优势。因此，媒体人可以在此基础上拓展整合策略，以专业性内容为基础，将品牌优势、内容优势和与内部生产流程等要素相结合，对整个媒体进行有机整合，充分利用各项政策优势，最终形成独特的核心竞争力。

一　发挥内容优势，倡导跨媒介叙事

在媒体融合的实践中，信息传播的质量离不开媒体的"跨媒介叙事"能力。跨媒介叙事是由美国学者亨利·詹金斯提出的。他认为，如果媒体希望提高跨媒体平台的综合信息传播能力，就必须根据每个媒体平台的不同属性发布与其相适应的有针对性的对应内容，并利用各媒体平台的独特优势来突出跨媒体平台的完整性合作，形成全新的新闻故事。②

媒体的跨媒体叙事需要理念上的革新，不同的介质、平台有其独特的规律，不是简单地切割或平移。比如目前非常火爆的短视频，它不能简单地由电视节目切碎而成，因为表现手段有极大的不同。同样，报纸的产品不能直接搬到客户端，从语态到结构也都很不同。传统媒体要真正发挥其内容优势，就要转换其语态、手段，而不是让原有的优势变成了新型叙事的障碍。这样

---

① 可参见国家社会科学基金重大项目"智能时代的信息价值观引领研究"（18ZDA307）阶段性成果，如陈昌凤、虞鑫《智能时代的信息价值观研究：技术属性、媒介语境与价值范畴》，《编辑之友》2019年第6期（《新华文摘》2019年第15期转载）。

② 参见［美］亨利·詹金斯《融合文化：新媒体和旧媒体的冲突地带》，杜永明译，商务印书馆2012年版。

的转型，是要从根本上变革，其实不限于技术形态，而是涉及从机制到思路的变革，只有从根本上增强媒体的新型专业性，才能真正在不同形态的信息质量上有所突破。这就离不开专业记者、编辑团队及其转型策略。比如上海报业集团中重要的新媒体项目澎湃新闻就是从母报《东方早报》全面转型的案例，超过300人（主要是记者、少数编辑）直接为双方同时工作和写作。两个机构在记者组成方面有很高的重复性，但每个机构都有自己专属的编辑团队。① 澎湃新闻继承了母报丰富的采访资源并整合了母报专业的记者团队。与此同时，澎湃新闻还延续了母报的新闻专业性。同时，不断完善和适应网络媒体在内容制作方面的要求。具体来说，首先为了保证稿件的质量，澎湃新闻在网络上线一段时间后主动压缩了稿件的数量，强调独家专题的突破。澎湃新闻则最关注原创性、深度和稿件获得的影响力。该机制也反映了网络时代对记者的新工作要求。

当然，在媒介融合演进中，传媒业的最重要发展逻辑是从"产品为王"向"关系为王"的转换，因此做好内容还要去梳理好"关系"，以内容优势打造好融合关系。

二　适应个性化需求，以技术促精准生产

传统媒体与新兴媒体生产整合的内容应注重多样性，尽量避免信息出现同质性问题。这要求媒体组织要充分发挥自身优势、形成特长。对于地方性媒体而言，一种可行策略是实施新闻信息的本地化战略，突出地区特色，并根据当地受众的信息需求提供有针对性的信息产品；另一种避免媒体融合内容制作同质化趋势的方法是通过用户定制来精准地满足其个性化需求。个性化新闻首先是由计算机新技术催生的，技术的保障是根本；其次，个性化新闻的定制，需要了解读者、用户的个性化特质（地理的、兴趣的、相关的），对读者的了解是前提；再次，个性化新闻的定制需要全面丰富的数据库，才能匹配上更多人的需要，数据信息是基础；最后，定制化信息需要有一定数量和质量的用户，他们的选择可以影响其他的人，他们的人

---

① 陈昌凤、鲍涵：《媒体融合中的全员转型与生产流程再造——从澎湃新闻的实践看传统媒体的创新》，《新闻与写作》2015年第9期。

数也对民主协商式的信息推荐产生影响。

通常个性化定制新闻主要是指信息聚合平台，而不是新闻生产机构。在新闻界，由于技术的能力、数据的能力，加上对个性化新闻、定制式新闻莫衷一是，因此迄今都还是在审慎的实验式摸索之中。其中《纽约时报》的个性化新闻探索之路堪称阻且长，该报的一些资深编辑近年持续反对个性化新闻策略。尽管如此，《纽约时报》的个性化新闻仍在审慎中向前推进。2011年初，《纽约时报》在经过了较长时间的酝酿之后，发布了推荐平台"推荐给你"（Recommended for You），要以更加主动的方式进行定制化、个性化推送新闻。他们介绍该报创建了一种算法，可以向用户展示他们可能没有看到过的内容，而不是只是按照他们打开过的内容去推送。这是为了回应广泛认为个性化新闻会导致"过滤泡"或"茧房效应"的质疑而创新的算法。该报最初使用的是基于内容过滤的算法，然后也用了基于用户协同过滤的算法，为了改善个性化推荐，《纽约时报》致力于"算法"的提升，如今他们跨越了两种算法，构建了一种协同主题建模（Collaborative Topic Modeling）：首先确定模型内容，每篇报道建模为不同主题的混合体；其次通过察看来自读者的信号来调整该模型，再次确定读者偏好模型；最后通过偏好和内容之间的相似性进行推荐。这样的算法，似乎较大程度地避免了"过滤泡"、偏向等问题。① 2017年《纽约时报》开始了一系列小型实验，目标是在根据用户的各种信号（例如过去的使用行为、位置或时间）为个人读者定制新闻。不同的订户可能看到的网页、新闻App界面会有所不同。2018年5月，《纽约时报》又推出了"您的每周版"，使用编辑策展和算法的混合方法，推送给每位用户量身定制的实验性新闻时事简讯，目的是为用户提供当周最重要的新闻、分析和功能的个性化选择，拓宽读者的阅读兴趣，推荐最佳作品。② 2019年6月《纽约时报》开始突出其个性化新闻的功能，在苹果手机应用主页底部导

① Alexander Spangher, Building the Next New York Times Recommendation Engine, https://open.blogs.nytimes.com/2015/08/11/building-the-next-new-york-times-recommendation-engine/.

② Laura Hazard Owen, All the news that's fit for you: The New York Times' "Your Weekly Edition" is a brand-new newsletter personalized for each recipient, https://www.niemanlab.org/2018/06/all-the-news-thats-fit-for-you-the-new-york-times-your-weekly-edition-is-a-brand-new-newsletter-personalized-for-each-recipient/.

航推出了新的应用"为你"（For You），成为个性化努力中的一个里程碑式转折点：更前沿更中心，让读者对自己最感兴趣、更有意义的内容一目了然。探索的过程要允许试错。例如，几年前《纽约时报》客户端 NYT Opinion 面临由于订阅人数不足而被关闭的困境，但该 App 中有一些广受欢迎的功能将在其他数字产品中继续存在。此外，该报还发现，一些纽约时报观点的用户通过网站订阅了该应用程序，而不是直接下载该应用程序。因此，尽管报纸关闭了应用程序，但它保留了应用程序的在线订阅服务。

三　利用新技术，让新闻业归来

中国的传统媒体特别是报业从 2005 年进入寒冬、2015 年进入转型艰难时期，以融合的理念努力开拓新局面。无论是人民日报、新华社、央视央广这些中央级、国家级媒体的以技术带动机制的创新探索，还是上海报业、浙江报业、新京报、江苏卫视、湖南卫视、浙江卫视等地方媒体在融合战略中的努力进取，在近年都取得了令人瞩目的进步。新媒体平台如今日头条、腾讯、凤凰和社交媒体平台微博、微信、微头条、抖音等也对新闻传播做出了贡献。

国内传统新闻业通过转型和融合，开启了新闻业的新时代。在此以近十年探索比较成功的《新京报》为例。2009 年该报上线移动端数字报，同时用微博、微信作为平台，以独家报道、深度报道、新闻评论等原创优质内容作为核心竞争力。2014 年在《新京报》11 周年社庆时，全媒体发展战略进一步明确，决策层宣布将进行全媒体转型；2015 年，新京报社开始实施"新京报＋"和"＋互联网"的媒体融合战略，将 IT 公司的技术、渠道和资本优势与《新京报》的影响力和原创内容资源进行嫁接，先后与腾讯、奇虎、小米、三胞集团、去哪儿网等公司合作，创建了大燕网、动新闻等新媒体产品；2016 年，新京报社从"办中国最好的报纸"，向"创建中国最好的内容原创平台"全面转型。在保持原有报纸新闻品质的同时，让移动端成为《新京报》传播的主场，坚持做硬新闻，发力深度报道、评论和视频。借助媒体融合和资本的力量，新京报社正成为移动互联时代最优秀的原创新闻内容供应商，短视频新闻产品"我们视频"应运而生；2017 年，新京报社全面实行"移动优先、先网后报"模式，真正实现 7×24 小时全天候办报，实现了新闻内容的全网络传播；① 2018 年 10 月 31 日，新京报 App 上线。为了激励新媒体创新，该报的年度奖从 2015 年起新增新媒体编辑金奖、新媒体创新金奖、最具影响力新媒体，2016 年度新增视频直播金奖、短视频拍摄制作金奖。

美国媒体在同时期也在利用技术力量"回归新闻业"。NPR 高级新闻和评论副主席 Michael Oreskes 在哈佛的尼曼媒体实验室网站上写道："纽约时报和华盛顿邮报经历多年挣扎后逐步恢复了过去与健康竞争，两大媒体再次争取做最好、最有影响力的全国性报刊。"与此同时，地方新闻业重新活跃起来。这些媒体，如加拿大媒体集团和美国国家公共广播电台，都在关注当地新闻。他们加强了当地报纸和国家公共广播的分工。他们已经深入社区并提供了特点鲜明的本地化新闻。新闻业在本土化发展方面取得了重要进展，原创性报道已成为其业务的重要组成部分。互联网技术造成的剽窃和重复内容已经不能满足新闻制作的需求。"新闻业正在回归。"新闻业的崛起必须依赖于智能和内容等新技术的整合。通过这一技术平台，新一代媒体人员可以在信息与信息、信息与人员以及人员之间建立新的关系。结果，新闻创造了一种情感联系并创造了一个不断变化的新闻树常青的法宝。丰富的信息可以给人们带来方便；在新闻报道领域，机器人可以帮助我们写作。目前，智能写作新闻的使用仍处于起步阶段，远未达到媒体的经验，判断和建立联系的能力。机器人只能解放媒体人的生产力。媒体人将要做的是需要更多智慧的工作。只有掌握自己的角色，我们才能在新闻报道领域的人文智慧中发挥决定性作用。

四　对人工智能的运用与引导

人工智能不仅使传媒生态发生巨大的变化，给其他行业也带来了显著影响，只不过因行业的不同呈现形式有所不同，人工智能未来的进一步发展可能带来的影响亦已初现端倪。由于人工智能是颇具颠覆性的技术，其发展方向一旦发生偏移，后果将不堪设想。需要从以下三个方面进行引领。

第一，对智能技术进行规范，提升数据的开放性。互联网的发展建立起了大数据，用户的互联网使用行为和购买行为等构成了大数据的重要组成部

---

① 李晨：《〈新京报〉媒体观察公号操作亲历——从"新京报传媒研究"看新形势下传媒研究的变化与创新》，《中国记者》2018 年第 6 期。

分，而大数据带来了人工智能的大发展，人工智能发展的基础在数据，想要引领人工智能的发展首要任务就是对数据进行规范，提高数据的质量和准确性，目前人工智能发展的数据来源主要是自筹数据、公共数据和产业协同数据，这些数据由于体量过于巨大且来源不一，存在着不少的数据冗余，对其进行有效的规范将会显著促进人工智能未来的发展和表现。数据的开放不单是一个技术问题，还是一个价值问题，如果人工智能测试的资源仅仅掌握在少数企业手里，那么大众的福祉将会被削弱，人工智能的发展也将受到限制，因此要确保公众能够享用高质量的人工智能测试数据集，然而要求逐利的商业公司公开数据显然不现实，这就需要政府和公共服务部门进一步开放数据。

第二，制定标准评估人工智能技术，保证人工智能技术的安全性。人工智能在发展的过程中，的确会对某些领域构成威胁，引发一些伦理问题和法律问题，但是人工智能的安全问题才是根本性的，如果不加以重视，可能会威胁到人类文明，机器人 Sophia "毁灭人类" 的言论和 Facebook 实验室的人工智能 Bob 和 Alice 用人类所不能理解的代码对话的行为都曾引起了人类对人工智能发展的恐慌，为了使人工智能更加安全地发展，必须定期评估人工智能技术，而要有效地评估就必须制定标准，这个标准应该是由政府、业界、学者（既包括人工智能的技术专家，也要包括相关人文社科领域的学者）所共同制定的，这样才能保证标准的普适性。

第三，强调人本精神，将价值理性整合进人工智能的基础架构。技术的进步并不是孤立的，而是一个不断选择与发展的过程，技术进步的背后起决定作用的还是人，技术进步的背后也必须保留人类的基本价值观。人工智能更多地表现出一种工具理性，而人类行为却常常会依据价值理性，这种价值理性很难转化成精确的算法设计，不仅如此，不同的文化、宗教信仰间对价值判断的标准不尽相同，因此，当人工智能面临不同的价值体系时可能会陷入选择困境。在专用人工智能阶段甚至通用人工智能阶段，人工智能还没有自己的意识和追求，它对价值的判断都是人类所赋予的，只有人类自身强调人本精神，把价值理性整合进人工智能的基础架构，用对正义、善良、公平的价值追求来控制和教育人工智能，人工智能才能向人类所期望的方向发展。

五　让算法技术助益信息海洋中的幸存者

聚合类媒体运用的推送算法，成为目前媒体竞相追逐的撒手锏，在此略加讨论。人类目前置身一个远超出个人处理能力的庞大的信息海洋中。新闻聚合类等类型的媒体用智能算法帮助人们挑选出最符合自己趣味的信息，如同定制化一般，它固然有不完美之处，但是技术的潮流不可阻挡，我们唯有以开放的心态、积极的努力去顺应它。

第一，算法越来越多元，而且更科学的运用是综合的而不是单一使用一种算法的。这避免了单一算法的一些刻板功能，尤其是"茧房效应"。不同的算法各有其特点，为解决特定问题，技术公司需要选择一种特定的算法。目前常用的协同过滤推荐算法 Collaborative Filtering，基于内容的推荐算法 Content－based Filtering，混合推荐算法 Hybrid Approaches，流行度推荐算法 Popularity 等，每一大类算法都有其独特的输入、类型、优点、缺点，其中会用到专业的一些方法，如信息检索、机器学习（例如朴素贝叶斯、支持向量机、决策树等），每一种推荐算法都有其优点和缺点，它们还可以互相补充。算法可以使用得比较科学、全面，而不是单一算法的运用、与"茧房效应"的简单因果关系。

第二，算法是在不断优化的，并且通过第三方公司来审核提升其可信性。Facebook、Google、"今日头条"均已深度介入新闻信息的分发中，算法是这些科技公司参与新闻传播最重要的工具。社交平台中最早使用算法的可以算是 Facebook，它在使用中不断受到质疑并因此不断优化调整算法，它在世界各地雇用了当地的专业公司来审核其运用。目前各公司的优化包括有限度地开放其算法，加强透明性。如今日头条在 2018 年公开了一些算法原理。智能算法推荐的信息，可以点对点精准到达，核心目标是为用户量身定制属于用户自己的信息。

第三，算法也具有自身纠偏的能力，可以以技术之能治技术之缺。有研究表明，我们每个人获得了自己选择信息的权利后，会趁机撷取我们最认同的看法。保守分子只浏览保守主义的网站，自由派人士只关注自由派的信息；环保主义者与批评环保者也是各自只关注志同道合的信息。人们因为主观上支持某种观点，往往倾向于寻找那些能够支持自己观点的新的信息，来确认自己的决策或观点（并忽视那些否定或推翻自己观点的信息），这被称为证实性偏见（Confirmation Bias）。为此，技术正在试图纠正信息偏向的问题。比如一个新闻应用程序"跨越分歧的阅读"（Read Across the Aisle），在区分了从极端自由（左）到极端保守（右）的媒体后，通过跟踪用户的点击和阅读信息的情况，以横轴从左到右标示用户阅读的偏向，提醒用户其偏向性并推荐另一观点相左的内容，帮助用户平衡、多元化其新闻消费。

第四章　媒体的产业融合研究

在经历了以报业为代表的传媒 2005 年寒冬之后，传媒产业总产值从 2006 年起竟然呈现出明显的增长态势。① 这与对传媒业态的界定、与媒体产业融合密不可分。媒体产业融合在"三网融合"② 时期即已成为实践和研究的热点，在前几年"互联网 +"兴起之时曾经有一轮热潮，如今 5G 再次催生了媒体产业融合的新话题。本章在厘清媒体产业融合的内涵的基础上，将结合国际国内案例，分别梳理讨论传统媒体和自媒体产业融合的现状，并分析媒体的产业融合目前存在的主要困境和问题，探讨媒体在产业融合层面如何能突破瓶颈寻求发展策略。

第一节　媒体产业融合的变迁

一　媒体产业融合的内涵：内外兼容

传媒产业是由多数传媒企业和传媒机构形成的集群，包括传统媒体、网络媒体和移动媒体等，传媒产业的细分则包括传统媒体中的报纸、广播、电视、书籍、杂志、电影等；网络媒体中的门户网站、搜索引擎、社交媒体、网络游戏、网络视频、电子商务等；移动媒体中的如手机终端、Pad 终端、微

---

① 《2015 年中国传媒资本市场发展报告》，中国网，2017 年 3 月 1 日，http: // guoqing. china. com. cn/2017 – 03/01/content_ 40384173. htm。

② "三网融合"是指电信网、广播电视网、互联网在向宽带通信网、数字电视网、下一代互联网演进过程中，其技术功能趋于一致，业务范围趋于相同，网络互联互通、资源共享，能为用户提供话音、数据和广播电视等多种服务。

博、SNS 等以及仍在不断变化中的多元媒体形态。① 媒体产业融合可以泛指媒体融合，也可以专指产业方面的融合。本研究采用后者。媒体产业融合包括两个层次，一个是媒介与其他产业的融合，另一个是媒介产业融合，同样是媒介内部资源、生产、产品、技术、市场、服务等方面的重构与重组。因此，国际上早已将媒体融合按照产业形态分为横向融合和纵向融合两种基本类型，以及纵横交织的混合融合的第三种。横向融合是横向扩展媒体业的经营规模，早期单一形态的媒体集团即属于此类，主要通过扩大规模提高市场竞争力，发挥规模经济效应。媒体的纵向融合是在原有的业务基础上，形成产供、产销或供产销一体化，以降低市场交易成本，通过交易内部化规避交易风险企业，比如同一媒体生产的报刊、音视频产品、书籍和其他衍生产品，甚至房地产经营等可以在同一销售网点销售，它是媒体产业在产销供应链两个方向上纵向扩展经营业务的一种战略行为。纵向融合还可以削弱供应商或消费者的价格谈判能力，获取异质资源，形成核心竞争力。混合融合就是将横向、纵向融合混合在一起，以扩大生产和经营。②国内有研究认为，各个产业在生产层面的交融才是媒介融合的本质。③ 产业融合对传媒产业边界产生深远影响，促使传媒产业内部以及传媒产业与相关产业之间的技术边界逐渐消失。在产业融合的推动下，不同媒介之间的业务出现更多的交叉互补现象，传媒产业内部各子产业之间以及传媒产业与相关产业之间的市场边界趋于模糊，整个产业结构体系将发生明显的变化。④

从中外媒介融合的实践经验来看，媒介内部的组织资源与组织结构的重构是每一次融合都要涉及的步骤，同样包括跨行业的生产重组。⑤ 在荷兰阿姆斯特丹大学媒介研究学者马克·都泽（Mark Deuze）的研究中，产业融合与产消融合被放在了一个框架下加以考虑，他指出媒介产业融合指的是跨企业、跨渠道、跨体裁、跨技术的媒介生产与消费在各领域的融合。媒

① 崔保国、侯琰霖：《在融合中转型 在转型中创新——2012 中国传媒产业分析与展望》，《中国报业》2012 年 4 月（上）。

② 参见以下著作的框架：David Croteau，William Hoynes，Media/Society：Industries，Images，and Audiences，SAGE Publications，Inc.，2002 Third Edition。

③ 王菲：《媒介大融合：数字新媒体时代下的媒介融合论》，南方日报出版社 2007 年版，第 22 页。

④ 陶喜红、王灿发：《产业融合对传媒产业边界的影响》，《新闻界》2010 年第 1 期。

⑤ 参见蔡雯《媒体融合与融合新闻》，人民出版社 2012 年版。

介产业融合涉及不同利益相关方的联系与参与，不同媒介公司的并购与重组，技术、价值和创意在生产网络中的流动等。① 与产业融合概念具有相近意涵的另一说法，即经济融合（Economic Convergence），它指的是互联网公司、通信公司和传统媒体公司的合并。在英美市场经济环境中，经济融合表现为上述不同类型公司之间的兼并和收购，这一过程同时能够释放出更多的经济增长与创新空间；在中国，国家宏观调控资源分配与部门整合的跨界合作和以市场经济为基础的公司间收购并购是两条分量相当的经济融合进路。

传媒产业融合是在技术创新、放松规制、企业竞争合作关系、跨产业并购等多重因素共同作用下产生的。产业融合是在发展中不同产业之间出现了相互交叉与渗透现象，产业的边界逐渐缩小甚至消失，不同产业逐步融合成为具有新的产业属性与产业形态的产业。产业融合是对产业分立的否定，这种现象不仅出现在传媒产业，而且出现在金融产业和其他信息产业。传媒产业融合具有延伸产业链、节约成本、协同竞争、优化结构、创新产业等效应。随着信息技术和网络技术的发展，传媒产业融合成为产业融合的典型，新闻出版、广播影视、电信与新媒体等不同的产业可以提供相同或相似的产品，出现了业务融合、市场融合和终端融合的趋势，产业边界在不断模糊甚至消失，这种现象对产业组织、信息消费乃至社会经济文化发展都将产生深远影响。②

二 媒体产业融合的政策环境与路径

（一）"三网融合"带来的融合机遇

2010 年 1 月温家宝总理主持的国务院常务会议上提出了加快"三网融合"的新政和时间表：2010—2012 年重点开展广电和电信业务双向进入试点，探索形成保障三网融合规范有序开展的政策体系和体制机制；2013—2015 年，总结推广试点经验，全面实现三网融合发展，普及应用融合业务。2015 年，

---

① Mark Deuze, Media. Industries, Workand Life, *European Journal of Communication*, 2009, 24 (4): 467 – 480.

② 肖叶飞、刘祥平：《传媒产业融合的动因、路径与效应》，《现代传播》2014 年第 1 期。

国务院办公厅印发了关于三网融合推广方案的通知，强调推进三网融合是党中央、国务院做出的一项重大决策，并说明试点阶段各项任务已基本完成，要求：将广电、电信业务双向进入扩大到全国范围，并实质性开展工作；宽带通信网、下一代广播电视网和下一代互联网建设加快推进，自主创新技术研发和产业化取得突破性进展，掌握一批核心技术，产品和业务的创新能力明显增强；融合业务和网络产业加快发展；基本建立科学有效的监管体制机制；显著提高安全保障能力；信息消费快速增长。[①]

　　按照国务院的部署，广电企业在符合电信监管有关规定并满足相关安全条件的前提下，可经营增值电信业务、比照增值电信业务管理的基础电信业务、基于有线电视网的互联网接入业务、互联网数据传送增值业务、国内网络电话（IP 电话）业务，中国广播电视网络有限公司还可基于全国有线电视网络开展固定网的基础电信业务和增值电信业务。符合条件的电信企业在有关部门的监管下，可从事除时政类节目之外的广播电视节目生产制作、互联网视听节目信号传输、转播时政类新闻视听节目服务、除广播电台电视台形态以外的公共互联网视听节目服务、交互式网络电视（IPTV）传输、手机电视分发服务。同时，要加快推动 IPTV 集成播控平台与 IPTV 传输系统对接，广播电视播出机构与电信企业可探索多种合资合作经营模式。要加快宽带网络建设改造和统筹规划，切实推动相关产业发展：加快推进新兴业务发展，通过发展移动多媒体广播电视、IPTV、手机电视、有线电视网宽带服务以及其他融合性业务，带动关键设备、软件、系统的产业化，大力发展数字出版、互动新媒体、移动多媒体等新兴文化产业，促进动漫游戏、数字音乐、网络艺术品等数字文化内容的消费。

　　数字化技术把原本泾渭分明的电信、广电、电脑的技术边界消解了，可以用最简约的技术方式与成本，为人类最多元化的需求提供更便捷而廉价的服务。"三网融合"有种种益处，但是进展不易，因为"三网"各方出于对各自部门和行业的既有利益的保护，在发展政策与策略制定时，自觉或不自觉地站在各自的利益立场上争执不已。在三网融合过程中，必然会联动媒体

---

　　① 《国务院办公厅关于印发三网融合推广方案的通知》，政府网，http：//www.gov.cn/zhengce/content/2015－09/04/content_ 10135. htm。

融合，并引发业务相互渗透、相互进入的利益冲突。在各有优势的部分，可以继续各扬所长。在各自优势不明显的部分，可以双向进入，彼此渗透，通过竞争，优胜劣汰，促进发展。[①]

（二）"互联网＋"带来的融合机遇

"互联网＋"是指以互联网为基础并加以拓展，使互联网平台及其技术手段延伸、融入其他领域，让互联网与传统行业进行深度融合，创造新的发展业态和生态，代表着一种新的经济形态，它指的是依托互联网信息技术实现互联网与传统产业的联合，以优化生产要素、更新业务体系、重构商业模式等途径来完成经济转型和升级。它是信息化、工业化的融合，是 Web2.0 衍生出的新运用，也是互联网思维的一种具体化。

在 2015 年的政府工作报告中，李克强总理正式提出了"互联网＋"行动计划，随后国家发展改革委办公厅于 3 月 16 日发布的《关于做好制定"互联网＋"行动计划有关工作的通知》中做出了进一步要求：以互联网培育发展新业态新模式，着力形成新的经济增长点。以更加包容的态度、更加宽松的环境、更加积极的政策，加快培育基于互联网的融合型新产品、新模式、新业态，打造"互联网＋"新生态。2015 年 7 月 4 日，国务院印发《国务院关于积极推进"互联网＋"行动的指导意见》。2016 年 5 月 31 日，教育部、国家语委在京发布《中国语言生活状况报告（2016）》，"互联网＋"入选当年十大新词和十个流行语。

《国务院关于积极推进"互联网＋"行动的指导意见》中指出："互联网＋"是把互联网的创新成果与经济社会各领域深度融合，推动技术进步、效率提升和组织变革，提升实体经济创新力和生产力，形成更广泛的以互联网为基础设施和创新要素的经济社会发展新形态。行动实施的基本原则是坚持开放共享，坚持融合创新，坚持变革转型，坚持引领跨越，坚持安全有序。目标是到 2018 年互联网与经济社会各领域的融合发展进一步深化，基于互联网的新业态成为新的经济增长动力；到 2025 年，网络化、智能化、服务化、协同化的"互联网＋"产业生态体系基本完善，"互联网＋"新

---

① 吴信训、吴小坤：《三网融合大政方针确定后，我国传媒产业的创新发展考量》，《新闻记者》2011 年第 1 期。

经济形态初步形成，"互联网＋"成为经济社会创新发展的重要驱动力量。①

"互联网＋"计划自 2015 年得到大力倡导以来已深入各个领域，丰富了中国媒介融合的理念与形态。对于媒体融合而言，"互联网＋"自然是题中应有之义。"互联网＋"的核心是去中心化、去垄断化，倡导参与、互动和分享的精神。互联网领域的创新和治理需要一切行为主体的协同参与，并通过媒介产业融合得以实现，进而为传媒领域创造新的价值。具有先发优势的传媒已经开始较大规模地渗透进各产业领域，初步显示出"互联网＋"的形态。

借助"互联网＋"可以有效推动互联网和云计算以及大数据和物联网等新兴产业的融合，从而更好地促进电子商务和工业互联网的发展，更加帮助自身企业拓宽国际市场。"互联网＋"就是借助互联网平台，借助信息通信技术，将互联网与传统行业的各行各业不断结合在一起，共同形成一种新的产业生态。移动互联技术和大数据及云计算技术的不断成熟，网络发挥其智能化和高效化的效用，使得媒体向着主动融合的方向发展。互联网对媒体不仅是一种技术革新，同时它能够促进媒体行业多元发展，走出传统媒体形态在新技术环境下的困境。借助"互联网＋"，媒体可以向着跨界融合的方向发展，并加强自身产业整合，使单一的传统媒体在融合中通过资源整合进行转型升级，形成深层次的价值联动。借助"互联网＋"，媒体可以重组原先单向的封闭的组织结构和体系，将其转变为扁平化和开放式的平台体系，打破传统媒体行业采编和播出的垂直产业链系统，加强与外部资源的沟通协作，从而形成一种相互融合、相互交叉的网络状产业价值链。②

（三）媒体产业融合的路径

传媒产业融合的动因至少体现五个方面：技术创新，是传媒产业融合的催化剂；企业之间的竞争与合作，是产业融合的外在驱动力；市场需求，是传媒产业融合的内在动力；跨产业的并购与重组，是产业融合的根本原因；

---

① 政府网，2015 年 7 月 4 日，http：//www.gov.cn/zhengce/content/2015 – 07/04/content _10002.htm。

② 陈来源：《"互联网＋"时代传统电视媒体的融合转型探究》，《今传媒》2018 年第 11 期。

政府的宽松管理，使产业融合成为时代必然。① 在产业领域，并购与重组是融合的形成路径。兼并是通过产权交易获取其他企业的产权，从而获取被并购企业的控制权；收购是一家企业通过现金或有价证券购买另一家企业的股票或资产，获取该企业的全部资产或者某项资产的所有权或者该企业的控制权；重组则是对公司所有权或控制权结构的重新安排，分为资产重组、负债重组和股权重组。② 国家"十二五"规划中明确指出：鼓励文化企业跨地域、跨行业、跨所有制经营和重组，提高文化产业规模化、集约化、专业化水平；鼓励和支持非公有制经济以多种形式进入文化产业领域，逐步形成以公有制为主体、多种所有制共同发展的产业格局；鼓励社会资本进入和鼓励兼并收购的政策导向，将造成市场化媒体规模分布、市场份额及市场集中度的重大改变。我国上市传媒企业并购重组持续升温，三网融合、制播分离推动广电重组，区域性和行业性新闻出版集团建设取得积极成效，跨媒体、跨区域、跨所有制、跨行政级次、跨行业重组向纵深推进，民营传媒企业成为并购重组的重要推动力量，并购重组市场平台初具规模。③不过，文化传媒产业上市公司效率较低，产业内各子行业效率差异明显，多数文化传媒类上市公司处于规模报酬递减阶段。④ 市场竞争引致产业联盟的出现，媒体资源过剩，内容同质化现象严重，传媒产业的创新能力与核心竞争力受到严重影响，而竞争性战略联盟作为战略联盟的形式之一，其特殊的"竞合关系"则有助于传媒企业摆脱这种弊病。⑤ 传媒产业集群通过发挥集聚效应、分工协作效应、规模效应和品牌效应形成竞争优势，集群化的发展方式有利于提升传媒产业的竞争力。⑥

---

① 黄乐辉、张香晴：《论传媒产业融合的动因及经济效果》，《传媒》2015 年第 1 期。

② 肖叶飞、刘祥平：《传媒产业融合的动因、路径与效应》，《现代传播》2014 年第 1 期。

③ 兰培：《传媒产业并购重组态势分析》，《传媒观察》2013 年第 2 期。

④ 曲小刚、马楠：《基于 DEA 模型的我国文化传媒上市公司效率分析》，《河南财政税务高等专科学校学报》2014 年第 1 期。转引自秦宗财《媒介转型与产业融合：2010—2015 我国传媒产业研究综述》，《福建论坛》（人文社会科学版）2016 年第 6 期。

⑤ 刘子晨：《媒产业竞争性战略联盟的建构策略与发展路径》，《新闻世界》2013 年第 4 期。

⑥ 麦尚文：《"关系"编织与传媒聚合发展——社会嵌入视野中的传媒产业本质诠释》，《国际新闻界》2010 年第 1 期。

　　媒体的产业融合很重要的是进行资本运营。① 媒体的产业资本是媒体企业所拥有的一切有形或无形的可经营资产，通过价值成本的流动、裂变、组合、优化配置等方式有效运营，实现最大限度的增值目标。在媒介转型与融合发展的趋势下，面对国内外市场的激烈竞争和挑战，我国传媒产业资本运营已经通过多种形式的资本运营如兼并、重组、参股、控股、交易、转让等方式扩张规模，整合资源。文化传媒行业的并购交易深受政策影响：2014 年 IPO "开闸"，完成并购案例有了显著提升。2015—2016 年，上市公司并购 "IP" 资产成为热点，推高并购交易数量和交易规模。之后随着股票发行审核委员会持续加强对并购交易真实性、资产评估价值合理性等方面的审查，并购交易案例数量持续下滑。2018 年宣布并购案例中，已完成案例数量占比较 2017 年下降 25.08%。②

　　传媒产业资本运营成效明显，但也存在较为突出问题。媒资运营可加速传媒产业的投融资，扩大传媒产业规模，有利于调整和优化传媒产业结构，有助于盘活传媒资产，加快传媒产业功能开发。但也存在传媒产业资本运营可能带来的传媒产业风险、宣传导向风险。③ 媒体可以通过上市向社会融资、加速媒体战略转型，包括发展模式、融资方式、体制机制、业务结构、人才结构等转型。④ 我国传媒产业资本运营的方式，主要有同业合并与资产重组、跨行业收购、上市和发行票据、新媒体运营等。2012—2014 年我国传媒产业资本运营的特征表现为：波及范围广，持续时间长，影响大；交易金额高，融资规模大，互联网金融服务抢眼，新媒体经济贡献突出；跨行业趋势明显，融资途径增多，企业内外部资源整合力度大。⑤ 传媒企业投融资的渠道，突出表现在政府财政投资、银行间接融资、上市融资、政府引导的产业基金以及私募股权投资基金五方面，对中国文化传媒产业的融资现状而言，财政投资

　　① 参见秦宗财《媒介转型与产业融合：2010—2015 我国传媒产业研究综述》，《福建论坛》（人文社会科学版）2016 年第 6 期。
　　② 《2018 文化传媒业报告：融资数量下滑明显，融资规模反创新高》，搜狐网，2019 年 2 月 20 日，http://www.sohu.com/a/295596629_100267781。
　　③ 陈绍富：《传媒产业资本运营的正负效力分析》，《中国报业》2011 年第 1 期。
　　④ 任义忠：《资本市场与媒体战略转型》，《青年记者》2015 年第 8 期。
　　⑤ 上海交通大学舆情研究实验室：《2012—2014 年传媒资本运营回顾与反思》，《新媒体与社会》2015 年第 12 辑。

对文化传媒产业的投入不足；银行融资对以无形资产为主的新兴传媒企业而言难以企及；上市融资是优质传媒企业的首要选择；产业投资基金和私募股权基金是传媒整合、发展的新力量。① 有研究指出，目前内源融资无法满足中国文化上市公司投资行为的资金需求，存在一定的负效应；债务融资和股权融资对投资行为起着较强的正向促进作用，且影响更大。中国中小型文化传媒公司存在较明显的股权融资偏好。②

媒体的产业融合与技术融合也是密不可分的。喻国明将媒体的产业融合归纳为一种顺序式的发展：内容、服务、产品、品牌、渗透及至超越，③ 而在上半场享受互联网用户数量递增的红利之后，在下半场媒体开拓互联网连接人的过程中散发的结构性能量。因此在互联网"下半场"的媒介融合诉求是"专而精"，"专"表现在媒介发展重心的垂直化和内容服务的专属化，细分市场下的垂直媒体正在逐步取代过去的全能媒体，媒介也开始追求基于算法逻辑和人工智能技术提供的能满足"千人千面"个性化需求的专属内容服务；"精"是指基于大数据的精准价值匹配。在激活了体量巨大的微资源之后，形成结构化的最优分配方式，实现内容的按需分发，如今日头条基于数据挖掘形成的推荐引擎式的智能信息集成与推送模式就是对这一方向的探索。④ 媒体融合源于传播技术的飞速发展，使得传播渠道资源得到了爆发性的释放，传播渠道的数量和品质的迅速增长导致媒介产业的生态环境发生深刻变革。从传播内容的原创能力及内容资源的集成配置能力、传播渠道的拥有和掌控能力，以及对于销售终端的掌控能力、终端服务链产业链价值链的扩张能力三个板块对传媒产业进行考察，可以发现内容的重要性逐渐衰减，而控制渠道和扩张终端服务链成为传媒产业核心竞争力的关键因素，这意味着传统媒体"渠道霸权"的终结。⑤

媒介的经济融合与产业融合有所不同，传统上主要是媒体与通信公司的

---

① 李海燕、陈梦滢：《中国文化传媒产业融资现状分析》，《河南师范大学学报》2015 年第 1 期。

② 戴钰：《中国文化传媒上市公司投融资行为影响因素研究》，《财经理论与实践》2015 年第 5 期。

③ 喻国明：《中国传媒产业的融合发展》，《新闻前哨》2010 年第 2 期。

④ 喻国明、赵睿：《从"下半场"到"集成经济模式"：中国传媒产业的新趋势——2017 我国媒体融合最新发展之年终盘点》，《新闻与写作》2017 年第 12 期。

⑤ 喻国明：《中国传媒"拐点"的现实困境与发展契机》，《市场观察：媒介》2005 年第 10 期。

整合。美国在过去五十年中，在传统媒体、通讯公司和互联网公司之间的融合数不胜数，例如 Comcast 和 NBC Universal 之间的并购。不间断的兼并与收购形成了传媒集团"少而大"的趋势，称之为"整合"（Consolidation），其结果是带来由少量巨型媒介公司形成的寡头局面。娱乐公司拥有新闻生产机构，而通常被排斥在传媒领域之外的大型公司也可以通过资本运营的方式购买传媒公司，例如通用电气公司（GE）购买了美国国家广播电视网（NBC），而实现了经济的融合。在对数字化浪潮的经济融合过程中，也有对经济融合持审慎立场的声音。新的媒介融合经济，存在扩大数字鸿沟和社会隔阂的风险。传播政治经济学学者丹·席勒指出了经济融合过程中的"数字资本主义"（Digital Capitalism）趋势。[①] 他认为，数字资本主义的宏伟目标是在为不断扩张的公司内及公司间经济过程提供经济网络（Economy wide Network），实现这一目标需要政策层面的配合，公司资本所有权和对融媒经济网络的控制权的整合，要求搁置争议，甚至搁置讨论。而"新自由主义"（Neoliberism）如同其名称所蕴含的意义一样，压制"不被需要"的政府监管与经济调控，复兴维多利亚英国的自由主义经济政策，为经济公司和实体提供更自由的融合空间。

第二节　传统媒体的产业融合实践探索

习近平总书记2016年2月19日在党的新闻舆论工作座谈会上发表重要讲话时强调，融合发展关键在融为一体、合而为一。媒体要尽快从相"加"阶段迈向相"融"阶段，从"你是你、我是我"变成"你中有我、我中有你"，进而变成"你就是我、我就是你"，着力打造一批新型主流媒体。

一　传媒产业发展概况

陈力丹等2014年底总结20年来我国媒体融合实践时，将其分为三个阶

---

① Chakravartty, P., Schiller, D., "Global Financial Crisis, Neoliberal Newspeak and Digital Capitalism in Crisis", *International Journal of Communication*, 2011, 4: 23.

段：第一阶段，传统媒体建设新兴媒体，你是你、我是我；第二阶段，传统媒体与新媒体互动发展，你需要我、我需要你；第三阶段，二者开始融合，你中有我、我中有你；最终将形成一体化，你就是我、我就是你。他们将1995 年 10 月 20 日《中国贸易报》推出网络版作为"媒体融合"的开端，因此认为我国媒体的媒介融合那时已走过了 20 年的历程，现在则有了突破性的进展，2014 年被称为"媒体融合元年"。①

（一）传媒企业上市

传媒企业一般是通过业务的扩张与收缩以及跨行业整合的方式进行市场探索，较常见的形式是异地办报、频道落地等扩大业务范围的尝试，面对新媒体的挑战展开报网结合、跨媒介延伸等形式的探索。较有创新思路的企业会尝试向产业链的上下游扩张，例如上海电视台和贵州电视台推出的自营购物频道，在初期短短几年里发展到了几十亿元的年市场规模，是从媒体渠道到营销服务的转型探索。国内通过战略投资进行融合转型的，也有一些可贵的尝试。浙江日报报业集团完成借壳上市后，并未把资金投向传统业务，而是选择了孵化新媒体的跨越战略，拉开了传媒集团经营性资产整体上市的序幕，开启了事业单位向国有企业转变的新时代。2011 年10 月 31 日，浙江日报报业集团宣布启动为期 5 年的全媒体战略行动计划，联合复星集团、阿里巴巴集团等以各种融资方式投入 20 亿元实施集团的全媒体转型。②

截至 2018 年 8 月，据不完全统计，内地 A 股传媒概念股有上百家。某证券公司统计了其中的 88 家，包括（按上市时间排序，中文名称有传统新闻媒体的用括号加注）：

浙数文化（浙报数字文化集团股份有限公司）、东方明珠、号百控股、新华传媒、广电网络［陕西广电网络传媒（集团）股份有限公司］、深大通、博瑞传播、大晟文化、文投控股、华媒控股、长江传媒（长江出版传媒股份

---

① 陈力丹、廖金英：《我国传媒产业将如何重新洗牌？——2014 年话媒体融合》，《广播电视信息》2015 年第 1 期。

② 崔保国、侯琰霖：《在融合中转型 在转型中创新——2012 中国传媒产业分析与展望》，《中国报业》2012 年第 4 期（上）。

有限公司)、湖北广电(湖北省广播电视信息网络股份有限公司)、视觉中国、当代东方、中原传媒、中视传媒、华闻传媒、北京文化、当代明诚、欢瑞世纪、电广传媒(湖南电广传媒股份有限公司)、长城动漫、歌华有线、中文传媒、时代出版、祥源文化、科达股份、长城影视、印纪传媒、东方网络、粤传媒(广东广州日报传媒股份有限公司)、出版传媒、天威视讯、帝龙文化、奥飞娱乐、华谊兄弟、＊金亚、皖新传媒、慈文传媒、蓝色光标、华谊嘉信、省广集团、凯撒文化、乐视网、华策影视、中南传媒、骅威文化、天舟文化、光线传媒、艾格拉斯、完美世界、凤凰传媒、华录百纳、吉视传媒、新文化、思美传媒、腾信股份、中文在线、万达电影、唐德影视、暴风集团、龙韵股份、江苏有线(江苏省广电有线信息网络股份有限公司)、引力传媒、读者传媒、南方传媒、幸福蓝海、新华文轩、中国电影、广西广电(广西广播电视信息网络股份有限公司)、上海电影、贵广网络(贵州省广播电视信息网络股份有限公司)、中国科传、宣亚国际、力盛赛车、新经典、元隆雅图、华扬联众、创业黑马、中广天择、中国出版、掌阅科技、横店影视、金逸影视、风语筑、山东出版。[1]

这份88家的名单是不全面的,因为它未包括人民网、分众传媒、芒果超媒、华数传媒、中国出版、中国科传、城市传媒、时代出版、中国新媒股份、＊ST东网、＊ST巴士等上市传媒公司。此外,内地传媒公司在中国香港、美国上市的也有多家,2012年以前在香港上市的即有:第一视频、白马户外媒体、财讯传媒、美亚娱乐资讯、汉传媒、中视金桥、A8电媒音乐、新华文轩、凤凰卫视、北青传媒、橙天嘉禾、中国户外媒体集团、星美出版集团、大贺传媒、慧聪网、华亿传媒、现代传播、中国三三传媒、FOCUS MEDIA。[2]在美国上市的中国传媒概念股有:新浪、百度、搜狐、网易、航美传媒、分众传媒、华视传媒、人人、土豆网、凤凰新媒、优酷网、当当网、第九城市、巨人网络、盛大、完美世界、盛大游戏、空中网、掌上灵通等。这些上市公司中,不乏传统媒体。

① 《文化传媒行业上市公司名单2018文化传媒上市公司大全》,平安证券网,2018年8月22日,https://zs.stock.pingan.com/a/2707.html。

② 崔保国、侯琰霖:《在融合中转型 在转型中创新——2012中国传媒产业分析与展望》,《中国报业》2012年第4期(上)。

　　总体而言，我国的传媒市场仍处在市场集中度较低的竞争型市场阶段，这意味着我国传媒产业仍处在行业分立和激烈竞争状态，并无明显的主导企业。根据《传媒蓝皮书：中国传媒产业发展报告（2016）》① 数据显示，2015年互联网媒体的市场占比增至51.8%，首次逾越半数，进一步拉大了与传统媒体的规模差距，而传统媒体的占比进一步遭受挤压。而且广告行业在2015年受到经济大环境的冲击，全国经营额较上年仅增长5%左右，甚至没有跑赢当年的 GDP 增长率（6.9%），由于互联网产业驱动中国传媒产业在当年增长了12.3%。2017年营业收入前6家传媒上市公司中文传媒、长江传媒、万达电影、中南传媒、凤凰传媒、山东出版，它们的平均资产收益率为7.07%，并且其他传媒上市公司也都实现了不同程度的净利润增长。根据2019年4月30日沪深两市已公布的上市公司发布的2018年度报告，2018年传媒行业 AB股上市公司中净利润超10亿元的企业仅有11家，分众传媒净利润超58亿元，排名第二的东方明珠有20亿元，其他超过10亿元的只有中文传媒、中国电影、山东出版、光线传媒、凤凰传媒、万达电影、中南传媒、皖新传媒，② 总体还不算强大。

（二）传媒企业并购与融资

　　互联网媒体的发展，改变了传统媒体时代的产品格局，使得媒体的差异度增大、传媒市场进入壁垒降低、跨界的重组增多、传媒内部竞争加剧、传媒技术创新力度加强。③ 伴随着互联网企业进入传媒产业，传媒市场的产品差异度逐渐增大，传统的报纸、广播和电视为主的大众传媒在媒体融合的趋势下逐渐变革传播模式，"互联网＋传统媒体"的产业格局使得新的媒体产品层出不穷；传媒市场进入壁垒降低，随着"三网融合"和"互联网＋"计划的推进，传媒市场边界趋于模糊，给其他产业进入传媒业提供了政策机会，而以互联网为平台的传媒市场有着比传统媒体市场更低的进入壁垒、更大的增长空间和更具创新力的发展模式，因此基于互联网平台的融合媒介不断成长

---

　　① 崔保国主编：《传媒蓝皮书：中国传媒产业发展报告（2016）》，社会科学文献出版社2016年版。
　　② 《2018年传媒行业上市公司净利润排行榜》，中商情报网，2019年5月1日，http：//top.askci.com/news/20190501/1113411145650.shtml。
　　③ 本段除另加注解外，参见徐顼强、王剑平、王文彬《中国传媒产业的融合实践及趋势》，《中国出版》2018年第13期。

为充满竞争活力的新兴产业；跨界的并购与重组增多，2015 年文化传媒行业披露并购规模 176.4 亿美元，披露并购案例 276 起，较 2014 年分别增长 64.15% 和 16.95%。其中，包括影视、游戏、数字营销、VR 等多个子行业均呈现出较高的热度。① 2016 年度文化传媒并购市场宣布的交易数量与 2015 年持平，交易规模为 425.91 亿美元。② 2017 年文化传媒融资数量和规模都呈下滑景象，影视音乐依然受到重视，投资机构对不断催生的新形态与新模式短视频平台、知识付费平台、直播平台等更加关注。③ 2018 年文化传媒行业获得融资数量下滑 19.16%，但融资规模不降反升，较 2017 年增长超 2 倍，达到近 5 年来融资规模最高值。2014—2018 年传媒出版、动漫和影视音乐领域 IPO 募资情况较好，2018 年影视音乐和动漫企业募资规模占比全年 86.2%（见图 4.1）。④

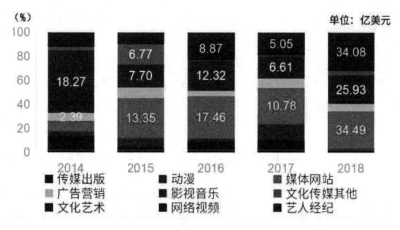

图 4.1　2014—2018 年文化传媒行业 VC/PE 融资细分领域分布

2014—2018 年融资规模占比前三的领域为媒体网站、网络视频和影视音乐，2018 年此三个领域吸引了 84.97% 的资本，排名靠前的包括今日头条、

① 《2016 年中国传媒市场并购规模分析》，中国产业信息网，2016 年 10 月 18 日，http://www.chyxx.com/industry/201610/457855.html。

② 《去年我国文化传媒并购市场交易规模超 400 亿美元》，人民网，2017 年 1 月 6 日，http://money.people.com.cn/n1/2017/0106/c42877—29004325.html。

③ 《2017 文化传媒市场报告：融资并购趋于理性，影视投资热度不减》，搜狐网，2018 年 1 月 25 日，https://www.sohu.com/a/218920683_750267。

④ 《2018 文化传媒业报告：融资数量下滑明显，融资规模反创新高》，搜狐网，2019 年 2 月 20 日，http://www.sohu.com/a/295596629_100267781。

华人文化、万达电影、NewTV、快手、网易云音乐等，其中今日头条完成25亿美元融资，成为五年来媒体网站领域规模最大的融资，快手2018年完成14亿美元融资——腾讯连续两轮皆有投资，显示出其在短视频社交领域布局的决心。

单位：亿美元

项目	融资金额	CV行业	融资轮次	投资方
今日头条	25	媒体网站	Pre-IPO	软银|美国泛大西洋投资集团等
华人文化	15.06	文化传媒其他	A	万科|阿里巴巴集团战略投资部|招银国际|腾讯
万达电影	12.39	影视音乐	战略融资	杭州臻希投资管理有限公司
NewTV	10	网络视频	战略融资	迪斯尼|阿里巴巴集团战略投资部|NBC环球|二十一世纪福克斯等
快手	10	网络视频	E	腾讯|红杉中国
网易云音乐	6	影视音乐	B	百度|美国泛大西洋投资集团|博裕投资
新丽传媒	5.24	影视音乐	战略融资	腾讯
快手	4	网络视频	战略融资	腾讯
新潮传媒	3.16	广告营销	战略融资	成都高新区产业引导基金
新潮传媒	3.04	广告营销	战略融资	百度投资

注：融资金额统计受汇率变动影响

图4.2　2018年文化传媒行业VC/PE融资规模重点案例

2014—2018年的5年中，文化传媒行业并购高峰发生在2016年，2017—2018年完成并购案例和规模持续下滑，受两笔大额交易案例影响，2018年完成并购规模不降反升。

2014—2018年5年中，传媒出版、动漫和影视音乐领域IPO募资情况较好。2018年影视音乐和动漫企业募资规模占比全年86.2%。一级市场头部企业近年来通过收购合并项目大力扩展自身业务线，收拢行业项目资源，使其成为跨领域的综合传媒集团，业务涉足多个领域。

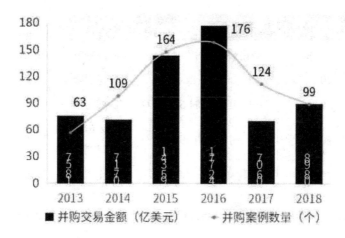

图 4.3 2014—2018 年文化传媒行业宣布和完成并购情况

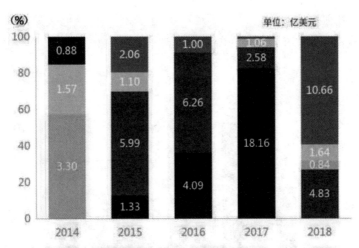

图 4.4　2014—2018 年文化传媒行业各领域 IPO 募资规模

2014－2018年文化传媒行业IPO募资规模Top1

单位：亿美元

时间	上市公司	CV行业	募集规模
2018	腾讯音乐（NYSE:TME）	影视音乐	10.66
2017	阅文集团（HK:00772）	传媒出版	9.6
2016	中国电影（SH:600977）	影视音乐	6.25
2015	江苏有线（SH:600959）	文化传媒其他	5.26
2014	保利文化（HK:03636）	文化艺术	3.30

图 4.5　2014—2018 年文化传媒行业各领域 IPO 募资规模年度第一

传媒产业龙头企业在产业链拓展和业务规模扩大等方面进行了大量并购与重组，同时向手机游戏以及文化娱乐产品运营等行业进行了较多投资，传媒产业内部发展与跨行业整合现象增多。一方面，传统传媒产业除了内部进行重组壮大之外，也在不断向非传媒产业扩张，重视与其他产业的融合，尤其是更加注重与互联网公司的合作，借助互联网平台，扩大传媒内容的传播范围。"报网融合"已成传媒产业融合的新趋势。另一方面，在"互联网＋"的时代背景下，互联网企业也纷纷在传媒产业投资布局。2015 年，中国互联网公司三巨头百度、阿里巴巴、腾讯（BAT）全线进入中国传媒业，它们在社交媒体、搜索和电商等领域，进行了内容丰富和规模浩大的多元化扩张。伴随文化消费市场的扩张，影视、游戏等传媒业务有可能会大幅度增长，这些传媒产业板块间的深度融合也会逐渐增加。[①]

二 案例：浙报集团的产业融合探索

在我国媒体融合的发展历程中，人民日报中央厨房、上海澎湃新闻、浙江日报报业集团等成为代表性案例。本研究对这几家媒体都进行了实地调研、深度访谈。本节将结合产业融合的主题，以对浙江日报报业集团的调研为切入点，探讨媒介产业融合的实践。[②]

（一）浙报集团传媒业的内部融合

2011 年是浙报集团的上市之年，该集团同时也全面启动了全媒体战略。截至 2013 年，浙报集团已经先后推出了多领域、多形态的传媒产品，包括新闻客户端、手机报、新闻网站、视频新闻，同时，集团各家子媒体的 App、微博、微信公众号也均已上线。到 2015 年，浙报集团的新媒体矩阵已现峥嵘，其中涵盖了各种媒介形式，着力打造出"三圈环流"（核心圈、紧密圈、协同圈）的架构。其中，核心圈以新闻客户端、手机报、新闻网站和正在打造中的视频新闻客户端为代表；紧密圈包括隶属边锋游戏平台的弹窗和新闻专区、边锋互联网电视盒、腾讯·大浙网新闻板块以及各县市区域门户网；协同圈中，各子媒体的微博、微信和专业 App 成为拳头产品。集团计划逐步将旗下的数字采编中心与浙江在线的新闻中心进行整合，以此打造出全面的内容生产与发布的枢纽机构，也就是新媒体的"中央厨房"。

1. 浙报集团的内部融合举措之一：纸媒 + 新媒体

以"三圈一中心"的新媒体布局为框架，浙报集团打造了比较严密的新媒体矩阵，包揽各种媒介形式，形成"三圈环流"的架构。

以此为基础，第一，打造纸媒与新媒体联动机制；第二，纸媒内部创新孵化。下面将作具体阐述。

---

① 徐顽强、王剑平、王文彬：《中国传媒产业的融合实践及趋势》，《中国出版》2018 年第 13 期。
② 浙报的调研时间是 2015 年 4—5 月，因此当时的资料主要收集于此时段。

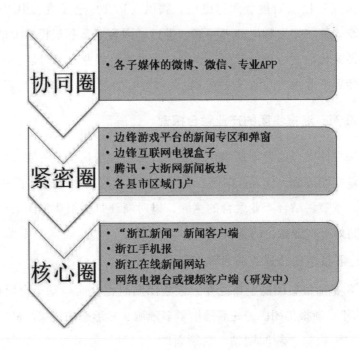

图 4.6　浙报集团"三圈环流"架构

第一，打造纸媒与新媒体联动机制。

新媒体的大部分原创稿件由集团旗下的纸媒提供。数字采编中心设立稿件平台，各媒体值班主任选择优质的稿件签发至平台，记者编辑也可以直接投放硬新闻稿件。由于新媒体更讲求时效性，纸媒稿件需要在见报的前一天晚上流转至数字采编中心，再由数字采编中心进行选择、编辑和适配。

对于纸媒的采编人员来说，需采取一定手段让其适应流程的改造。除一定的强制手段外，加上政策引导如发放双份稿费，以及柔性手段如加强联络等，让纸媒顺利成为新媒体的原创内容仓库。数字采编中心近 1/3 的采编人员是原先纸媒的采编人员，他们被作为骨干培养。这种与纸媒的天然渊源，为纸媒团队与新媒体团队的良好沟通与协作奠定基础。同时数字采编中心 2/3 的人员是新招的年轻人，为互联网化转型注入活力。双方团队经常联合策划活动，实现资源互补。例如持续一年的"最美老家上封面"活动，由浙报集团图片新闻中心、浙江日报地方新闻中心、数字采编中心联合策划。为浙江各地市提供展现风采的机会。新闻报道在纸媒和浙江新闻App上同时呈现，App还将各地市风光做成App的启动页面，并策划一系列互动、投票等活动。

新媒体的可视化报道会有选择地在纸媒呈现。例如《浙江日报》对"五水共治"的专题报道联合数字采编中心设计可视化版面，实现纸媒新闻内容与形式的创新。集团旗下的都市报对稿件的选择会部分参考其在新媒体平台的传播效果。由于稿件在见诸报端的前一天晚上会优先在新媒体平台上发布，所以稿件在新媒体平台上的传播效果可以成为报纸上版的依据之一。

在考核方面，纸媒评选优质稿件也需要数字采编中心推荐。在追求质量的同时，稿件在新媒体平台的阅读量、转发量等也作为考核的参考指标。

第二，纸媒内部创新孵化。

浙报集团的媒体融合不只是流程再造、内容共享、用户导流这么简单，它其实是人的互联网化的过程，这一过程的核心力量源于传媒梦工场发起的集团内部创新孵化活动。传媒梦工场是探索媒体融合的先驱。梦工厂队伍的骨干包括集团内部的15名员工，工作内容包括举办对外的新媒体创业大赛，遴选优秀的泛互联网项目进行孵化与投资，并提供财务、法务、人力、工商注册等一系列创业服务。

这批队伍通过孵化、投资最前沿的新媒体项目，逐渐使参与其中的员工成长为兼具媒体从业经验与互联网思维的骨干人才，并因此能够在经过锻炼后把最新鲜的互联网思维和技能反哺集团内部。传媒梦工厂于2014年下半年发起了集团内部的新媒体创新大赛，通过比赛实现鼓励报社一线采编、经营人员创新创业的目标。共有50多个项目参与首期竞赛，20多个与集团战略规划密切相关的项目通过了遴选，并进行为期6个月的孵化。一年来集团为内部孵化投资近3000万元。同时将外部项目的技术冗余服务于内部孵化项目的技术支撑，为孵化项目提供从战略、资金、人力到技术等一系列支持。没有获得孵化的项目，也会得到设计与开发的支持。

传统的采编人员在整个媒体创新工程中由于孵化项目的"推动"与"逼迫"，在不间断的引导和培训之后就像被"注入"了"互联网基因"。经过这种整合后，浙报集团的全员培训体系得以建立，培训团队由浙江传媒研究院、

"传媒梦工场"以及业界知名人士等组成，旨在结合集体组织和自主参加、全员系统培训和岗位细分培训，充分调动和激发出传统媒体人运营自媒体的热情。该集团希望利用社交媒体来提高纸媒的移动传播影响力，目前共开通200多个微博、微信公众账号。引进新的具备"互联网基因"的"网络原住民"同样是引起重视的方向，该集团的全球招聘计划已正式启动，互联网技术人才引进、管理、培养、使用等制度得以建立，人才选拔进程顺利开展，包括公开招聘、内部推荐、在重点高校建立人才储备库、到知名互联网企业挖掘人才等渠道，并成立技术委员会，设立首席技术官。近年来，浙报集团从阿里巴巴等互联网公司聘请了60多位互联网技术人才，2014年实现了技术人才占集团人才总量的四分之一，这些都显著促进了传统媒体向新型融合媒体的转型进程。

孵化期范围内，用户数量是对项目的主要考核指标，集团通过实时监测系统观测用户发展情况。纸媒一线的采编人员通过运营新媒体产品，真正站在用户的角度去思考问题。以浙江日报社文化新闻部的孵化项目——"有风来"微信公众号为例。该公众号由该部门的记者运营，是集书评、影评等为一体的有文艺特色的官方微信号。传媒梦工场投资10万元，要求在6个月孵化器的期限之内，项目粉丝须达到1万用户数。项目组织者面向浙江大学生、摄影爱好者、儿童等群体举办"微年书""三行书""儿童诗"等网络征文活动，通过向优胜者颁发获奖证书、物质奖品、报纸刊发等激励形式，实现了吸引大量读者投稿和投票的目标，仅仅半年时间，公众号粉丝数就发展到4万人。同时，比赛中涌现的优秀作品还被《浙江日报》的《人文周刊》集结刊发，新媒体内容实现了对纸媒的反哺作用。

报社的各个板块在鼓励创新的大环境下几乎都培育了自己的新媒体项目。以孵化于浙报集团的教育中心的"升学宝"项目为例，在6个月内拓展90万用户，成为浙江教育的权威微信平台，并已实现营收；再如钱江晚报运营"杭州吃货""西湖晓蛮腰"微信号等，以用户为中心来集聚用户。

2. 浙报集团的内部融合举措之二：新闻 + 服务

浙报集团新媒体的发展以"新闻 + 服务"为核心战略，深耕浙江本地的新闻与服务。新闻是"门面"，需打造与党报气质相契合的新媒体；服务是

"双脚"，为新媒体的发展维系用户。下面以浙江新闻客户端为实例进行说明。该客户端是集团的一大新媒体产品，年均投入 5000 万元，由数字采编中心负责生产运营，于 2014 年 6 月上线，用户近 600 万，2015 年计划将用户拓展至千万级。以浙江本地政经类新闻客户端为出发点，受众定位在浙江省内的公职人员为主。下文将分别从新闻和服务两方面加以阐述。

第一，新闻方面，重视形式的创新与内容的坚守。

浙江新闻客户端契合党报严肃庄重的气质，并在传播形式上大胆创新。在时政新闻的报道上，采用可视化新闻、数据新闻等形式使传播效果发生质变。可视化报道的形式由专门的设计团队、产品团队进行设计、研发。

"话图侠"是浙江新闻客户端专门呈现可视化新闻、数据新闻的栏目。如《夏宝龙双周记》，用漫画的形式梳理浙江省委书记夏宝龙的年中工作任务，将原先对领导工作的枯燥报道变得生动活泼，获得 2014 年浙江省好新闻一等奖。可视化报道由数字采编中心进行统一设计，对纸媒、PC 端、移动端分别进行适配，再进行立体式输出。

浙江新闻客户端定位明晰，要做最快、最专业、最深度的浙江新闻，使其在一年的时间内脱颖而出。在当时更新的版本中，首页头条的推荐位优先推荐浙江省 11 个地市频道，而非传统的"体育""财经"等频道，凸显本地新闻在客户端的重要地位。浙江日报将其在 11 个地市的分社进行整合，变成全媒体分社，计划将 11 个地市频道交给分社运营，把本地新闻做得更专业。客户端的新闻内容主要由三方面组成：国际国内大事件、浙报集团的纸媒原创内容、数字采编中心的原创内容。从新闻的阅读量来看，本地新闻阅读量偏高，尤其是本地突发事件、政经大事、人事调动、反腐行动等新闻的用户关注度较高。可见客户端深耕本地新闻的定位与受众需求比较契合。客户端拥有专门的产品经理和产品团队，目标是将单一的稿件做得让用户喜欢。产品经理负责沟通采编、运营、设计、技术等各个团队。产品团队负责内容创新的技术支撑，如 H5、数据新闻的模板创新。

做互联网产品首先要找到用户，然后思考怎样更好地服务用户。用产品思维做内容的关键之一在于通过一系列互动活动，将用户带动至整个传播过程中去。比如"最美老家上封面"活动中，衢州恰逢建市 30 周年，计划在客户端启动页面进行推广。于是客户端推出以"耕作记"为主题的图集，封面为衢州的梯田，另附有新闻稿件。同时策划了一系列活动：一是评选出优秀读者评论，这些评论的作者将会在秋收时收到衢州梯田的大米；二是分类展现衢州 30 周年来的建设成就，吸引用户点赞。衢州建市 30 周年的新闻被做成了一个立体化的产品，同时拓展了大量的用户。

浙江新闻客户端依托于浙江日报的土壤，需要与党报积极引导舆论、严谨准确的气质相契合；同时基于新媒体平台，需要互联网基因获得用户。两种基因的平衡才是党报新闻客户端的出路。与商业性质的客户端（如网易、搜狐等）相比，党报的客户端目前陷于"技术的洼地"，但是可以成为"原创的高地"。数字采编中心在充分利用浙报大量原创资源的同时，在客户端上开辟新的原创栏目。例如时评类栏目"煮酒西湖"，人文类栏目"思享者""腔调"，民生类栏目"健康吧"，可视化栏目"话图侠"等。在细节和规范上，纸媒与新媒体统一要求。在稿件考核方面，质量仍是重中之重。

在互联网基因的培育方面，除了传播形式的创新外，数字采编中心在机制上也做出改变。一是值班制度的变化，为适应新媒体的时效性，中心采取早班（6:30—15:00）和晚班（15:00—24:00）轮班制度。二是探索和试点年薪制，薪酬与激励制度向互联网公司看齐。

第二，在服务方面，重视鲜明的区域特色。

数字采编中心很早就意识到"纯新闻"类的客户端并不能适应浙江本地市场，必须在其中加入"服务"这一"刚需"才能获得持久的用户黏性，而依托省报的优势能较为容易地实现本地服务的功能。一年来，客户端服务功能的比重不断增加。

为了体现服务的功能，在浙江新闻客户端上，"服务"独立于"新闻"，作为专门的频道分开显示。服务频道分两大方面，首先是提供挂号、水电煤缴费、快递查询等与民生相关的生活服务；其次开通了各个市、县的城市服务门户，目前已经拥有 11 个地级市的门户频道，同时为浙江省 100 多个县市预留了城市门户的通道。各门户的地方特色突出。例如金华接入横店影视的入口，舟山接入以方言命名的四项服务入口："米道"（美食类）、"白相"

（旅游类）、"惬意"（住宿类）、"撒力"（出行类）。在城市门户中，既有类似于吃住行的当地服务项目，也包括抓取自微博微信的地方生活资讯，显示出服务与新闻的结合。

浙江新闻客户端希望实现把新闻做成服务、把服务做成资讯的目标，做到新闻和服务之间的灵活转换。以客户端的"发现"频道为例，作为将新闻和服务结合的个性定制频道，它会根据用户的阅读习惯和城市定位做出个性化推荐，为用户推送当日的本地重要新闻、活动和各类服务等。除了新闻和服务的结合，浙江新闻客户端还为集团其他产业提供平台的支持。例如，在服务频道里，直接嵌入钱报旗下的钱报有礼电商、模拟驾考、来吧旅行电商等入口。同时，客户端也会与集团的其他产业进行合作，推广线上线下的衍生活动和可视化的新闻呈现，实现平台资源的充分利用。

（二）浙报集团传媒业与外部产业的融合

浙报集团与其他产业的融合，主要体现于传媒与电商、传媒与娱乐、传媒与旅游产业的融合模式。

1. 浙报集团的外部融合举措之一：传媒＋电商模式

浙报集团的传媒＋电商模式，主要做法包括拓展报业产业链，加速纸媒品牌价值变现，打造全媒体精准营销平台。

首先是拓展报业产业链。

浙报集团在产业链上下功夫。比如，旗下"钱报有礼"，借助钱报已有的产业链进行自身的产业链构建，从而使得钱报公司原有的产业链条得以丰富与增值。

发行公司的产业链结构是钱报有礼进行业务拓展的第一步。传统纸媒，尤其是报业的发行环节与物流运输配送的产业链具有高度相似性，同样包括储物、配送等环节。因此报业容易与物流产业链结合在一起。钱报有礼据此对发行产业链进行改造，把旧有的发行站点改造为线下电商门店，不仅节省了经济开支，更重要的是打造了线上线下相结合的新型销售模式。钱报有礼通过在人力资源层面的充分运用，将原先冗余的仓库管理人员、发行人员、发行站点站长等充分利用起来，解决了一部分就业问题。业务的拓展改善了薪酬的来源与结构，提高了发行公司人员的工作效率。

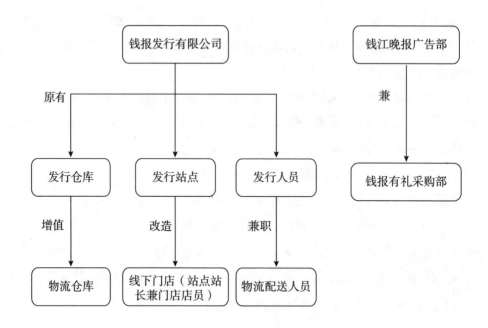

图 4.7　钱报公司产业链改造示意

钱江晚报的广告部兼作钱报有礼的采购部门有其先天的优势。一是广告部门拥有人脉等资源的积累以及较强的市场判断能力，易于拓展业务；二是传统媒体的广告部门倚靠纸媒的品牌资源，有较强的议价能力。

其次是加速纸媒品牌价值变现。

钱江晚报是本地的传统老报，而本地化、垂直化则是钱报有礼打造电商平台的核心理念。在该平台中，市场和地域实现了垂直划分，市场分为生鲜果蔬、保健品、酒水、家电等重点领域；地域中心定为浙江省省会杭州，以此拓展到全省各个地市，做到自采自销。为浙江本地居民的生活提供资讯或服务，这是钱江晚报和钱报有礼的共同定位。在受众方面，钱江晚报的受众以中老年群体为主，钱报有礼受众的主体也是中老年人，其消费能力处于中等偏高的档次。电商平台与纸媒在定位与受众方面相承接，为后续的资源互动供了有利的空间。钱报发行公司提供仓库、门店、配送等一系列供应链，节约线下的成本开支。

然而，钱报发挥的最重要优势还是其品牌公信力。对纸媒来说也是品牌价值变现的过程。为此，他们的着力点有 5 个方面：①利用报纸的品牌公信力打造可信度高、口碑好的电商品牌，以报纸受众为核心，拓展用户群体；②钱报有礼直接利用报系的资源，进行品牌与产品的推广，节约的营销开支高达几千万；③依靠报纸品牌，电商在商品选择方面，有更大的选择余地，需要保证商品的质量和价格，还可以依托自己的品牌优势打造一些崭新的商品品牌，避免与利润空间较低的大品牌竞争；④依靠报纸品牌，电商在商品采购方面有较强的议价能力，保证自己的增值空间；⑤开设"地方馆"，与钱江报系旗下的 9 家县市报的电商平台进行联动，形成倚靠整个钱江报系品牌的电商矩阵，并争取将线下门店覆盖到浙江省的所有地市。

最后是打造全媒体精准营销平台。

媒体为自己的电商平台可以提供得天独厚的推广营销优势，而在这一过程中，媒体变成了整合营销的平台，拓展了原先的产业链条。主要做法包括 3 个方面：①报网互动营销。报纸仍是推广的主阵地之一。钱报有礼的商品广告占据《钱江晚报》周六头版。每周四被定为"会员日"，在线上推出"新品发布会"活动。为了配合活动，每周四《今日早报》（钱江报系旗下报纸）的三个版面用来展示钱报有礼的商品广告。报纸的广告会附上微信商城的二维码以及钱报有礼的网址，形成用户导流。纸媒与电商平台之间形成资源共享的局面。②微信平台成主要营销阵地。随着移动支付的流行，加上钱报有礼对移动支付的引导，微信商城的购买量已占总体的1/3。钱报有礼还开通了"钱报有礼健康直购""钱报 TOWN"等三个微信公众号进行互动与资讯服务。同时，钱江报系的所有微信公众号都参与到钱报有礼的整合营销中，集聚了几百万的粉丝。除了报纸、微信外，钱报有礼还拓展了电视、广播等营销平台。③线上线下联合营销。钱报有礼借助钱报的发行站点已在浙江布局 7 家实体店，并在线下超市布点零售。由于实体店的用户体验更好，转化率更高，线上平台会引导用户去实体店进行购买。同时实体店会让用户扫二维码参与活动，将用户数据导入线上的用户管理系统，方便后续的互动与营销，形成用户导流。

从报纸、微信到电视、广播，从线上到线下，全媒体整合营销带来了不菲的业绩。上线一年后实现营收 1.1 亿元，盈利 500 多万元。

此外，钱报借助大数据实现精准营销，提高了营销的质量。①打通游戏平台用户。边锋浩方平台的用户在钱报有礼网站可以直接登录。同时，游戏平台将用户向电商平台导流。②利用大数据进行点对点推广。浙报集团的数据库业务部专门为电商平台开辟大数据分析系统，精准分析用户的行为习惯。比如在销售车厘子之前，数据库匹配了六万个杭州本地用户，进行短信推送，达到了千分之二的购买率。③精准投放广告。集体数据库业务部即将打造广告联盟，将集体内所有平台的广告入口全部打通，产品广告经由广告联盟投放到目标平台，充分利用集团内部资源。钱报有礼首先从广告联盟的精准邮件推送切入，再增加广告投放范围。

2. 浙报集团的外部融合举措之二：传媒+娱乐模式

浙报集团从几个方面打造传媒+娱乐模式：利用成熟平台进行数据库建设；对游戏平台进行媒体化改造；传媒助力娱乐产业发展。依靠媒体自身培养千万量级的互联网用户并不实际，浙报将目光投向别的成熟的网络平台。2013年集团掷重金完成对两大游戏平台边锋和浩方的收购。游戏业务不仅成为集团内收益丰厚的板块，更为集团提供了宝贵的用户资源。

首先是利用成熟平台进行数据库建设。

边锋平台是以中老年为主要受众的棋牌类游戏平台，浩方是以大学生为主要受众的电竞类游戏平台，两者为浙报集团提供了多元化的受众群体。边锋通行证改造为浙报通行证，所有边锋用户可以畅通无阻地进入浙报的其他平台。

在种种努力下，基于庞大的用户规模，浙报集团的数据库规模在同行业中处于顶尖水平，到2014年底拥有6.4亿注册用户，4000万活跃用户，2000万移动端用户。数据库对用户行为进行画像，对后续新媒体产品的研发和精准推广打下基础。

其次是对游戏平台进行媒体化改造。

浙报集团致力于将游戏平台与媒体的主流新闻传播相结合。通过在游戏平台开设新闻专区、内嵌页、新闻弹窗等手段，加强游戏平台的媒体功能。

同时集团在互联网电视领域继续突破。边锋与华数传媒共同打造了一款

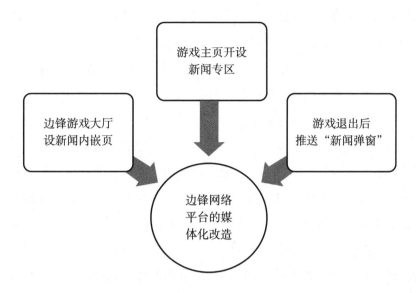

图 4.8　边锋平台媒体化改造示意图

硬件产品——"边锋盒子"。盒子除了包含基本的视听节目之外，内嵌边锋平台的多种游戏，以及以"云端悦读"软件为载体的多种新闻资讯，构成"互联网电视＋游戏＋新闻"的组合，为浙报的新闻传播提供了硬件与软件相结合的新渠道。

最后，传媒助力娱乐产业发展。

集团在利用游戏平台进行互联网转型的同时，也为电子竞技活动提供线上线下的资源。集团入股"华奥星空"——国家体育总局官网，搭台承办全国范围的电竞大赛，由浩方提供技术开发和线上竞技平台，由集团的媒体为活动进行造势和提供地面活动资源。

在布局游戏平台和技术平台后，集团逐渐完善游戏产品的布局。投资上海起凡、起于凡、杭州电魂等民族电竞产品研发公司，丰富游戏产品，同时加强移动端游戏产品的布局。

3. 浙报集团的外部融合举措之三：传媒＋旅游模式

旅游全媒体中心是浙报集团 2012 年打造的针对报业旅游板块的全媒体试验品。经过近 3 年的实践，旅游全媒体中心凭借独到的运营战略脱颖而出，已经成为集团内部全媒体融合的典范，营收从前两年的 2000 万元增长到 2014 年的 7200 万元，2015 年预营收 8000 万元。中心将原本隶属于一张报纸的旅游采编板块，拓展为集旅游传播、营销策划为一体的产业链条，将媒体深深植入旅游业的整个链条中，使媒体有了更大的增值空间。

浙报集团打造传媒＋旅游模式，主要有如下举措：首先是构建全媒体融合生态圈；其次是用产品思维创新盈利模式。

（1）构建全媒体融合生态圈

旅游全媒体中心不再分采编、经营、新媒体等部门，而是将集团各个报刊的旅游板块整体集合到一个平台上，包括钱江晚报、浙江日报等十几家纸媒的旅游板块、浙江在线网站的旅游频道等。所有和旅游相关的媒体报道和策划营销都由全媒体中心统领，进行统一采编、统一营销。

除了打破部门分割之外，中心将每个人打造成复合型的"多面手"。三大业务：纸媒业务、网站业务、全媒体战略合作业务分别由三个团队负责。在各司其职的同时，业务也有交叉和渗透，例如采编人员也要熟悉运营策划，设计人员也要熟悉业务拓展。人的融合保证全媒体中心运转流畅，在单一传播事件中都能够发挥合力。

旅游全媒体中心实现内外资源的联动。首先整合浙报集团的内部资源，将浙报旗下媒体的旅游板块纳入该中心，打造7个包括亲子游、自驾游等旅游服务的微信矩阵，并计划在浙江新闻客户端上植入旅游栏目；其次，中心并没有局限于内部媒体资源的整合，而是放眼全国，率先进行全国范围内旅游媒体资源的整合。

中心与主流新闻网站的旅游板块达成联盟关系，同时凭借钱江晚报的影响力组建了中国晚报联盟、中国旅游微信联盟。其中，中国旅游微信联盟是全媒体中心打造智慧旅游产业的战略之一。联盟集全国主流媒体的旅游官微、旅游局官微、景点和酒店官微为一体，联盟成员在该平台上进行媒体采编、旅游营销与服务的合作，进行媒体资源与旅游资源的共享与置换。

"一内一外"的媒介融合帮助旅游全媒体中心大大拓展了发展空间。例如，中心自己的微信矩阵现拥有36万用户，而旅游微信联盟则可以辐射近500万用户，凭借这一联盟，用户的规模取得质变。通过内外整合，中心有了强大的媒体平台与旅游资源，形成影响深远的全媒体生态圈。

"看晚报游浙江"是中心连续三年举办的品牌活动，从中可以看出其集聚

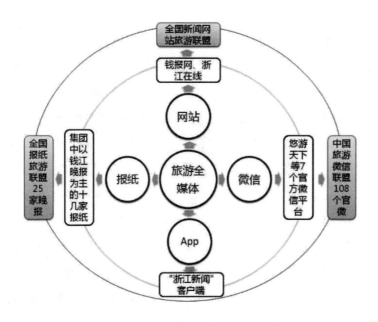

图 4.9　旅游全媒体内外联动示意图

全国媒体进行联动的策略。2014 年活动在高铁沿线 20 个省份展开，钱江晚报联合全国 25 家主流晚报进行推广。活动先由钱江晚报头版头条推出启动报道，集团旗下报和网站进行新闻刊发。同时，浙江旅游的宣传视频在中心的各个新媒体平台进行推广。北京晚报、齐鲁晚报等省外晚报及其新媒体平台同步报道，新浪、搜狐等门户网站随后发稿，提高活动曝光率。除中心的来吧旅行电商平台外，中心还联合携程等旅游电商推出浙江旅游产品的特卖。另外，晚报读者体验团线下活动同时进行。活动为全国媒体资源的线上线下大融合建立了独特样本。

集聚媒体资源和旅游资源之后，还需充分挖掘资源的价值。与原先一个事件一篇稿件见报相比，多媒体运营的结果使得传播的链条大大延伸，纸媒的稿件只是传播链条中最基本的一环。旅游全媒体中心通过主动打造落地活动，将多个媒介形式都融入传播过程中，取得了立体化的效果。

例如，"梦里水乡，风情西塘""嘉兴最美船娘"等活动是中心为推广旅游品牌而发起的摄影大赛，有效实现线下线上的互动。先由纸媒开启活动，发动读者报名。新媒体配合活动的推广，并在活动过程中与用户保持高频互动，并进行跟踪"采风"报道。活动的结果在纸媒上呈现，同时，微信、网站、电视等多种媒介适时加入最终结果的呈现中来。例如，对摄影获奖作品做成基于手机 H5 页面的"微画报"，在微信矩阵中同步传播。同时在 H5 页面植入该景区门票的电商购买链接，以产品销售为落脚点。

类似活动的传播过程可以总结为：纸媒开路——新媒体互动——多媒体呈现。每一个环节不止一个媒介参与，但重点突出，详略有分。不是所有的活动都照搬这样的流程。中心还根据不同的受众定制不同的媒介形式，如针对老年人的产品只在纸媒上推广，针对亲子类的产品多在新媒体平台上推广。

（2）用产品思维创新盈利模式

浙报集团的全媒体中心将产品思维提升至新的高度。中心改变原来单靠旅游广告获利的单一模式，通过打造多样的产品形成良性的盈利模式。

"来吧旅行"是中心打造的本地旅游电商，同时是传媒梦工场的新媒体孵化项目。中心想借此平台将旅游品牌传播的效果量化、变现，实现营销的闭环，使得用户最终获得落地体验。"来吧旅行"借助浙报的品牌公信力，抢占旅游业的尾部市场——本地短途旅游。主要推广浙江省内及其周边的旅游产品，包括路线、门票、酒店、民宿及大型落地活动等。既有针对旅客的 B2C（Business to Customer）的旅游产品定制，也有针对旅行社的 B2B（Business to Business）的旅游资源分销。与一般的旅游电商不同，"来吧旅行"有媒体强大的内容生产能力做后盾，可以与媒体的采编形成互动。传统旅游电商往往只有产品售卖一个环节，而"来吧旅行"基本由三个环节构成。媒体平台的预告推广——产品售卖、落地活动——媒体报道形成新一轮推广。

全媒体中心集聚几乎所有的现有媒介形式，进行基于移动端的全媒体传播，并打造特色的新媒体产品，打破旅游传播中千篇一律、僵硬死板的弊病，举例如下。

"微画报"是基于微信平台传播的图、文、声相配合的 H5 页面产品。将采编、设计、技术等团队打通，使得旅游传播变得"有声有色"。"微视频"是基于移动端的 3 分钟左右的短视频。目前中心派出专业拍摄团队去浙江 11 个地市进行拍摄，要求视频的画面和文字都能精练地呈现地方的风光、人文、美食等特色。

"微采风"是基于旅游微信联盟的采风报道。联盟部分成员受景区邀请后，围绕一个活动进行连续几天的图文报道，报道在参与成员的微信平台上进行高密度推广。与之类似的是"微直播"产品，可以在微信平台上进行图文和视频的直播。

各类新媒体产品将在单一活动中进行复合利用，提高传播效果。另外，中心还在探索新媒体产品的销售路径。计划与部分地市、景区达成深度合作关系，优质的新媒体产品可以直接进行售卖，或者采用产品外包的方式赢取中间利润等。

在融合中创业是旅游全媒体中心未来的战略目标。不为融合而融合，而要在融合中开创支柱性的互联网平台和引领未来的新产业。具体来说，未来要把全媒体中心变成旅游传媒企业，实现资本运作，并购其他旅游服务类的互联网企业以及落地的旅游企业，创建智慧旅游服务的互联网平台。

目前，全媒体中心借助集团的数据库资源，对电商平台的用户较为精准地营销。今后，计划建立旅游行业的大数据营销平台。一是打造旅游行业垂直化的资讯平台，前端采用爬虫抓取技术，后端采用大数据分析技术，实现新闻资讯的精准推送。二是将移动端和落地端的数据库打通，进行数据分析和行业研究，实现二次营销。

4. 浙报集团的外部融合举措之四：传媒＋其他模式

浙报集团在打造智慧服务的过程中，还形成了"传媒＋养老""传媒＋医疗"等多种产业融合模式。

养老产业方面，利用集团的专业报刊《浙江老年报》，与修正药业合资打造 O2O 模式的养老服务项目。在省内直接利用政府提供的养老服务中心，在省外无服务中心的省份，设立实体店，提供社区服务。

医疗产业方面，浙江在线新闻网站承担省卫计委挂号平台的建设，并在浙江新闻客户端中内嵌挂号入口。以挂号平台的数据库为基础，设立网络医院公司，开发互联网医疗产品。

（三）浙报集团传媒业的"互联网＋"思维

"互联网＋"时代要善于收集、运营用户数据，从中寻求新的增长点。目前一些媒体在力图打造"新闻＋服务"战略，而数据能够为此战略提供强有力的支撑。浙报集团通过收购游戏平台，扩充集团数据库。在拥有大量用户的基础上，浙报集团通过增强服务能力的方式来增强平台的吸引力。如上所述，集团在其互联网平台上构建养老、医疗、电商等智能服务产业。浙江新闻客户端于 2014 年 6 月上线，定位是浙江本地政经类新闻客户端，受众以浙江省内的公职人员为主，目前用户近 600 万。浙江新闻客户端有两类专门的服务频道：一是提供挂号、水电煤缴费、快递查询等与民生相关的生活服务；二是开通各个市、县的城市门户，并为 100 多个县市预留了城市门户通道。城市门户既包含吃住行等当地服务，又包含从微博微信抓取的地方生活资讯。浙江新闻客户端希望把新闻做成服务、把服务做成资讯。客户端的"发现"频道是将新闻与服务相结合的个性定制频道。该频道会根据用户的阅读习惯和城市定位，推出当日的本地重要新闻、活动和服务等。

近年来传媒产业正在不断向非传媒产业扩张，重视与其他产业的融合。浙报集团 2005 年以来涉入房地产、科技、网游、电商、电影等多种产业，收购边锋和浩方两大游戏平台并将用户规模拓展至 3 亿。2014 年运营"钱报有礼"电商平台，将媒体业务与本地电商业务相结合，全面利用钱江报系与浙报集团资源，进行产业链的嫁接与重构，迸发出诸多的增值点，包括网站、微信商店、实体店。"钱报有礼"首先拓展的是钱报发行公司的产业链。报业发行包含储物、配送等环节，与物流配送的产业链条有诸多相似之处，容易融合在一起。产业链经过延伸，将发行站点改造为电商的线下门店，节省开支的同时更好地实现线上线下相结合的销售模式。它打造的是本地化、垂直化的电商平台，对市场和地域进行垂直划分，市场再以生鲜果蔬、保健品、酒水、家电等为重点进行划分；地域以杭州为中心，拓展到浙江各个地市，自采自销。两者的定位都是为浙江本地居民的生活提供资讯或服务。此外，集团的旅游全媒体中心打造"来吧旅行"电商。集团还与阿里巴巴、携程网等互联网公司进行战略合作，并与华数传媒、浙江广电等其他类型的媒体集团达成合作协议，并且浙江新闻客户端还为集团其他相关产业提供平台支持。

三 案例：上海报业集团产业融合探索

2013 年 10 月 28 日，原解放日报报业集团和文汇新民联合报业集团进行了整合重组，随后成立了上海报业集团（下文简称"上报集团"）。新技术的运用、新媒体的发展、新领域的拓展以及高水平服务，"三新一高"成为上报集团的发展战略。上报集团自 2014 年 1 月以来逐步推出了包括上海观察、澎湃新闻和界面在内的三个新媒体项目。

澎湃新闻脱胎于东方早报，并在 2014 年 7 月 22 日正式上线，这一项目将用户锁定在关注上海和中国发展的政治和经济领域的从业人员、具备高购买力的海内外精英等人群范围内。从内容上看，澎湃新闻目前有 4 个新闻板块（时事、财经、思想、生活），共 49 个子栏目①，日均总发稿量超过 100 篇，每篇平均 2000 字，总原创率保持在 50% 以上。但各新闻板块的原创水平并不太一样，其中时事板块原创稿件占总原创稿件的 30°% 左右，改写加工、摘录整合的稿件占 10% 左右；思想板块下面的子栏目日均出稿量约为 3 篇，除了一部分属编译的稿件外，其原创比例约占总数的 2/3，转载稿件约占 20%。

从经营上看，澎湃新闻未来的营利模式是通过传统广告、原生广告和优质内容输出等三种途径来获取利润。但从现状来看，澎湃新闻目前最主要的盈利途径依然是广告收入。从 2014 年 7 月上线到 2015 年 5 月期间，澎湃广告收入规模达到约 6000 万元，此外的主要收入途径是通过内容授权获利。由于我国版权相关的法律法规还有待完善，因此其内容授权的盈利规模当时只达到了百万量级，其通过内容授权得到的收入在 100 万—200 万元。

（一）采编及管理模式转型

上报集团从最初就把转型目标确定为打造新型的主流媒体，工作核心则是从业人员的转型。在上报集团党委书记、社长裘新制定的规划中，上报集团被要求必须以"从产品、项目的单体打造"作为出发点，顶层设计的开展必须环绕新媒体产业布局、发展模式和体制机制进行。

---

① 初创时共 47 个栏目，详细介绍与统计请见陈昌凤《新闻客户端：信息聚合或信息挖掘——从"澎湃新闻""纽约客"的实践说起》，《新闻与写作》2014 年第 9 期。

诞生于东方早报的澎湃新闻实际上是一个全国资的新媒体项目。在以往的学界观点中，有学者认为澎湃新闻的创新之处在于多元股权制度，这种判断主要产生于澎湃新闻资产结构方面的若干传闻，事实上，澎湃新闻是纯国资注资，2015 年中已到位的资金为 1 亿元，其中 5000 万元资金来自上海市委宣传部，另外 5000 万元来自上海报业集团，这种 1∶1 的投资比例也将继续保持。同样是国资项目，与解放日报推出的上海观察不同，虽然两个新媒体项目中均有一部分人来自纸媒，但由于东方早报原职员一直实行企业员工的聘任制，因此澎湃新闻的人员属企业化、劳务派遣式的编制。在打造出报网融合新媒体产品后，东方早报实现了全员转型，人力成本中有部分由澎湃新闻来承担。

如前所述，在本调查实施的 2015 年，东方早报与澎湃新闻的员工总数约 500 人。东方早报实行全员转型，原有的 300 多位记者、编辑直接转岗，东方早报和澎湃新闻两方同时接收供稿，澎湃新闻与东方早报共同享有记者采写的所有稿件资源。澎湃新闻项目于 2014 年年底正式上线后，又有一批专职于澎湃新闻的记者被新媒体中心从集团外部招聘而来。澎湃新闻的 19 个子栏目的供稿工作由十几个记者团队分别负责，其中有的团队覆盖多个栏目，其余团队则专职于一个栏目。新闻采写层面之后，澎湃新闻和东方早报的编辑团队各自独立工作，除了"上海书评""经济评论"等少数栏目编辑在两边兼职外，东方早报保留近 100 人规模的独立编辑团队，团队成员大部分以承担夜班编辑工作为主。澎湃新闻的编辑团队按新闻中心进行分工，其中要闻部决定网页、客户端"瀑布流"当中新闻的排布。高管层面，负责分管各个新闻中心的集团需要兼任双方的管理工作。例如财经新闻中心总监孙鉴的工作职责中，既有带领记者团队（为东方早报财经版面和澎湃新闻财经栏目同时供稿），也有管理两方的编辑团队。东方早报仅单独设立人员负责夜班签版，不对编辑进行管理。澎湃新闻的管理采取的是团队化、产品化的方式：新闻中心的负责人被冠以公司化的"总监"头衔，而不是报纸时代的"总编"，这样可以让负责人有意识地将各子栏目当作产品运营，各栏目根据点击量进行动态调整，决定去留。为了适应新媒体的内容生产，澎湃格外重视对员工尤其是对新员工开展严格的新闻职业道德方面的培训。在培训以外，采编人员还开展了自我学习、自主转型的步伐，以主动适应新媒体的态势。此前从事平面设计的美术、图片编辑，通过自学，已经能够制作网络动画、视频，并服务于澎湃"全景现场"等多个子栏目。

媒体的团队合作情况，对工作效率有直接的影响。2015 年，《纽约时报》的创新报告曾建议编辑部门加强与运营、技术部门的合作，并提出各项具体措施，包括部门间的流动任职，以及运营人员参加选题会等。当时澎湃新闻专营内容推广的部门力量薄弱，仅有 5 名员工，技术工作以外包为主要方式，招聘到的技术总监的工作职责主要是与外包团队沟通技术方面的各种需求。而澎湃新闻部门间交流具有显著的优势，绝大多数员工为原东方早报的同事，彼此之间十分熟悉，已经运转了 11 年的原团队得以顺利实现"全员转型"，将采编重点转移到新媒体端，对团队精神的延续起到了积极的影响。

（二）生产流程适应网络需求

信息生产的流程正在创新中。以《华盛顿邮报》为例，这家著名报社正在创建一种类似于优步专车（Uber）的商业模式，意在建立一种允许新闻媒体和自由撰稿人对接的线上工作模式，并打造"人才网络"的战略。这种模式以优步专车模式为原型——普通的开车人通过进入优步网络而转变成了非专业的新式出租车司机，对应地，媒体界也给普通的信息记录者提供平台，助其转变为非专业的新式记者。在这种模式中，大量的传统采写工作还可以被媒体分割成多个相互独立的人物，在需要的时候进行任务分配。供需动态关系决定着工作报酬，系统不间断地追踪、评估和监督着每一位工作者的表现。通过用户的转发、评论等方式给自由撰稿人评价，就像优步专车得到评判和星级，再由星级确定你的定位、分配什么任务，不仅可以获得优质的内容，还节省了在媒体内供养长期专业记者的经费。而对于澎湃新闻来说，具体表现为以下几个方面：

1. 改革工作机制提高效率

澎湃新闻实行的工作机制是 24 小时制，由澎湃客户端优先发布稿件，随时更新补充后续消息，使用这种方式，能够保证新闻稿的时效性，克服一些传统媒体记者拖延至晚上写稿的惰性。在生产流程方面，东方早报没有做过多变化，一般情况下编辑团队会直接选取记者供稿，并按照适合报纸发布的形式做相应改写，在有必要的情况下会要求记者重新组织改写原稿件。在这种情况下，记者团队的 24 小时运转工作制也大大提升了纸媒的时效性。在遇到重大事件的时候，澎湃新闻总是努力去进行直播，这样使得东方早报从一开始就具备了最新最快的内容素材，这使东方早报的时效性提升。

新的生产机制，不仅提高了工作效率，而且激发了创意。印刷与发行时间并不会限制澎湃新闻的工作流程，虽然比起普通的坐班制来说，24 小时运营的生产机制看似增加了采编人员的工作量，但由于采取了弹性化、非科层制的管理模式，只要求紧跟热点，不要求采编人员坐班，团队的工作效率得到了提高。有的被访谈对象认为，新媒体不会给"90 后"采编人员带来强烈束缚感，这样的工作状态有利于激发他们的创意。但由于纸媒（东方早报）更强调深度报道，澎湃新闻对速度和时效性更加看重，所以对于精力有限的记者来说，有时会出现"顾得了东而顾不了西"的情况。

2. 重新建立内审机制

重新建立内审机制，同样是生产流程再造过程中的重要组成部分。由于记者稿件属于能够共享的资源，编辑在审查时不仅要接受澎湃新闻内部的三审流程，而且在上报选题前还会进行更严格的内部审查。澎湃新闻的三审制度流程为：团队组长—分新闻中心主编—澎湃新闻值班主编。记者写完新闻稿件后需经组长、时事新闻中心总监、澎湃新闻值班主编逐级三次审查，而东方早报则具有不同的审查流程：编辑—主任—签字的值班总编。两种生产流程在工作时间上也不太一样：报纸时代晚上才会开始审稿，在澎湃新闻时代，除晚上 10 时后到凌晨 6 时前不审稿，其余时间稿件随到随审。

两套流程的最显著区别在于标准的严谨程度。在登上东方早报前，澎湃新闻稿件既需要纸媒的再审，也提前经过了网络发布后的检验。由于发稿节奏不同，澎湃新闻与东方早报进行审查的编辑团队是独立的，审查标准总体一致。但由于网络可修改，澎湃新闻的审查就主要侧重于政治导向，而稿件第二次在东方早报上发表前要"重走一遍流程"，所以说纸媒的审查更为严谨。

目前有的传统媒体在转型融合的过程中，存在着机制上的矛盾，管理报纸和管理新媒体团队的人常常是权、利分开的。一些传统媒体仍然保持以报纸为中心的采编工作，稿件在报纸上发不完时才转给网站进行发布。这一现象的根本问题在于管理团队人员的思想依然陷于传统模式的窠臼，没有完全扭转并跟上新形势。东方早报时任总编刘永钢告诉本研究组员：在澎湃新闻刚刚成立启动时，虽然东方早报社的团队存在着各种思想包袱，但通过高层的动员后，该团队还是把"推动传统媒体和新兴媒体融合发展，将澎湃新闻作为党的宣传报道的重要渠道"作为整体共识。

四　国际报业观察：澳日报业的融合探索

（一）澳大利亚报业的探索

澳大利亚是英语世界中拥有最丰富新闻文化的国家之一。澳大利亚纸媒历史悠久、体系成熟，自1803年第一张报纸《悉尼公报》诞生以来，已有200多年的发展历史，也是传媒大亨默多克的发家之地。[①]澳大利亚的人口总数为2300万，每日每百人购买报纸的数目为7份，在全球排名第六，仅次于日本、英国、加拿大、法国和美国。[②]目前，澳大利亚全国共有400余种报纸，日发行总量近200万份，曾有多个传媒集团，经过竞争与兼并，费尔费克斯传媒集团（Fairfax Media）和新闻传媒集团（News Corporation）成了最具影响力的两大传媒集团，影响波及全球。

1. 用新媒体手段营销传统媒体

澳大利亚纸媒在前网络时代形成了成熟的体系，各传媒集团按照市场多层次需求发行各类报纸，主流大报、都市报与社区报齐头并进，通过差异化竞争构建起了良好的生态。例如，《每日电讯报》主要面向工人阶层，《悉尼先驱晨报》主要面向白领阶层，《澳大利亚人报》和《澳大利亚金融评论报》则主要面向精英阶层。如今，与全球大部分地区类似，澳大利亚也面临着纸媒萎缩、不断退守的艰难境况，从总体上看，报纸阅读已日趋让位于在线阅读。数据显示，2011—2016年，澳大利亚报纸阅读量下降了近一半（45%），并正处于持续下降趋势之中。虽然72.4%的55岁以上人群会通过报纸、广

---

① 张威、邓天颖：《澳大利亚传媒》，北京大学出版社2002年版。

② Sydney Morning Herald Faces Uncertain Print Futurein Australia, The New York Times, Aug. 18, 2016, https：//www. nytimes. com/2016/08/18/business/international/australia－media－fairfax－smh. html.

播、电视等传统新闻平台获取新闻，但是在 18—24 岁的青少年中，超过半数（64.9%）的人开始选择在线新闻平台作为他们获取新闻的主要方式①。传统媒体最主要的收入来源广告和订阅不断削减，费尔费克斯传媒集团和新闻传媒集团都处于发行量低迷以及广告盈收下降的境况。在过去几年里费尔费克斯传媒集团的股价下降了约 85%，资产大幅缩水。② 截至 2016 年，费尔费克斯传媒集团已裁员 2000 余人（占员工总数的三分之一）。新闻传媒集团仅 2016 年第三季度其全球收入就下降了约 11%。③ 与此同时，其网络订户数量不断攀升，数字化战略给澳大利亚纸媒带来了巨大改变，新闻传媒集团的很多网站在重新上线。④

澳大利亚媒体调动起新媒体营销等手段。费尔费克斯传媒集团将数字业务剥离，旗下的《悉尼先驱晨报》目前有两个新闻工作室并行不悖，一个是报纸新闻工作室，一个是网络新闻工作室。澳大利亚各大报刊的"周末版"发行量不降反升，广告量更是达到了平日的 4 倍以上，因为周末版利用网络媒体、社交媒体等新媒体方式为周末版宣传。《墨尔本时代》的前主编 Stuart Simson 十分赞赏费尔费克斯旗下报刊周末版的表现："在未来，它们会仅出周末版报纸，周一至周五的新闻内容则全部电子数字化。"

2. 推广付费阅读模式

澳大利亚是全球首个所有主流大报的电子版均需付费的国家，受到深厚的报纸阅读传统的影响，即使到了网络时代，新闻类产品仍旧继续吸引着广大澳大利亚消费者。2016 年数字新闻消费报告的数据显示，澳大利亚前十名受欢迎的在线新闻网站都是传统媒体品牌。新闻传媒集团旗下的《澳大利亚人报》早在 2011 年便开始对数字订阅用户收费，缴费用户每周需缴纳 2.95 澳元，可获得在多个终端（电脑、手机、平板电脑等）阅读电子报纸的权利，而非收费用户则可以在网上阅读公开发布的突发新闻、常规新闻和股市报道

---

① DIGITAL NEWS REPORT: AUSTRALIA 2016, University of Canberra, June 15, 2016.

② Hope, W., Myllylahti, M., Fairfax In Trouble, 2016.

③ Newspaperdeathspiralgatherspaceasglobalonlinegiantstakemarketshare, ABC, 19May 2016, http://www.abc.net.au/news/2016-05-19/newspaper-death-spiral-gathers-pace/7427960.

④ 《澳大利亚新闻集团报纸业务收入下滑》，人民网，2014 年 5 月 9 日，http://world.people.com.cn/n/2014/0509/c1002—24998381.html。

等内容。到 2013 年年底，澳大利亚的知名报纸大多完成了付费墙的搭建工作。

为保证网站流量，这些付费墙会在"硬模式"和"软模式"之间转换。"硬模式"指的是完全阻止读者访问该网站的在线新闻内容，免费读者只能阅读新闻标题和导语，费尔费克斯集团旗下的《金融评论报》便采用这种模式。该公司的报告显示，线上读者在 2016 年增加了三倍。"软模式"是为了保持网站流量、更好地吸引广告商，用户每周可以免费阅读几篇文章并将其分享至社交网站。新闻传媒集团旗下的《先驱太阳报》《每日电讯报》和《信使报》等报纸就是采用"软模式"设置的付费墙。《澳大利亚人报》则采用软硬结合的"混合模式"，其最有价值的报道、专栏完全在墙内，读者则可以免费阅读若干则普通新闻。[①]

但是澳大利亚报业的融合之路困难重重。2016 年以来，费尔费克斯传媒集团、澳大利亚联合通讯社（AAP）和澳大利亚广播公司（ABC）等澳大利亚几大主要媒体集团的"中央厨房"或者"超级工作桌"车间，先后"熄火"停办。有文章指出，其关键原因在于没有形成与之实现精准匹配的在线规模用户群，更没有成功构建基于"双向在线"的平台模式，而平台化是为"中央厨房"赋能、实现其价值的关键台阶。[②]

（二）日本传统报业探索

日本的报业在世界新闻界曾经是一个神话，抓住了历史上的多个发展机会并且渡过了一个个危机阶段。朝日新闻、读卖新闻、每日新闻这几家主流报成立时间超过 130 年。但如今日本传统的报业也都陷入危机之中。2009 年开始，日本出现了网络广告收入首次超越报纸的情形。根据日本报业协会的统计，有近一半不读报的日本人认为通过网络浏览新闻就已足够满足自身的需要。

1. 竞争对手联合拓展新媒体业务、保护报纸版权

2008 年金融危机曾经导致日本报业陷入困境，日本报业以积极的态度应对，危机反而推动和促进了日本报业的新媒体发展进程。各报纷纷加强建设

---

① 陈昌凤、霍婕：《澳大利亚纸媒的数字化生存》，《新闻战线》2017 年第 3 期。
② 吕尚彬：《媒体融合的进化——从在线化到智能化》，《人民论坛》2018 年 12 月（下）。

网络化和信息化的力度，各同业竞争对手携手良性竞争、共同发展。为加强网络信息发送能力，日本经济新闻、朝日新闻及读卖新闻组建"日经—朝日—读卖网"，报纸信息在网络上的影响力得以提高。苹果手机用户可以通过下载并使用应用程序来获取三大报推送至手机的报道、城市新闻、社论和照片，这也让用户可以在同一界面上浏览并比较不同媒体对同一新闻事件所作出的不同报道。在此影响下，北海道新闻、中京新闻与日本经济新闻等也开始了联合报网的运营。①

日本报业在互联网时代抱有相当高的版权保护意识。早在1997年互联网和智能手机还远未普及时，日本报社、电视台和通讯社组成的日本新闻协会为主体的新闻界就发表了《关于网络著作权的声明》，要求互联网企业和电子媒体必须取得报社、电视台或通讯社的同意方能转载新闻信息，并在内容中注明转载来源，否则将以侵权论处。该声明的订立为保护日本报业的利益奠定了良好的基础。从那时起传统大报也纷纷积极推动新闻网站、手机客户端的建设，并着手推进付费阅读业务，在新媒体端的阅读过程中，完整的内容需要额外注册付费。

2. 以融合形态维护新闻核心，拓展产业融合

日本的报业作为一项企业，经营各种业务，包括房地产、金融理财、家政服务和体育球队等各个领域。但是它们仍然保持以新闻业为核心——这也是日本报业能够屹立经年而未倒下的原因。新闻业是核心，报纸则是媒体领域的核心。日本的信息资源基本完全被读卖新闻、朝日新闻、每日新闻、日本经济新闻以及产经新闻这五大报所垄断，这不仅是因为五大报的发行网络覆盖全国并向全世界派驻记者，还因为上述五个报业集团不仅拥有纸媒，同时运营着各自的电视台和广播电视网，垄断了日本的主流新闻传播体系，从而影响甚至制约了日本独立新媒体的发展。

对于实力雄厚的大型报社来说，开拓自己的新媒体业务得到了相当重视。日本经济新闻社收购了世界第一的财经类媒体英国的金融时报，这也被看作是日本媒体开拓新媒体的举措之一。因为金融时报是世界上最早开启网络版的媒体，有非常好的网络读者基础，有50万可靠的电子版订户，这个数字超

---

① 陈锐：《日本大报贴身观察：有效应对新媒体的三大关键》，《中国记者》2013年第12期。

过日本经济新闻社的电子版订户数，两者加起来达到93万，超过了同时期世界电子版订户最多的纽约时报（91万），有宝贵的用户资源。一些报社还努力利用社交媒体扩大影响，比如朝日新闻中文网微博（现用 S@ AsahiShimbun 中文网）于 2011 年 2 月创建，报社也利用新技术去传播，朝日新闻社在东京举办可穿戴谷歌眼镜、手表、戒指的展示会，开辟众筹基金平台，通过移动终端将报纸内容读给读者听等一些创新活动，是创造新闻业的新活力。[①]

五 国际广电业观察：BBC 产业融合产品 iPlayer

英国 BBC 公司通过旗下 iPlayer 平台实现了媒介融合的目标。在产业融合领域，BBC iPlayer 积极整合传统媒体，以用户和服务为中心，保持了用户黏性。

（一）频道整合与内容集约

BBC 的融合是通过对现有媒体资源的整合，而非颠覆性地摒弃传统的节目和资源。新媒体通过这种方式实现渐进性的借壳转型，从而达到规避风险和节约资源的目的。BBC iPlayer 提供的视频和音频节目体现了内容的集约性。另外，通过与其他已有频道的合作，充分发挥网络的资源优势，使 BBC iPlayer 的内容能够极大地丰富。这样的转型模式没有盲目地背离 BBC 的传统优势，而是在进化中保留了权威媒体的本质特色，保留了媒体的公共服务价值，辅以新的构架和传播模式，达到真正的融合。

BBC iPlayer 充分利用了 BBC 作为老牌传统媒体所拥有和吸纳的丰富资源，做电视和广播两部分内容。从电视频道划分来看，iPlayer 集合了 BBC 电视台 9 个频道的电视节目，以及 13 个涵盖了 BBC 竞争对手的第三方合作频道节目。在广播的分栏可见 BBC iPlayer 集合了从 BBC Radio1 到 BBC Radio Nations&Local 共 12 个电台频道的节目。

从节目类型来看，BBC iPlayer 也涵盖了从用户类别（如包括儿童类），到产品类别（如包括电视剧集类、文化娱乐类、纪实类、新闻与时事类等），到地区类（包括北爱尔兰地区、苏格兰地区和威尔士地区）等共 16 大类。虽然用户也可以使用其他媒体渠道实时收看 BBC 的节目，但若想查看前七日的节

---

① 陈昌凤：《日本报业：历史神话与现实挑战》，《新闻与写作》2016 年第 8 期。

目或是下载到本地终端保存（仅 30 天），BBC iPlayer 就会是极佳的选择，用户总能够在庞大的视频资源中寻找到自己需要的信息。

BBC iPlayer 利用老牌电视媒体优质的内容资源作为"诱饵"，通过集约电视频道丰富自身节目内容，以此加强与用户的关联，黏住曾经的 BBC 观众，并不断吸引新的用户。BBC 试图让"优化、便捷、个性"的用户体验与传统媒体的内容实现深度整合，通过对用户收看（听）体验的试验和迎合，改变用户消费电视节目的习惯。用户的主动性并不直接表现在创造媒介内容上，而是被赋予更优质和有针对性的服务，用户仍然能够实现其参与和影响传播过程的欲求，从而达到真正的用户"黏合"，即让用户更忠诚地选择观看 BBC 的节目。

（二）与 BBC TV 深度整合：权威媒体与融合特色

BBC iPlayer 与 BBC TV 网站的深度整合是宣传新媒体产品和招徕用户的重要方式之一。这点充分利用了 BBC 本身拥有的权威媒体的优势。潜在用户在未知其产品的时候可能会访问网站查看节目信息，而这种整合就将用户引向了新媒体服务。同时，反向地，从 BBC iPlayer 的主页与节目信息也可以跳转到 BBC 页面，进行更便捷的全盘了解和内容搜索。

BBC TV 运用了推荐机制可以向用户推荐节目，若用户对节目感兴趣，通过点击就会直接跳转到 iPlayer 该节目的播放页面。同时，用户还能够在 BBC 的节目主页上轻松找到通往 BBC iPlayer 的链接。无论是在节目介绍，还是在可浏览节目的列表中，都有视频的跳转链接。用户可以很方便地通过点击"Watch now"按钮，跳转到 iPlayer 播放器对节目进行点播。如此，BBC 在进行热门节目预告的同时，既方便用户点击观看之前的系列节目，也加强了用户收看节目的惯性，在用户与 BBC iPlayer 之间逐步建立默契。这种方便的整合设计存在于 BBC iPlayer 与 BBC 的各个电视频道和核心节目内容中。本研究组持续关注其设计，发现其风格高度稳定，可以延续近 5 年不变（此前课题曾比较 2013 年 4 月 20 日、2017 年 12 月 20 日）。

（三）用户关系的开发：整合"社交电视"

随着社交模式的兴盛，用户之间进行交流和分享的需求与日俱增。信息社会化的必然趋势预示着新媒体产品与服务决不能忽视用户社交的重要需求。

1. 较早拓展社交化

因此，第三代 BBC iPlayer（iPlayer3.0）2010 年整合了社交功能，携手 Twitter、Facebook、Windows Live Messenger 以及英国社交网站 Bebo，并将它们移植到有特定设备的电视机上进行服务拓展。第三代 BBC iPlayer 通过这种方式进一步弱化"传播者"的职能使其退到幕后作为推动和监管，而利用整合后的社交媒体特征将用户推上前台。通过 BBC iPlayer 的推荐，用户在这里不仅仅局限于搜索、观看收听、下载等基本功能，同时能够通过社交网络进行反馈，将喜爱的栏目乃至观感心得与好友进行分享，打造私人的视频集并进行传播，使公众能够进行访问。

通过点击 BBC iPlayer 所支持的社交网络分享，将社交媒体吸纳进了新媒体的产品，充分利用社交网络的传播优势，同时扩大产品宣传的途径。用户也可以通过节目分享，形成自己媒介范围内的用户社交网。用户的好友可以看到用户分享的信息，点击跳转 BBC iPlayer 进行观看，同时可以"喜欢"该分享，或进一步分享给他们的好友。BBC iPlayer 在这里为传统电视媒体提供了很好的借鉴模式。通过这种方式，不但可以在早期就拥有成熟的社交媒体优势，还可以缩短用户构建社交空间所需的时间和学习周期。此外，从商业运作的角度来讲，这种强强联合的转型模式，既节约资源，又扩大影响，提供了企业之间促进合作的双赢机会。

2. 多重用户关系：从大众传播到人际传播

通过与社交媒体的整合，BBC iPlayer 实现了电视媒体从受众到用户的消费者角色再定位，也实现了从单一到多重的媒介与用户关系的拓展。曾经的 BBC 电视观众在新的传播过程中由"被动"变"主动"，"传—受"双方角色界限的模糊、权力的转换均为新型的传播模式奠定了基础，多重的用户角色决定了多重的用户关系，包括用户与产品、用户与网站，以及用户与用户之间的关系。

BBC iPlayer 作为 BBC 电视媒体的转型策略，并没有开发新的社交平台，而是利用已有的社交网络将自身产品的内容拓展了新的利用方式。充分调动用户的主观能动性，将内容的分享与产品的传播融入用户既有的社交网络之中，并实现与当前主流社交网站的强强联手，达到优势互补双赢共生的目的。

BBC iPlayer 通过产品与用户建立联系，媒介与用户建立联系，让用户之间建立联系。利用用户的人际传播效果，拓展更多新用户：依托品牌栏目创建社交网络，让社交功能与音视频功能相融合。通过这种手段，将多重用户关系整合到新媒体产品中，从而实现了从媒体内容和新媒体产品的大众传播到人际传播的转型。

3. 电视"社交化"与信息互动

用户在社交活动中的分享与沟通，构成了无法预知但极端重要的信息来源，这对于媒体机构来说是维持内容独到与及时的至关重要的因素之一。处在媒体转型中的服务提供商，不得不思考一种新的模式容纳信息的互动，并有效地从中提取反馈和创造新的内容。电视媒体的转型策略在于，将用户在社交媒体中的行为作为新的信息源，反馈给自己的内容，增强内容的活力。

通过"社交化"，BBC iPlayer 实现了从传统媒体数字化向新媒体的过渡和转型，这一过程积极调动了用户的主观能动性，令服务提供者在扮演传统传播者的同时，能够退居幕后作为一个观察者的身份出现，消化并归纳用户的反馈，分析社交过程中的用户趋势，从而积极调整用户策略，将用户在社交媒体中的行为作为新的信息源进行再加工和传播。

第三节　自媒体产业的经营探索

自媒体是个很难界定的现象，但是本研究还是将它纳入研究的范围，因为它本身就体现了融合。而且自媒体的产业化发展，给传统媒体产业带来了巨大的冲击和深刻的启示。自媒体的迭代更新还与用户的信息需求产生了互动，目前短视频和直播类信息的普遍化显示用户越来越趋向消费垂直化信息。

一　自媒体现况

自媒体（We Media），又称"公民媒体"或"个人媒体"，是指私人化、平民化、普泛化、自主化的传播者，以现代化、电子化的手段，向不特定的大多数或者特定的单个人传递规范性及非规范性信息的新媒体的总称。[①] 博客、微博和微信公众号，被称作互联网在中国从平台内容提供者晋升为意见领袖的三次浪潮。博客是早期自媒体形成的平台。2000 年博客进入中国，成为个人自我表达的公开平台。2009 年开始，微博成为互联网社交最火热的平台。百万、千万粉丝级别的"大 V"陆续出现，人气不仅涌向官方认证的账号，也涌向民间的意见领袖、网红达人，微博成为自媒体发家的首个平台。2012 年，微信公众平台正式上线，具有鲜明风格的自媒体成为主流，第一波自媒体浪潮由此展开，2014 年开始平台多元化全渠道推广。此后，以今日头条、百度百家为代表的客户端，优酷土豆、喜马拉雅 FM 等音视频平台，都成为自媒体的主力。

自媒体主要以图文、短视频、动图、直播等为主，直播和短视频近两年成为自媒体平台的重要形式。数据显示，自 2014 年起自媒体行业从业人数大幅增长，2015 年突破 200 万，2016 年仍在不断增长，预计 2017 年末会达到260 万人。2015 年前后中国一批为数不少的媒体人，纷纷加入自媒体创业的行列。而微信公众号，成为一种"主流自媒体"，2015—2016 年间增速迅猛，2016 年达到 1200 万个，2017 年可达 1415 万个（见图 4.10）[②]，2018 年超2000 万。2018 年各类自媒体号总注册数在 3155 万左右。

我国目前自媒体主要平台有微信公众号、头条号、微博、百家号、搜狐号、企业号等。自媒体市场从业者的收入主要构成有流量分成、广告、稿费、电商、打赏及其他。其中流量分成和广告是自媒体的主要收入构成。[③] 这也大致构成了自媒体的商业模式：广告、软文推广模式，会员制模式，衍生服务收费模式，"版权收费" + 应用分成模式，打赏模式，平台型商业模式。只有少部分自媒体走上了成熟稳定的商业化道路，而且多是自媒体人本身影响力的积累，很难成为一种规律性的模式供人效仿的。

---

① 《中国自媒体产业分析报告（2018）》，2018 年 11 月，http：//www. sohu. com/a/275455651_651182。

② 《网易见外：自媒体行业现状研究与未来趋势分析》，2017 年 9 月 29 日，http：//www. sohu. com/a/195717737_665157。

③ 《中国自媒体产业分析报告（2018）》，2018 年 11 月，http：//www. sohu. com/a/275455651_651182。

■ 自媒体规模分析

网易见外
NetEaseSight

· 数据显示，自2014年起自媒体行业从业者人数迎来大幅增长，2015年已突破200万大关，2016年自媒体从业人数仍在不断增长，预计2017年将达到260万人

· 主流自媒体平台方面，中国微信公众号数量连年上升，2015-2016年间增速迅猛，在2016年超过1200万个，年增长达46.2%，预计在2017年将增长到1415万个

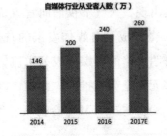

图 4. 10　自媒体从业者人数和微信公众号数量

图 4. 11　自媒体分布平台情况①

二　自媒体是一种新型传播载体

在传统的新闻生产当中，有几大关键因素：掌握专业技能的记者、程式化的标准采编流程和正规的发布渠道，任何一条新闻的诞生都离不开这三个要素。新闻的生产者、生产步骤和生产渠道都是媒体独有的，当新闻事件发生之后，记者得到线索，到达现场接触信源，采集记录相关事实信息，回到编辑部通过编写或制作，将新闻事实展现给受众。这个过程所需的时间除了

---

① 《十张图带你看清自媒体行业市场现状与发展趋势：平台红利消退，将围绕内容输出进行新一轮品牌建设》，https://t. qianzhan. com/caijing/detail/190104－005d91ff. html。

采写编的客观耗时之外，还需根据媒体各自的发布规律来确定，如每日新闻、周刊、月报，等等。在这个过程中，新闻生产是各个环节连续而独立地线性发生的，并经历了层层审核，最后到达受众处，新闻生产者与受众之间几乎是一个单向的传播过程。

随着网络技术延伸到传媒领域并迅速发展，基于互联网和各种新型技术的新媒体诞生，关于新媒体的内容生产流程，有学者对其进行了总结，主要体现在四个方面的转变：第一，内容的呈现形式变得更加多样化，和传统媒体只能对应一种呈现形式不同，新媒体可以将多种形式融合到一个平台、界面上综合展示，令内容更加丰富；第二，传统的新闻编辑室逐渐过渡为汇集信息的新闻中心，它是所有相关内容的集散地，已有的内容被编辑成为"半成品"，在发布时根据发布渠道的特性进一步加工成不同的形式，以增强阅读体验，加深传播效果；第三，传统媒体中的记者、摄像、编辑等多个角色的职能在新媒体时代融合到了一个人身上，即新媒体运营者，由于新媒体更加即时、更加丰富，因此也对内容生产者的要求更加多样，并且，由于互联网使用的无门槛，几乎人人都具备了成为内容生产者的条件，原本"一对多"的传播模式被打破，发展为"多对多"；第四，新媒体的内容生产中，由于互联网的互动便捷性，内容生产者和受众的交流更加没有障碍，受众的意见也更多地被加以考虑和采纳，参与到内容生产中去，并由此出现了一种新的身份——"产消者"。数字化、网络化和"产消者"的参与让新媒体的内容生产迸发了新的生机。然而，这一类的文献重点突出了内容生产在技术方面的革新和改进对新媒体发展的促进作用，并没有过多提及内容生产的整个流程，同时欠缺对整个内容生产的深入思考。

三 "主流自媒体"微信公众号的经营之道

（一）微信公众号的运用现状

微信公众号是目前主流自媒体，目前我国的注册数有2000多万个。微信公众号是腾讯旗下的微信公众平台上由个人、组织团体或商家等行为体申请的应用账号，2012年8月18日正式上线，可以和同为腾讯旗下的QQ账号或使用者的个人手机号关联，公众号的运营主体能够在账号上发布文字、图片、语音、视频，以此实现与关注该账号的粉丝进行全方位的沟通互动。微信公众平台按照运营主体性质将公众号分为个人微信公众号和团体组织、媒体、商家等运营的微信公众号。公众号运营者通过微信平台以一定频率向自己的受众推送信息，达到并维护传播的效果。微信公众号属于新媒体范畴，由其互联网特性弥补了传统媒体在时效性、多媒体、互动性等方面的不足，因此各大传统媒体都在公众号平台推出之后陆续开通了自己的微信公众号，以寻求自身的转型升级。同时，很多团体组织或个人也在微信公众号这一平台上找到了自己发声的渠道，创建了自己的微信公众号。近两年，微信因其覆盖面的广度、消息传递的便捷度等因素，发挥着越来越大的影响力，成为媒介融合时代不可忽视的一股传播力量。目前，微信公众号这一媒介形式飞速发展，几乎每一个微信用户都关注了一定数量的微信公众号。可以说，微信公众号已经成为不可小觑的新媒体势力。

根据人民网 2019 年 7 月发布的报告，其考察的 377 家党报中 81.7%（308 家）入驻了微信公众号平台，这 308 家党报平均每家微信公众号日均发文 5.5 篇，文章的平均阅读量为 4746 次，平均阅读量的中位数为 1211 次，影响力居前 20 的有人民日报、中国青年报等（见图 4.12）。①

排名	账号名称	排名	账号名称
1	人民日报	11	光明日报
2	中国青年报	12	西宁晚报
3	广州日报	13	CHINADAILY
4	侠客岛	14	内蒙古日报
5	长江日报	15	湖北日报
6	经济日报	16	北京日报
7	军报记者	17	梅州日报
8	海南日报	18	湛江日报
9	河北日报	19	长沙晚报
10	杭州日报	20	厦门日报

图 4.12　党报微信公众号传播力前 20

① 参见《人民网副总裁唐维红发布〈2019 全国党报融合传播指数报告〉》，人民网"人民数据"微信公众号，2019 年 7 月 31 日。

（二）微信公众号的运营案例

本研究选取了 6 个不同类型的微信公众号进行深度观察，通过对内容生产者的深度访谈和参与式观察，了解微信公众号内容生产及通过内容进行商业变现的盈利模式。① 研究涉及的公众号如下：

"刺猬公社"（ID：ciweigongshe）定位为关注泛传媒圈和内容产业的垂直媒体，首篇推送发布于 2014 年 7 月 22 日，拥有 20 余万关注者，已获得融资，公司现有全职员工不超过 10 人。创始人叶铁桥，现任北京小猬信息科技有限公司 CEO，原《中国青年报》深度报道部副主任、中青报官微运营主任，2016 年 11 月辞职后开始全职创业。初始成员包括几位新闻学院在读研究生，核心成员原为记者。

"十点读书"（ID：duhaoshu）是定位全国的读书类公众号。注册于 2012 年，2017 年初关注者数量超过 1400 万，在 2015 年 8 月和 2017 年 1 月陆续完成 300 万天使轮和超过 6000 万元 A 轮融资，估值近 4 亿元。运营主体为厦门十点文化传播有限公司。创始人为林少，公司现有规模为 30 余人。除广告业务以外，"十点读书"已经涉足微信电商和内容付费领域。

"知识分子"（ID：The－Intellectual）是饶毅、鲁白、谢宇三位学者创办的移动新媒体平台。首篇推送发布于 2015 年 9 月，截至 2017 年 4 月拥有超过 60 万关注者。创办之初获得真格基金数百万天使投资，2016 年 11 月 "知识分子" 在 A 轮融资中获投数千万人民币。公司现有规模为 30 余人。现任 CEO 助理是新闻学院毕业生，参与了音频付费产品 "科学队长" 从策划到发布的全过程。"科学队长" 上线当天销售额达 40 万元，上线 10 天实现 100 万元的净收入，现平均每个月净收入为 100 万元以上。

"吃喝玩乐在镇江"（ID：chwl－zj）注册于 2014 年，是定位镇江本地的区域自媒体。2016 年初关注者数量达到 15 万，2015 年广告营收约 200 万元。创始人为一位当地计算机本科生杜学明，2016 年初带领 12 人团队出走另起炉灶成立公司获 100 万元投资，开办 "镇江美食圈" "镇江亲子圈" "镇江家装

---

① 参见清华大学新闻与传播学院硕士学位论文：鲍涵《"纸上谈兵" 的江湖生意——微信公众号创业者的故事》（以作品代论文），2017 年 6 月；杨翘楚《"刺猬公社" 生产实践与从业者职业身份认同研究》，2017 年 6 月。

日记""乐活在镇江"等微信公众号，截至 2017 年 4 月累计关注者 20 万。

"肌肉男训练营"（ID：bodybuildingman）是定位健身领域的公众号，首篇推送发布于 2014 年 4 月 26 日，截至 2017 年 3 月拥有 66 万关注者，2016 年新榜全国前 500 强，当年广告营收超过 100 万元。创始人和该号的主要负责人王林初（化名）从博客、微博转战微信公众号。团队主要成员有体育大学本科生和前日本健身比赛冠军。该团队还拥有另外 3 个微信公众号"健身微课堂"（发布原创的健身知识文章）、"小铁馆"（发布原创的健身视频）和"GymTube"（编译海外的健身视频）。

"毒舌电影"（ID：dsmovie）是何君与陈植雄 2014 年 11 月开始独立运营的微信公众号。截至 2017 年 5 月粉丝超过 500 万，全网用户数接近 3000 万，在 2016 年 7 月宣布完成 A 轮融资，估值 3 亿元人民币。"毒舌电影"从电影评论起步，2016 年 3 月开始推出短视频节目，2017 年 1 月推出"毒舌电影"App，2017 年 2 月参与发起成立 2500 万规模的"好家伙基金"，专注网络大电影项目投资，以及与线下私人影院的商业合作，从内容产业切入影视产业。"毒舌电影"日均发布 3 至 4 条原创推送，现有编辑团队规模超过 30 人。

作为传媒圈的观察者，"刺猬公社"曾在 2015 年 4 月发布《微信公众号可能走向的 7 个未来》，其负责人叶铁桥在推送中写道，诞生之初，微信公众号就是自媒体的试验场，微信公众号将走向垂直化、分层化，将更加重视优质内容的持续产出，迎接商业化，走向机构化，抢占传播媒体广告资源。"刺猬公社""肌肉男训练营""知识分子""十点读书"和"吃喝玩乐在镇江"，走的都是垂直化，以优质内容为卖点的内容创业之路。

企鹅智酷发布的《2017 中国自媒体全视角趋势报告》显示，广告依然是自媒体当前最主要的收入来源（88.8%），首先是打赏收入（14.3%）和电商收入（9.1%）。至于未来有可能重点考虑的盈利模式，59.8% 受访者选择了微信平台自动匹配的广告，其次受欢迎的选项是电商（15.7%）、原生广告（12.3%）和会员制以及付费订阅为代表的付费服务（9.5%）。①

摸索盈利模式的过程，就是寻找并生产有变成金钱潜力的某种商品或服务。根据从内容到收益的过程中转化中介的不同，可以总结出两种路径：以

---

① 《2017 中国自媒体全视角趋势报告》，企鹅智酷，http://www.sohu.com/a/150159355_697770。

广告为代表的"内容—流量—变现"，以及以电商和内容付费产品为代表的"内容—产品—变现"。

1. 微信公众号运营路径一：内容—流量—变现

2014年4月，健身类公众号"肌肉男训练营"刚开办时，其开办者根本没有想过可以盈利，直到2015年8月拥有26万关注者的该号收获了第一个广告投放邀约——运动品牌Puma的广告，并获得了第一笔8000元的广告费。健身类公众号的垂直性很强，加上90%的关注者是男性，运动领域的广告主常常不请自来，但公众号一发广告就有人取消关注，所以控制广告频率也是非常重要的。

公众号粉丝数量、广告推送阅读量、购买转化率都是广告定价的常用标准，这套标准和对应的广告价格波动性很强。以"肌肉男训练营"的单个头条广告为例，一般在2万—3万元。2016年该号收入逼近150万元。如今该号的开办者王林初运营4个公众号，拥有累计150万关注者，通过公众号之间的导流，最年轻的公众号"GymTube"在创办仅2个月后即收获了第10万名关注者和第1条广告邀约。

"广告（或软文）是最简单最粗暴的盈利方式。一条广告几万块，现金流非常充沛，给大家发完工资还有盈余。"在叶铁桥看来，如果想让"刺猬公社"作为关注内容产业的垂直媒体做大做强，就要在内容和软文广告之间建立一道"防火墙"。从2017年春节以来，"刺猬公社"主动停接一切广告。

除了常见的广告和软文，运营社群并举办线上线下活动、出让微信公众号的所有权（卖号），也是这条路径上常见的变现手段。"刺猬公社"自主切断广告努力拓展非媒体业务的盈利途径，比如培训和办赛。"刺猬公社"已经组织多次新媒体训练营活动，并从最初的免费模式转向收费参营模式，报名者十分踊跃。

内容—流量—变现，意味着持续生产能吸引关注的内容，同时获取大规模流量（关注者和阅读量）。套用二次售卖理论，如果流量转化为经济收入的转化率够高，能够在扣除内容生产成本的基础上实现盈利，那么自媒体创业者就达成了变现目的。

这种模式的弊端也在凸显。经过了红利期的野蛮生长，很多公众号已经颇具人气，有的人将这条路径发展到极端，撤去内容生产的环节，直接用资本换流量，再将流量换做高额的广告回报。卖号，就是将微信公众号的所有权和账号拥有的所有流量一次性拱手让人，粉丝可以买卖，一个粉丝 1—2元。甚至有人借了 500 万高利贷到处打广告涨粉（买粉丝），再天天发"黑五类"广告（药品、医疗器械、丰胸、减肥、增高五类广告）。这类广告在诸多广告中价格最高，一条广告，投放的公众号平均 1 万粉丝可以定价两三百元。一个 300 万关注者的公众号，每接一条"黑五类"广告就能赚 6 万元。据报道，2016 年 10 月以来，陆续有一大批"黑五类"广告文章在微信公众平台被删除。自媒体的黑色产业链形成了严重的社会危害，连同其他行为一起多次被整治①。2018 年 10 月 20 日起，国家网信办会同有关部门，针对自媒体账号存在的一系列乱象问题，开展了集中清理整治专项行动，全网处置"唐纳德说""傅首尔""紫竹张先生""有束光""万能福利吧""野史秘闻""深夜视频"等 9800 多个自媒体账号，并约谈腾讯微信、新浪微博等自媒体平台，对其主体责任缺失，疏于管理，放任野蛮生长，造成种种乱象，提出严重警告，并集体约谈百度、腾讯等 10 家客户端自媒体平台。②

2. 微信公众号运营路径二：内容—产品—变现

与流量一样，产品也可以成为变现的中介和载体，这里的产品，既可以是实体产品，也可以是内容产品；卖实体产品的自媒体人在做电商，卖内容产品的自媒体人做的是内容付费。想在这条路上走顺，靠的是真正找准市场痛点的标准化产品。

"千万不要做广告挣钱。一定要靠卖货，直接卖知识。"这是通过微信公号暴发的著名自媒体人、公众号"罗辑思维"的创办者罗振宇在 2016 年初新榜大会上宣称的。从 2014 年 7 月开始众筹售卖实体商品月饼，再到 2015 年底

---

① 这些现象包括：有的传播政治有害信息，恶意篡改党史国史、诋毁英雄人物、抹黑国家形象；有的制造谣言，传播虚假信息，充当"标题党"，以谣获利、以假吸睛，扰乱正常社会秩序；有的肆意传播低俗色情信息，违背公序良俗，挑战道德底线，损害广大青少年健康成长；有的利用手中掌握大量自媒体账号恶意营销，大搞"黑公关"，敲诈勒索，侵害正常企业或个人合法权益，挑战法律底线；有的肆意抄袭侵权，大肆洗稿圈粉，构建虚假流量，破坏正常的传播秩序。见网络传播，2019 年3 月，http://www.cac.gov.cn/2019 – 03/20/c_ 1124259403. htm? tdsourcetag = s_ pcqq_ aiomsg。
② 《网信办整治自媒体：约谈微信、微博，处理 9800 多个自媒体账号》，https://baijiahao. baidu. com/s? id = 1616986815868244217&wfr = spider&for = pc。

推出"得到 App"的知识服务，"罗辑思维"一直是内容—产品—变现这条赚钱路上的领头羊，"罗辑思维"商城年营收过亿，"得到 App"上线一年营收过亿。截至 2017 年 4 月 2 日，得到 App 专栏累计销售接近 180 万份，总用户数量达到 630 余万人，日均活跃用户近 60 万。

自媒体做电商的经营方式，则不很容易。财经类自媒体"吴晓波频道"旗下的电商团队在 2016 年 12 月被曝解散。做电商，涉及仓储、物流、市场营销、客服售后等多个环节，本为线上运营的自媒体公众号，从轻运营转变到重资产运营，如果没有资本的支撑和有经验人士的加入，对于大多数只有内容生产经验的微信自媒体创始人来说，的确艰难。

内容付费也是自媒体正在探讨的一种商业模式。2016 年中文互联网的知识平台"知乎"的兴盛，带动了内容付费的兴起，连微博用户也发起过一阵付费答题的热潮。2017 年 4 月下旬，"刺猬公社"推出付费内容产品"通往 offer 之路"。使用者支付 199 元，就可加入小密圈，获得超过 50 篇内容行业实习和就业故事、超过 30 篇内容行业报告或随笔、超过 20 篇就业心态分析以及超过 20 名创业公司 CEO 或 HR 总监的人才观分享，"刺猬公社"还会提供优质就业资源的对接和疑难问题的解答，服务周期从 2017 年 6 月 1 日开始，持续 2 年。上线一个月后，订阅该服务的用户数量刚刚过百，新闻学子的内容付费习惯尚待养成。"知识分子"在打造内容产品的道路上顺利一些，其内容包括媒体和科学教育两块业务，各自独立运营。"知识分子"的媒体业务拒绝了一切广告和软文，它向盈利迈出的第一步就是推出音频付费产品"科学队长"。"知识分子"邀请国内一线科学家担任科学队长每档节目的主讲人，设计了生物学、天文学、海洋生物、古生物学四大板块，第一季推出四档节目，每次 6 至 8 分钟，每档节目 52 期售价 99 元，平均每期定价在 2 元以上，目标受众是 3—10 岁儿童及其家长。2016 年 9 月 20 日，"知识分子"创立一周年当日，科学队长上线开售当天的订购金额达到 40 万元。上线十天内，科学队长为"知识分子"带来了 100 万元净收入。"知识分子"CEO 纪中展拒绝将科学队长归类为内容付费产品，他们想要打造的是科学 IP；内容付费，还只是一阵风，真正的风口，只给能够解决市场根本需求的生意。未来，"知识分子"的媒体业务要做科学传播，提高中国人的智识水平，科学教育业务要推送科学成果转化。

第四节　媒体融合实践中产业融合的困境

　　媒体融合至今没有一种确定的模式，可以说一媒体一模式，大家都是因地制宜规划融合的。在此过程中，我们发现，目前比较成型的一些融合案例，已经遇到了产业融合的困境。结合上述调研案例，在此做一分析。

一　产业融合的制度瓶颈

　　首先，要真正实现一体化的媒体融合，现有的体制必须打破。[①] 长期以来，影响中国传媒创新的瓶颈是制度因素。近年来一大批非时政类报刊单位完成了转企改制，从事业单位变为企业，新体制下的企业运行机制更加市场化，使得媒体企业获得更大的发展空间和自主空间。在传统媒体与新媒体的效率竞争中，中国传媒产业正在融合中转型，在转型中创新。[②] 我国传媒行业经济性规制改革总体思路是"整合"与"融合"：建立统一、融合的媒介规制法律体系，重构规制主体，塑造市场主体放开行业进入规制。[③] 我国传媒产业规制与政策演变。市场需求变动、制度环境变革、技术进步是中国传媒产业制度变迁的主要动因。[④] 但是真正要改革，还有许多因素，包括现有权力分割等都是阻碍。

　　中国传媒产业规制的弊端主要有：缺少有国家法高度的专门法；缺乏法定、独立的规制机构；内容规制松紧失度；二元体制结构造成传媒产业主观上缺乏活力；寻租活动造成社会资源浪费；对规制者的外部监督机制不健全；知识产权的保护力度不够。[⑤] 我国传媒的法律地位应当在分类管理的模式之下重新构建，即传媒可分为公益性传媒、准公益性传媒和经营性传媒，前两者

　　① 陈力丹、廖金英：《我国传媒产业将如何重新洗牌？——2014 年话媒体融合》，《广播电视信息》2015 年第 1 期。
　　② 崔保国、侯琰霖：《在融合中转型 在转型中创新 ——2012 中国传媒产业分析与展望》，《中国报业》2012 年第 4 期（上）。
　　③ 刘宛晨、彭嘉璇：《媒介融合背景下传媒经济性规制改革略探》，《湖南财政经济学院学报》2015 年第 3 期。
　　④ 易旭明：《中国传媒产业制度变迁的动因与机制》，《上海大学学报》2014 年第 5 期。
　　⑤ 尹明：《中国传媒产业政府规制改革研究》，《东北财经大学学报》2010 年第 4 期。

为公法人，第三类则是企业法人。在构建准公益性传媒的法人治理结构时，一方面其可以模仿公司治理结构进行经营管理，另一方面则必须把党的领导制度化地纳入其法人治理机构中。①

传统媒体由于制度性束缚，在与互联网的融合中本身就处于弱势。"互联网+"已经将腾讯、百度、阿里巴巴等互联网公司推到了传媒产业发展的风口浪尖，而传统报业集团以及广告集团虽然保持着一定的规模，但其发展和创新能力已经相形见绌，因为两类产业之间从机制到范式都迥异。如"互联网+传媒产业"，其实就是媒介大融合的过程，它使得传媒机构愈发呈现终端化、平台化和碎片化的特征。同时，以 BAT 为代表的互联网公司在传媒产业中的布局也愈发完善，不仅逐步扩张了自身的传媒业务，而且传媒业务对整个公司的收益贡献率也会逐步增加，② 两者的体制、基础都难以在一个标准下竞争。目前融资都集中流向网络新型媒体，并购中传统媒体也并不占优势。

二 传统媒体产业融合的困境

（一）新型产业与传统产业的融合难题

传统媒体在进行外部融合的过程中，经常会出现媒体原有产业与新型产业融合不足的现象。以浙报集团为例，其游戏业作为集团新晋的重要业务，与传媒业的联系较弱，融合得较为生硬。仅在游戏平台上内嵌新闻页面和弹窗，只能在表面上进行融合，新闻传播的效果与价值难以得到量化。游戏过程中弹出的新闻资讯对游戏玩家来说并非刚需，与玩家享受娱乐与快感的初衷并不契合，因此传播效果大打折扣。而作为占据集团营收近半的游戏板块，若不与传媒业进行深度融合，则会逐渐与传媒业割裂开来。而大力发展高利润的"纯游戏"业务会导致对新闻传播主业的忽略与削弱。

想要实现深度融合，需要从新的产品研发上突破。国外的"新闻式游戏"将游戏作为新闻的载体，可以作为借鉴。例如巴西的 *Super interessante* 杂志将调查性新闻的内容与视频游戏的载体相结合。基于巴西黑手党的调查性新闻，该

---

① 田韶华：《传媒产业法律规制问题研究》，中国传媒大学出版社 2000 年版。
② 徐顽强、王剑平、王文彬：《中国传媒产业的融合实践及趋势》，《中国出版》2018 年第 13 期。

杂志上线一款游戏，让玩家扮演伪装为毒贩的卧底警察，来体验黑手党的运作。该游戏的设计者强调，产品如果不提供信息，则只是游戏；如果不提供娱乐，则只是新闻，所以必须将两者用多媒体的手段结合起来，并且记者应熟悉编程，从而能参与到游戏的制作过程中来。[①] 再如英国媒体制作的 KillerFlu（流感杀手）于 2009 年 H1N1 病毒流行时上线。玩家在游戏中可以控制 H1N1 病毒的传播，切身感受控制流感的难度，并从中了解季节性流感的传播原理。[②]

"新闻式游戏"以真实的新闻为背景让玩家虚拟"体验"新闻事件。在游戏业与传媒业的融合中，可以借鉴"新闻式游戏"等类似的多媒体产品研发。但是在具体开发过程中应对新闻的性质和价值进行衡量，避免出现过度娱乐化的倾向。

（二）人才困境

传统媒体的技术人才供不应求是目前的瓶颈之一。如果无法提供与互联网行业相近的薪资标准和活跃创新的工作氛围，便很难吸引到顶尖技术人才。比如浙报集团，地处互联网业发达的地区，对类新产业的人才需求旺盛，加上阿里、网易等互联网巨头在浙江对技术人才的争夺，浙报集团在招揽技术人才的过程中遇到了强有力的竞争。除技术部门外，其他部门的薪酬机制也需要进行探索创新。以钱报有礼这一子公司为例，除了开发团队外，其他部门的薪资标准仍和纸媒的标准基本一致，运营等部门等并没有绩效提成可言，一定程度上挫伤了其员工工作积极性。

此外，适应新的融合模式需要一定的利益牺牲和思维转换。由于大部分员工都来自原来的纸媒系统，组织结构发生了重新的融合，需要有效的机制和新生力量去带动传统人才做出改变。因此，集团应加快探索改革人员的薪酬与激励机制，借鉴互联网公司的薪酬机制，增强对人才的吸引力。

（三）传统的媒体文化与机制对新型产业的束缚

原有的媒体文化与机制，对新型的融合造成了限制。束缚表现在两个方面，

---

① NIEMANLAB, Journalism and video games come togethe rasa new form of storytelling in Brazil, 2013 – 08 – 09.

② Ian Bogost, Simon Ferrari, Bobby Schweizer, News Games: Journalism at Play, Cambridge, MA: The MIT Press, 2010: 15.

一方面，与朝气蓬勃的互联网公司相比，诞生于传统事业单位的传媒文化还是保持着固有的基因，很难适应新型产业的需要。而互联网带来的核心改变，创新型产业需要投入大量的工作时间、活跃的工作氛围、弹性的工作机制等，这一点目前传统媒体较难满足。传媒需要从改革工作机制入手，建立常态化的奖励机制，鼓励个人与团队的创新与发现，这些现在国内还鲜有媒体能够做到。

此外，快速迭代的互联网行业和新型产业需要高效的办事流程，这一方面媒体还难以适应。媒体需要精简一系列审核流程，降低内部的资源损耗，建立高效的工作机制。

融合后的保障体系也是一个问题。比如，与用户的沟通，事关公信力。这是传统媒体集团发展的基石，而维护沟通的成本也在不断增高。尤其在售后环节，为了不影响媒体的公信力，尽量保证用户"0 投诉"，用户的各种售后要求也需要一一满足，导致售后环节的成本增加。媒体需要从生产、营销等环节寻找各个产业的价值连接点，提高资源利用率，降低成本，以适当中和与平衡售后环节的高成本；同时需要建立与用户常态化的互动与沟通机制，尽量实现顺畅沟通。

三　多元化产业经营的潜在风险

媒体产业目前在外部融合方面，主要是通过多元化的路径实现的。多家媒体产业经营有房地产、售卖店、文体公司等，多元化的产业经营为媒体集团带来了良好的经济效益和雄厚的资本基础。但与此同时，需要警惕的是媒体集团原来的主营业务可能会受到冷落，媒体产品的市场属性可能会对媒体的社会属性造成一定程度的削弱。而作为主流媒体，在民生关怀、民主监督、人文情怀等方面更需要有责任与担当。在保持作为传媒市场主流媒体的过程中，能否依旧保持在文化政治上的主流地位，需要不断地加以关注。

有研究指出，我国媒体转型的症结不在于单纯的市场化不足，而是在于商业化与公共性的平衡不足，对媒体社会功能的重视过少。① 有学者认为，媒体高度市场化后，受市场机制驱使会主动寻求消费能力高的受众，而这些受

---

① 高坡：《技术＋人本：中国报业转型的考量》，《中国报业》2015 年第 7 期。

众一般是都市中产阶层和精英阶层，而非社会基层群众。在社会分化愈发明显的当下，媒体的市场化程度越高，媒体离都市"精英圈"可能会越近，离基层群众可能会越远。[1]

这里仍以获得成功的浙报集团为例。就浙报集团的发展历程来看，商业属性是不断增强的，而如何维护好其他属性，比如社会属性，可能需要关注。

（一）子公司与投资项目与主媒的关系问题

从2011年到2014年，浙报集团服务业方面的子公司数量获得三倍增长，软件业方面的子公司从无到有发展壮大。而集团的主业——出版发行业基本没有再进行扩张，如图4.13所示。

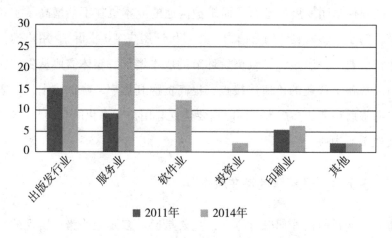

图4.13 浙报传媒的子公司数量变化图

从对外投资的项目来看，2012年到2014年间，投资最多的是计算机软件开发公司，其次是投资、咨询类公司，如图4.14所示。综合集团收购与参股的项目来看，集团的发展重心转移到服务业，同时以计算机技术与资本运作为支撑。

（二）人员结构与媒体主业的关系问题

2014年营销人员超过总体的1/3，技术人员近1/4，而采编人员只占到6%，如图4.15所示。2011—2013年并没有把采编人员独立出来统计。

四年来集团营销人员始终占据约1/3的比重，于2014年又有较大增幅。

---

① 王维佳：《传播治理的市场化困境——从媒体融合政策谈起》，《新闻记者》2015年第1期。

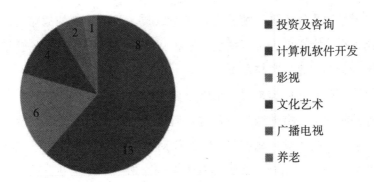

图 4.14 浙报传媒 2012—2014 年对外投资项目

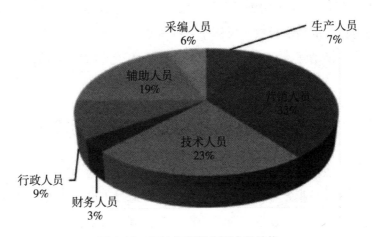

图 4.15 2014 年浙报集团人员结构

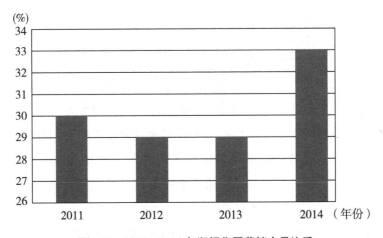

图 4.16 2011—2014 年浙报集团营销人员比重

技术人员比重较大这一情况符合集团以技术驱动转型的战略。但营销人员的高比重在一定程度上可以说明：浙报集团旗下媒体作为产品营销方的角色要重要于新闻内容生产与发布的角色。

从媒体的广告与内容来看，报纸主要为其他产业提供营销平台。浙报集团报业外的其他产业借助纸媒平台进行营销推广的同时，使得纸媒的内容与广告发生了一定的变化。总体来看，纸媒对集团内其他产业的推广实现了软性推广与硬性广告的结合，纸媒的营销功能在增强。在网站上，其他产业广告精准投放，浙报集团数据库业务部正在打造集团旗下网站的"广告联盟"。通过大数据分析，实现集团产品的广告在包括浙江在线、钱报网、大浙网、边锋平台等网站的精准投放。媒体平台的采编与广告内容与集团内部其他产业的黏性在不断增强，它与传媒的专业功能之间，会否存在某些矛盾？

第五节　媒介融合实践的产业融合策略

媒介产业融合包括内部融合、外部融合。传媒业的内部融合包括媒介组织的整合以及传媒业务与功能的跨媒体融合。通过不同形式的传媒业内部整合，不同的媒体可以通过生产流程的设计与控制实现资源重整，利用不同类型媒介的介质差异，在新闻信息传播上实现资源共享而又产品各异，化竞争为合作，结果就能联手做大区域市场，并且在这一市场上占据垄断地位。[①]

一　整合优势资源

在传媒业进行媒介组织整合的方法和策略上，有学者提出了按整合程度将媒介组织整合划分为三个递进的阶段和模式[②]：首先是系列化模式，即在同一传媒主体层次上实现的平面型联合，表现为纸媒经过合并、收购其他不同定位的报纸，或者开发新媒体产品等方式实现媒介组织整合。其次是一体化模式，指多种不同传媒主体的跨媒体立体式联合，比如浙报集团包括报纸、杂志、出版社、广播、电视以及网络等多种传媒形式形成联合。在这种模式

---

① 蔡雯：《媒介融合前景下的新闻传播变革》，《国际新闻界》2006 年第 5 期。
② 喻国明：《中国媒体产业发展面临"拐点"》，《中国证券报》2003 年 8 月 15 日。

下，同一传媒集团下属的各种媒体之间如果能够通过联合实现互动和整合，可以发挥出协同效应，达到"一物多用，一报多型"的目标。再次是多元化模式，是传媒集团在进行资源整合时超出媒介行业的范畴，在跨行业的范围来寻找和链接优质资源以帮助自己实现"做大、做强"的目标，并使各行业资源结成"命运"共同体。从宏观层面看，产业融合概念并不仅仅包括这三种形式的媒介融合，产业的大融合才是媒介融合的最终结果。

　　传统媒体的新媒体化趋势不仅意味着产品的转移，更是其品牌的延伸。对于传统媒体来说，往往自身具有的资源优势，尤其是品牌资源优势能够帮助传统媒体在媒介融合之后快速提高新媒体的品牌知名度。另外，新媒体在融合之后的迅速发展能帮助媒介继续扩大传统媒体集团的品牌形象和品牌内涵，使品牌的经济效益实现提升，传统媒体和新媒体的融合形成合力，以良性循环相互帮助、相互受益，从而实现整体的共同发展。一个成功媒介的核心实质上是打造过硬的品牌，受众的忠诚度主要是通过对品牌的认可和信赖实现的，品牌的成功打造可以使自己的产品为受众认识社会、判断问题提供基本资讯"支点"和基础。当传统媒体已经拥有具有广泛市场影响力和受众基础的品牌时，媒介之间实现经济融合就会变得更有成功的可能。

　　对于传统主流媒体来说，在内容、品牌与政策层面的优势是对媒介转型起到核心作用的三个因素。因此，如何把握上述三点优势就成为主流媒体应当充分考虑并把握的重点，以内容为本，整合内容优势与品牌优势，并将其余内容生产流程、薪酬人事制度等有机结合，同时在政策层面发挥主流媒体的固有先发优势资源，这样才能有效形成核心竞争力。

　　当传统主流媒体在媒介融合的实践过程中，从业者衡量传播效果的最直观指标往往是阅读量、转发量等数据，甚至在一些情况下还会直接挂钩采编人员的薪资水平，这一现象虽然可以对创作团队提高内容生产水平起到激励作用，使之生产出更多符合网络传播规律的作品，但单纯以阅读量、转发量作为传播效果衡量指标不利于准确统计主流人群的到达率，长此以往会影响到媒介特色内容的打造。因此，只有在媒介融合过程中纳入更丰富的传播效果的衡量标准，才能对主流媒体的内容优势起到巩固作用，品牌价值才能得以提升。

二　以资讯和服务为双重驱动

（一）发挥内容优势，打造新媒体矩阵

传统媒体转型中的优势，还在于其内容，通过内容打造新媒体矩阵并带动服务和产业发展，是重要的路径。下图以人民日报的部分微信公众号、新京报的微信矩阵为例，可见传统媒体在内容方面拓展的现状之一斑。

仅以"人民日报"为关键词，搜索到的微信公众号就达 36 个之多，包括不同内容类别、不同地区类别，此外人民日报社还开有多个名称不带"人民日报"的公众号。各公众号内容每日更新、各具特色。

图 4.17　人民日报开设的部分微信公众号①

① 本书作者陈昌凤通过自己的微信登录中搜索"人民日报"（因此出现若干个个人"好友关注"），时间：2019 年 8 月 2 日上午 8 时。

图 4.18　新京报微信矩阵（截至 2019 年 8 月 2 日上午 8 时）

新京报微信矩阵目前由 32 个微信公众号组成，其中包括新京报、北京知
道、外事儿、剥洋葱、我们视频、寻找中国创客、书评周刊、每日旅游新闻、

趣健康、家居、V 房产等。从这些名称来看，新京报微信矩阵内容涵盖时评、国内外新闻、财经、文娱、消费与生活等，与印刷版报纸的报道内容相呼应。各个公众号在选题策划、报道内容、表达方式等方面更多地考虑微信的传播特点和用户需求，形态包括文字、图片、图表、动图、视频、3D 动画、H5、直播等多种传播，既弥补了报纸媒体的单一性，又为报纸拓展了新媒体领域的传播渠道。

（二）新京报资讯服务双重驱动

新京报以新闻资讯为入口、多平台为依托，实施"互联网＋"和"＋互联网"的媒体融合战略，让移动端成为新京报传播资讯的主场，转化为资讯和服务双重驱动的原创新闻资讯综合服务商，覆盖总用户超过 7500 万。日均滚动生产更新 350 条全新资讯，原创新闻先 App 后网再报，[①] 成为门户网站和社交平台的重要新闻源，据统计《新京报》已经成为四大门户网站的第一内容源，自 2015 年开始以稀缺的原创内容生产为条件，大幅提升了与其他新媒体平台和客户端的合作价格，持续为门户网站以及今日头条、UC、一点资讯提供原创内容，版权收入大幅增加，[②] 成为被新媒体平台付费购买的内容供应商。

新京报 App 共有 16 个频道，共计 123 个栏目，涵盖时政、社会、北京、观点、财经、文化、娱乐、体育、汽车、房产、教育、生活、科技等多个领域，垂直细分用户圈层，7×24 小时不间断地产出新闻，将触角延伸到最长，旨在打造立足北京、辐射全国、面向世界，在全国有影响力的原创新闻资讯类平台。截至 2019 年 4 月，新京报每天图文报道量稳定在 400 篇左右。App 作为兜底平台，长线也会适时推出"新闻＋"业务，主要是"＋政务""＋民生""＋服务"，让新闻传播的效应最大化。[③]

近几年新京报以"移动优先"和"视频优先"为融合战略，内容向移动端看齐，向移动端竞品看齐，向移动端用户画像看齐，向用户信息需求看齐，

---

① 王爱军、林斐然：《新京报的融媒体探索之道》，《南方传媒研究》2019 年第 2 期。
② 陈诗：《微信矩阵对传统纸媒的价值提升——以〈新京报〉为例》，《传媒》2019 年 3 月（下）。
③ 王爱军、林斐然：《新京报的融媒体探索之道》，《南方传媒研究》2019 年第 2 期。

大力开拓视频内容。2016 年 9 月 11 日，《新京报》与腾讯公司联合推出短视频新闻产品"我们视频"，上线近三年从几个人的小团队发展到如今有 150 人规模，全网视频生产总数超 20000 条，全网总播放量达 300 亿次，直播场次超千场。用直播和短视频的形式，覆盖热点、时政、经济、泛资讯等诸多领域，成为传统媒体转型标杆式产品，居国内资讯视频第一梯队。其核心竞争力是原创内容、影响力和媒体资源，与互联网企业的技术、资金和渠道的完美契合，创建出新的品牌，让团队更专注优质新闻视频生产。截至 2018 年 11 月，新京报旗下专注于新闻现场的"我们视频"和新闻动画产品"动新闻"的短视频产量与日俱增，约占新京报采编总量的三分之一，目标是占二分之一。各个部门也开始自主试水视频内容，从初级工序流程跑通做起，响应报社推动新闻视频化、新闻"快抖"化转变，丰富报社产品表现形态，不少部门已经独立开发起了自有栏目。①

在短视频业务方面，新京报正在建设一支年轻的专业性队伍：90% 是"90 后"，只有两三年工作经验，从报社文字岗位转过来的占比不到 5%。报社花了较大成本对员工进行培训，邀请有二十年经验的资深导演和摄像每周给负责外拍的原创团队做半天培训和讨论。他们还在摸索一套生产视频新闻的专业性的规范，通过配合严格的新闻生产流水线，以力求生产出来合格的新闻产品。②2017 年，新京报"我们视频"被中国新闻史学会应用新闻传播学研究会评为"2017 中国应用新闻传播十大创新案例"。③

"我们视频"通过培养主播 IP，探索付费模式下的商业运营，借助开拓用户订阅的 VIP 服务，优化直播的题材。"我们视频"重金吸引优秀的媒体人士加盟，例如 2018 年 7 月引入了深圳卫视原知名评论员陈迪，带动电视台受众向报社媒体的转移；还引进了原央视评论部的彭远文、王志安，通过他们的社会影响力提升"我们视频"的受众到达率。"我们视频"尝试运用优质新

---

① 王爱军、林斐然：《新京报的融媒体探索之道》，《南方传媒研究》2019 年第 2 期。

② 本刊记者章淑贞、实习记者王珏、实习生李佳咪：《短视频新闻的突围之路 ——访新京报"我们视频"副总经理彭远文》，《新闻与写作》2019 年第 6 期。

③ 《2017 中国应用新闻传播领域十大创新案例出炉》，新华网，2017 年 10 月 29 日，http://news. xinhuanet. com/2017－10/29/c_1121872103. htm。中国新闻史学会是中国新闻与传播学界唯一的国家一级学会，应用新闻传播学研究会是其二级学会。

闻资源与相对完善的直播产业链最终将进一步革新变现模式，目前试水用户订阅的 VIP 服务模式，不断优化直播的题材，通过对于用户画像进行详细分类，来不断产生巨大的用户流量，吸引到更多广告商，通过直播方式扩大广告赢利。[①]

（三）传统媒体引入"硅谷模式"

前述将新闻与服务相联系，将受众做成用户，已经有了多个有所收获的案例。比如纽约时报社 2016 年开设送餐服务，将信息受众做成了服务对象，为读者带去信息的同时会送早餐，而这样的"新闻服务"已经给《纽约时报》带来了 9500 万美元收入。这是互联网思维在传统媒体的创新应用，媒体不仅提供产品，而且提供服务。传统媒体开始引入"硅谷模式"，以"产品思维＋用户导向"为核心进行改造升级。与其他传统媒体一样，《纽约时报》过去是以"新闻采编"为核心，现在转变为"内容管理"为核心。从 2015 年上半年起，《纽约时报》每日例会的重点，已经不再是报纸头版的内容，而是如何在各数字平台上及时进行新闻追踪和内容更新。《纽约时报》组建了一支核心编辑团队专门负责协调印刷版的内容生产和数字平台的跟踪与推送。为了更好地了解用户对内容的反馈，所有记者都学会了使用内部开放的数据分析工具，以了解用户与内容的互动数据，更好地生产用户所需要的信息，已经达成了这种生产者和用户之间的互动。这样生产来的新闻产品，是更契合用户需求的。《纽约时报》实践了变迁中的融合形态——三个层级的融合，技术融合、形态的融合——比如《雪崩》，以及如今的产业融合，再加上实践中的文化融合即生产者和消费者的融合。

传播的一切都在改变，而现象背后的深层变革则在于媒介各环节之间内容的改变，包括生产者和消费者、生产者和内容、内容和用户之间的变化。这对于新闻产品的丰富与优化是很有启发意义的。生产者、内容和用户是如何连接的？如果梳理一下传统媒体和新型媒体，我们可以看到：报纸自己生产内容，它的读者是很泛的群体，是粗放而不明确的对象。电视也是这样，内容主要依靠自己生产，对观众的了解主要是通过收视率的调查获取群体特

---

① 窦金启：《新京报"我们视频"的实践与探索》，《传媒》2019 年 4 月（下）。

征，也就是说其用户比报纸可能明确一点。而门户网基本上是通过版权合作获得内容，并经过人工编辑传播内容，它可以知道用户是从什么端口进去的，但是它不知道用户的特征。而现在最新的社交媒体，特别是使用推荐引擎的社交媒体，它通过版权合作与平台合作获得内容，通过数据的抓取来了解用户特征，从而个性化地推送信息，这是在重新缔结与用户的关系，另外，也是重新打造用户和内容的关系。

如果观察媒介融合之后产业构成的要素，可以看到产业大致由三个层面的形态构成，由各种物理连接和节点组成的是产业的最底层——网络层面，代表形态包括互联网、移动通信网或有线电视网络。以各种 ISP、ICP 和移动通信服务提供商组成的服务层面是产业结构第二层。第一、二层之后，内容层面构成了第三层，以向最高层面的消费者提供各种内容服务为指向。目前一、二两个层面已经基本成形，市场上所缺乏的是第三个层面的内容提供商，虽然出现了各种提供内容信息的企业，但目前为止，报纸提供的信息的正确率以及时效性都是最好的，信息的品质和品牌力的强大让手握内容的报纸携手新媒体有了绝好机会。[①] 因此，正是媒介融合的产业结构决定了融合过程中的报业以内容为核心的现象；对于媒介的受众群体来说，在信息爆炸时代，可以通过任意渠道获取的各种信息使得人们信息获取有限的现象不复存在，时间取代信息本身成为稀缺品，在此情景下，媒体最核心的要素就变成了关于信息的筛选、分析，以及个人化信息服务。也就是说，报业发展可行的最佳模式不管是在融合进程中还是融合之后的大媒体时代都保持着相同的要求，也就是需要报业在数字媒体平台上围绕内容销售这一核心开展工作，并以多层次多元化的信息服务满足受众的需求。内容提供商和信息服务提供商应当是报业在不同发展进程中依然保持的定位，这要求报业以运营的基本规律为标准：接口是标准的，内容是差异的；资源是有限的，服务是无穷的。[②]

三　多维度深度融合，建立完整产业链

受新型技术驱动的媒体在技术、政策、产业、渠道、内容、终端等多方

① 郝士恒：《国外纸媒恋上新媒体》，博客中国，http://heshih.vip.bokee.com。
② 支庭荣：《融合与转型：传统媒体的未来生存法则》，《中国记者》2006 年第 2 期。

面的融合，这是媒介融合的含义。除了融合范围的广泛程度以外，媒介融合还要注重融合行为纵向发展的深度。

当前情况下，大多数传统主流媒体在报业融合实践中主要着力于传播渠道的拓展与采编流程的改革，但内部组织架构层面的改造同样是需要重视的工作，只有内部沟通得到加强组织架构才能得以完善。对于传统媒体来说，实现媒体融合的初级阶段是传播渠道的拓展。技术的变革引领了一系列变化，包括早期的纸媒电子版本，到如今传统报业接连打造"两微一端"传播介质的网络化，媒介迎来了日新月异的形态。但迭代迅速的技术手段使得落后的产品极易遭受被淘汰的命运，就像曾经流行的手机报一样。主流媒体不应当在新平台出现后亦步亦趋，而是要从融合的深层意义出发，结合自身在新媒体平台的整体布局进行考虑，选择真正适合自己的平台深耕，否则就会陷入媒体融合就是"人有我有"的多媒体集群这一误区。①

如果要再造采编流程，就需要在若干领域和流程实现改革和创新，包括全媒体数字采编发布系统、滚动新闻部、"中央厨房"等流程的改革与创新。如何生产出符合网络时代需求的新闻产品，提高生活效率并增强传统媒体现有的内容优势是再造采编流程的主要关注。然而在目前的实践层面依然存在一些问题，例如怎样用生产流程的改造来激发传统媒体从业者在互联网时代的生产积极性，怎样让新式的互联网基因浸入传统内容生产，从而适应新的传播渠道，这些问题尚未有定论，仍然需要媒体从业者在实践中进行尝试。

在媒体内部组织架构层面，国内的比如新京报在向移动化过渡的融合战略中，通过移动终端利用互联网的传输、数据、智能等各类技术，构建出新的人人皆可参与的信息采集、交互系统，并通过信息服务和商业活动的受益，形成可持续经营的自洽体系。全新的频道主体制打破原有部门建制，重组后的总编辑协调中心第一时间介入重大热点新闻选题，编委会调度全局，结合全新的策采编发审核体系，将原有的"独狼"模式升级为"群狼"战术，实现前方作战，后方宏观协调统筹，交互顺畅。他们认为这并不是一种全新的模式，而是一种更高形式的"融"。比如"我们视频"借助新京报原有的新闻传统，结合视频技术不断探索，实现了移动端新闻视频集采、拍、编、剪

---

① 王君超：《解读2014媒介融合热》，《新闻战线》2015年第1期。

于一体，航拍、VR、直播眼镜等新技术轮番上阵，直播、小视频和短视频适配全端口，向5G端口看齐，配合"动新闻"用动画还原新闻现场，帮助新京报从单一模式，向视频和文图报道齐头并进的内容生产平台迈进，初步搭起了"线上（接料）＋线下（采访）""视频（短视频、小视频）＋直播""（编辑部）连线＋（前方记者）实拍""视频＋文字"的融合型报道模式。①

如同《〈纽约时报〉创新报告》于2014年给出的建议一样，编辑部门应当加强和技术、运营部门之间的合作紧密程度，部门间应采用人员流动任职机制，并建议运营人员参与到选题会等工作中，深化对内容的理解。只有当传统主流媒体的采编、运营、技术部门加深互动和合作，运营部门的专业化和规范化程度得到提高时，媒介内部组织架构才能得以完善。

当前传媒间的竞争不仅包括报纸和网络、电视和电影、电视和报纸或报纸和手机这种简单的渠道之间的竞争，更广义的竞争是不同媒介集团之间产业链条的竞争。以目前世界范围的大型传媒集团为例，新闻集团（News Corporation）、维亚康姆（Viacom）、迪斯尼（Disney）等都具备各自完整而有效的产业链条，在其上布局着同属一个集团的电影、电视、报纸、网络等产品。产业链条能够及时响应市场的最新变化，并通过延伸或收缩链条来把握市场的新形势。在产业链条内的各个环节可以互相支撑，进而实现传播价值的最大化。② 因此，当传媒进行新领域范围内的媒介融合时，参与竞争的最重要砝码就是产业链条的建设是否符合市场需要。一整套合适的产业链是媒介融合获得成功的必要条件，只有具备了适当的相关产业链条，才能实现内容产品生产的最大化和市场应变能力的最大化。具有强大生命力和广阔市场空间的融合不仅是为了增加新媒体渠道而流于表面形式的融合，也势必包含了对产业链的合理打造。

四　创新运营管理模式

这里以近十年来媒体融合实践中取得较为突出成就的新京报案例（第三

① 王爱军、林斐然：《新京报的融媒体探索之道》，《南方传媒研究》2019年第2期。
② 张洪忠：《新传播技术发展背景下的报纸转型问题探讨》，http://aeademie.mediaehina.net/academic－xsjd_viewjsP？id＝5241。

章第 8 节 "让新闻业归来" 述及新京报的融合路径），梳理融合创新的运营管理模式。

（一）明确市场定位

对于传统媒体来说，面对媒介融合趋势最首要的任务是明确并调整自己的市场定位。由于传统媒体曾经具有手握优质媒介传播渠道的优势，因此只要按照传统制作流程生产符合一贯标准的新闻产品，传统媒体就可以巩固既有的受众群体，获得较好的市场效益。长此以往，传统媒介领域形成了几乎不存在竞争的渠道垄断格局，从业者也就会出现安于现状的倾向，欠缺内容创新的内在动力和实际需要。然而以数字技术、网络技术为代表的革新性技术接连出现，打破了固有的格局，曾经掌握在传统媒体手中的有限渠道资源大大增加和丰富了。除了大量的有线电视台，还有新闻网站、网络宽屏、卫星电视等层出不穷的新媒介渠道对有限的受众市场进行进一步细化分割。

以新京报为例，在融合转型中，它确立了要从 "办中国最好的报纸"，向 "创建中国最好的内容原创平台" 全面转型，在保持原有报纸新闻品质的同时，让移动端成为《新京报》传播的主场，坚持做硬新闻，发力深度报道、评论和视频。[1] 尽管看起来是内容定位，但是它是要借助媒体融合和资本的力量，将市场定位为移动互联时代优质原创新闻内容供应商。为此，它不遗余力在全媒体内容方面发力。

传统媒体市场定位的明确与调整在媒介融合时代需要做出如下两个层面的工作。首先，媒介集团应重视自身固有的渠道优势，并充分运用旗下多层次多形式的子媒体，发挥产业链条的作用，进一步整合渠道资源。其次，集团旗下的各传统子媒体的市场定位不应止步于垄断传播渠道的行为体，将自身角色转变为媒介内容集成商才是真正可行的方案。对于传统媒体来说，比起曾经的渠道垄断者，媒介融合时代需要它们进一步发挥出专业机构的公信力和权威性，以媒介内容整合和信息解读的 "集成供应商" 的身份来合理调动人才优势、渠道优势和丰富的新闻资源，以此向细分市场提供具有个体特色的内容服务和营销服务。

---

① 李晨：《〈新京报〉媒体观察公号操作亲历——从 "新京报传媒研究" 看新形势下传媒研究的变化与创新》，《中国记者》2018 年第 6 期。

（二）创新生产模式

传统媒体对定位的重新明确也带来了生产方式的变革。仍以新京报为例，该报以报纸为中心转移到以 App 为中心，高质高效追赶、适应现代传播格局的要求，撤销报社全媒体中心，让全报社具备移动互联特质，成为融媒体。为实现新京报传统优势内容资源的互通，解决融媒体生产体系"融"的难题，每天早晨报题会，时政、社会、深度、经济、摄影、视频等多个部门主要负责人均同步重点选题，由值班编委统筹，细化重点选题，确认配合角度；晚编前会向各个部门同步当天报纸精选内容；每周一次的周重点选题编委扩大会，各个部门也需要整理一周重点选题，以便"融"走在线索和采编之前，避免出现信息不对等、沟通后置的情况。日常运转中，重点选题各部门往往都在一个微信群内，常规选题依靠日常选题同步交流群，各部门双向同步选题和进度，最后实现进度统一，采访互补，在署名上不分视频、文字，最终同步发稿，互通有无。① 比如"我们视频"是联动报社其他部门进行生产流程的融合，主要体现在选题和资源的共享上。通过上述新京报内部选题沟通机制，每天的选题都共享，信息共享。

在媒介融合的新形势下，信息的传受主体角色趋向模糊，信息传播呈现出巨大化的快速发展，传统组织机构的生产模式已经无法适应当前的需要，势必在内容生产、舆论引导等方面产生问题。这就要求面对媒介融合的传媒产业进行适当调整，重新梳理生产组织流程，在内部逐步建立适应媒介融合语境的管理平台，包括统一的新闻指挥、统一的资产管理、统一的目标考核、统一的人事管理、统一的财务管理和统一的经营平台。

所谓统一的指挥平台实际上就是对传统的新闻采编流程进行扁平化的改革。除了人为革新媒介内部组织结构以外，技术领域的进步也可以帮助实现扁平化管理，例如逐渐广泛应用在企业内部的通信技术就可以帮助实现内容生产的统一新闻指挥，在传播的广度和深度上实现集团各要素的"共振"。另外，媒介技术的进步带来了传播能力的拓展，在传统的专业媒介机构以外，普通民众和社会团体也在技术加持下拥有了不可小觑的新闻生产能力，这对

① 王爱军、林斐然：《新京报的融媒体探索之道》，《南方传媒研究》2019 年第 2 期。

媒体提出了新的要求，在进行内容生产的创新时，仅局限于自身采编功能的融合是不够的，还应当汇集、采纳专业媒体以外的行为主体生产的产品，打造全民生产的模式。这种有别于既有的单向传输、单向接收的模式不仅可以实现信息内容的丰富化，还可以帮助专业媒体从基础的内容生产转向内容聚合服务的新趋势。

（三）变革运营竞争机制

面对媒介融合，市场竞争机制也产生了从同质市场的差异竞争到创新市场"蓝海"的变化，而随着融合程度的深化，竞争更加激烈，甚至呈现出"红海"的可能性。过去，具有雄厚财力和强大购买力的客户会更容易得到媒体的重视，传统媒介在构建信息传播渠道时会倾向用大量的资源面向少数的高端客户和大广告商，即媒体行业中常见的"二八理论"，表现在数量上呈现出80％和20％的比例。然而信息技术的发展和媒介融合的深化推动了传受两端互动式营销的趋势，在占据主流的多数市场受众以外，少数人构成的小众市场逐渐显现出更强的存在感，互联网这个虚拟展示平台也给融合之后的媒介提供了占据小众市场展开精准营销的可能性。

从媒介融合到产业融合是传媒产业演进的必然趋势，在产业融合时代传媒产业规制的思路是：实现公益性事业和经营性产业分类运营，公益性事业要弥补市场失灵，维护公共利益，实现公共服务均等化；经营性产业通过并购、重组等手段优化资源配置，实现规模经济和范围经济效益。[1]现有的传媒产业仍实行传统的纵向分业制度，而融合后产生的新产业，其体系的技术结构和产业结构是横向的，传统纵向规制框架与新产业体系之间将产生四个方面的问题：规制不一致、规制不确定、规制不合理、规制不恰当。信息传播领域的融合演进方向大致是：业务融合→媒体融合→网络融合→产业融合→制度融合→监管融合→现代传播体系（形成具有移动性、大数据、社会化特征的创新型融合传播生态系统），其中制度层面、监管层面的融合将显得尤为重要。[2]

---

① 肖叶飞：《传媒产业融合与政府规制改革》，《国际新闻界》2011年第12期。
② 陈力丹：《我国传媒产业将如何重新洗牌——2014年话媒体融合》，《广播电视信息》2015年第1期。

第五章　媒体的文化融合研究

文化融合原是不同形态的文化或者文化特质之间相互结合、相互吸收的过程，本研究则是专指在媒体融合过程中发生的生产者与消费者两端文化的相互结合与吸收的过程。将文化融合与产消融合相提并论的学者中，包括著名学者亨利·詹金斯（Henry Jenkins），他在其《融合文化——新媒体与旧媒体的冲突地带》中，研究的是处于新媒体和旧媒体冲突地带的融合文化，他强调那不是技术的融合而是文化的融合与变迁。在这个冲突地带，新媒体和旧媒体相互碰撞、草根媒体和公司化媒体相互交织、媒体制作人和媒体消费者的权利相互作用。本章将主要从产消融合的角度来加以讨论。

第一节　媒体的文化融合：产消互动

一　产消融合之由来

加拿大学者马歇尔·麦克卢汉（Marshall McLuhan）等早在1972年就对产销融合进行过预言，他指出：通过电子技术的影响下，消费者（consumer）将会变成生产者（producer）。1980年，一个全新的词语被生产出来，"Prosumer"由消费者和生产者这两个英文单词拼合而成，未来学家阿尔文·托夫勒（Alvin Toffler）试图用这样的方式在其著作《第三次浪潮》中，预测生产者和消费者的角色模糊化将要开始发生，融合不可避免。[1] 后工业化浪潮，被认为是

---

[1]　Toffler, A., *The Third Wave*, London: PanBooks, 1980, pp. 281 – 283.

农耕浪潮和工业化浪潮之后的第三次浪潮，其最大的特征就是"人们自行生产和消费"，自己动手（DIY：Do－It－Yourself）。①从1970年起托夫勒在其《未来的冲击》中描述了相近的意思，他提出了一个"主动预防性消费者"（proactive consumer）的概念。在这个设想中，消费者改造产品，积极主动地帮助产品或服务完成提升，甚至直接进行设计。20世纪80年代出现了不少关于产消者的市场研究成果，②20世纪90年代这个概念被用到了数字经济（digital economy）的研究中，进入21世纪后，这个概念在全球范围内都受到重视。

"prosumer"这个单词第一次被收录于维基百科是在2012年春天。网页编辑人员对这个词条进行了备注，内容是：这个单词所要解释的内容"更像是一个话题，而不是专家们的观点"。Prosumer由Producer（生产者）和Consumer（消费者）两个单词组合而来，可以翻译为"产消者""产销者"，或者"生产消费者"，也有称为"半专业生产者"的。目前，它的中文翻译已经被各大网络词典收录。我们认为，"产消融合"的本质，是通过传播的互动手段，充分挖掘用户的价值和能动作用。对传播领域而言，它强调了在信息生产中用户的作用。根据"产消者"这个单词的概念可以得知，用户的信息偏好、行为偏好、观点和建议，都有可能对信息生产产生影响。

二　产消融合的渠道

信息生产模式可能由于"产消"之间的差距的消弭而发生改变。媒体原有的组织化、专业性的新闻生产，逐渐被社会化、非专业的新闻生产所取代，消费者的愿望、观点、建议乃至参与，都可能被组织化、专业性的媒体机构所采纳、化用。此时，打造一个用户平台，不仅能够向更多的用户提供信息，而且能积累丰富的用户数据。

2014年6月，一个由非营利组织Mozilla与《纽约时报》《华盛顿邮报》

① "The Prosumer", http：//autho－randaudience. com/the－prosumer]　－2/.
② Kotler, Philip. , Pro－sumers：A New Type of Customer. Futurist (September － October), 1986, 24 － 28；Kotler, Philip. , The Prosumer Movement. A New Challenge for Marketers. Advances in Consumer Research, 13, 1986, 510 － 513, http：//www. acrwebsite. org/search/view － conference － proceedings. aspx? Id ＝6542.

合作推出的新媒体合作项目问世。它们共同创建了一个在线用户社区，以获取用户的评论和贡献。这个项目是 Mozilla 的"开源新闻项目"（Open News）的一部分，得到了奈特基金会 389 万美元的赞助。Mozilla 是一个非营利组织，以其 Firefox 火狐浏览器而闻名。这个组织长期从事开源项目，致力于提供多样化的互联网选择和创新的机会。这三家即将打造的用户社区平台，将能更深层次地促进《纽约时报》和《华盛顿邮报》与读者用户的融合，这种融合超越传统的网上评论的方式。读者用户可以利用这个平台完成一系列诸如提交图片、链接和其他的媒介形态的行为，媒体则可以跟踪讨论、管理用户所贡献的内容及其用户的网络身份。《纽约时报》和《华盛顿邮报》可以收集和使用用户提供的内容，比如用于其他形式的新闻报道、引发的网络讨论，并根据用户的内容偏好、行为偏好有针对性地向用户提供自己的产品，有针对性地告知用户他们需要的内容。[①]

目前，如前所述的项目不在少数，它们共同在新闻领域加深了媒体和用户之间的关系，也客观上加强了互联网的影响力。因此，部分新型互联网公司开始改变认识，逐步致力于将新闻业受众的用户转化为自己的用户。对于前述的合作项目来说，加强读者用户与媒体之间的紧密度是最大的目标。这一目标包括五点具体的分目标。第一，使得媒体更容易搜集、整理用户制作的内容、做出的贡献（user - generated contributions）。第二，帮助《纽约时报》和《华盛顿邮报》生产出专业的大媒体才能生产出的，用户浸入式的、用户驱动的叙事形态，保证用户驱动性和内容专业性并存。第三，使这两家报社的记者们拥有一个能够发现用户独有信息的平台。第四，通过专家参与提升内容的质量，为读者用户提供更有价值的信息。第五，在记者和用户之间制造一种"对话式互动"，以替代过去的"评论式互动"——过去媒体工作者是从网评中得到用户的观点，今后将从直接的对话中得到用户的信息和看法。其实这个项目的目的是尝试在媒体与用户之间建立起一个纽带。

---

① https：//blog. mozilla. org/blog/2014/06/19/mozilla - announces - a - partner - ship - with - the - new - york - times - the - washington - post - and - knight - foundation - for - a - new - online - community - plat - form/.

三 产消融合的实现路径

（一）用户数据化

美国知名的媒介与文化研究学者亨利·詹金斯在其著作《融合文化——新媒体与旧媒体的冲突地带》中，以电视真人秀节目《幸存者》为例，分析了制片人与观众之间的"猫鼠游戏"式的互动行为，通过观众的网络参与、评论、竞猜等行为，不仅推动了剧情发展，使制片人得到了信息与启发，而且加强了"真人秀"的影响力和对观众的黏合力。[①]

用户的言行在大数据时代都可以被数据化，生产方通过数据的挖掘与分析实现了最终的"产消"融合。美国著名的电视剧《纸牌屋》的生产与营销，可以作为一个典型的例子来解释这一现象。2700万付费用户的数据分析在《纸牌屋》的创作中发挥了关键作用，这些数据包括用户的收视选择情况、用户的3000多万个网络点击行为（比如暂停、回放或者快进）、用户做出的400万条评论、用户进行的300万次主题搜索等内容。通过对用户规模、用户的信息偏好和行为偏好等内容的了解，以及对用户访问的深度分析，决定了拍什么、谁来拍、谁来演、给谁看、怎么播等具体操作环节，所有的这些具体操作环节都由这几千万观众的喜好数据来决定，每一步都由精准细致的数据来引导，实现了用户创造的"C2B"，即用户需求决定了内容生产。

如今人们在互联网上留下了海量的数据，互联网已成了数据集散地。这就意味着媒体可以通过数据挖掘和分析，从多个维度对海量的数据进行信息重组，并与用户发生融合关系，从而可以带来高效的传播效果。因此，对用户数据的挖掘，至少需要具备以下这些条件：首先，需要足够量的用户信息——大数据需要的是海量的用户信息，要充分调动起用户的参与、分享热情，才能获得这些信息；其次，要对这些用户信息进行深度分析，要找到用户的需求点、发现用户的内容偏好，为制作方提供服务；最后，还要分析出用户的行为偏好，比如接受媒介信息的方式、渠道等，从而为媒介的营销方

[①] ［美］亨利·詹金斯：《融合文化：新媒体与旧媒体的冲突地带》，杜永明译，商务印书馆2012年版。

式提供借鉴。其实，用户数据的积累，是一个系统的过程，需要通过互联网公司的长期数据积累以获得精准的用户范围等信息，这些数据单靠媒体是很难获得的。所以，产消融合从更高层次上，是需要与大数据的拥有者进行合作的，包括网络搜索公司和社交媒体。例如，《纸牌屋》就是通过 Netflix 的2700 万订阅用户产生的点击排行、给出的评分搜索请求等数据，在其他第三方公司和社交网络（如 Facebook、Twitter）提供的信息的基础上确定的生产与营销策略。

　　用户数据库是一个重要的宝藏。Netflix 一直致力于优化它的用户数据库，该公司发现准确的推荐引擎比搜索引擎更能体现服务价值，搜索引擎只能基于对影片内容的管理，而推荐引擎则可以基于对影片和用户的双重管理。推荐引擎能够了解有相同品位观众的喜好，然后对他们进行更有针对性的推荐。其实 Netflix 搜索引擎、推荐引擎的优化，也是得益于"产消融合"，比如将其数据库偏好搜索准确度提高 10% 的方案，是公开征集，并最终采用了观众中来自不同国家的 6 位用户组合后所做出的决定；通过用户的评级，更帮助他们完善推荐引擎。Netflix 为了确定是否给新的订阅用户在刚上线时就向他们推荐相关内容，他们专门在用户中进行了有奖竞赛，将数据库里 1 亿条匿名用户的年龄、性别、居住地（邮编）、观看过的影视片等信息给参赛者，要求参赛者使用地理数据和行为数据这些潜在的决定因素，来分析用户对于电视剧集的偏好。

　　如果没有充分的数据积累——包括线下信息的数据化，如果没有内容比较精准的数据库信息，大数据的挖掘与分析就很难有效果。据近日的新闻报道，百度"百发"预测电影《黄金时代》票房为 2.0 亿—2.3 亿元，但是实际情况与此相去甚远，影片上映 16 天后累计票房才 4698 万元。为什么百度大数据预测的票房会失灵呢？有解释称是因为中国电影市场的历史数据沉淀严重不足。[①] 这还只是一种因素或方法，数据预测主要是通过计算的相关性得出的结论，因此历史数据是一方面；另外对用户的内容偏好、行为偏好的现实数据的挖掘和分析方面，也是非常重要的因素。据称目前中国的乐视等互联网视频公司也在采用用户大数据的分析方法，从影视的投资阶段到发行阶

---

① http://tech.163.com/14/1022/07/A956M0MJ000915BF.html.

段进行预测。这里面有很大的一部分，是"产消融合"的结果。

虽然目前的多数媒体想要单方面拥有用户的大数据库（有可能需要从合作方获取）几乎是不可能的，但是具备"产消融合"的思维是需要且可能的。同时，传统媒体经过多年的发展后拥有了自己的用户信息，这样的小数据库也可以发挥作用。对这些用户信息的深度挖掘和分析，包括对用户的内容偏好、行为偏好的分析，有助于提升其战略水平。其实，如果能有效使用诸如微博、微信等社交媒体中的公开数据，进行信息交叉验证或检验内容之间的关联，也能产生效果。

（二）分享型传播

媒体领域的"产消融合"的概念是从一般商业领域中引入的。新媒体时代，"产消者"既不是专业的，也不是业余的（消费者），而是二者兼具，他的关注点更加在于于创建属于自己的媒体内容，更改生产的过程，技术的发展带来了媒介的"产消"化。[①] 与此相关的一个经典案例，就是早些时候流行的便携摄像机带来的家庭视频作品。这种作品可以用于电视"真人秀"节目，也可以由制作者通过网络中的视频频道进行分享。"产消"的理念同样影响到了音乐的制作与发行。随着通过网络教程学习媒体内容制作变得方便、快捷且廉价，自制媒体的门槛已经越来越低。如果在 Google 上搜索"如何搭建家庭录音室"（how to build a home recording studio），会得到 11700000 条结果，在 YouTube 上搜索，会有 692000 个视频（数据搜索的时间为 2014 年 1 月 11 日）。

在"产消融合"的作用下，分享型传播取代了传统的共享型传播转型，同时变成了点对点、多对多的传播。只有转型到分享型传播，才会有真正意义上的媒介融合。在媒体融合时代，一种媒介生产者与消费者之间的文化融合关系在用户的参与行为作用下被建立了起来。要达成分享式的传播关系，传统媒体必须有能力打破共享型传播中时间和空间的限制，才能达成分享式的传播关系，进而能够实现实时的与延迟的信息推送。此外，传统媒体还需要将信息和其他服务结合起来，充分使用 Web2.0 以后的新型技术，使用户从

---

① Listeretal，*Newmedia：Acritical Introduction*，New York：Routledge，2008，p.34.

中享用到更充分的信息资源和服务，满足用户的个性化、定制、消费等需求，才能达成分享式的传播关系。

以往被动的、消极的受众正在"产消融合"的影响下发生变化，逐渐成为具有交互性和主动性的信息使用者。媒介融合"既是一个从上至下媒介生产者（公司媒介）向受众'正方向传递'的模式，同时也是一个从下至上媒介消费者向机构'反作用影响'的循环"，这就意味着它代表"新旧媒介碰撞、'草根'媒介与机构媒介交汇、媒介消费者与媒介生产者的权力互动"；"它开启了受众与媒介内容发生关系的新方式，其日益增长的跨媒介解读技巧，满足了对于一个更复杂、更富参与性的媒介文化的渴求"。融合不是发生在某个黑色盒子里，而是着实发生在"消费者的头脑里"，媒介消费者已经在"媒介融合"的进程下，以一种自觉或不自觉的方式参与媒介生产过程，并与媒介建立起彼此的关联。① 媒介消费者就如同詹金斯所研究的《幸存者》中活跃的消费者，通过共同收集信息的方式变为"剧透者"。一种神秘的力量出现在了网络时代的生产者、粉丝和消费者之间的游戏中，这种力量使消费者通过获取信息和知识的过程而拥有了"权力"。在"产消融合"的作用下用户社区化身为一种知识社区，引起了参与其中的人们共同的智力兴趣。互联网在这样的过程中实现了两种角色身份，不仅是一个机会和场所，可以为参与者提供分享知识与观点的可能，同时与生产者一起共享问题的解决办法。

媒介消费文化在传统媒体时代呈现为被动的和静态的特点，而进入新媒体时代，一种主动的、动态的媒介消费文化取而代之。"产消融合"的出现有力地证明了以下的观点的深刻性。那就是，媒体融合带来的不仅仅是技术方面的变迁，而是全面立体的改变。融合改变了现有的技术、产业、市场、内容、风格以及受众等因素之间的关系；融合还改变了媒体业运营以及媒体消费者对待新闻和各类信息的逻辑；融合更改变着消费媒体的方式，也改变着媒体的生产方式。

① ［美］亨利·詹金斯：《融合文化：新媒体与旧媒体的冲突地带》，杜永明译，商务印书馆2012 年版。

四 "产消融合"中的用户新闻生产

（一）Web2.0 带来新型传播关系

万维网 www. com 最初是由网站雇员主导生成内容。到了 21 世纪前后，互联网技术升级换代，出现了由用户主导而生成内容的互联网产品模式（比如 BBS、博客、微博客），在 2004 年有一家小型公司便造出了 Web2.0 的说法（Web 升级为二代了），相应的，之前的则是 Web1.0。如今技术还在不断升级，比如用户可以获取个性化的信息、智能化也在大量使用，有人便称为 Web3.0、Web4.0 甚至 Web5.0。实际上，核心的还是 Web2.0，因此在那之后的，我们统称为"后 Web2.0"。

进入 Web2.0 时代，互联网从"只读网"变成了"读写网"，在传播技术的支持下，公民参与和自媒体（we media）成为塑造新闻业新生态的普遍而深刻的力量。Web2.0 是对于一种网络应用特性的宽泛定义，它代表了互联网技术和理念的新发展，即在信息分享、共同生产内容、用户创意与协作上表现出的高参与性和互动性。在传统网站上，用户只能被动浏览那些专为用户生产的内容。而在一个 Web2.0 网站上，每一个用户都能和其他用户一起互动和协作，成为社会化媒介的生产者，从而打造出一个用户生产内容（UGC）性质的多元化的社区。图 5.1 展示了以 Web2.0 为核心产生的不同领域、不同层次的一大批互联网相关概念，而这种以标签云（Tag Cloud）形式呈现事物的做法本身就体现了 Web2.0 的理念。

我们从中可以看到若干关键词，如用户生产、交互、定制、订阅、开放性、分享、长尾等。这些概念代表了 Web2.0 技术的精髓。用户在 Web2.0 时代获得了极其便利的向互联网上传文字、图片和视频的技术能力，经由弱关系编织成的人际网络，每一次上传都有可能成为影响力巨大的发布。传受一体的、便携的传播终端的发明使个人发布和接收信息更具即时性，这又极大地推动了自媒体的发展。现在，身处新闻现场的公民用一个小型平板电脑甚至智能手机就可以完成拍摄、撰写文字内容、上传至 UGC 社区发布等一系列流程。这在前 Web2.0 时代是无法想象的。

Web2.0 作为传播技术的一次巨大变革，又引发了传播理念的变化，改变

图 5.1　以标签云形式呈现的 Web2.0 概念

了人类的传播生活。在互联网技术从"只读网"进化到"读写网"的同时，人类的传播生态得以从大众传播时代"回退"到类似口语传播时代的情境，作为个体的人再次回到人类传播生活的中心，从而再造了现代社会的公共空间。这一系列变化，涉及传播格局、媒介经营、用户行为，是目前研究者探讨得最多的话题。

　　由 Web2.0 技术带来的社会化媒体的勃兴引发的传播行为和传播关系的变革被广为探讨。比较有代表性的观点是：经由用户生产内容，游离于大型新闻机构之外的受众掌握了媒介的使用权。在印刷媒介和电子媒介时代因为掌握传播技术而在传播格局中居于主导地位的少部分人和组织——受到专门训练的新闻从业者和新闻机构，即精英群体，其地位开始下降，力量受到削弱。在对于组织外部传播的考察中，有学者指出，新闻机构和受众的传受地位处于动态的转换之中，用户成为生产型消费者，发布的信息质量大大提高，还经由社会化媒介发生聚合，产生群体或圈子，实现了传统新闻组织之外的"类组织化"，这都使传统的力量对比格局发生变化。① 不仅如此，受众还日

---

① 唐乐：《从"传者—受者"到"对话者"——Web2.0 时代组织外部传播的传受关系分析》，《新闻大学》2011 年第 2 期。

益呈现出碎片化、多元化的特点，使过去"组织中心"式的新闻生产模式受到挑战，从"人找信息"变为"信息找人"。总之，Web2.0 时代的传播既强化了大众传播时代高效率的特征，又使传播行为恢复了口语传播时代的平等性和高交互性。

用户经由互联网形成了不同以往的社会关系，成为传播结构中不同于以往的新型主体，有学者称为"网众"，这一概念至少说明了互联网技术作为不可忽视的结构性背景，在受众向用户转型的过程中发挥的关键作用。具体而言，社交媒体作为一种传播形式或传播工具的出现，使得新闻内容的生产和传播过程化为以人为节点的"源""流"互动，其个性化和定制化特征日益显现。我们更多地不是关注传统新闻工作者利用社交媒体从事新闻报道这一新途径，而是强调曾经的受众通过掌握这一传播工具而获得的权力。

公民参与对于新闻业而言并非一个新鲜话题，如在 20 世纪 80 年代，公民新闻运动就兴盛一时。在 Web2.0 时代讨论用户的特性则显然不应局限于参与新闻内容的生产这一个环节，而应当看到经由互联网实现的人与人之间的广泛联结。新技术的发展确实使得非新闻从业者在参与生产某些特定类型的新闻时具有了更强的不可替代性。集采集、编辑、传播等功能于一体的智能手机和平板电脑等便携传播终端赋予普通公民随时随地发布新闻的能力，在突发性事件现场或由于政治管制等原因专业新闻人员难以入场等情况下，新闻机构转而依赖公民记者已经成为事实。然而，技术不应是研究者关注的唯一要素，亦非本研究所讨论的主要内容。实际上，即使仅就技术而言，智能手机等新通信工具也已经具备了"超工具"的特征，由此带来携带式新闻消费、内容创造和信息交互，正演变为随时随地的社会参与，即一种新的传播体系。总而言之，用户的新闻生产行为需要被放置于一个涵盖了人际社会关系、社会体制和文化因素、消费习惯、规制与反规制等因素的更大的传播模式内予以考量。

在前 Web2.0 时代，文化研究学者开辟的受众研究路径指出媒介和受众之间存在意义解释权的争夺，即编码—解码行为，受众的主体性和抗争性表现为意义的生产。这里的"生产"只是对其字面意义的形象借用，实则是指"诠释"或"解释"。霍尔等人指出，大众传播机构掌握着新闻生产的全部权力，其创造意义的方式是编码。受众使用媒介的权力是稀缺的，但是他们仍然可以通过解码来进行抗争。媒介使双方的争夺成为可能，即提供了渠道和战场。针对文化研究学者们这一理论的一个批评声音是夸大了受众应对大众传媒的积极性。然而到了自媒体时代，人人俱已亲见全新的媒介工具引发的所谓受众狂欢的文化民粹主义，文化研究学者们对受众的定位认识与其说是夸大了，不如说是不足。意义创造的平权性更加显现，在讨论传受双方的对等和变动性时，Web2.0带来的新因素是生产和消费的一体化以及编码—解码过程的复杂化。媒介作为意义争夺的场域成为一个更加现实、更加直接的判断，争夺变得日趋激烈了。在霍尔等传统的欧洲文化研究学者眼中，受众的定位是具有抗争意识的文化工业消费者，他们无从想象"工人"有朝一日变化为"资本家"的情况。而在Web2.0时代，用户生产成为方兴未艾的媒介现象，正在改变既有的传播格局。而素来只关注生产者——新闻机构的结构主义研究范式，亦不得不面对新闻业态已然发生重大变化这一现实。长期以来学者们都在谈论一类问题，即："媒介为我们构建了一个怎样的世界？"媒介事件、新闻策划、宣传、拟态环境包括把关等一系列概念被提出来，在审视社会环境和传媒机制是怎样控制着新闻生产时，新闻生产的主体被默认为是新闻机构。而现在新闻生产已经变得十分多元化，受众正在与新闻机构分庭抗礼。进入Web2.0时代，用户的生产行为已经远远超越了作为受众以解码的方式生产"意义"，更包括了对新闻内容、传播渠道和用户社群等的生产，即构造一个不再基于传统新闻机构的新传播网络。

（二）新闻 UGC 社区

UGC(User Generated Content，用户原创内容) 就是典型的 Web2.0 应用。研究网络平台如何使用和激励 UGC 有助于理解网络平台经营者是如何与用户在内容生产方面互动并把这种互动融入其商业目标的。[1]本研究选择非常具有代表性的新闻 UGC 社区 CNN iReport 作为研究对象，基于我们的深度访谈和参与式观察等方法，对 UGC 社区加以论述。

在 CNN iReport 社区，所有用户消费的内容都是自己通过照相机和摄像机

---

① 张小强、杜佳汇：《产消融合时代视频网站的 UGC 激励机制研究》，《新闻界》2017 年第 3 期。

生产并上传的。生产的内容既包括新闻和信息，也包括观点、评论、意见。从日本大地震、印度尼西亚海啸的灾难现场，到遭到封锁的德黑兰、开罗的骚乱、抗议现场，iReporter 们的身影出现在世界各处，因为他们就是全球公民，而 CNN 则能够通过 iReport 社区这一平台联系到他们。除了突发的、重大的、全球性的新闻事件，花边八卦、身旁琐事、社区纠纷、行旅见闻是用户们生产的更多的内容，这些富有创意和趣味的信息经常占据 iReport 社区主页，CNN 的运营者也乐于将其推荐给全体用户。比如，一位名为 LaneLee 的 iReporter，现实中是一位旅行作家，其在 2012 年 4 月于加利福尼亚荒原中拍摄的巨龙雕像，成为"本日旅游照片头条"。一位名为"RSVFO"的 iReporter 利用流行的智能手机应用"我画你猜"（Draw Something）画了一幅流行歌手 JustinBieber 的肖像，并发给一位和 Bieber 同日生日的朋友。他将自己的这幅作品上传并分享了这一故事，结果也得到 CNN 运营者的推荐。这则小故事融合了娱乐圈时尚、科技与流行文化以及人情味等多种元素，收获不少用户的评论。

　　CNN iReport 社区鼓励用户们发出自己的声音，运营者亦通过设置议题来激励对于当前热点的讨论。用户不仅仅将镜头对准周围人事予以客观记录，同时让自己出现在视频中。2012 年 2 月，佛罗里达州一名白人协警 Zimmerman 开枪射杀一名 17 岁黑人少年 Martin。起初检方以"正当防卫"的理由拒绝起诉 Zimmerman，引发了全美范围内关于种族问题的大讨论，导致多起游行。4 月初 Zimmerman 被捕并以谋杀罪起诉，争论继续深化。iReport 社区在 4 月 13 日发起了围绕这一事件的"每周圆桌讨论"，一周之内有超过 50 条评论声音得到 CNN 审核，许多非裔美国人参与到讨论中来。围绕美国大选，CNN 也设立了名为"iReport 大辩论"（iReport Debate）的栏目，同样以 assignment 的形式发布，iReport 运营商说：用户的意见以及对于议题的选择和关注程度，将直接影响 CNN 对于大选的报道。我们从肥皂盒（演讲台）上走下来了，现在请你们登台演讲。除此之外，用户们针对 iReport 社区中的内容做出的海量评论同样是极富意义的内容。

　　相比新闻内容的生产，用户聚合本身带来的社群的成长，也是用户生产行为的重要一项。在 iReport 进行社交媒介化的改版之后，用户凭借圈子功能建立起较为广泛的弱连接，人们在进行新闻生产、交流、评论的同时，亦促进了彼此社会关系的黏合。网络联结的日益紧密和稳固，是与信息的密集、频繁流动同时发生的。iReport 社区的改版刚刚过去不足半年，目前还不能算是一个严格和纯粹意义上的社交媒介，CNN 运营团队在新闻策划和议程设置上仍居于主导地位。但是，已经显示出了这样的趋势，用户社群在制定议题，打通线上线下社会系统，彰显行动力方面，将具有日益重大的意义。

用户的新闻生产行为开启了传播权力的转移，UGC 社区中每一个生产内容的用户，其权力俱来自生产行为，来自信息的聚合。这种基于 Web2.0 的网络赋权（empowerment）其核心是互动性赋权。[1] 它打破了传统赋权行为自上而下、由强到弱的阶层性特征，激发了来自底层的自我赋权和彼此赋权，实现了微小力量的聚合，亦即无组织者的组织力量。传播权力首先应当被看作是一种生产性的实践或生产性的网络，它不断创造出社会成员关系之间的崭新联系。这一点在网络时代显得尤其突出，新的社交媒介所具有的网络组织功能、小群体成员之间的交流功能、信息内容的生产和发布功能、由对话获得的观念发酵和信念形成功能、激发集体行动的功能等都从总体层面形成了代表社会整体利益的"权力意志"。互联网不只是技术，而是一种新的社会组织的媒介基础。

对由用户生产内容引发的网络赋权，质疑的声音在两个对立的方面也同时爆发出来。"技术乌托邦"的批判者认为隐身幕后的政治和商业力量利用 UGC 平台收编了公民的政治参与，而赋予每个人虚幻的解放感和自我实现感。如安德鲁·查德威克即认为，平等性、交互性、去中心和去主流的网络传播特性，"有时会让边缘人群相信他们的事务被纳入到了主流政治的议事日程"。另外，对新闻专业主义的前景忧心忡忡的人们则批评传统主流媒体已经在某些情境中发生了对用户生产内容的依赖，群氓和草根消解了精英主导的新闻事业，并出现了所谓"反向议程设置"的忧虑。[2]

---

[1]　参见何威《网众传播：一种关于数字媒体、网络化用户和中国社会的新范式》，清华大学出版社 2011 年版；蔡文之《网络传播革命：权力与规制》，上海人民出版社 2011 年版。

[2]　Mette Mortensen, When citizen photojournalism sets the news agenda: Neda Agha Soltan as a Web 2.0 icon of post-election unrest in Iran, Global Media and Communication, 2011, 7: 4-16.

五 产消融合的实践应用

产消融合在各类媒体平台上都有所体现，如果聚焦到微信公众号，我们会发现，产消融合带来了很多利益，公众号运营者成为新旧内容"消"与"产"的融合点。他们作为受众，从外界海量的信息流中接受各种各样的资讯，通过自己的消化和判断，确定自己在新的内容生产时的选题角度和内容呈现，同时加以自己的判断和思考。这时他们的身份即转换成为生产者。

但是，从微信公众号的内容生产与其受众之间的情况来看，"产消融合"的实现似乎并不乐观。我们研究组对"清华研读间""破土工作室"和"平说"三个微信公众号的运营者的访谈发现，受众的反馈对他们的内容生产所产生的影响十分有限。具体原因有以下三点：①微信公众号都有自身的定位，严肃深度类公众号更是对自己所生产和推送的内容有一定的判断标准，受众感兴趣的话题不一定能够契合编辑的判断；②受众的回应数量相对阅读数量来说十分有限，有参考价值的更是为数甚少，因此对微信公众号的内容生产者来说，受众意见的价值和可采纳度并不高；③公众号的主编都有着相近的表达。如果是编辑部原创，在前期策划阶段，编辑会通过浏览新闻事件和社会热点来确定选题，并结合自身微信公众号的定位进行话题的表达与呈现，直到最后成稿，推送出去。对于受众反馈的评论，会适当浏览，但是其中有价值的不多，也几乎不会对我们接下来的内容生产形成影响，而且接下来又是全新的选题，相互之间的关联就更小。再者，如果是投稿、约稿等情况，原创生产者与受众之间本身就是脱节的，那么与受众的互动、受反馈意见的影响这些因素也就事实上不存在了。

这一现实情况也印证了学者的观点：尽管媒体机构的管理者们热衷于推进参与式的新闻生产模式，一线的记者和编辑们对用户生产内容却并不感兴趣，对用户参与新闻生产也并没有太大的热情。对职业新闻工作者来说，新闻业不仅是一种社会职业，更是一种专业，他们拒绝把用户参与新闻生产当作一个新闻生产的原则来考虑。在他们看来，用户生产的内容与专业新闻生产不可能相互融通，他们更愿意把公民新闻当作是对传统新闻组织有限人力的重要补充。① 由于微信公众号所推送的内容当中，相当一部分不能称为严格意义上的"新闻"，所以我们称其为"内容生产"更为适合。

当然在严肃自媒体类微信公众号的内容生产中，关于是否采纳"产消合一"也有例外情况，那就是相同话题的内容再生产，这时受众的反馈意见就会在后续的生产过程中起到相当的影响。而在娱乐类微信公众号中，"产消合一"的状况则比较普遍，这类公众号的主要目的就是娱乐大众、增加粉丝数和阅读量，并没有主题或思想方面的深度定位，因此受众喜欢什么、想看什么，则生产者采纳意见，投其所好，增加阅读量与公众号的热度。可以说，"产消合一"的融合模式在商业化和娱乐化的环境中更为适用。

第二节　媒体文化融合实践——以 CNN iReport 为例

一　CNN iRrport 的创建和主要报道活动

CNN iReport 社区的建立有着深厚的媒介转型背景，新闻业态的急剧变化是其内在动力。CNN 素来的优势在于国际报道和突发事件报道，成功地向美国民众第一时间传播海外重大事件使得 CNN 在 20 世纪 90 年代迅速崛起。然而，进入 21 世纪之后，要保持如此优势变得十分不易。首先，同业竞争加剧。半岛电视台、NHK、BBC 等电视台加大全球传播力度，以新观点新视角抢占市场空白，对 CNN 形成挑战。其次，可进入的领域收窄。随着政治、文化冲突升级，在许多原本是"新闻富矿"的第三世界国家和地区，海外媒体频频遭遇封锁，难以获得现场素材。最后，可能也是最重要的因素，就是社交媒介的兴起和新一代传播终端的发明，全球受众对大众传播的依赖降低，一种基于弱关系的人际交流网络逐渐成为新的信息传播方式，人们关于新闻的即时性、新闻应有的文本模式等既有理念都发生了新的变化。②

---

① 张志安、束开荣：《新媒体与新闻生产研究：语境、范式与问题》，《新闻记者》2015 年第 12 期。

② 本节参见曾福泉《传统媒体 UGC 社区的建构及其传播模式研究》，清华大学新闻与传播学院，硕士学位论文，2012 年。

为了适应人类传播生活的新局面，传统媒体重拾"公民新闻"（citizen journalism）的遗产，受众开始在新闻生产中扮演愈发重要的角色。2003 年的伊拉克战争期间，英国媒体 BBC 就曾宣布，如果作品优秀，用户利用手机或者数码相机拍摄的反战主题的照片将在官网发布。2005 年伦敦地铁巴士连环爆炸案后，BBC 收到了公众传输的 22000 份电邮和文本信息、300 张图片以及若干视频素材，在 Web2.0 时代普通公众向传统主流媒体提供内容的积极意愿表露无遗。[①]

CNN 的转型尝试也从 2005 年开始。在当年对卡特里娜飓风灾难的报道中，CNN 在其网站上"卡特里娜飓风专题"之下开辟了一个新栏目，栏目名称直接叫作"公民记者"，并特别说明公众所上传的多媒体素材将可能被用于 CNN 的常规新闻报道中。[②] 这一举措极大地激励了公众的参与感，反响踊跃，CNN 因而获得了不少其他媒体上看不到的珍贵的新闻素材。2006 年德国世界杯期间，CNN 又搭建了一个名为"CNN's FAN ZONE"的互动空间，其设想就是为世界杯赛的观众提供一个上传和分享图片和视频的平台。在这些早期尝试的基础上，CNN 最终创建了 iReport 这一丰富、全面的专注于新闻性题材尤其是突发新闻题材的 UGC 社区。2006 年 8 月 2 日，iReport 正式创建，当时还是 CNN. com 网站下的子链接。独立的 iReport. com 网站在 2008 年建成。其后，在一系列突发新闻事件中，iReport 的报道形式凸显重大价值。2006 年 9 月泰国政变，新生的 iReport 发挥威力。在借由 CNN 电视频道播出广告，鼓励现场公众通过 iReport 平台上传故事和视频后，收到许多来自现场的第一手素材，大部分来自泰国民众之口。比如，一位名叫 Marc Kriech 的曼谷居民将一段时长为 27 秒的政变军队在街面巡逻驻扎的镜头上传到网络平台，随后被 CNN 打上"我报道"的字幕在新闻中播出。[③] 这些材料有力地补充了 CNN 驻地记者和美联社的报道。在 2007 年 4 月弗吉尼亚理工大学校园枪击案中，

① 王嘉：《基于新闻专业主义框架基础上的温和变革——国外传统媒体新闻生产引入 UGC 的现实图景》，《传媒》2011 年第 5 期。

② 曾苑：《新媒体环境下传统国际传播媒体对公民新闻的介入与修正——以 CNN iReport 栏目为例》，《东南传播》2011 年第 8 期。

③ 韩鸿：《新媒体背景下突发事件报道的机制创新——以 CNN 的〈我报道〉为例》，《西南民族大学学报》（人文社会科学版）2007 年第 4 期。

CNN 通过 iReport 等渠道，收到了 420 份受众提供的视频资料，包括由该校学生 Jamal Albarghouti 用手机拍摄的录下枪声的视频，经过编选在电视频道中播出。在 2007 年 8 月明尼苏达州密西西比河大桥垮塌事件中，iReport 收集到了最早的一批图片和目击者的描述，在媒介同行中占得先机。

在 2011 年 3 月东日本大地震的报道中，iReport 开始尝试用 Open Story（后改称 Assignment Desk）的做法来组织社区成员的报道，即由 CNN 设置一个主题，分布在世界各地的 iRepoter 都可以用各自不同的角度参与讲述这个故事。在这次报道中还首次将来自各地的消息整合在 wiki 地图上，用户可借由在高互动性的网络地图上定位地点，即可获知来自该地点的报道、评论。这一框架使新闻报道完全围绕事件展开，iReporter 和 CNN 专业记者的报道在同一层次得到呈现，并按方位、时间排列得有条不紊。在两个月的报道期间，共有约 80 名身处日本福岛、横滨等地的 iReporter 上传共 1606 条 iReports。其中一位名为 Ryan McDonald 的用户在地震发生时拍下了当时的场景并上传到 iReport，CNN 和他取得了联系，并在电视节目的专题直播报道中连线采访他。之后又有多位 iReport 用户登上 CNN 屏幕，作为地震亲历者讲述见闻。①

2011 年 11 月，在 iReport 5 周年之后不久，CNN 对这一 UGC 社区进行了改版，改版后有了很浓的社交媒体特征，更加突出 iReporter 即用户的核心角色，更加富有互动性。截至 2011 年 11 月，iReport 社区有注册用户 955000 人，每个月上传的新闻内容超过 15000 条。CNN 审核其中的约 7% 并将之用于新闻机构自身的报道。

二 CNN iReport 基本建构

在 2011 年 8 月改版之前，CNN iReport 主界面基本上仍秉承以内容为中心的理念。其首页头条是一个视频链接合集。这些视频经过网站运营者编选，力图体现多样性，来自不同地域、涉及不同议题、呈现不同题材。在首页上还十分简明地标出了网站的基本模块（见图 5.2）。

---

① 曾苑：《新媒体环境下传统国际传播媒体对公民新闻的介入与修正——以 CNN iReport 栏目为例》，《东南传播》2011 年第 8 期。

图5.2 改版前的 CNN iReport 首页

Assignments 即前述"同主题讨论"性质的栏目，除针对突发事件外，也会组织一些日常的讨论，如体育赛事、气候、节庆等，以此为框架集合各地民众的视频、图片。Blog 板块是网站运营者对 iReporter 上传素材所进行的梳理；每日最受关注的新闻事件配以非常简要的点评出现在网页的最上方；其下是当日另外几个热门的话题，将 iReporter 的报道中富有意义的直接引语呈现出来，再配上与其相关的 iReport 图片和视频。这一板块体现出的互动性是 Web2.0 的精髓，在改版之后，其 UGC 性质被进一步加强，成为整个网站的主体内容。Map 板块即前述高互动性网络地图和 iReporter 上传内容的整合。当天上传的消息会按地区在地图上被标识出来，点击即可进入相关图片和视频内容。在重大新闻事件发生时，和 CNN.com 网站一样，iReport.com 网站也会在头条位置出现一条黄底黑字的快讯。同时会提醒与新闻事件相关的用户积极上传报道。

iReport 在 2011 年 11 月的改版希望更加突出 iReporter 的地位，以获得更优质的用户生产内容，并建立更充分的互动。评论者认为，对 iReport 社区而言，"社交媒体"的概念逐渐取代了"公民新闻"的说法。CNN 数字总监兼 iReport 团队主管 Lila King 在访谈中表示："我们团队的意图是，你能早早告诉我们你可能参与的话题，以后我们就能追溯到你。我们想重塑这样一个概念，那就是 iReport 不仅仅在更新故事，而是通过一个个故事与那些关注它们的人们建立联系。我们希望那些被用户上传内容深深触动的人，或者对此有兴趣的人更加深入地参与到我们的工作当中。"

改版之后的 iReport 社区首页更像是 Facebook 或 Twitter 的界面。用户会看到自己关注的其他用户和网站运营人员所喜爱并推荐的内容，也就是那时他们已经运用了如今的算法推荐。虽然占据大片屏幕的仍然是图片和视频等内容，但是这些内容是与用户紧密结合的。它们被注明是由哪些用户生产，或是哪些用户喜爱、推荐或分享的。而一个用户之所以看到这些内容，是因为他关注了它们。这样就建立了人际互动、产消融合。也就是说，不再是内容，而是生产内容的人成了新版 iReport 社区建构和运转的中心。对于新闻的题材、领域、具体内容等各方面的偏好，由用户之间的自主选择得以实现。（见图 5.3。该图显示我们研究团队成员在 2012 年 3 月 16 日登录 CNN iReport 时的首页。第一条是成员关注的一名 iReporter 上传的内容，关于纽约市公立学校教师抗议的事件，共计 5 张图片，一段文字。这则消息于当地时间 3 月 15日晚 9 时上传，尚未经审核。）

内容方面进行产销融合、算法推荐、社交化运用，在 2011 年已经娴熟运用于 CNN。由于每个用户会自动关注 Teami Report，即官方运营团队，所以通过这个账号 CNN 能有效地向每一个用户呈现多元化的新闻内容。Teami Report为第一板块，其继承原 Blog 板块的功能，将每天、每周由用户上传的数以万计的内容整合分类，做成富有趣味的专题呈现出来。如每周最佳报道（iRe-port of the week）、每周学者（pundit of the week）、每日旅游照片精选（travel photo of the day）等。第二个板块是一个全新的名为 Explore 的板块。它整合了原有的 iReport 板块、iReporter 板块、Map 板块和 Blog 板块的一部分内容。在这个板块中，用户可以看到新近上传的 iReport 内容、编辑推荐的内容、最富活力的 iReporter、最富活力的讨论话题（assignment）、最富活力的圈子（group）以及按地区在地图上搜索新闻。第三个板块即 Assigments，亦经过了

图 5.3　改版后的 CNN iReport 首页（2012.3.16）

社交媒体化的改造，加入了圈子（group）这一概念。话题（assignment）从属于圈子，每个圈子都有其成员热衷讨论的核心话题。CNN 的官方介绍说："圈子就像 iReport 里的微型社区，那些对同一主题或同一故事感兴趣的人们可以在此聚集，讨论他们关注的领域内发生的新鲜故事。加入一个圈子就可以在主页上看到与之相关的话题。"

当时 iReport 社区的圈子分为三个大类：一是"新闻来了！（News Beats）"类别下的圈子：本地新闻；大选；国际；天气；科技；健康；旅行；食物；娱乐；军事。二是"展现自己（Express yourself）"类别下的圈子：我的生活；创意；发声筒；iReport 访谈；争取自由。三是"电视节目和 CNN 合作者（TV shows and CNN partners）"类别下的圈子：现场；HLNtv；早间报道；CNNGo；CNN 西语频道；CNN 墨西哥。在每个圈子中用户都可以添加新的核心话题，而围绕这一话题每个 iReporter 都可以上传自己的内容。第四个板块是 Profile，即关于 iReporter 个人信息的完全 SNS 化的页面。在此可以查看该用户上传的新闻内容、发出和收到的评论、被 CNN 正式采用的报道、参加了哪些圈子、关注了哪些人和被哪些人关注。CNN 还为用户设计了赢取勋章的功能，这也是最近十分流行的社交媒体增强受众黏着性的应用。勋章包括上传第一条 iReport、第一次被 CNN 采用、发出 25 条评论等。所有这些元素均与 Google +、twitter 等社交媒介的个人主页十分相像。

经过十多年的探索，iReport 已经更灵活地给用户以分享的机会，并且更突出了用户的自主性。在此对比一下 2017 年的页面截图，从中可以看出其突出用户分享的目的（见图 5.4）。

图 5.4　CNN iReport 首页（2017. 12. 24）

三　CNN iReport 的规制机制

研究 UGC 规制，有助于理解产消融合中的利益关系、权力关系，从而更深层地理解产消融合中的互动关系。作为一个与大型的全球知名媒体紧密相连的 UGC 社区，CNN iReport 对内容生产具有十分严格的规制机制，这一点使之明显区别于其他 SNS 社区如论坛、博客群、Facebook、Google + 等以及其他 UGC 社区如 YouTube 等。松散的、不加规范、不予审核的内容上传，只会带来杂乱无章的风格，这既降低了社区自身信息传播的效率和质量，也会对 CNN 这家老牌媒体的新闻报道传统带来负面影响。显而易见的是，如 YouTube 网站这样将各种类型各种题材的视频照单全收的 UGC 社区，尽管可以被认为是一种"传播形式"，却是不能被称为一家"媒体"的。然而，如果采用传统的把关模式，对视频进行逐一审核后方可发布，这无异于取消了 Web2.0 时代最为鲜明的传播特征，势必极大地损害用户的使用体验，令用户生产内容的模式丧失活力和来源。新闻性 UGC 社区如何实现有效的把关？容下文详述。本节将讨论 CNN iReport 社区的一系列规制准则。

（一）社区准则

一个较为简明的准则是《社区指导原则》（Community Guidelines）。而更为具体的准则是《用户守则》（Terms of Use）。在《社区指导原则》中，CNN 指出，为了确保世界各地的用户能在本社区分享优质的新闻故事，也为了保证 CNN 全球报道能够放心地采用来自本社区的素材，需要制定相关守则。摘译如下：

> 对于用户的限制：年满 13 周岁方可参加本社区。
>
> 对于内容的限制：用户所上传的内容必须是本人参与制作的。报道的形式五花八门，但本社区成员应对如何呈现新闻达成基本共识。
>
> a. 受欢迎的内容：
>
> 原创性——用户上传的 iReport 内容必须由自己所撰写的文字和/或拍摄的影像或用户有权使用的文字和/或影像构成。
>
> 真实性——用户上传的 iReport 必须关于真实事件或属于真实评论。不得捏造。
>
> 新闻性——用户上传的 iReport 应当包含新鲜的事物，或能引发富有创意的讨论。
>
> b. 如何处理新闻中可能包含的令人不适的内容？
>
> 如果用户认为上传的内容中可能包含令敏感受众感到不适的内容，需在上传时勾选"谨慎观看"选项，则 CNN iReport 系统工具将为这条消息的页面添加一个警告符号。
>
> c. 不受欢迎的内容：
>
> 侵犯他人版权的内容。
>
> 用户明知其为虚假的内容。
>
> 反复上传包含相同或类似内容的视频或图片副本，以充斥本社区

网站。

　　色情的和明确涉性的内容。

　　淫秽猥亵的内容。

　　宣扬仇恨行为的内容。

　　以整个或大部分篇幅无端地、宣扬地呈现杀戮或物理伤害等暴力画面的内容。

　　宣扬非法的、危险的、欺凌的行为或对私人或公共安全提出威胁的内容。

　　包含仇恨言论或民族、种族冒犯言论的内容。

　　《社区指导原则》还对举报进行了规定，iReport 的工作人员会作为举报的仲裁方，对用户的举报行为进行审核，如果情况属实，不受欢迎的内容将被移除出社区。同一个账号被举报的次数上限是 3 次，如果累积三次被成功举报，那么它将面临社区方的销号。

　　（二）对内容的审核

　　在上传到 iReport 社区之前，所有的视频、图片和文字都是未经编辑、查证和审核的。当 CNN 的社区运营者们预备采用一段用户上传的内容，并经由 CNN 官方渠道传播时，他们会以新闻专业主义的准则对其进行严格的编审。一份 2011 年初的研究显示，CNN iReport 运营团队有 8 名全职员工，负责审核社区用户上传的内容并为 CNN 自身报道所用。这里可以通过推算得到一个结论，每年从 iReport 被选择进入 CNN 的内容大概有 12000 条，占 8 名员工每年审核总内容量的百分之七到百分之八。除了内容的筛选任务，这 8 名员工同时要进行内容的筛查任务，好的内容被选择进入 CNN，被用户投诉的内容则有可能面临删除。投诉往往会涉及令人不适的内容、仇恨言论、冒犯性言论以及侵犯版权或其他私人权利的内容。这些内容在审核查实之后，需被移除。

　　CNN 数字总监兼 iReport 团队主管 Lila King 在对我们的访谈中说：

　　在视频上传到社区之前我们不会做任何事前审查。但是在某种程度上我们对每一则上传到社区的内容都负有事实上的审核责任。毕竟这些内容一经上传完毕就等同于公开发表了。

我们只审核那些预备作为 CNN 自身报道的一部分播出的内容。如果我们准备采用一则内容，将会有一个员工对其进行把关，看它是否达到 CNN 的品牌标准。

光查看一条视频只能获得很肤浅的印象，无法做出准确的判断。只有与那些报道事件、亲眼看到事件发生经过、成为事件一部分的 iReporter 们交流之后，我们才会了解更多。因此我们的审核工作主要就是和用户取得联系，建立社交关系，并了解他到底经历了些什么。

审核有一系列流程。一名 iReport 运营者将通过电话、邮件等方式联系上传内容的 iReporter，主要目的是为了核实信息的真实性：故事本身是真实存在的，新闻中出现人物的姓名和身份属实，事件发生的时间和地点确凿无误。除了与 iReporter 们核实事实之外，CNN 还会动用专业力量，以确认一则报道在新闻事件整体情境中的适宜性，报道整体性地传递出了准确的信息。CNN 将通过其自身遍布全球的专业新闻工作者和智库队伍，找到事件涉及领域的专家，事发地点的驻地记者和合作媒体，调查当地媒体的报道和当地人民的声音。一旦内容通过审核，其视频或图片将得到一个红底白 i 符号或 "CNN iReport" 字样的标识，负责审核的编辑将会为这则内容添加一段编者按。所有未经审核的内容，亦会明确地标有 "未经 CNN 审核" 的标识，以提醒受众。

在审核一些观点性较强的内容时，运营者更为谨慎。2011 年 12 月联合国气候变化峰会期间，一位名为 Tina Armstrong 的 iReporter 上传了一则与峰会相关的内容。随后她收到 iReport 运营者发来的审核邮件。Tina Armstrong 说：

在邮件中他们问了许多问题，包括：事件发生时，我是否确在现场？我使用的摄像机是什么型号的？我对这起事件有何评论？是否有人雇用我制作这一报道？

很显然，在类似的情况下，一个 iReporter 往往是报道者和信源的混合体，他上传的内容可以被视为一则新闻报道，但是混杂其中的个人经验、认知和观点需要被筛选出来，并转换成新闻机构自身报道中的重要素材或新闻事件的背景。为每条审核通过内容添加编者按的做法保证了新闻生产的品质。

四　教程（tour）：从公民到记者

UGC 体现的媒体生产者与用户生产者（消费者）之间的距离问题、利益共生关系、权力互动关系的重要角度，是教育或培训，它不仅体现了生产者的主体性地位，同时体现了专业生产者（PGC 的生产者）的两难的情况：一方面他们要以自己的专业性作为自己的优势，另一方面他们需要从不专业的用户生产者那里获取资源和利益，进而无奈地把部分专业性部分让渡出去。

尽管包括 CNN 在内的众多传统媒体认为 UGC 社区的新闻内容必然与专业机构的制作水准存在较大差距，然而 iReport 仍然为用户提供了丰富的教程，在寻找新闻点、采访、构思报道结构、拍摄和写作等多方面予以详尽的专业指导。这些教程有助于解决一些 iReporter 面对自己遭遇的事件无从下手、不知如何报道的困惑，激发用户的创作热情，保证了社区每天能够收获大量的用户生产内容。由于用户拍摄的照片、上传的视频是社区日常传播生活的主要构成材料，对具有一定专业门槛的拍摄活动予以指导显然有助于保证社区生活的品质，也是留住用户的重要手段。新闻性 UGC 社区的卖点也许不在于视频的趣味性，而在于其内容的准专业化和高质量。专业化教程使用户生产的内容能够更便捷地被转化为 CNN 自身报道的一部分。

用户在 iReport 社区可以非常方便地找到各类帮助信息，以解决自己在生产新闻内容中遇到的各种问题。在用户要上传自己的内容时，他们打开的是一个指导信息详尽的界面，就像一个标明了路线的地图。

在使用过程中，用户可以获得一个由 iReport Toolkit 板块给出的简明而有效的指导说明。这个教程的主题是"像职业记者一样讲述你的故事"。用户可以从讲述故事、拍摄图片、摄像和录音四个方面获得 iReport 官方提供的实用建议。具体的内容摘译如下：

如何讲述故事：

基本要素——报道中应包含5个W和1个H的新闻基本要素，必须是真实的和平衡的。

突出重点——将故事中最吸引人的地方表达出来，告诉受众为何要关注这个故事。

平易近人——用普通人日常的语言和表达方式讲述故事，就像给身旁亲友讲故事一样。

流畅有致——一个故事应该富有节奏感和层次感。要吸引受众了解后续内容。使用直接引语、象声词或有创意的视频剪接来实现这一点。

生动饱满——故事和故事中的人物应当富有感情，能调动读者的情绪，这是使之获得长久生命力的关键，也会使我们更理解你所要传递的信息。

制定计划——在撰写故事前要拟定大纲，规划好蓝图。这样可以合理有序地安排你的内容。

如何拍摄照片（好的新闻照片的最大挑战是如何直接呈现事件核心而无须解释和修饰）：

大量拍摄——面对一个场景不要只拍几张照片就停止了。一般来说，拥有的素材越多越好。尝试不同的焦距和景别，多视角的系列图片将能传递情感并全面展现场景。另外，靠得越近，就越能捕捉到打动人心的细节。

黄金分割——相比于将拍摄主体置于画面中央，黄金分割点，即近似画面三分之一的地方会是更好的选择。

善用闪光——依据光线条件，处理好闪光灯和光圈、快门的关系。最好的照片是那些你使用了闪光灯而没人能够发觉的照片。

纯净背景——要避免背景中出现过于杂乱的事物。平板一般是最好的背景。记得不要在拍摄主体的头上露出他身后的树或电线杆（这种情况经常发生）。

保持稳定——把握住照相机，不要抖动，或使用三脚架。这是照片质量的有效保证。

设计框架——在画面的框架中，设计好前景、主体、陪体、背景等元素的位置。

注意光线——下午和傍晚的金色阳光往往比日中的阳光更合适。时刻注意光线条件。

设计脚本——事先想好为了讲述你的故事需要哪些角度的照片。有时候讲述一个复杂的故事需要多角度的照片。

如何摄像:

大量摄像——获取足够多的素材。

黄金分割——时刻使主体处在屏幕三分之一的位置上。

用三脚架——三脚架能保证画面稳定。售价在 15—50 美元,便宜,且回报丰厚。

保持稳定——仅 7 秒的拍摄时间就能保证你获取有用的素材。所以持续、稳定地拍摄吧。

注意光线——尽量使用日光,避免在荧光灯下录像。如果周围环境光线条件欠佳,大胆要求你的拍摄对象走到室外或其他条件更好的环境中。

注意音效——没有声音的画面会使故事变得难以理解。录下越多的同期声越好。将你的摄影机朝向地面几分钟,就能收集到不少背景声音,无论这是一个音乐会现场还是一个抗议现场。当你后期剪辑的时候,这些声音将大大提升视频的质量。

慎用技巧——对于用手持摄像机拍摄的新闻视频来说,摇、移等拍摄动作和渐隐等剪辑技巧应当慎用。尤其是不要进行疯狂的推拉动作。干净的镜头给人更职业化的感觉。

备足电池——在拍摄一件重大新闻过程中摄像机突然没电了,这种感觉太糟糕了。除了备足电池外,还要准备好额外的录像带、笔记本和笔。

如何录音(不要轻视音效的作用,它往往是一段视频成败的关键):

用麦克风——非专业人士可以准备一个全方位麦克风,它可以采集来自各个方向的声音。

正确姿势——在基部稳稳握住麦克风,置于离音源 4—6 英寸远的地方。周围噪音越大，麦克风应离得越近。同时要使其稍稍偏向被采访人嘴巴的侧面，以防止呼吸声和爆破音的干扰。如果因采访时间过长导致手臂疲劳，暂停一下换只手比颤抖地握着麦克风要更好。

戴着耳机——在录音的同时必须戴着耳机，麦克风能捕捉很多被你的耳朵忽略的声音。不要觉得尴尬，你看起来非常职业。

阻挡声音——用身体、墙壁和挡风玻璃等挡住外部环境的噪音。有时候可以考虑在汽车中采访。

保持安静——在采访时，你和你的团队都应当保持安静，使用手势和身体语言来做必要的交流。

善用剪辑——找出好的直接引语，它们不应与你的叙述重复，而是用来佐证你的观点。

以上所述的关于新闻采集和制作中的种种技巧，涵盖了前期策划、现场采访、后期剪辑、后勤细节等多方面的内容，几乎可以成为新闻院校专业课程的指南。这些内容完整地包含在 CNN iReport 社区的用户教程之中。此外，CNN 还制作了"iReport 训练营"（iReport Boot Camp）栏目，其中包含数十篇由 CNN 的记者和编辑撰写的文章和一些视频，细致地剖析了新闻生产的每一个流程：把握新闻点，寻找合适的信源，安排采访，采集图像，剪辑编辑，制作标题，修饰词句。可见，传统新闻生产所必需的"手艺"仍然没有变，CNN 希望公民记者在这一点上更像专业记者。

第三节　媒体文化融合中存在的问题

一　新闻专业伦理面临挑战

"产消融合"使用户可以成为信息的生产者。公众生产信息时代，公众参与新闻生产，这在一定程度上给新闻专业伦理带来了挑战，正如 2018 年 10 月开始的国家网信办针对自媒体账号存在的一系列乱象开展的集中清理整治专项行动中指出的：有的制造谣言，传播虚假信息，以谣获利、以假吸睛；

有的肆意传播低俗色情信息，违背公序良俗，挑战道德底线，损害广大青少年健康成长……①公众生产新闻尤其是新闻真实性面临巨大威胁。民众借助微博、论坛等网络平台发布的信息，真伪难辨，如果专业新闻机构自身再不加辨别核证，就有可能给虚假新闻的生成以可乘之机，对真实这一新闻专业主义的基本要求产生影响。②

对新闻真实性的挑战首先来自专业"把关人"（gatekeeper）的失守。卢因（Kurt Lewin）在 20 世纪 40 年代提出"把关人"理论，怀特（David Manning White）用关于日报编辑处理通讯稿件的研究来检验新闻业。③ 巴斯④等人的研究认为大众传播中渠道的关口不止一个，将考察"把关"的视角从个体提升到组织以及社会层面。沃特·吉伯（Walter Gieber）在拓展怀特的研究时认为，把关行为并不仅由编辑一人执行，而是贯穿于整个新闻采集制作发布的过程中，是多环节、多层次、互有联系的。从关注个体控制因素到关注社会控制因素的转变，使"把关人"研究的外延变得十分广泛。舒德森⑤曾经提出考察新闻生产的三个视角，即政治经济学的视角——重在揭示新闻生产过程和媒介组织经济结构之间的关系；社会学的视角——着眼于新闻单位的机构特性和新闻从业者的职业理念；文化人类学的视角——考察新闻生产背后的社会文化传统和习俗。赫斯克也提出过类似的媒介研究"三步走"的观点⑥：第一步考察个人如何生产大众媒介的传播内容；第二步集中注意媒介组织对内容生产的管理与安排；第三步研究媒介及其人员活动的文化、经济、政治环境。舒梅克（Shoemaker）也曾系统剖析把关过程的不同层面。

进入互联网时代尤其是 Web2.0 时代以来，随着传播情境发生的重大变

① 网络传播杂志：《"组合拳"整治自媒体乱象》，http://www.cac.gov.cn/2019 - 03/20/c_1124259403.htm.

② 本节参见陈昌凤、王宇琦《公众生产信息时代的新闻真实性研究》，《新闻与写作》2016 年第 1 期。

③ White, D. M., The gatekeeper: A case study on the selection of news, Teoksessa LA Dexter & DA White (Toim.), *People, society and mass communications*, 1950: 160 - 172.

④ Bass A. Z., Refining the "gatekeeper" concept: A UN radio case study, *Journalism Quarterly*, 1969, 46 (1): 69 - 72.

⑤ Manoff, R. K., Schudson M. Reading the News: A Pantheon Guide to Popular Culture, *Pantheon*, 1986.

⑥ Hirsch, P. M., Occupational, organizational and institutional models in mass media research: Toward an integrated framework, *Strategies for communication research*, 1977, 6: 13 - 42.

化，"把关人"研究也开始转而对经典模式进行反思，并做出新的思考。随着网络社会的崛起，传统媒介格局的特权瓦解了。对于信源和传播渠道的垄断，总体上仍然呈现单向和线性的大众传播，由大机构带来的技术和经济门槛等经典"把关人"研究所基于的传媒业态均已式微，代之以平权的、充分互动的、多种传播形式兼具的、网状的、低准入门槛的全新传播格局。于是，就出现了"信息特权的崩溃与权威的重建"这样的命题。① 权威重建的过程更像是一场争夺战，旧格局的瓦砾之上，一些前所未见的竞争者出现了。在一个没有特殊管制的网络环境内，传统新闻机构、各行业新兴信息服务组织、无数的个人信息传播者，处在一个几乎完全平等的竞争环境之中，接受受众的自由选择。实际上，甚至连受众和传播者的界限也已经全然模糊了。"把关"行为本身，也从传统意义上的筛选、过滤信息，转变为个性化信息的直接生产、指引信息的搜寻、提供信息的解释、组织信息交流的社区和论坛、建立信息交流规范等具有崭新意义的活动。这种现象，充分证实了麦克卢汉所谓"媒介即信息"的论断，每一个接入互联网的个体都成为媒介。

与权威的重建同时进行的是"把关人"理论的再探讨。我们仍然可以从个体、组织、社会系统的不同层面切入，来探讨多样性的"把关人"，分析他们做出选择的动因。但是把关行为的变化和传媒机制的整体性变革，必然导致"把关"作为一种社会控制模式的作用机制的变化。也就是说，对于把关人而言，"如何把关"有了新的选择，对于整个社会系统而言，"如何影响把关活动"也出现了新的情况。社交媒体虽然赋予了普通公众生产信息的机会和工具，但是如果缺乏必要的信息甄别、监管机制和民众自律，就有可能给虚假新闻以可乘之机，影响信息的真实性、新闻的真实性。

新闻真实性的问题，一直是我国新闻管理部门关注的重点。2005 年，中共中央宣传部、中华全国新闻工作者协会、新闻战线"三项学习教育活动领导"小组办公室召开"坚决制止虚假新闻报道座谈会"②，研讨重拳出击铲除虚假新闻的举措。从 2010 年开始，全国新闻管理的相关部门和新闻业界积极

① 钱季平：《信息特权的崩溃与权威的重建——析网络时代的"把关人"》，《现代传播》（中国传媒大学学报）1998 年第 1 期。

② 新华网，2005 年 7 月 6 日，http：// news. xinhuanet. com/newmedia/2005 - 07/ 06/content_3182775. htm。

开展了加强新闻职业道德建设、集中整治假新闻的一系列活动，有效制止了假新闻、假记者等行为的发生。但是，随着社交媒体的普及，用户参与新闻生产的现实情况又一次对新闻真实性带来影响。新闻生产过程中的用户参与，给信息的真实性带来了极大的挑战。新闻真实性与信息的判断成了一对常被混淆的概念，用户有时会由于对信息缺乏必要的甄别和监管，给虚假信息以可乘之机。如果专业的媒体机构对这些信息不加以严格的事实审查，虚假新闻将可能更加泛滥。

新闻的真实性强调新闻对于外部事件的准确观察和对于事物、事实或是事件的准确陈述。符合真实性要求的新闻报道，是对外部真实世界的确切反映。[①] 真实性已经成为全球通用的媒介伦理。著名学者克利福德·克里斯琴斯（Clifford G. Christians）提出了"全球媒介伦理"（global media ethics）观，试图建立一个在不同国家和文化间普遍通用的媒介伦理，包括人类尊严（human dignity）、真实（truth）、非暴力（non - violence）三项基本原则。他将真实性解释为新闻报道必须反映事实的核心和本质，并把新闻事件还原到事件发生时的社会语境中。新闻真实并不会独立于人的判断而存在，而是由态度、文化、语言以及事件本身共同形塑出来的。[②] 我们从社交媒体环境下公众参与的新闻生产过程、参与的途径以及参与新闻生产的背后会折射出怎样的本质诉求、蕴含怎样的深层逻辑等问题进行研究分析，以更深层观察公众生产信息时代新闻真实性的问题。社交媒体时代的即时信息和延时回应，对真实性带来了更大挑战。

新闻的真实与否有时候会与记者的常识性判断息息相关。国外有学者批评说，由于新闻是对日常事件的报道，有的记者会主观认为，一个简单的事实以及勉强能够用以判断事实的经验，就足够指导他们的日常工作。[③] 当然，由于记者在采访中无权强迫采访对象必须说出事实，因此，记者有时候只能通过专业训练中掌握的技巧，尽其所能判断相互冲突的观点、议题和信息。然后通过对信息的加工，写出符合媒体形态的公众熟悉的新闻报道形式。如

① Ward, S. J. , Truth and objectivity, *The handbook of mass media ethics*, 2009：71 - 83.

② Christians, C. G. , *Toward a Global Media Ethics：Theoretical Perspectives*, Ecquid Novi：African Journalism Studies, 2008：29（2），135 - 172.

③ Ward, S. J. , Truth and objectivity, *The handbook of mass media ethics*, 2009：71 - 83.

此说来，新闻不是现实本身，实际上是社会现实的建构。① 因此，公民生产的新闻就带有更复杂的非现实因素。

公众生产信息时代的"网民揭露"，对新闻的真实性带来了极大挑战。首先，公众做的"网络曝光"有时会让信息真伪难辨。通过对 2001—2014 年"十大假新闻榜单"中"网络曝光"的 3 种方式产生的假新闻进行统计后发现（见图 5.5），在"网络曝光"的 3 种方式中，"网络揭露"的数量一直居于 3 种方式之首，特别是在 2008 年之后，以"网络揭露"为源头的假新闻，其数量呈明显的上升趋势。"网络揭露"的主体身份多样，互联网上的身份核实十分困难，新闻机构如果在未经充分核实的情况下，盲目追求新闻的时效性，就有可能以丧失新闻的准确性为代价，威胁新闻的真实性。

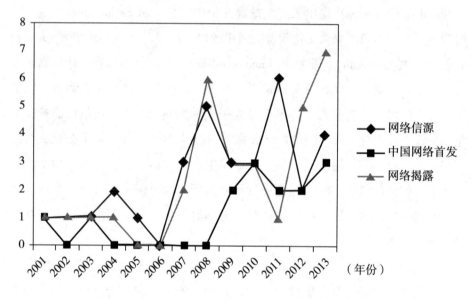

图 5.5　2001—2013 年"网络曝光"的三种方式对比示意

面对"网络曝光"，新闻媒体的把关以及专业性就显得更为重要。2008年一则名为《北京房地产商协会会长赞成炸掉故宫盖住宅》的假新闻，其来源是一则名为《组织开发建设，专家建议炸故宫》的帖子，在这个原始帖子里，发帖人已经声明"这篇所谓新闻是作者个人炮制出来的文学作品，并非事

---

①　Broersma, M., The Unbearable Limitations of Journalism On Press Critique and Journalisms Claim to Truth, *International Communication Gazette*, 2010：72（1），21–33.

实"，而这则帖子是作者基于"阻碍长江开发建设，专家建议炸掉南京长江大桥"的新闻事实而写作的。① 但在千百次转载之后，发帖人的"编首语"被有意无意地去掉，这则帖子成了一则几可乱真的"新闻"。而有的新闻媒体竟在没有对新闻事实追根溯源、仔细核实的情况下就刊载。在类似案例中，有的新闻媒体缺乏对网络揭露事实的把关与核查，对网络揭露信息的发帖人、发帖事由、事实真伪没有仔细地判断，产生了虚假新闻。在网络平台上，信息庞杂、真伪难辨的信息揭露，对新闻的真实性提出了更大的挑战。

其次，公众参与网络表达给新闻真实性带来复杂的影响，公众为何会热衷参与"新闻"生产，这样的参与又会生产何种"新闻"呢？

与此同时，对于与自己日常生活密切相关的新闻事实，公众往往表现出特别的关注，并开始尽可能地争取与生活相关信息的发布权、质疑权和参与权。例如，2011 年假新闻《年终奖个税计税方式将修改，避免多发 1 元个税多缴 2 万》，就是关于普通民众甚为关心的年终奖如何计税的问题。这则新闻中写道，国家税务总局 2011 年第 47 号公告根据修订后的《个人所得税法》对税率表作了修改，还对全年一次性奖金的计税方法进行修订，以避免"年终奖越多，税后所得越少"的问题出现。② 这则新闻源是网络论坛，由网友"shaofd"在中国会计视野网论坛发表的"《国家税务总局公告 2011 年第 47 号关于修订征收个人所得税若干问题的规定的公告》"，发布之后，该帖影响力巨大，点击数很快达到数千次。③ 之后有的媒体"有样学样"地进行了刊发。

2013 年的假新闻"2014 年放假安排"，由"@财经网"等媒体官微、财经网等媒体网站、网易等新闻客户端刊播。按照这条放假消息，2014 年元旦放 5 天，春节放 9 天，元宵节放假 2 天，清明节放假 3 天，劳动节放假 5 天，端午节放假 3 天，中秋节放假 3 天，国庆节放假 9 天。这一方案中含有多个长假，瞬间引发网络"疯转"。事实上，从 2013 年 10 月份起在网上流传的这一放假版本源于网民自制，而且其中故意留下"新闻发言人胡周称"之类明显恶搞的破绽，但还是被网络媒体转载后当成新闻。④

① 贾亦凡、陈斌：《2008 年十大假新闻》，《新闻记者》2009 年第 1 期。
② 年度虚假新闻研究课题组：《2011 年虚假新闻病例分析报告》，《新闻记者》2012 年第 1 期。
③ 同上。
④ 年度虚假新闻研究课题组：《2013 年虚假新闻研究报告》，《新闻记者》2014 年第 1 期。

通过对与自身日常生活紧密相关的事件的参与，民众在一定程度上是通过新媒体平台来表达自己的不满。在传统媒体时代，底层的表达是自发、隐性而零散的，而互联网则刚好为底层民众表达日常的对抗情绪提供了平台，底层的诉求表达变得可动员、可连接。

最后，公众的网络表达情绪与新闻真实性的内在关系非常复杂，网上公众对于新闻生产的参与，有利于揭露更多真相。很多官员贪腐案件往往是由网民首先发现，并通过人肉搜索的方式一步步发掘真相的。但是，在类似的舆论事件中，公众处于对抗性的情感之中，倾向于某种社会正义的捍卫者的道德强势之中，由此带来情感的夸大、事实的放大甚至"事实创造"，形成一面倒的舆论情形，而道德劣势中的一方则无从纠正，也难以辩驳。

类似的事件都存在明显的价值判断而不是事实判断，而这些价值判断很大程度上是由网民所认定的道德正义所决定的。前述海南退休厅官毕国昌的事件，也引发了大量媒体讨论，当毕国昌的隐瞒、撒谎被暴露后，他从一个接受城管道歉的受害者（该城管人员深感委屈，认为他只是按章执法）转而成为向公众与媒体的致歉者，有观点认为毕国昌的编造夸大只是"弱者的反抗"，无碍于他是一个受害者的事实，因此他是有瑕疵正义者……这类道德审判，也使得严守新闻真实性的原则和对"现象真实"与"本质真实"的理解上处于一种困境之中。对于"现象真实"而言，专业的传统媒体仍然是维护真实性的卫士。对于新闻的基本事实要素，传统媒体有义务谨慎核实，维护专业媒体固有的权威性。而对于"本质真实"而言，新闻事实错综复杂，仅凭媒体一己之力，有时难以洞察事实的本质和核心。因此，媒体和社会可以借助现有新媒体平台，通过线上和线下的协同努力，从社会现象中挖掘深层的事实，并用合理的方式表达出来。

公众参与新闻生产，一定程度上给新闻真实性带来了更大的挑战。民众借助微博、论坛等网络平台发布的信息，真伪难辨。如果专业新闻机构自身再不加辨别核证，就有可能给虚假新闻的生成以可乘之机，对真实这一新闻专业主义的基本要求产生影响。

但是，某些以网民意见为来源的"假新闻"，有时某种程度上却可能是"真民意"的表达。"年终奖个税计税方式将修改，避免多发1元个税多缴

2 万"" 2014 年放假安排"等假新闻,事实上是网民借助新媒体平台,争取权利,表达对现有的一些政策安排方面的不满,传达出一定程度的对抗情绪。在现有民意表达渠道还较为有限的情况下,社交媒体赋予了民众参与和诉求表达的机会。为此,这些假新闻中折射出民众话语权的缺失和政治参与渠道的缺乏。当下中国的假新闻,有时是博弈式的造假,一定程度上成为民众缺少话语权的抗争方式。当然,无论其信息背后的所谓"本质"如何,信息本身在新闻中,必须以真实的面貌呈现,绝不可以为假新闻寻找任何借口。

与此同时,公众参与也赋予了新闻真实性一种新的力量。公众的广泛参与,赋予了社交媒体的自我更正的能力,也为新闻专业主义拓展了空间 。学者尼克·库尔德里(Nick Couldry)提出建立一个将媒介内容生产者和消费者都考虑在内的媒介伦理。[①] 史蒂芬·沃德(Stephen J. A. Ward)提出了"开放的媒介伦理"和"全球化的第五等级"的概念,打破了"传播者—受众"的二元划分,强调了公众在信息传播中扮演的重要角色。他提出,在传统媒介环境中,媒介伦理是闭合的,仅仅与专业媒体相关;新媒体时代的媒介伦理,关系到所有在全球媒介系统中传播流言、事实和观点的人,传播的内容和规范不再掌握在少数职业媒体手中,一般的网民也能够而且应该在规范的制定过程中有所参与,从而形成第五等级,它是对第四等级——主流媒体的补充。[②] 沃德还强调这种开放的媒介伦理应当允许一些情绪化的甚至非理性的关于伦理规范的争论,特别是在全球化的语境中,文化、种族、宗教等方面的差异会引起人们对一些媒介伦理核心价值理解的差异,对我们今天解决新闻真实性的问题,有一些积极的启示。

二　新媒体从业者的身份认同

身份认同这个概念有着不同的定义。传统意义上,它从属于某种天然身

---

① Couldry, Nick. , Media ethics: towards a framework for media producers and media consumers. In Ward, S. J. A&Wasserman, H Media Ethics Beyond Borders: A global Per – spective, New York, 2010.

② Ward, S. J. A. , Toward an open ethics: implications of new media platforms for global ethics discourse, *Jour nal of Mass Media Ethics*, 2010, 25 (4): 275 – 292.

份、特征或某个相对固定的群体，具有高度稳定性。① 身份认同日益碎片化且常常在相互对立冲突的语言中建构起来，确认身份认同必须要在不同群体的比较当中得到体现。这意味着理解身份认同需从两个方面着手，一方面进入他们的认知和表达体系，回答他们是谁、在做什么、为什么做、为了谁做、按照什么标准做的规范性问题；另一方面需要回答和其他的群体相比研究对象有何特色，在不同的环境中研究对象是如何表现的，亦即不仅要听其言，更要观其行。②

目前各类信息平台（包括传统媒体平台）工作者的自我认知更为复杂，一方面因为其职业身份是交杂的，既是独立完成工作的专业人士，又是某家特定机构的雇员，既是某个特定领域的专家，又常常成为公共人物；③ 另一方面在当代日益液态化的新闻业中，④ 媒体从业者面临着速度竞赛和劳资分离等多重新型挑战，⑤ 网络时代的身份认同亦与以往不同。

本研究团队对某自媒体C（名称省略）进行研究并对其成员进行了访谈，发现C成员的身份认同含混地保持着与权力的距离，达成了新闻专业性与商业逻辑的共谋；另外，组织中的情感依赖和对社会资本的追求使得C的认同感得以维系。权力、商业和知识分子传统的角力使得这些从业者在本世纪形成了碎片化的新闻专业性认同，在以互联网为依托的当下，权力成为模糊的背景，中立、客观的新闻训练与专业性追求与依靠口碑的实现营销的互联网商业逻辑实现共谋。然而，如果回到新平台从业者，内容创业的绝大多数从业者并不能迅速分享创业带来的巨大经济回报，在创业公司自由开放的工作氛围、亲密友善的情感依赖是他们愿意留下来的原因，跟随公司"大佬"、伴

---

① 陆晔、潘忠党：《成名的想象：中国社会转型过程中新闻从业者的专业主义话语建构》，《新闻学研究》2002 年第 4 期。

② 参见杨翘楚《"刺猬公社"生产实践与从业者职业身份认同研究》，清华大学新闻与传播学院，硕士学位论文，2017 年。

③ 陆晔、潘忠党：《成名的想象：中国社会转型过程中新闻从业者的专业主义话语建构》，《新闻学研究》2002 年第 4 期；陆晔、周睿鸣：《"液态"的新闻业：新传播形态与新闻专业主义再思考——以澎湃新闻"东方之星"长江沉船事故报道为个案》，《新闻与传播研究》2016 年第 7 期。

④ 陆晔、周睿鸣：《"液态"的新闻业：新传播形态与新闻专业主义再思考——以澎湃新闻"东方之星"长江沉船事故报道为个案》，《新闻与传播研究》2016 年第 7 期。

⑤ 华婉伶、臧国仁：《液态新闻：新一代记者与当前媒介境况——以 Zygmunt Bauman "液态现代性"概念为理论基础》，中华传播学会 2010 年年会。

随公司成长、接触业界人物、积累工作技能与经验以获得利于未来发展的社会资本是他们愿意努力干的原因。

（一）体制认同：收编、模糊抑或疏离

传统媒体时代，媒体工作者能够在体制内成名比在体制之外成名更具有合法性。[①] 互联网时代，技术已经与之前大不相同，但是管理的格局并无根本改变，新媒体时代，仍将包括内容创业者在内的非官方媒体予以收编管理。

管理包括三个层次即实体硬件、网络用户和网络信息。实体硬件指的是互联网的基础设施和基础服务，主要由工信部负责；网络用户指的是上网群体和上网场所，由工信部、公安部、文化部等共同负责；网络信息指的是网络内容，这一部门涉及的部门也最为驳杂。[②] 当下中国互联网内容由国务院授权国家网信办负责管理，本研究涉及的微信公众号 C 属于公共信息服务提供者，受《即时通信工具公众信息服务发展管理暂行规定》（下称"暂行规定"）管理。暂行规定对时政类新闻的原创和转载做了严格的规定，除此之外的内容则按照"遵守法律法规、社会主义制度、国家利益、公民合法权益、公共秩序、社会道德风尚和信息真实性等"的"七条底线"管理。在出台规定给出运营原则并将时政类内容列入限制范围，事实上从法律层面承认了非官方媒体内容创业的合法性，[③] 并在实践中为从业者避免了恶性竞争、身份焦虑等问题。[④]

暂行规定中明确了"鼓励各级党政机关、企事业单位和各人民团体开设公众账号"，用行政手段建立了主导框架，赋予了权力在表达中的政治优势地位。机制上，中央统战部于 2016 年成立了"新的社会阶层人士工作局"，统战对象中重点包括新媒体从业人员。实践中，上海市委统战部、上海市网信办为上海自媒体中的正能量传播案例颁奖。获奖自媒体多数冠以"上海""魔

---

① 陆晔、潘忠党：《成名的想象：中国社会转型过程中新闻从业者的专业主义话语建构》，《新闻学研究》2002 年第 4 期。

② 涂锋：《设施、人群与信息：互联网治理的多层结构——基于北京市治理实践的分析与建议》，《中共天津市委党校学报》2017 年第 1 期。

③ 何镇飚：《即时通信服务不是法外之地——解读〈即时通信工具公众信息服务发展管理暂行规定〉》，《新闻与写作》2014 年第 9 期。

④ 马立：《社会化媒体时代新闻门户的内容经营》（未刊稿），2017 年 4 月 14 日在清华大学新闻与传播学院的内部分享。

都"字头的本地美食生活服务类账号，"正能量案例"则以歌颂传播上海本地美食美景、社会名人和民生新闻为主。"正能量"是近年来官方话语收编的一个民间话语，成为对主动迎合官方立场、配合官方工作的一种褒奖。官方用一种更为柔和的话语积极收编管理内容创业者。

更多的内容创业者面临的是模糊的管理。关于"正能量案例"的新闻报道特别强调了获奖自媒体总粉丝量超过千万，约占上海市常住人口的四成。这些自媒体主要提供面向普通用户的、非垂直的生活消费类服务，因而具备获得巨量用户的潜力，进而具有较高的经济和政治价值。而微信公众号 C 等垂直媒体从用户属性、内容属性和影响力范围上看都局限在内容产业内部，除非遇到涉及时政内容时会出现一些内容管理，网信部门不会与之发生接触。

（二）角色认同：记者、作者还是商人

从 20 世纪 90 年代的新闻改革开始，中国的记者接触到越来越多的商业机会，利用名望在记者身份之外成名获利成为一种常见的现象。记者需要在新闻专业主义和商业逻辑之间权衡转圜，以平衡两种不同意识形态之间的龃龉。21 世纪初，市场的诱惑让有偿新闻、有偿不闻等乱象不断浮现，有学者悲观地认为伴随着新媒体的发展，新闻与娱乐的边界将日益模糊，新闻将变得更加媚俗和消费主义，理性与批判的精神会更加不受重视。

值得注意的是，专业主义与商业逻辑之间的良好平衡已经有了一些例子。以微信公众号 C 为例，其创始人 Y 有着深厚的新闻专业性认同和实践。他曾经供职的《中国青年报》普遍有着高度的专业身份意识，对记者是一门十分专业的工作、公共性是专业性的核心有着高度的共识和骄傲感。[①] Y 本人曾以案例说事明确地表达过对新闻媒体有违公共性的行为深恶痛绝，其供职的《中国青年报》特别报道部一直有着良好的新闻专业主义理念和实践。行业前景使得试图在公共性中调和商业动机的逻辑无法成功。一方面是曾经为专业性提供支持的深度报道部被裁撤，专业性面临无组织可依的状态；另一方面中央电视台郭振玺、《新快报》陈永洲、《北京青年报》熊熊、《楚天都市报》张勤耘和《成都商报》何华章等人的有偿新闻和有偿不闻甚至新闻敲诈等行

---

① 甘丽华：《记者职业身份认同的建构与消解——以〈中国青年报〉记者群体为例》，《新闻记者》2014 年第 8 期。

为使得新闻腐败成为执法部门重点打击的对象。

怀抱的专业理想越发被市场冷落，同时出于兴趣开办的 C 日益壮大使得包括 Y 在内的传统媒体人转型创业。相对于新闻媒体领域，创业产业的市场化已经很高，伴随着社会化媒体的发展和内容创业的风潮，资本越发重视优秀内容的价值，愿意给予优秀的自媒体平台以投资。Y 和他的 C 公众号获得了某公司的投资，成为一家数字媒体创业公司。

传统媒体出身的创业者面临的第一个角色转换是从记者到商人的变化。传统媒体往往在采写和广告两部门之间设置明确的防火墙，甚至有时候会出现两部门工作者没有任何沟通的现象，[①] 记者在组织上、业务上和伦理上都必须保持对销售活动的距离专注于符合专业主义内容要求的新闻生产。除非到一定规模的创业公司担任内容生产负责人，记者辞职创立数字媒体公司多数需要同时承担内容生产和营销、运营的角色。Y 表示："原来不用对员工负责，他们在报社的大框架下；现在我要完全对他们负责。在初创阶段，我作为'新司机'，要负全部责任，这方面压力比较大。说到根本上，两个角色完全不一样。"

专业性并没有消失，而是在包装一番后与创业实践达成共谋继续得以保持。包装一番指的是作为没有新闻资质的数字媒体创业公司，C 在对待自己性质时格外慎重。其成员 Z 说："C 是一个媒体吗？也不能说一个媒体，要看怎么界定。……我们有时候做的事某一个行业观察、趋势分析、人物稿，甚至有些题不是那么硬，这好像不完全是新闻。是信息，放大看广告、文章评论都是内容范畴，都是用户需要的信息，只不过不是传统新闻媒体的范畴。"关于身份，该成员 Z 表示："我们名片上印记者的时候，我也是犯嘀咕的。因为做的事情就是记者，不比记者轻松，每个环节都涉及，包括事实核查等。因为没有记者证，所以稿子里会规避用采访这个词，用采写或者'谁告诉C'，换一种方式规避风险。"

不被新闻管理机关正面认可并不影响其实践的专业性，因为专业的操作成为品牌的一部分，中立、客观和准确以及不接软文是为了保持良好的品牌形象，以便在放弃短期利益的基础上争取长期利益。比如上述成员 Z 在谈及

---

① 来自财新前 CTO 黄志敏 2017 年 4 月 15 日在清华大学新闻与传播学院的内部分享。

发"软文"时提道："可以理解，但我个人对这个是非常反感的……我们不发软文而且不拿车马费，现在行业头部的企业举办的活动给车马费，我们都是拒掉的。希望能够最大限度保证公正客观。因为拿人手短，为了眼前利益牺牲的会是长远的利益。"

较之于专业主义教条，衡量稿件是否专业的标准更多地从点击量和影响力来考察，强调能否在行业现实中带去经济收益。成员 H 认为："希望所做的事情能给用户带来收益，无论是信息上增量还是职业发展的启迪，包括规划工作，哪怕微小的建议，这就是价值。……不是说每天喊正能量的口号，而在于实实在在能带来哪些改变，传递哪些信息。"

换个视角看，新闻专业性的形成本身就是企业从处于利益最大化的管理实践提炼而出的。有学者以普利策为例指出，为了让报纸能够在千千万万的事实中最快、最准确地完成标准化的新闻内容生产，普利策将客观性作为要求记者的任务描述，将一群文人最大限度地规训为职业白领。认识到新闻专业主义根植于资本主义经济的本质，就不难理解今时今日的数字化媒体创业公司一定仍会努力寻找一种能够将员工规训、将利润最大化的规则。[①] 因此，公共性与商业性的合谋是逻辑上的必然。

（三）组织认同：参与感、仪式与情感依赖

媒体组织是媒体从业者工作的舞台，能够为其提供工作的资源，如身份、信源、设备、发表机会等；能够为其提供不断发展的机会，如培训、升迁和交流等；能够为其提供工作的汇报，如工资、稿酬、奖金等。[②] 作为数字媒体创业公司的 C 相对于从业者而言是个新平台，与传统的媒体组织是有区别的。成员深度参与到了媒体组织的设计、改造当中，这增强了成员的参与感、效能感和组织认同；这使得组织无法满足成员的组织需求时，成员仍能够保持较强的情感认同。

在利用社会资本、经济资本等从零开始建设公众号 C 的过程中，创始人

---

① 胡翼青、汪睿：《新闻专业主义批判：一种传播政治经济学的视角》，《现代传播》2013 年第10 期。

② 陆晔、潘忠党：《成名的想象：中国社会转型过程中新闻从业者的专业主义话语建构》，《新闻学研究》2002 年第 4 期。

Y 和核心成员都有较大的机会参与和改造组织体系。Y 为公众号 C 的启动注入了最大的社会资本和经济资本。第一篇专访"福喜事件"的稿子和之后奠定行业知名度而在"澎湃"新闻上线的稿件，都是对当事记者的深度采访，而这些采访对象都是 Y 多年的工作伙伴，并由 Y 亲自介绍给公众号 C 的访者。在此后较长的一段时间里，C 稿件的信源多是由 Y 提供的。如果没有这些信源资源，C 几乎没有运行的持续可能。在未成立公司之时，Y 每月坚持给编辑部的核心成员发放数百元的补贴作为劳动报酬。社会资本和经济资本的主导权使得 Y 是 C 团队毫无争议的核心人物，直至今日任何稿件都必须经过他的最终审核，他也一直通过不断为 C 争取资源支持、直接与读者互动、不断为团队成员提供擢升和发展的机会等方式巩固着控制权。

核心成员从创立之时的参与，使得他们在 C 的发展中也扮演着高度主动的角色。创立之初，编辑部实行的是三人轮流值班，另两位核心成员的深度卷入是 C 得以按时完成内容生产的基础。而后核心成员通过一度人际关系邀请了更多人加入编辑部，客观上提升了早期成员在编辑部中的话语权，进而带来了更大的参与感。例如在文章选题、栏目确定甚至标题长度上都是由核心成员与 Y 开会商议后决定的，Y 也十分尊重核心成员的创意和建议，往往会在付诸实践后根据客观结果予以定夺。这在客观上提升了核心成员的组织能力和效能感。C 信奉的哲学是"相互成就"，成员和组织是相互共生的关系，成员在为团队贡献价值的同时也能获得最大限度的成长。

通过一系列仪式，C 固定了对成员对组织的情感依赖。每年一次的团建活动，被成员们以"一大""二大"的方式称说。一家体制之外的数字媒体创业公司戏仿党代会的说法，暗示了组织方式和身份认同上的相似性。从参加者范围上看，党代会是只对党内骨干开放的仪式，在组织中的地位角色决定了是否有资格参加，在组织中的参与感影响着成员是否参加。C 依托于微信群工作，自然地形成了以创始人和创始人一度的朋友为中心的核心成员，约稿作者、众包编辑等则是核心之外的成员。参与到团建中的成员彼此往往是第一次谋面，这完成了核心成员与非核心成员的识别与区隔，使得核心成员的认同感更加强烈。从活动空间上看，党代会举办地是区别于一般工作地的特殊场所。C 的团建活动选择了远离日常生活的空间，将日常生活中赋予在参与者身上的身份剥离，突出了 C 这个共同体的身份认同。在活动的组织上，核心成员共同挑选目的地、完成活动设计和组织，通过建立工作之外的联系强化了对 C 的情感依赖。

情感依赖提升了成员对 C 的宽容度。作为一家体制之外的初创企业，C 不能提供媒体从业关键的"编制"和采访权，在薪酬成长和职业路径发展上也不能提供明确的方案。情感依赖缓解了成员们对上述不足的容忍程度。他们指出整个内容创业领域都是没有记者证和采访权的，内容创业的变现之路和未来都是尚在探索当中的，这并不是问题，反而是默契而轻松的工作氛围让成员能够做出有价值的作品。和谐的工作氛围和参与感是 C 的比较优势，这些巩固了成员对组织的认同感。

（四）社会资本：液态新闻业中的未来追求

进一步解释为什么成员能够在 C 认真工作，则需要在对主体外部环境和主体间感性联系的考察之外，关注行动者在结构中能够获得何种资本、形成何种认同。显而易见，作为初创公司的 C 仍在探索商业模式阶段，成员并未享受到巨大的经济回报亦未能有明确的未来图景。反而在液态新闻业的现实当中，劳资分离的企业处于资本利益最大化的考虑，会尽量增大内容生产者的可替代性，劳动者的收入增长曲线也会趋于平缓。[①] 液态新闻业的概念来自学者对鲍曼"液态现代性"概念的发展。鲍曼在《液态现代性》中指出当代社会的状态从固态、厚重、稳定日益变得液态、轻盈而多变，这体现为科技发展使得资本流通性更强，空间的阻隔更易跨越，资本家更加追逐能够灵活、即时地生产价值。[②]

中国大陆也面临着液态新闻业的局面，"液态"程度甚至比国外更强。[③] 中国有更充裕的社会资本投资到内容创业当中，[④] 数以千万计的数字媒体创业

① 华婉伶、臧国仁：《液态新闻：新一代记者与当前媒介境况——以 Zygmunt Bauman "液态现代性"概念为理论基础》，中华传播学会 2010 年年会。
② Zygmunt Bauman, *Liquid modernity*, Cambridge：Polity Press，2000.
③ 陆晔、周睿鸣：《"液态"的新闻业：新传播形态与新闻专业主义再思考——以澎湃新闻"东方之星"长江沉船事故报道为个案》，《新闻与传播研究》2016 年第 7 期。
④ 《中国内容创业尚处风口 但国外媒体却没那么好过》，36 氪公众号，http://tech.163.com/16/0815/07/BUGAB54D00097U7V.html。

者投入到了这场"零资产"的创业当中。统计显示，毕业创业的大学生中八成选择了新媒体方向。① 面对上述现实台湾学者发现，刚刚入行的年轻记者在面对液态新闻业时会清楚认识到自己并非不可替代，因而一方面努力追求工作被肯定，成为"组织中的工作者"；另一方面用"稳中求变"、工作有趣、有成就感，为收入不高、工作不稳定的现实辩护。

大陆的情况与台湾稍有不同。台湾地区的案例中，新闻工作者自认为是报社中最底层的螺丝钉，唯有通过百分之百执行长官的决策获得认可。② 而 C 的作者明确地意识到公司的创业属性，更期待尽早能够完成自己的代表作，以开放的形式面对包括官方媒体、数字媒体创业公司在内的多重就业机会。在 C 获得"成名"和积累业界社会资源的机会进而为未来的职业发展奠基，是收入之外激励 C 成员不断工作的重要因素。创始人 Y 希望员工能够成为享有话语权的领军人物，能够对行业产生真实的影响。通过每月一次的闭门会，C 提供给成员接触创业公司"大佬"的机会，并在此基础上创造采访和合作的机会。

第四节　媒体的文化融合策略

一　融合产消者生产，以社交化促多样性

产消融合的关键，是从信息的生产与消费者两端进行深度的文化吸纳、交融。

（一）PGC + UGC 模式的运用

首先，要把专业生产（PGC）与用户生产（UGC）尽最大可能结合起来。媒体人也看到了用户生产常常是专业生产的积极因素，正如新京报"我们视频"的负责人所言：某个角度来说自媒体对我们并没有带来冲击和影响，相

---

① 《史上最难就业季　八成大学生创业选择新媒体》，中国青年网，http：//edu. qq. com/a/20160716/008045. htm。

② 华婉伶、臧国仁：《液态新闻：新一代记者与当前媒介境况——以 Zygmunt Bauman "液态现代性"概念为理论基础》，中华传播学会 2010 年年会。

反两者之间更像是信息市场里的相互补充关系。如果不是这么多的网民爆料，我们不可能那么迅速地获取到信息。①

PGC 和 UGC 机制的融合，可以同时实现平台的吸引力和参与度，既能发挥规模优势，又能获得更强的用户黏性，融合后的 PUGC（Professional User Generated Content，将 UGC + PGC 相结合的内容生产模式）受到众多新型媒体平台的青睐。比如目前颇具影响的移动音频"喜马拉雅 FM"，便是成功运用了 UGC + PGC 模式：一方面它通过 UGC 内容提升参与度——"喜马拉雅 FM"设置了"主播工作台"功能和录音、直播入口，提供各类文档和背景音乐，用户可以用最简单的设备随时随地参与内容生产。普通用户生产的内容也可开通收费服务，大大激发了创作热情；另一方面，"喜马拉雅 FM"通过 PGC 内容提升平台知名度和实现变现——"喜马拉雅 FM"签约了众多演员、主持人、文化名人和其他内容创作者，设置了诸多品牌栏目。这些 PGC 内容成为实施知识付费的基础和入口，将庞大的用户真正转化为变现能力。"喜马拉雅 FM"还在版权方面做出了大规模的投入，着力拓展独家版权范围。再比如视频平台上，一些成功的平台也运用了 UGC + PGC 的模式，如梨视频。梨视频平台在上线前便召集了 3100 名拍客大量生产 UGC，拍客广泛覆盖了不同地域、职业、年龄。随着平台的壮大，其 PGC 和 UGC 生产者规模持续扩大，目前其拍客体系由机构拍客、核心拍客、拍客 plus、商业拍客构成，其中核心拍客是比较活跃的普通用户（UGC 生产者），其他拍客均有专业背景（PGC 生产者或 OGC，即职业生产者 Occupationally - generated Content）。据报道截至 2017 年 11 月梨视频已拥有 20698 名特别活跃的核心拍客，其拍客延伸至全球各地。庞大的拍客群、多元而专业的拍客来源保证了梨视频内容的广度和深度。在新平台的发展中，大量专业人士、众多传统媒体人才不断涌入，因此新型平台内容生产走向专业化、团队化运营，使内容生产的产业链更加完整。②

传统媒体在 UGC 和 PGC/OGC 的融合方面，还持非常审慎的态度，这是

---

① 本刊记者章淑贞、实习记者王珏、实习生李佳咪：《短视频新闻的突围之路——访新京报"我们视频"副总经理彭远文》，《新闻与写作》2019 年第 6 期。

② 黄楚新、王丹丹：《产消融合中的内容生产新机制》，《新闻与写作》2018 年第 10 期。

可以理解的。但是如何积极、主动去开拓这方面的融合呢？新京报"我们视频"等已经在尝试。另一方面，传统媒体及其新媒体也在借助新平台发展产消融合。新平台则通过多样化策略寻求与传统媒体的融合发展，比如字节跳动科技公司下设的"今日头条"，近年来形成了完整、全面的内容生产矩阵。从 2014 年它推出了"头条号"媒体平台，还推出了众多内容扶持计划，鼓励和扶持内容创业。今日头条细化不同平台的定位，仅在短视频领域，今日头条旗下就有西瓜视频、火山小视频、抖音、Musical. ly，他们针对不同平台的生产机制，采取不同的内容策略。如针对 UGC 模式的火山小视频用户，他们推出了鼓励创作的"火点计划"；针对主打 PGC 的西瓜视频，积极谋求与央视、澎湃等媒体的合作，吸收传统媒体 OGC 内容。传统的 BAT 也纷纷在短视频领域采取多元布局的策略。腾讯在重启微视后，陆续上线了下饭、速看、时光小视频等多款短视频应用，成立虚拟项目组协调各个产品线的资源来发展短视频业务。其中竖屏的微视对标抖音，均为 UGC 机制；横屏的下饭视频对标西瓜视频，OGC + PGC 内容占比高。此外还有主打影视剧解析的"速看"视频（PGC），主打熟人社交的"时光"小视频（UGC），腾讯通过协调资源，也努力建设多元化的短视频应用矩阵，但单个应用的竞争力还比较弱势。[1]

（二）社交化成为产消融合的重要手段

媒体社交化的核心是转变传播关系，将信息与人的单身传播关系，转变为人与人、人与信息、信息与信息的关系，是一个多元交互关系，最终向关系的平台化、社区化、社会化发展。它也是 Web2.0 的产物，是互联网技术使得信息的个人化、互动和分享得以实现。网络平台、媒体借助新平台建立社交关系，有助于增强平台的用户黏性，而分享机制则能鼓励用户的分享和互动。

产消融合已经使传统的共享型传播转型为分享型传播，平台型媒体遵从互联网逻辑，在现阶段的传播模式主要是靠社交圈子传播。每一个身处平台之中的"产消者"，不仅充当着内容的策划、组织、生产者，而且扮演了传播者的角色。[2] 新型媒体平台，包括 UGC 和 PGC/OGC 平台，都非常重视社交

---

① 黄楚新、王丹丹：《产消融合中的内容生产新机制》，《新闻与写作》2018 年第 10 期。

② 李嘉卓：《产消者：融合时代平台型媒体的核心》，《青年记者》2015 年 3 月上。

化，有些应用的社交关系还延伸到了线下，比如较大规模的有"2018 西安首届抖友音乐会""2018 贵阳抖友啤酒音乐节"、罗辑思维公众号等线下活动。使部分应用的用户形成了具备一定归属感的社群。

对传统媒体而言，其社交化的起点是微博微信"两微"的运营。据统计，至 2015 年 8 月，内地报纸开通的官方微博总数已达 3571 个，平均每家报纸拥有近 2 个微博。新浪微博于 2009 年 8 月 14 日开始内测，当月就有报纸微博上线，2010 年起进入开通高峰期，这一年也被称为"中国微博元年"，当年微博用户达 1.25 亿。在 2009 年 8 月至 2011 年底最初的两年多时间里报纸踊跃开通微博，2011 年下半年起新增数量明显下降，到 2014 年几乎陷入停滞，处于饱和状态。据研究，母报品牌影响力、微博开通历史和发微博的数量及频次，是影响粉丝数的重要三变量；报纸的微博原创率高，关注数明显大于名人大 V。与此同时，报纸的微信公众号的开通率为百分之百，相较微博而言它更普及，但更新慢、发布迟，原创率低、同质化严重，影响了传播效果。总体而言，报纸通过"两微"社交平台发布新闻、获取信息、扩大受众、黏结用户、自我营销等行为已经日常化、正规化和普遍化，其粉丝量也远远超过报纸的发行量。"两微"的普及程度和运作频率，均明显超过报纸的新闻客户端。[1] 但是传统媒体的社交化应该包括的三个不同层面的运作——社交化传播、社交化生产、社交化运营，[2] 尚未彰显。

二 语态策略：互动性叙述方式与叙事态度的创新

在"产消融合"趋势的加强和社交媒体的不断发展之下，新闻语态正在发生着新一轮的变化。传统主流媒体的官方社交账号甚至媒体本身正在兴起一种社交式风格、互动式的新语态。对于媒体而言，只有言之有物、坚持专业追求的语态，才是有效果和有前景的。新语态的出现，是对身份认同混乱的一个回答。新闻从业者需要坚持专业性，同时要注重新潮流，语态是一种

---

① 辜晓进、徐蔓、张鑫瑶：《作为报业转型突破口的社交媒体战略——基于国内 104 家代表性报纸"两微"的表现》，《新闻与传播研究》2017 年第 8 期。

② 彭兰：《移动化、社交化、智能化：传统媒体转型的三大路径》，《新闻界》2018 年第 1 期。

表达形式，是对新时代的反应和对策。①

2016年在数字化领域净赚5亿美元的《纽约时报》，在最近的未来规划中仍在反思其不足，认为目前其报纸的报道语态还不能契合数字时代的要求，用"套路"语言写成的报道难以精确阐述新闻主旨，也无法吸引年轻读者的关注。他们提出要创造出新的形式，要激励记者们少用官样语态，多用对话式风格，以更接地气的方式去报道新闻。他们认为，记者很善于在社交媒体、广播电视领域使用这种适合网络时代的语态和风格，但是在报纸上却不能运用自如。互动式新闻，仍要以正式的采写方式用心去做。②

在中国，媒体对新型语态的运用正在引发关注。比如2017年春节期间，中央电视台《新闻联播》推出特别节目《厉害了　我的国》，就使用了新型语态的表达方式。类似"厉害了　我的××"这样句式的标题，在2016年秋就开始在社交媒体和新闻中流行起来。比如，央视4套在2016年10月的报道中用了《厉害了　我的中国》③，新华网新华视频在年末盘点2016年的新闻时，也用了标题《2016，厉害了　我的国》，④ 新京报的一篇评论标题也用过"厉害了，我的哥！"的句式。这种语态出现在我国最权威的电视新闻栏目《新闻联播》中，足见一种新的语态已经被认可了。社交媒体带来了新闻语态的又一轮革新。

中国三十多年来的新闻改革，一直与叙述方式或称语态的变革相伴随，并从"官方宣传式"语态，逐渐过渡为20世纪80年代的"媒体人"语态和九十年代的"平民"语态。如今，在社交媒体的影响下，新闻语态正在发生新一轮的革新，传统主流媒体的官方社交账号甚至媒体本身正在兴起一种社交式风格、互动式的新语态。当然，我们还要正确理解新语态的变化与作用。对于媒体而言，只有言之有物、坚持专业追求的语态，才是有效果和前景的。新语态并不是简单的标题党和讨巧卖萌。

中央电视台副台长孙玉胜在其《十年——从改变电视的语态开始》一书

---

① 参见陈昌凤《社交时代传播语态的再变革》，《新闻与写作》2017年第2期。

② Journalism That Stands Apart，by The Report of The 2020 Group，*New York Times*，January 2017.

③ CCTV4:《厉害了　我的中国》，2016年10月12日。

④ 《2016，厉害了　我的国》，http：//news. xinhuanet. com/2016 - 12/30/c_ 1120223265. htm? from = timeline&isappinstalled = 0。

中，将语态视作一种叙述方式。语态首先包括语句、用词、调式。过去惯用的转大词、高八度、排比句式的高调的新闻文体，被称为"新华体"。事实上，"新华体"与新华社没有直接的联系，"新华体"作为一种带有通用性质的新闻写作体式，是我国新闻媒体在特殊时代中锻造形成的，具有时代烙印。"新华体"具有权威和可信度两个象征性。① 然而，新闻语态不只包含着叙述方式，更表达了叙事态度。我国媒体前几十年的新闻语态，习惯了居高临下、保持距离的宣讲式，使用的是"官方宣传式"语态。改革开放三十多年来，新闻语态的变革让信息传播卓有成效，总的来看大致可以分为三个阶段。

第一阶段是 20 世纪 80 年代开始的语态变革，可以称作是媒体本位意识觉醒时期的媒体人语态。这个时期的语态变革，集中体现在报纸的深度报道中。记者将形而上学的探索、个人思考与启蒙性的观点，糅合在新闻事实中，一反以前的"官方宣传式"语态，释放出媒体人前所未有的觉醒和自我意识。报纸的深度报道的核心主要围绕"五个 W"中的 Why（原因）来展开。当时颇为典型的深度报道作品有：张建伟的《大学毕业生成材追踪记》（1985年），之后还有《第五代》（1986 年）、大兴安岭火灾三色系列报道（1986年）、《关广梅现象》（1987 年）、《命运备忘录》（1987 年）等。为了探究事实中的原因，那个时期的深度报道打破成规，将新近发生的事件、人物置于历史（时间）与空间的交汇点上，在宏观的语境中交融不同的新闻题材，进行所谓全方位的透视，曾被称为"新闻怪胎""全息摄影式报道"。② 报道中时常有抽象的思考，有记者的代入有古今中外的参照，有不同于新闻的表述。比如大兴安岭火灾三色系列报道之《红色的警告》中记者急切地直问："这种弊端百出的体制结构、管理模式，不改革怎么得了！"会时常出现记者以"我们"的表述在新闻中直陈，"请谅解我们使用了'马大哈'这样不雅的词"。"我们并不一般地反对'会而议之'……"与此同时，电视系列片《话说长江》（1983 年）、杂志节目《九州方圆》（1983 年）也都创造性地使用了新的语态。这个阶段语态变化的核心是媒体及媒体人的求索、观点和思考，是记者"我"本位的体现。

---

① 孙玉胜：《十年——从改变电视的语态开始》，中信出版社 2010 年版，第 40—42 页。
② 樊云芳：《全息的眼，全息的笔》，《新闻记者》1988 年第 4 期。

　　第二阶段发生在 20 世纪 90 年代，当时的新闻向着"受众本位"变革，语态更加平民化。引领潮流的是中央电视台在 1993 年以后创办的《东方时空》《焦点访谈》《新闻调查》《实话实说》等一系列电视新闻深度报道类栏目，它们确立了电视新闻的地位，引领了电视新闻的发展。20 世纪 90 年代初，在时任中央电视台台长杨伟光的领导下，将中央电视台的改革目标定为变电视新闻的"新华体"为"中新体"。当时对"中新体"的理解，是透着家常、亲近可信，几近说话体。这其实就是要改革媒体说话的语气、尝试一种新的叙述方式。① 电视新闻的实验性改革，是实验了一种新的电视理念，并且是从实验与观众的新的"说话方式"——叙述方式开始的。叙述的态度应该是真诚平和的，叙述的内容应该是观众关心和真实的，叙述的技巧应该是有过程和悬念的，叙述的效果应该是具有真实感和吸引力的。② 新的叙述方式不仅让电视解说词的写作改变了文风，更重要的是它用其特有的语言吸引了观众。新闻开始倡导面对面式的交流、平等转述式的对话，开始重视"平民语态"——用百姓的语言说话。

　　进入 21 世纪以来，Web2.0 技术催生了社交媒体，新闻语态、信息语态又一次得以革新，人们开始了身在其中、感同身受地融入互动式传播，传受两者之间不分彼此，在交流互动时使用大量的社交媒体打造的网络流行语。我们可以把传者、受者之间采用互动语气、交流陈述的方式称作"互动语态"。央视《新闻联播》的春节特别节目《厉害了　我的国》，就是广泛征集了受众用户的自拍视频和图片，用同一种叙述方式、同一个流行语表达出来的。在《厉害了 我的国》节目中，"是很多人拿起手机，自己拍，自己说，拍出叫人惊喜的变化，说出不吐不快的自豪"。③

　　这一轮革新，首先体现在叙述方式方面：字里行间体现出一种互动、分享的技术感，音像视频里也都充满着传播者与用户的融合意识。朗朗上口的网络流行语，来自用户、贴近用户的鲜活信息，一脱陈旧的"新闻腔"。《新闻联播》在春节特别节目《厉害了 我的国》的导语是："国家领导人知道老

---

① 孙玉胜：《十年——从改变电视的语态开始》，中信出版社 2010 年版，第 41—42 页。
② 同上书，"前言"第 3 页。
③ 彭湃新闻转自央视客户端：《新闻联播推特别节目〈厉害了　我的国〉：说出不吐不快的自豪》，http：//www.thepaper.cn/ newsDetail_ forward_ 1609816。

百姓在想什么，老百姓知道自己需要什么，干部知道自己该干什么，军人知道自己保卫什么。所有人合起来，打拼出一个美丽的中国，日新月异的中国，让世界刮目相看的中国。"①

但这种革新不只是一种叙述方式。因为它从内容到形式，都有着新的特点。内容上，目前它还并不以采写式的报道为主，而是以话题式的述评为纲，优秀作品的话题通常关涉国计民生中的热点、难点、疑点；形式上，它们常常追求个性化表述，无框架、无模式，自由自主；态度上，它们常透着分享的愿望、互动的气质。作品传播中体现了一种与网友进行的信息分享、思想共鸣和精神沟通的价值定位。以人民日报海外版的新媒体客户端产品"侠客岛"（微信公众号）为例，主创者认为优质的内容是"侠客岛"的制胜法宝。

"侠客岛"以时政分析见长，近年来在时政报道的新媒体中独树一帜，吸引了大量年轻人关注国际国内时事要闻。他们"作者队伍庞大风格多变，有以深度分析见长者，有以言辞犀利见长者，有以独家内幕见长者，也有撒娇卖萌者"，"无论你是资深爱好者还是时政小白，无论你是管理者还是普通劳动者"，其目标受众面很广泛，而且与网民的互动意识非常强烈。这些看起来逻辑不一的标准，实际上显示出新媒体的敏锐的思维、灵活的策略和专业的追求。对比 20 世纪 80 年代，可以看到如今的时政类公号已经成为看似"无模式"的独特个性化表述。虽然无体无式，但是充满表达力，深受网友尤其是年轻网友们的喜爱。

"侠客岛" 2016 年 3 月 27 日的一篇《壹周侃》专栏文章题为《史记·川普本纪》，文章沿用了中国传统的"纪传体"《史记》的体式，用通俗的文言文，以编年记事的形式，记载了川普（特朗普）的生平、主要活动和重大事件。文言文中还夹以网语、英语，亦真亦幻，记事中夹以讥讽谐谑的评论，竟也条理清晰，有行云流水之势，比如：

> 八年春，普振臂一呼，初选大捷。有美利坚十一州者，七州民众揭竿而起，以白土书"苍天已死，普天同庆；岁在周二，天下特朗。"弗、

---

① 《厉害了我的国！首条空中自行车道开通几天撤侨上千人……》，央视网，2017 年 1 月 27 日，http://news.cctv.com/2017/01/27/ARTIVrCjQMFJWqL4lbQbWb – sE170127.shtml。

佐、阿拉、马、田、阿肯、佛七州之人，家家侍奉川普之名，人人挂配
鸡冠之章。鸡冠者，徒众观普之发型，悟其型而所铸也。

这类风格的文字，对年轻网民而言颇具吸引力，截至 2017 年 1 月上旬，
这篇文章的阅读量接近 14 万。再看下段：

普睨之，厉声斥道："自华盛顿帝、建国诸贤始，历林肯祖、罗斯福
宗，至尼克松、里根者，美利坚雄霸全球矣！今国统衰落，佞臣当道，
国乱岁凶，四方扰攘！布什父子以来，朝堂之上，朽木为官！遍地之间，
政治正确汹涌当道；举国上下，有识之士噤若寒蝉。吾若登基，则美利
坚重现荣光指日可待！"

新语态看似意识流，夹以无厘头（包括必不可少的萌配图），实则具有精
巧的构思，能吸引年轻网友的关注。"本纪"专用于纪传体史书中的帝王传
记，始于司马迁的《史记》。《史记》中历代的帝王传记称为"某某本纪"，
而这篇《史记·川普本纪》发表的七个多月后，特朗普真的当上了总统，进
入了"本纪"行列，网民皆以该文为"神预测"。

个性化格调、互动的方式、平等共享的态度是社交时代新语态的最大追求，
也是后 Web2.0 时代的网络化特征，而原创性内容则体现了年轻一代的追求。目
前新语态主要运用于社交媒体的各种微信公众号，包括大量的媒体公众号、媒
体人公众号。当微信公众平台充斥着大量心灵鸡汤、健康养生、微商信息的时
候，有个性、有见解的内容往往能脱颖而出。这些公众号的名称都别出心裁，
比如新京报旗下就有名为"Fun 娱乐"和"文艺 Sao 客"的公众号。一位媒体
公众号的运营者，经过探索之后发现："原来'讲人话'才是公众号时代的专业
性要求。你面对的不应该只是读者，而应当是可以一起'嚼舌头'的闺蜜、同
仇敌忾的战友。做媒体公号'端着'的话只能是死路一条。"①

时政类微信公众号近年一改时政新闻的生态和语态，获得了新生。"侠客
岛"曾宣称："我们从不做简单的新闻推送，我们做的是态度、分析、见解和

① 小 T 阿姨：《做媒体公号"端着"只能是死路一条》，http://www.jzwcom.com/ jzw/75/
14754. html。

趋势。我们全是原创，而且是跟别人不一样的深度原创。""侠客岛"从不错过焦点和时事发展趋势，通过每天数量精简的推送，让受众读懂国内外重大时事。这类时政类的公众号还包括中国青年报的"海运仓内参"，北京日报的"长安街知事"，北京青年报的"团结湖参考"，人民日报海外版的"学习小组"等，它们专注时政领域，对时事政策的解读得到了网友们的欢迎。

语态变革关涉创新战略。创新让2016年的世界新闻业再迎曙光。2016年，纽约时报在数字化领域的净利润达到5亿美元，其纯数字订阅用户数量超过150万人，纸质版订阅量也超过100万份。华盛顿邮报在美国大选结束后的订阅用户增长了300%，2016年其在全球的用户超过3000万人，网站的流量也增加了近50%。纽约时报并未沉醉于已有的成功，而是不断寻找不足、追求革新。在2017年1月17日出炉的报告《与众不同的新闻业》中，纽约时报提出了在2020年前的改革目标：加强可视化、文字形式更适合数字化、创新深度新闻和服务性新闻、让读者参与等四点未来发展战略。[①] 可以看出，纽约时报提出的四点发展战略均与报道形式、用语风格等语态内涵的变革密切相关。

新语态需要突破旧的框架，必须要有创新的意识。纽约时报在上述报告中很明确地提出了要用更数字化时代的文字去做报道。它推崇该报的数字化产品《每日简讯》（The daily briefings），因为《每日简讯》运用了数字化的技术和数据库，以频繁而又适度的节奏、贴近读者的方式向读者解释世界上发生的事。他们未来希望形成一种常态，通过邮件简讯、推送、常见问题解答、积分榜、音视频以及其他一切能创造出来的形式，通过新闻故事启发读者进行思考。新的形式不仅要迎合读者的阅读习惯，而且要激励记者们少用官样语态、多用对话式风格去写报道。他们反思：如今记者们很善于使用网络语言去做社交媒体、广播电视领域。但是一写到报纸上，就显得语言老套、文章旧式。

互动式语态仍然要体现出一种新闻专业性的态度。表面上，它似乎只是形式上的新鲜，但其实它的内涵必须符合贴近生活、贴近群众的新闻专业化追求。网络时代，它在形式上仍是要打破陈旧的"新闻八股"，这与我们一直

---

① Journalism That Stands Apart, by The Report of The 2020 Group, *New York Times*, January 2017.

以来的追求不谋而合。1999 年，时任《人民日报》总编辑的范敬宜先生就写道："要和老百姓平起平坐，向他们学习如何讲话，如何表达……老百姓喜欢的是实实在在，而不是成串的'高级形容词'。"①

　　媒体报道的态度代表着新闻专业精神，但是有态度并不意味着要突出自我。目前，在我国的微信公众号和社交媒体账号上盛行运用第一人称、突出自我来叙事说理。这类文章的语言风格确实可以别具一格、很接地气的，迎合网友的喜好。但是在专业新闻报道和评论中，媒体还是应当保持专业性的客观追求、独立的视角、百姓代言者的态度，而不是记者自己的。纽约时报上也曾出现相似的情形："在报道中，记者们并不擅长使用新的接地气的写作风格。当我们使用这种报道形式的时候，却经常等同于使用第一人称的语气。确实，纽约时报正在越来越自如地运用第一人称进行报道。但是要知道，对话式写作、互动式风格不是依赖使用第一人称。"互动式新闻，也要以同正式采写同样的用心去打造新的形态才行。②

　　用正式的新闻采写的用心和专业的态度是新闻新语态得以持续、发展的重要保障。创新变革不是去追求"网红"式的昙花一现、流行语式的转瞬即逝，新语态不是耍嘴皮、纯卖萌，而是要用贴近的内容、独特的视角、深度的调查、敏锐的剖析和网友们喜闻乐见的风格、语气、态度和情感，去做专业的文章。新语态也不是社交媒体或媒体公众号的专利，我们的专业性媒体也要拓展原有的语态，奋力跟上创新潮流。

三　以专业生产校正用户生产的策略："事实核查新闻"的兴起及其反思

　　近来公众生产信息时代的信息的质量参差不齐的问题，一直受到关注。特别是其中的真实性问题，成为全球范围存在的问题。如何有效防止新闻失实，国际新闻界从技术角度做出了一些探索，出现了一种以专业生产（产，PGC）纠正非专业生产（消，UGC）的"事实核查新闻"，主要是为了应对自媒体的新闻失实问题（同时也会纠正专业媒体的不实问题）。"事实核查新闻"成了产消融合时代的一项伦理策略，但是它本身仍存在许多问题。本节

----

① 范敬宜：《人到晚年学说话》，《敬宜笔记》，文汇出版社 2002 年版，第 25—27 页。
② Journalism That Stands Apart, by The Report of The 2020 Group, *New York Times*, January 2017.

通过分析美国"事实核查新闻"的做法，检视这种新型的产消融合背景下新闻真实性伦理策略。

伴随着对大众生产的信息缺乏专业的生产和核查机制的反思，美国的学界和业界近年来在政治新闻领域悄然掀起一股"事实核查新闻"（fact - checking journalism）的潮流。发起者认为，如果政治新闻充满虚假消息甚至谎言，那么公共讨论就会受到影响，同时不利于选民的选择和投票。[①] 作为一项行业规范，"事实核查"的理念与制度在媒体行业中有着悠久的历史传统。一般来说，在新闻采访过程中，事实核查作为记者获得信源的准则，需要来自两个信源的检验，称为"双重检验（double check）"；而在成稿之后，则会由编辑再次进行事实核查，抑或是专职的事实核查员对记者已经成文但未发表的报道逐一阅读与核实，确认报道中事实性信息准确无误。通过信源检验和编辑核查两道流程，事实核查作为一种新闻机构的内部核查机制，在很大程度上保证了新闻作品发表的可信度。

事实核查本来就是一项复杂的工作，非专业性信息采集者和发布者的大量参与，使得专业性的事实核查面临更大的挑战。不仅网络新闻报道常常忽视事实核查，而且一些传统主流媒体也在与新媒体的竞争中不得不放弃了核查制度。与此同时，运用新的工具和手段的新型信息核查机构应运而生，比如被称为"首家社交网络通讯社"的 Storyful 使用电脑程序核实信息，利用其研发信息监测工具 Newswire，对 Twitter、Facebook、YouTube、Instagram 等著名的社交媒体上用户生产的内容（UGC）进行实时监测与事实核查，为路透社、《纽约时报》、BBC 等传统媒体注册用户提供信息核实服务。谷歌新闻实验室为新闻机构提供了一系列工具、数据和项目，以帮助新闻从业者可以用较为便捷的方式，快速从海量的信息中寻找可靠信源和信息素材，同时核查信息的准确性，并清理虚假信息。但是类似的专业性服务范围非常有限，仍有海量的网络信息无法得到核查。

在这样的背景下，一系列"事实核查新闻"的实践应运而生，事实核查

---

① Brendan Nyhan and Jason Reifler, "Misinformation and Fact - checking: Research Findings From Social Science", New America Foundation Media Policy Initiative Research Paper, February 2012（访问日期 2016 年 6 月 2 日, http://www.dartmouth.edu/~nyhan/Misinformation_ and_ Fact - checking. pdf）。

也从一项行业规范逐渐转向了一种新闻样式。自从 2008 年总统选举开始，越来越多的美国媒体、高校和公民团体加入"事实核查新闻"的行动。"事实核查新闻"与传统意义上新闻刊出前的事实核查制度不同，它主要进行的是报道刊出之后的核查，是一种类似"勘误"、纠正错误的行为，特别是揭发政治人物言论中的不实之处。

目前事实核查类新闻的领衔者主要包括《坦帕湾时报》自 2007 年开设的"PolitiFact"网站、《华盛顿邮报》开设的"Fact Checker"栏目、宾夕法尼亚大学安娜伯格公共政策研究中心建立的独立网站"FactCheck. org"等。"PolitiFact"项目还曾因为 2008 年总统竞选中的作品得到了 2009 年的普利策新闻奖。"FactCheck. org"网站的主编 Brooks Jackson 和副主编 Eugene Kiely 曾经在美联社、《华尔街日报》《今日美国》等主流媒体从事过数十年的时政报道，同时与宾夕法尼亚大学安娜伯格传播学院的教授和学生建立了密切的实践合作。[1]《华盛顿邮报》的"Fact Checker"栏目由数位资深媒体人主导，依托于报纸网站，除了核查政治人物的言论之外，该栏目还开设了"匹诺曹指数"以衡量政治人物言论的不实程度。最高等级有 4 个匹诺曹，代表这是一个"弥天大谎"，而后依次降低，最低等级是 1 个匹诺曹，代表政治人物言论总体是真实的，但是隐瞒了一些信息。除了四个序列等级之外，该栏目还有一些因议题过于复杂而"无法判断"的标签，或是政治人物言行"前后矛盾"等特殊情况。[2]

无论是否进行序列评级，从事事实核查新闻的网站等机构，大多在其简介中说明该项目旨在"维护选民和公众的知情权利"。在此以《华盛顿邮报》的"Fact Checker"栏目为研究案例，通过对其 2016 年美国大选中事实核查新闻的分析，研究作为伦理策略之一的事实核查新闻生产的逻辑

---

① 张海华、陈嘉婕：《美国"事实核查"网站的经验与启示》，《现代传播》2012 年第 3 期。
② "匹诺曹指数"（The Pinocchio Test）是《华盛顿邮报》"Fact Checker"栏目推出的用以衡量总统参选人不实程度的指标，等级从 1 个匹诺曹指数到 4 个匹诺曹指数依次增加。根据该栏目的官方介绍，1 个匹诺曹指数等级最低，主要指参选人选择性陈述，可以被认为"基本真实"（mostly true）；2 个匹诺曹指数指在事实方面有明显遗漏或夸大，可以被认为"一半真实"（half true）；3 个匹诺曹指数则是存在明显的事实错误，可以被认为"基本虚假"（mostly false）；4 个匹诺曹指数则是代表弥天大谎。详情可参见 https://www.washingtonpost.com/news/fact-checker/about-the-fact-checker（访问日期：2016 年 6 月 2 日）。

及其影响。

（一）"事实逻辑"与"市场逻辑"的矛盾

下面以《华盛顿邮报》的"Fact Checker"栏目为对象进行讨论。在该栏目"2016年美国大选"的子栏目下，搜集了从2015年4月1日至2016年3月31日一年时间内在该栏目刊发的对总统参选人言论进行事实核查的所有报道。根据研究需要，本节只记录有明确"匹诺曹指数"的报道，剔除标记为"无法判断""前后矛盾"的报道，共搜集报道130篇。其中对当年美国总统选举中共和党和民主党四位主要参选人的报道最多。其中来自共和党的唐纳德·特朗普（Donald Trump）和民主党的希拉里·克林顿（Hillary Clinton），作为两党民调支持率最高的参选人，其事实核查报道数量分列最高，分别为28篇和25篇。针对各位参选人的匹诺曹指数进行均值统计后发现：大多数的参选人处于2个匹诺曹指数以上，而在四位主要参选人中，共和党的特朗普和泰德·科鲁兹（Ted Cruz）的匹诺曹平均指数，要高于民主党的克林顿和伯尼·桑德斯（Bernie Sanders）。

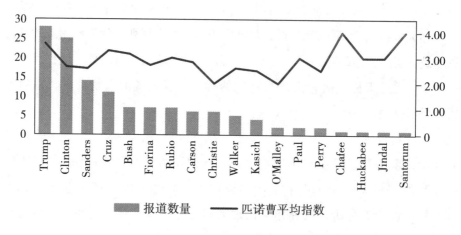

图5.6 参选人报道数量与匹诺曹平均指数

为了探讨不同参选人事实核查报道时间分布的规律，本研究从媒体报道的数量角度，将特朗普、克林顿、桑德斯、科鲁兹等四位参选人归为"高支持参选人"，将其他的参选人归为"低支持参选人"。四位"高支持参选人"为主的报道共84篇，其他多位"低支持参选人"为主的报道共46篇。下面以两周为一个时间周期，描述上述两类总统参选人的事实核查新闻报道数量随时间而变化的情况。

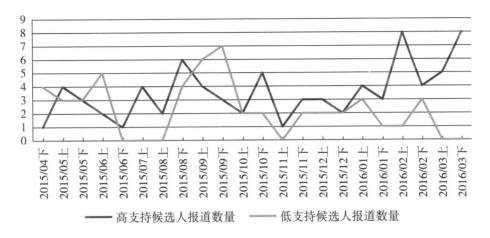

图 5.7　参选人报道数量与匹诺曹平均指数

如图 5.7 所示，统计发现随着时间的推移，"高支持参选人"和"低支持参选人"的事实核查报道数量逐渐拉开距离。在 2015 年 10 月上旬以前，《华盛顿邮报》的"Fact Checker"栏目对于不同的参选人给予了较为多样化的关注，不同的总统参选人均不同程度地报道；但是随着选情的逐渐明朗，自从 2015 年 10 月下旬开始，四位"高支持参选人"的报道数量就持续高于或等于多位"低支持参选人"的报道数量，报道对象在明显地不断集中。

本研究分析认为，在以《华盛顿邮报》为例的美国事实核查新闻—产消时代兴起的保护新闻真实性伦理的手段，仍难以超脱市场化媒体之实。虽然在该栏目的简介中提及，他们的目标是为了作为"真相小队（truth squad）"来检视政治人物的"重要言论",① 但是在市场化逻辑主导的媒介环境下，所谓"重要言论"的判断标准，则来自市场化媒体的"新闻价值"标准，政治层面的"平等"价值往往被媒体层面的"眼球"逻辑所替代，"选民"或

---

① https：//www. washingtonpost. com/news/fact – checker/about – the – fact – checker（访问日期：2016 年 6 月 2 日）。

"公众"的面目模糊也往往与带有商业性质的"受众"或"消费者"相混淆，[1] 受众的关注仍然影响着事实核查新闻的报道对象，也无法超越媒体自身的市场和商业逻辑。为了回应公众对于事实核查新闻报道生产流程的疑问，另一个栏目"PolitiFact"在其网站上公布了其生产过程和标准，他们亦坦言"无法挑选政治人物所有的公开言论"，故而只能针对"最具有新闻价值"和"最有关注度"的内容进行事实核查。[2]

在四位"高支持参选人"中，作为两党获得最高支持率的特朗普和克林顿的报道数量，也分别高于排名其后的科鲁兹和桑德斯。在此根据《今日美国》（USA Today）进行的参选人民调跟踪数据，[3] 以两周为一周期，统计四位"高支持参选人"在每一周期最后一天的民调支持率数据。同时，为了更好地衡量不同参选人事实核查报道在总报道中的相对位置，以有效地体现其被媒体关注的程度，本节将民调支持率数据与每位参选人在该时间周期间报道数量占总报道数量的百分比进行差异分析后，发现参选人的民调支持率越高，则其事实核查报道数量的占比也越高（$F_{(83)} = 11.685$，$p = 0.006$）。这进一步说明，参选人在选民调查中支持率越高，则关于该参选人的报道受关注程度也越高，于是"Fact Checker"栏目也越倾向于关注该参选人的不实言论。也就是说，报道的生产逻辑仍然以"吸引受众"为主导。

更加值得关注的是，除了市场化逻辑之外，事实核查新闻同样具有其他传统媒体的偏向问题。学者对事实核查新闻的内容进行了分析发现，"PolitiFact"刊登的事实核查新闻有着显著的党派偏向，排除掉内容本身的因素，来自共和党的言论更容易被"选择"报道为"失实"，占总体数量的76%。[4] 无独有偶，一项针对"PolitiFact""Fact Checker""FactCheck. org"三家不同事实核查新闻网站的内容分析发现，在"是否存在气候变化""种族主义的影响""财务赤字的后果"等三项具有争议性的话题上，这三个网

---

[1] 王维佳：《传播治理的市场化困境——从媒体融合政策谈起》，《新闻记者》2015 年第 1 期。

[2] 详情可参见 http：//www. politifact. com/truth－o－meter/article/2013/nov/01/principles－politifact－punditfact－and－truth－o－meter （访问日期：2016 年 6 月 2 日）。

[3] http：//www. usatoday. com/pages/interactives/poll－tracker－2016 （访问日期：2016 年 6 月 2 日）。

[4] Eric Ostermeier, "Selection Bias? PolitiFact Rates Republican Statements as False at Three Times the Rate of Democrats", Smart Politics, 10 February 2011 （访问日期 2016 年 6 月 2 日，http：//editions. lib. umn. edu/smartpolitics/2011/02/10/selection－bias－politifact－rate）。

站不仅在选择具体核查的问题时有所不同，即使是对同一个言论的核查，也表现出不同的态度和评价，作者认为这背后体现出了新闻生产的立场偏向。①

（二）基于固有观念判断信息的真伪，而不在意符合事实的信息

事实核查新闻会如何影响选民的看法？报道的"匹诺曹指数"与参选人支持率之间是何种关系？是否"匹诺曹指数"越高，参选人就会被认为越不诚实，从而无法获得选民的支持呢？如果事实核查新闻能按照这样的逻辑发挥影响、对选民产生效果，那么，它们在一定程度上也体现了其"维护选民和公众的知情权利"的宗旨，即使报道的生产落入"吸引受众"为主导的媒体逻辑的窠臼，它也仍是具有积极意义的。但是，分析的结果却差强人意。

为了回答上述问题，本研究仍以两周为一周期，检验四位主要参选人在事实核查报道中的"言论不实程度"与同时期的"支持率变化程度"之间的关系。对于"言论不实程度"的测量，研究将每一个参选人在两周内的事实核查报道"匹诺曹指数"作均值统计，为了使得各组样本数在同等水平之上，研究将"匹诺曹平均指数"按照一定规则转换为"言论不实程度"（转换方式详见表5.1）。在处理支持率变量时，本研究将该期支持率与前期支持率的变化值作为"支持率变化程度"的指标。

通过方差分析，本研究发现总体而言参选人的言论不实程度越高，民调支持率的变化反而越正面，即民调支持率不降反升（$F_{(83)}$ = 2.774，p = 0.047），这与我们之前的假设完全相反。通过组间的比较我们发现，当"低等言论不实程度"与"没有报道"相比较时，参选人的支持率确实会下降；但是如果比较不同等级的言论不实程度与支持率变化的关系，则会发现：参选人越不诚实时，他/她的支持率反而越提升了。

---

① Morgan Marietta, David C. Barker, and Todd Bowser, "Fact – Checking Polarized Politics: Does the Fact – check Industry Provide Consistent Guidance on Disputed Realities?", *The Forum*, 2015, 13 (4): pp. 577 – 596.

表5.1 参选人言论不实程度与支持率变化关系

匹诺曹指数	言论不实程度	支持率变化程度		
		均值	样本数	标准差
= 0	没有报道	0.959	34	2.500
[1,3]	低等程度	−0.579	19	3.236
[3,4]	中等程度	1.600	16	5.320
= 4	高等程度	2.880	15	3.750

第二层议程设置理论认为，媒介议程不仅能为公众设置议程，而且还能在某些情形下由于框架机制的作用，为公众设置属性议程。但是近期也有不同的看法出现，新美国基金会（New America Foundation）的一份研究报告针对"如何纠正公众的认知偏误"这一话题，对以往研究进行了系统性梳理后发现：不断地否定一件事，人们反而会更容易记住相反的一面。[1] 而在对此现象进行解释时，该报告认为其背后的心理机制在于人们往往基于自己的固有观念和信仰来判断信息的真伪，符合事实的信息有时候并不受欢迎。在此次美国大选的报道分析中，也有学者认为媒体对特朗普的密集曝光和报道，使得受众对其负面新闻产生了"脱敏效果"，反而出现了报道越负面支持率越高的"特朗普奇观"。[2]

（三）核查新闻改变公众的态度：效果很有限

有研究认为，即使事实核查新闻无法降低误导信息对于公众认知的影响，但是这样一种机制的存在可以在一定程度上增加政治人物故意混淆视听的成本。[3] 该假设被前述实验研究所检验，证实事实核查新闻有这种效果，但是这

[1] Brendan Nyhan and Jason Reifler, "Misinformation and Fact – checking: Research Findings From Social Science," New America Foundation Media Policy Initiative Research Paper, February 2012. (访问日期2016 年6 月2 日, http://www.dartmouth.edu/~nyhan/Misinformation_and_Fact – checking.pdf)。
[2] 史安斌、周迦昕：《"川普"奇观与美国政治新闻的困境》，《青年记者》2016 年第4 期。
[3] Brendan Nyhan and Jason Reifler, "The Effect of Fact – checking on Elites: A Field Experiment on US State Legislators", *American Journal of Political Science*, 2015, 59 (3): pp. 628 – 640.

却同样无法解释为何在 2016 年美国总统选举中，参选人仍然存在大量的不实言论。本研究发现，作为自媒体时代传播伦理的重要手段的事实核查新闻报道，对于改变或形塑公众的态度效果有限。

第一，政党政治逐渐从"代议"磋商与妥协，转变成了"话语"和"修辞术"，新闻业与政治的矛盾，变成了事实与意识形态的矛盾，事实甚至变得无关紧要。美国基于政党的民主政治体制，正在遇到代表性断裂的危机，福山将其称为"互相否决"的政治;① 政党国家化作为一种显著的趋势，意味着国家的工具及其配套的官僚体系和治理逻辑正在侵蚀政党间的差异性。② 在政党趋同的同时，社会阶级的分化却并没有趋同。议会中心的由政治人物代表公众的政党政治逐渐被街头中心的以肤色、信仰、阶级、特定价值观等元素作为认同对象的认同政治所取代，而复杂的议题讨论和协商被简单的认同区隔和排斥所替代。这构成了美国新闻业与政治之间的矛盾变成了事实与意识形态的矛盾。传统认为，新闻业为社会公众提供社会事实，监督政治权力，促进议题协商，作为民主政治的基石而存在。但是在认同政治的背景下，事实如何已经无关紧要。一项在美国的调查实验也发现，当公众发现自己的观点和议员发生冲突时，议员甚至都不需要试图说服公众改变立场，公众就很有可能直接将同属一个意识形态阵营的议员的主张替换自己的旧有主张。③

第二，事实核证新闻存在局部真实与整体真实之间的矛盾。以那次美国大选为例，在选民心中特朗普的形象要比传统政治家高大不少。本节选取了特朗普脸书首页点赞数最多的几条评论予以呈现——这无法代表美国公众的整体观念，但是可以帮助我们理解特朗普"获得支持"的可能理由。"特朗普所拥有的，就是'我们，美国人民'，而那就是一切了。特朗普是下届总统的唯一选择，因为其他人都是政治傀儡。""如果你出局了，那共和党就完蛋了。准备好，带领你的士兵发起一场革命吧！我对现在正在发生的事情感到反感。"④ 特朗普支持者的理由均提及对现有体制的失望和抗议，对于现行政治

① Francis Fukuyama, "America in Decay", *Foreign Affairs*, 2014, 93 (5): 3 – 26.

② 汪晖：《代表性断裂与"后政党政治"》，《开放时代》2014 年第 2 期。

③ David E. Broockman, and Daniel M. Butler, "The Causal Effects of Elite Position – taking on Voter Attitudes: Field Experiments with Elite Communication", American Journal of Political Science, forthcoming.

④ https://www.facebook.com/DonaldTrump（访问日期：2016 年 3 月 5 日）。

体制和政治人物的失望，显示了以政党政治为基础的代议民主制出现了失灵。反映在新闻和媒体上，社交媒体上的"整体性抗议"也表现了公众期待一个回应美国政治和经济社会系统性的"整体真实"阐释，然而"事实核查新闻"作为新闻专业性的抗争，其"局部真实"表述则略显无力。

第三，生产者追随用户注意力与"消费者主权"意识存在矛盾。社会分化的现实制造了公众对于"整体真实"的需求，而互联网和社交媒体的勃兴则提供了公众进行抗争性表达的场所。专业媒体却仍是在市场逻辑下做"事实核查新闻"，实质上仍是新闻媒体追随受众"注意力"而为之，而长期的媒体市场化逻辑又逐步培育了一种充满现代性的"消费者主权"意识和文化。① 作为"顾客就是上帝"的媒体消费者，任何来自其他机构、团体，包括来自其他"消费者"的异见都变成了压制和嘲讽的对象。市场化的背后，在传统上理解媒介与受众的关系时，往往在默认消费者权利的另一面，加以对媒介伦理的要求，试图通过媒介伦理的"预防出轨"来尽可能地避免消费者权利的无限膨胀。当公众面对大量不受新闻伦理约束的信息时，传统新闻机构的"事实报道"就显得乏味而过于正经了。市场化的逻辑长期培养了一大批对于"事实"越来越缺乏兴趣的信息消费者。

如何摒弃消费者主权的观念及其与新闻媒体的关系呢？理想的是回归新闻的公共性，重构全社会公民的媒介素养——不仅希望公众具有批判性解读新闻报道的能力，而且期待公众具有自我批评和反思的能力。具体路径上，重新认识"事实"或许是一个值得考虑的方向。克里斯蒂安认为，随着全球经济体的不断竞争与合作，以及信息科技提供了一个超越时空界限的技术可能，当公众面对一个"与众不同"的文化体系时，作为元伦理的"是非对错"问题遭到了挑战，不再清晰而确定。他引入了"语境"的概念，强调新闻的真实性不是独立于个人而存在的，所谓"事实"，除了需要真实的记录，还需要能够反映事实的本质，并将其还原到所在的社会和文化语境中。②

① 王维佳：《"党管媒体"理念的历史生成与现实挑战》，《经济导刊》2016 年第 4 期。
② ［美］克里福德·克里斯蒂安：《媒介伦理研究——热点议题与研究方法》，《全球传媒学刊》2010 年第 2 期。

四 以智能技术维护信息伦理的策略：以今日头条的"灵犬"为例

（一）UGC 和自媒体平台低俗内容屡禁不止

在 UGC 和自媒体盛行的时代，还有一个重要的伦理问题是挑战人类尊严和社会公序良俗的：低俗化。低俗色情内容成为一些不良商家吸引用户的"敲门砖"，比如在音频领域，2018 年 6 月全国"扫黄打非"办公室在接举报后确认多个网络平台上存在以 ASMR 形式（"自发性知觉经络反应"，主要产品为声音内容，用于放松和助眠）传播低俗甚至淫秽色情内容的问题，6 月 8 日，全国"扫黄打非"办公室约谈了网易云音乐、百度网盘、B 站、猫耳FM、蜻蜓 FM 等多家网站的负责人，要求各平台大力清理涉色情低俗问题的ASMR 内容，加强对相关内容的监管和审核。[①]

"净网 2018"专项行动所针对的内容之一也包括低俗化。对于低俗内容，众多平台表态坚决零容忍。为倡导美好、正向的社区氛围，打造健康、有价值的平台，抖音平台持续打击违规账号及内容。2018 年 6 月 1 日至 6 月 30日，抖音平台累计清理 27578 条视频，9415 个音频，235 个挑战，永久封禁33146 个账号。[②] 2019 年 8 月 1 日，抖音官方发布了《抖音短视频暑期内容安全专项公告》显示，为保障暑假期间未成年人使用安全，抖音官方近一个月共下架低俗视频 3011 个，处理猫耳酱、一条不闲的咸鱼、皮皮龙一手视频等2029 个问题账号。[③] 同在 2019 年 8 月 1 日，微信公布了最新 UGC 违规（发布内容中存在色情、赌博等违规情况）、色情低俗小程序专项清理情况，平台共计处理超 100 个涉嫌 UGC 违规小程序账号、1700 余个含色情低俗内容的小程序账号。[④]

[①] 《中国官方约谈多家网站要求清理涉色情低俗 ASMR 内容》，http：//www. chinanews. com/gn/2018/06 – 08/8533477. shtml。

[②] 《抖音整治辱骂色情等低俗低质内容，永久封禁 33146 个账号》，澎湃新闻网，http：//news. ifeng. com/a/20180712/59138504_ 0. shtml。

[③] 《抖音短视频暑期内容安全专项公告：下架低俗视频 3011 个》，站长之家，https：//www. chinaz. com/sees/2019/0801/1036078. shtml。

[④] 《清理涉嫌内容低俗微信持续清理违规小程序，加强打击色情低俗等内容》，腾讯科技，ht-tps：//tech. qq. com/a/20190801/007611. htm。

（二）智能算法技术助反低俗

尽管各平台非常努力管理，但是由于其 UGC 的属性、海量信息，低俗内容却仍屡禁不止。为此，各平台都在尝试新技术手段。2018 年 3 月今日头条推出灵犬反低俗助手，运用人工智能技术帮助管理内容，一年多时间已经经过了三次迭代，2019 年 7 月今日头条发布了"灵犬 3.0"，同时支持图片和文本识别。新版"灵犬"在文本识别方面，同时应用了"Bert"和半监督技术，训练数据集包含 920 万个样本，准确率提升至 91%。而在图片识别方面，采用深度学习作为解决方案，在数据、模型、计算力等方面均做了针对性优化。

2018 年 1 月，灵犬反低俗助手在 3 月发布的两个月前，曾面向全社会招募反低俗测试员。一天内，收到了超过 5000 位用户报名，最终入选 30 名代表，包括政府部门工作人员，媒体记者、编辑，大学教授、学生，互联网公司产品经理和技术人员，自媒体人等。笔者有幸入选反低俗测试员，并与另 29 位用户各自提出了意见。笔者试验了若干文本，其中包括这样的内容和评分结果：

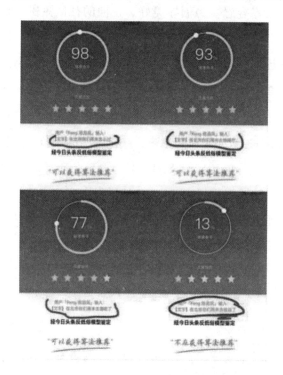

图 5.8　灵犬反低俗测试（2018.2）

　　灵犬内测期持续了两个月。在内测阶段，今日头条方面根据测试员的意见反馈，增加了人工策略，帮助完善"灵犬"小程序。包括，对于权威媒体报道和诗词类内容予以算法推荐倾斜；对于机器难以直接处理的时政内容，须交由人工审核判断。在此基础上，2018 年 3 月 28 日今日头条正式上线"灵犬"反低俗助手 1.0，成为国内首款人工智能反低俗小程序。该小程序基于今日头条反低俗模型开发。用户输入一段文字或文章链接，就能检测其阅读内容的健康指数，并得到鉴定结果，包括：是否可以获得算法推荐，是否需要引入人工判断等。[①]

　　"灵犬 3.0"同时支持文本识别和图片识别。文本方面，运用自然语言处理技术，其文本分类模型，经过了三次版本迭代。每个版本相对于旧版本，在技术和数据集层面，都有一个明显的跃升。第一代应用的是"词向量"和"CNN"（卷积神经网络）技术。词向量的优势是让词蕴含语义信息，突破了词表模型不具备语义信息的缺陷；CNN 分类结构速度快、拟合效果好。第一代训练数据集，包含 350 万数据样本，其中正样本 200 万，负样本 150 万，对随机样本的预测准确率达到 79%；第二代应用的是"LSTM"（长短期记忆）和"Attention"（注意力机制）技术。LSTM 这种神经网络对序列建模效果更好，对长文的识别效果更好。"Attention"能结合词和词之间的信息，给出更全局的判断。第二代训练数据集，包括 840 万数据样本，其中正样本量为 240 万，负样本 600 万，文本识别准确率提升至 85%。第三代应用的是"Bert"和半监督技术。"Bert"是当前最先进的自然语言处理技术，是这个领域近年来取得重大进展的集大成者，在常见的阅读理解、语义蕴含、问答、相关性等各项任务上，大幅提高了性能。

　　目前使用的第三代较之前有了大幅度的提升。据介绍，"Bert"提出了一种新的更大规模的结构，参数量是之前模型的 10 倍多，计算量也提高了 10 倍多，对语义的刻画更为准确。半监督技术，能引入更多非标注语料，使得模型的鲁棒性（稳健性）更好。监督技术是利用标注数据，来调整模型的参数；半监督技术是同时使用标记数据和未标记数据，使模型对样本的学习更

---

① 《今日头条上线"灵犬"小程序 用人工智能识别低俗信息》，中新网，http://www.chinanews.com/business/2018/03 – 28/8478270.shtml。

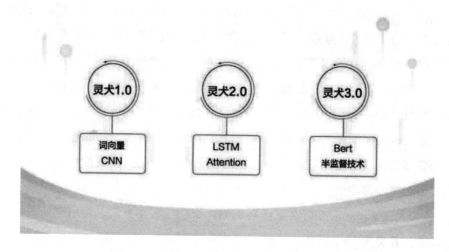

图 5.9　灵犬反低俗助手的迭代技术——文本模型（2018.3—2019.7）

加充分。半监督状态时，会要求尽量少的人工参与，同时，能够带来比较高的准确性。半监督技术的好处是可以用更大规模的语料库来训练我们的模型。灵犬 3.0 同时应用了"Bert"和半监督技术，并且在此基础上使用了专门的中文语料，调整了模型结构，使得计算效率能达到实用水平。据报道第三代训练数据集总量是 1.2T，相当于 20 倍百度百科或者 100 倍维基百科的数据总量，包含 920 万个样本，文本识别准确率提升至 91%。[①]

在图像方面，技术反低俗更加复杂。全球每年新增的图片数量，2013 年是 0.6 万亿张，2017 年已经是 1.4 万亿，4 年翻了一倍。图片分享软件 Instagram 的全球月活跃用户是 10 亿，而微信朋友圈每天上传的图片也达到 10 亿张之多。图像识别的特征提取，无论是初级特征的形状、颜色、纹理，还是高级特征里的语义，其数量是无限的，不可穷举。灵犬运用深度学习技术来反低俗。深度学习有三个要素：数据量、算力和模型。深度学习对于数据的拟合能力非常强，数据量越多，往往效果会越好；专门用来跑深度学习模型的高密度设备 GPU 算力越强，效率越高；模型的匹配度，则决定了准确率。

---

① 本段主要参见今日头条《今日头条如何反低俗？首次揭秘"灵犬"背后的技术原理》，2019 年 7 月 31 日，https：//www.toutiao.com/i6719706963640320519/？tt_from＝weixin&utm_campaign＝client_share&wxshare_count＝1&timestamp＝1564984984&app＝news_article&utm_source＝weixin&utm_medium＝toutiao_ios&req_id＝201908051403030100220570176484A21&group_id＝6719706963640320519。

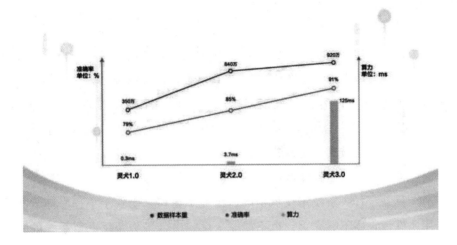

图 5.10 灵犬反低俗助手的迭代技术——文本迭代

灵犬累积了上千万级别的训练数据；算力方面利用分布式训练算法以及 GPU 训练集群加速模型的训练和调试，利用模型压缩技术，提升模型的预测速度；同时做了模型结构调优。在模型优化方面，比如为应对用户上传的不同比例的图片，灵犬设计了多桶模型使得各种比例的图片都能有很好的识别效果；为应对人在图片中的面积占比变化较大的问题，灵犬引入了特征金字塔结构，对不同尺度的物体它能提高模型提取一致性特征的能力；为应对在图片背景中出现小范围的问题区域的案例，灵犬设计了分割辅助分类网络，使得模型能更专注于问题区域。

此外，灵犬还建设了比较完善的模型迭代系统。通过"数据收集—数据标注—数据清洗—模型训练—模型评估—badcase 分析"这一套完整的流程，持续在优化。技术反低俗是海量信息时代的必然解决方案，但反低俗是一个复杂困难的问题。机器只是把文字当成符号，从表面去理解它；机器通过识别肌肤裸露面积来判定是否色情，而这会让一些具有历史意义和艺术性的照片受到波及。现阶段还需要不断优化迭代技术，同时结合技术与人工进行判断。对于部分图片和文本，"灵犬"会给出一个结论："拿不准"，即需要人工判断。比如：从文字的角度，一句话表达的意思，往往涉及词的含义，词搭配的含义，以及能推理出可能蕴含的语义，最终需要做一个综合的判断。如果没有深层次的理解能力和联想能力，就很难知道字面之下作者真正表达的意思是什么，难以判断"春秋笔法"。

今日头条作为目前中国运用最广泛的信息平台，在内容安全方面投入了不少努力，主要包括两块：一块是 UGC 用户内容，如问答、用户评论、微头条，一块是具有成熟内容生产能力的 PGC 内容，以媒体报道为主。如果是数量相对较少的 PGC 内容，会直接进行风险审核，没有问题会大范围推荐。UGC 内容需要经过一个风险模型的过滤，有问题的会进入二次风险审核。审核通过后，内容会被真正进行推荐。这时如果收到一定量以上的评论或者举报负向反馈，还会再回到复审环节，有问题直接下架。

灵犬只是今日头条技术反低俗的一个展示窗口，受限于小程序体裁和模型应用条件，它还不够完美，也不能完全反映出今日头条反低俗系统的真实情况和全部面貌。它更像是今日头条反低俗系统的一个简化版本。今日头条的反低俗系统，远不止于灵犬。在内容审核方面，2012 年以来今日头条投入了近万人的专业审核团队，并搭建反色情、反低俗、反标题党、反虚假信息、反低质模型数百个，结合人工、技术手段，努力提升了内容安全的效率和准确度。在反低俗系统方面是国内建设得比较早的，数据样本积累量也比较大，而且每天都在迭代，可能是全球最实用的反低俗系统。

第五节　媒介融合与新闻传播人才培养

媒体融合对人才再次提出了新的挑战。融合媒体的工作方式为"一套人马 N 个媒体"，这对新闻人提出了更多、更高的要求，能游刃有余地穿梭于各种不同传播介质之中，这是来自就业市场的直接要求。由于新媒体技术的冲击，"全媒体记者"的需求再次强化。[①] 那么人才从哪儿来呢？尽管如今新闻传播人才的专业背景已然相当多元化，但是新闻与传播教育还是要担负起直接的责任。

有学者认为：新媒体技术引爆了颠覆式革命，使得新闻传播教育与新闻传播业态的鸿沟空前拉大，新闻传播教育界的反应相对迟缓、变革意识不强，

---

① 陈力丹、廖金英：《我国传媒产业将如何重新洗牌？——2014 年话媒体融合》，《广播电视信息》2015 年第 1 期。

与业界和社会需求差距甚巨;① 有学者认为：人才培养严重滞后于业界的需求，业界实践已经远远抛离了教育界，全球传播、大数据、数据新闻、社交媒体、文化产业、政治参与、社会转型等，大多数学校的新闻院系没有跟上,② 新闻教育与市场脱节，割裂新闻专业理念的培育和新闻传播技术的培养，培养方案陈旧落后，专业师资结构不合理，理工科背景教育的师资严重缺乏;③ 有学者认为：新闻教育亟待探讨的共性问题包括新闻教育规模及人才培养定位、新闻教育的创新与守成、师资队伍建设、复合型人才培养、专业硕士教育、资金与实验条件保障等。④

新闻教育中有一个永恒的话题，不同时代的学者们先后论述过：专业性。无论技术如何变迁、时代如何发展，新闻传播的专业性是需要坚守的。但是什么是新闻传播的专业性呢？新闻专业性是不是有一个亘古不变的界定？不同时代不同背景是否赋予其不同的内涵？新闻传播教育又该如何去适应和革新专业性呢?⑤

一　新闻专业性及其养成

2017 以来在刊物和微信公众号又有多篇文章在论说"新闻专业主义"，并迅速地分化为学界与业界两种话语立场，两种几乎是无法调和——学界本来也不想调和，业界硬是认为存在调和必要。从业界的源流来说，新闻专业主义从未被完整建设。从业界的角度来说，无论是"报道最基本的事实"，还是发表"负责的言论"，无外乎"抗议"。新闻院校碍于专业所限、学科壁垒、师资力量，并不能教授专业主义；而媒体行业，并不能负责地、稳定地产出专业主义的成果。⑥

专业性既包括职业的独特性、具有的社会声誉，也包括业务的专门性知

---

① 张涛甫：《传播新业态倒逼新闻传播教育转型》，《文汇报》2017 年 6 月 28 日。
② 张昆：《一流大学传媒教育定位的困惑与思考》，《新闻记者》2016 年第 2 期。
③ 孙晓彦：《新媒体条件下新闻专业教育反思》，《中国成人教育》2015 年第 6 期。
④ 蔡雯：《新闻教育亟待探讨的主要问题》，《国际新闻界》2017 年第 3 期。
⑤ 参见陈昌凤《技术创新与专业坚守：新闻传播教育何去何从?》，《全球传媒学刊》2017 年第 4 期。
⑥ 宋志标：《专业主义的闲话及懒语》，重建巴比塔（微信公众号）2017 年 10 月 13 日。

识和技能（需要专门训练而掌握的），还包括专业机构为了保证业务运行而实施的机制、从业者应当践行的伦理准则。① 从新闻实践中演进而来的新闻专业性，一直是与时俱进的，既包括了具有标识性的独特性、业务知识和技能，也包括机制、伦理观念等不同层面的内涵。

新闻专业性是如何养成的？新闻专业教育是不是必不可少的？新闻教育者与新闻业界对新闻教育有多大程度上的共识？在美国《芝加哥论坛报》《纽约时报》等媒体从事新闻工作 40 多年、担任波因特研究院（Poynter Institute）培训主任的芬伯格（Howard Finberg）于 2012 年曾经调查了 1975 位新闻专业工作者和教授对新闻传播学位重要性的看法。被调查者 42% 来自学界，34% 来自业界，11% 为独立工作者，其余 13% 为学生。当被问及"新闻学的学位，对理解新闻业的价值有多么重要"时，95% 的学者认为那是非常重要或极其重要的，而业界仅有 56% 的人这样认为，差了几乎 40 个百分点；当被问到"新闻学的学位对学生们的采编报道技能、能力有何价值"时，96% 的学者认为那是非常重要或极其重要的，而业界仅有 59% 的人这样认为，认识的差距也相当大。② 2013 年的调查也大致相当，只是持新闻学学位对技能学习具有重要性观点的，学者降到了 80%，业界只有 25%，而且 39% 的学者认为新闻教育与传媒产业变革关联不大或毫不相干，而 48% 的业界人士持同样观点。③

新闻专业性从来都不可能脱离实践和技能的，它之所以独立成为职业，自然就是有专业的实践和技能的。实务是基础，没有这个基础，新闻观念又从何谈起？但是我们许多学者至今还是不屑于将实务技能的培养视为高等教育的目标；不肯承认"术"是基础。许多新闻学的教师长期甚至完全脱离实践和业务，只是做形而上的学问，教学也与现实的、活生生的实践脱节，长期以来师资的实务背景缺乏。笔者较长期跟踪关注国际知名新闻学院的师资学术背景，2015 年的统计是：哥伦比亚大学新闻学院曾有媒体工作经历的在

---

① Magali Sarfatti Larson, The Rise of Professionalism: A Sociological Analysis, University of California Press, 1979.

② HOWARD FINBERG, Journalism education cannot teach its way to the future, June 15, 2012, https://www.poynter.org/news/journalism-education-cannot-teach-its-way-future.

③ Poynter Institute, Poynter Announces Results of 2013 Study on the Future of Journalism Education, August 9, 2013, https://www.poynter.org/news/poynter-announces-results-2013-study-future-journalism-education.

职教师比例高达 92.1%，36.9% 的教师有超过 30 年的媒体从业经历，偏重新闻业务训练，多年来已经成为传统；宾夕法尼亚大学安纳伯格传播学院的在职教师虽然 70.8% 并未有过媒体从业经历，但是所有的教师均拥有博士学位，学科背景涵盖传播学、社会学、政治学、心理学、法学等诸多学科领域，综合学科背景下进行学术研究是其传统。① 另据统计，2016 年秋美国北卡罗来纳大学教堂山分校媒体与新闻学院 55 位全职教师超过一半拥有 10 年以上的业界工作经历，28 位兼职教师大部分是在职资深媒体人士，近年来学院的教师招聘都把数字媒体工作资历作为必备或优先考虑条件。目前，40% 的全职教师有丰富的数字媒体工作或研究经验。另外，学院积极对在职教师进行数字媒体技术培训，使之跟上最新科技的发展。②

如今许多新技术带来的技能需求，多数新闻院校已经完全不能跟进，学生或从业者只能依靠自学、不成体系的短期班的培训。在美国，新闻"数字证书"学习成为热潮，都是社会或学院的临时培训完成的。前述芬伯格开创了波因特研究院的学习网站"新闻大学"（News University），在大学新闻教育之外另辟蹊径，并且给新闻传播学教师开设了网上培训课程。一些媒体则自己培训，如美国《纽约时报》近两年培训记者的数据技能，中国《新京报》培训记者的短视频等技能。

二　新闻教育界用什么与业界对话

曾有专文介绍当今美国 10 个新兴新闻岗位，包括《今日美国》新闻网设的受众分析员（Audience Analyst）、应用技术创新引领员（Creative Lead of Applied Technologies），CNN 等设的参与编辑（Engagement Editor）、社会发现总监（Director of Social Discovery），此外《华尔街日报》设有移动项目经理（Mobile Project Manager）、《华盛顿邮报》设有直播编辑（Live Editor）、《赫芬顿邮报》设有虚拟现实编辑和拼接员（VR Editor and Stitcher）等岗位。③

① 陈昌凤、王宇琦：《创新与坚守：美国经验与新环境下国内新闻教育路径探索》，《国际新闻界》2015 年第 7 期。
② 林渊渊：《北卡罗来纳大学的新闻专业技能教育考察》，《青年记者》2017 年 6 月（下）。
③ 宋毅：《融媒体时代美国十大新兴新闻岗位》，《国际传播》2017 年第 2 期。

从中可见传统媒体对于技术性人才的需求越来越大。近二十年来，专业新闻媒体所需要的从业者的学科背景，已经从新闻传播学，转向更多元的学科领域，包括政治学、经济学、法学及其他各类人文社科领域，如今又加上了信息、计算机工程等领域。以人民日报 2017 年校园招聘为例，其 21 个岗位、72 人中，采编业务岗占了 14 个、共 59 人，其中只招新闻与传播专业毕业生的是 2 个岗位、共 27 人（包括 1 岗招新媒体方向 10 人），非新闻与传播类方向的岗位 9 个、20 人，新闻与其他专业方向混合的岗位 3 个、共 12 人。①

传统媒体在融合中急需技术人才。以互联网人才招聘网拉勾网② 2017 年 10 月 14 日为止的招聘信息为例，人民日报在拉勾网发布招聘客户端首席技术官（月薪 5 万—6 万元）；环球网招聘国际新闻频道编辑，要求"有一定计算机基础，对网络页面代码构成有一定了解，能够熟练使用 Office、Dreamweaver、FrontPage、Photoshop 等办公、网页和图片处理软件"，人民网招聘 8 类岗位共 21 人，包括藏文编辑、德文编辑、文化频道编辑、视频编辑等在内的岗位，都对网络技术的掌握与运用提出了要求。《新京报》社的"动新闻"招聘若干岗位，也均有新技术的要求。上海报业集团的《新闻晨报》社招聘时政记者，要求"适应全媒体工作形式，熟练运用社交媒体，撰写社交媒体稿件，具备文、图、小视频、社交媒体碎片化报道的综合能力"。旗下的"周到上海 App"正在招聘 5 个岗的人才，营销策划经理岗要求"热爱互联网"、是"微信、微博的重度用户……有公众号、今日头条、百家号等平台运作经验优先"。与此同时，非专业性新闻媒体、信息平台的技术型人才、会运用新技术的人才需求，更是不断攀升。

新闻生产正在从组织化变迁为个体化，内容创业者、自媒体人已经掠去了大量的注意力；技术正在深深影响信息的生产，比如大数据、智能化、移动化技术，已经在改变生产的内容、形态，并且重造生产者–消费者的概念与关系；互联网正在颠覆传播观念，甚至在号称最具专业性的国际主流新闻媒体网站上，都很流行"原生广告"，等等。因此，专业性已经不能仅仅停留在传统的概念与逻辑上。为此，新闻与传播教育也必须跟上业界的发展，并

---

① 转引自 http：www. chinawy. org/html/zkgg/sydw/201611/40_ 177522. html。
② 据其介绍，是一家专为拥有 3 至 10 年工作经验的资深互联网从业者提供工作机会的招聘网站。

且要努力具有前瞻性。哥伦比亚大学新闻学院的院长 Nicholas Lemann 在 2009 年接受纽约时报采访时将新闻教育概括成为 3 个方面：培养技能、价值观和智力素养。技能教育是专业教育的重要组成部分，并且通过它才能体现出新闻学的价值观。

新闻与传播学界一直存在着难以与业界对话的窘境。美国新闻业赞助基金会（Journalism funders，包括 Knight Foundation，McCormick Foundation，Ethics and Excellence in Journalism Foundation，Scripps – Howard Foundation，Brett Family Foundation，Wyncotte Foundation 等六大基金会）于 2012 年 8 月 3 日公开发布了一封"致全美大学校长的公开信"，敦促校长们切实加强和加速新闻传播学院的教学改革，要求新闻学院"再造"。信中引用了 2011 年出版的《卡耐基 – 奈特之未来新闻教育的倡议》中的模式——"21 世纪新闻教育项目"中采用的"医院式教学模式"，以更专业的课程教授学生报道新闻。这些课程教给学生数据创新的能力、开放协作的工作模式，他们推崇近年亚利桑那州立大学的克朗凯特新闻学院的这种创新模式。这些对美国新闻教育至关重要的基金会一致坚称：学界必须引领改革而不是抗拒改革。不与时俱进的新闻学院，这些基金会将来就不资助了。①美国新闻与大众传播教育评估委员会（ACEJMC）近年也在考虑革新评估标准，理念是：新闻院校应当让学生学成后有能力求职成为记者企业家（journalist – entrepreneurs）或新闻技术人才（journalism – technologists）。评估委员会将重点关注新闻教育中技术与创新的重要性，要更新设施等。

国际知名的新闻与传播学院向来有偏学术型、偏实践型、偏人文素养型等不同类型。哥大有偏实践的传统，2011 年秋季起，哥大开设了新闻与计算机双学位硕士项目，帮助学生成为"新闻应用程序的数据开发专家"。② 哥大的课程包括人工智能、自然语言处理、机器学习等高难度的课程。领先的新闻传播院系不约而同更新课程、走向更融合的道路，一大潮流是文理工融汇，尤其是与各种学科一样，新闻传播学与计算机融合在一起。③ 哥伦比亚大学开

---

① Journalism funders call for "teaching hospital" model，https：//www. searchlightsandsunglasses. org/journalism – funders – call – for – teaching – hospital – model/.

② JOURNALISM SCHOOLS：SURVIVING OR THRIVING? Editor & Publisher，2011. 8.

③ 陈昌凤、张小琴：《融合时代的新闻传播教育》，《中国高等教育》2014 年第 7 期。

设的计算机与新闻专业，成为一个标志。其他地区也在不断跟进，比如香港浸会大学也开设了计算机与传播学交叉的硕士项目，2019 年清华大学新闻与传播学院与美国南加州大学的工程学院、传播学院联合创设数据传播双硕士项目。

新闻传播学界需要不断更新理念和技能，加强与科技领域的融合，才能与飞速发展的业界展开对话。凯文·凯利称："科技正在将所有生物的思维缝合在一起，把世界包裹在电子神经构成的振荡外套中。"科技是生命的延伸，它与生命一样需要提高效率、增加机会、提高自发性、提高复杂性、提高多样性、提高专门化、提高普遍性、增加自由、促进共生性、增加美感、提高感知能力、扩展结构、提高可进化性。[①] 如果通过广泛跨学科的努力，将这些提高应用到提升新闻传播领域的教育与实践，将会有广阔的前景。

三 技术潮流中新闻教育的一个抓手：数据教育

新技术潮流中新闻教育要从哪些方面培养学生？简而言之，可以包括几大方面：基本的人文与科学素养，专业责任与担当，专业技术能力，产业知识与商业智慧（了解业态、用户）。后两方面是我们一直缺乏重视的。比如，目前越来越多的用户和流量正集中到算法类平台上。2016 年，第三方监测机构易观发布的数据显示：在资讯信息分发市场上，算法推送的内容将超过50%。那就意味着，我们今后获得的信息将主要由"智能机器人"在幕后工作，曾经不可或缺的"人工编辑"角色，则不可避免地被边缘化。2015—2016 年，国内各大传统门户客户端纷纷加入算法潮流，BAT 在 2016 年也悉数出手。各种资源开始向算法推送聚集，算法已经成为几乎所有主流资讯分发产品的标配。因此，人才需求也反映了这样的变动。2016 年中，主要资讯客户端及视频类网站的招聘统计可以看出，在内容分发环节，各大机构对于算法工程师的需求大于人工编辑：[②]

---

① ［美］凯文·凯利：《科技想要什么》，熊祥译，中信出版社 2011 年版。
② 严九元：《算法时代到来，工程师能取代人工编辑吗？》，钛媒体（微信公众号），2016 年 8 月17 日。

表5.2　　　　　　　　　　**资讯类平台招聘编辑与分发人员情况**

（截止日期2016.7.16，拉勾网）

	算法工程师	人工编辑
今日头条	27	12
一点资讯	12	15
网易	9	30
腾讯(含天天快报)	5	11
搜狐	3	2
凤凰	3	4
新浪	5	3
爱奇艺	20	3
优酷	0	1
乐视	28	3
合计(人)	112	84
起点薪酬(元)	25000	8000

数据类信息已经被普遍化运用的今天，学生的数据素养、运用和分析能力还需强化。2015年美国奈特基金会资助的一项研究显示：在调查的113个美国新闻与传播教育项目（约占美国参与ACEJMC评估项目的四分之一）中，未开设数据和计算技能（data and computational skills）的新闻课程的占47.79%，其余的项目开设了一门至数门数据和计算的新闻课程：约23.9%开设一门（通常只是介绍性课程），12.4%开设2门，15.9%开设3门及以上。

编程类课程，87.6% 的项目未开设，5.3% 开设一门，4.42% 开设 2 门，2.7% 开设 3 门及以上。①

　　一些领先的院系已经在加强这方面的要求和教育。美国排名前 15 的综合大学中，仅有一所大学开设了新闻与传播类本科，这就是西北大学。该校开设的新闻传播学院名为"梅迪尔新闻、媒介、整合营销传播学院"（Medill School of Journalism，Media，integrated marketing communications），其课程设计体现了对媒介产业以及与此相关的数据挖掘、分析和算法设计能力的重视。该院本科各专业方向均开设了 6 门左右的核心课程（Core curriculum），并开设了丰富的选修课程，将算法、编程、数据挖掘的相关课程纳入培养方案中，在本科和硕士培养中均重点培养学生运用新形态传播技术的能力。本科开设的"数字媒体时代的用户数据收集与分析"课程，系统讲授用于数据收集和分析的工具和方法，使学生借助统计学和社会科学的分析方法，得以更全面地了解新闻业的格局，特别是受众、用户结构及其特征。另一门由该院数字创新项目主任里奇·戈登（Rich Gordon）教授开设的跨学科课程"网络社会中的新闻业"，则更加强调培养学生社交网络分析和开发技能，涵盖网络分析、社交媒体分析以及搜索引擎优化等内容。在该课的引领下，学生们运用新媒体技术创办了多个数字媒体项目和媒体产品。

　　梅迪尔学院的硕士项目的必修课程，除了媒介伦理法规课程以外，学生还必须从四门"数据素养课程"（data - literacy course）中任选其一，这四门数据素养课程包括：公司数据报道、受众观察、内容分析以及数字媒体报道。其中，数据公司报道重点培养学生在公司报道中的数据挖掘和分析能力，比如识别有效数据来源、评估数据准确性和价值，以及从海量数据中寻找有价值信息的基本技能；而数字媒体报道课程主要介绍用于多平台报道的数字工具和数据可视化技能，并讲授如何将交互性图表纳入报道中，以服务于网页和移动端的可视化报道。此外，为了紧跟数字化媒介的发展趋势，梅迪尔新闻学院还专门开设了"Java 互动报道"课程，该课程指导学生运用 Java 编程语言和网页开发技术，学习如何为传统新闻报道增加互动性，并学习抓取报

①　Charles Berret and Cheryl Phillips, A crucial skill that most J - schools aren't teaching, April 1, 2016, https：//www.cjr.org/analysis/data.php.

道数据、开发新应用等相关知识，使学生在网页开发实验室的实战演练中掌握互动性新闻报道的基本技能。在实践环节的设计上，梅迪尔新闻学院也要求学生熟练运用最前沿的媒介技术进行新闻报道。

数据教育可以成为目前技术紧迫下新闻传播教育的一个抓手，由此去培养和提升学生专业技术能力、产业知识与商业智慧。目前一些非院校的继续教育项目，如欧洲新闻中心（EJC）、波因特新闻大学（Poynter NewsUniversity）、国际记者网（ijnet）、数据学院（School of Data）的在线教育可以给我们专业教育很多启发，大学与社会力量合作开展的记者和新闻机构培训项目如德州大学奥斯汀分校新闻学院与奈特基金会合作于 2012 年开设的奈特新闻中心（The Knight Center for Journalism in the Americas），已经积累了一定的教育经验。数据教育在新闻传播领域，应包括目前已经在实践中提炼出来的理念、方法和技能，以及向未来探索的价值观与深度开发，要创设新型的课程体系来培养学生的数据素养，挖掘、理解和运用数据的能力与方法，数据时代的价值观与伦理准则，新的规制政策，从而更好地理解信息生产的社会意义、信息与用户的关系、生产者—消费者的关系以及媒体的商业运行规律与规则，并融会贯通去创新创业。

第六章　媒体的政策融合研究

2014 年开始，中国媒体融合呈现出百舸争流之势，迫切需要适应这个时代的政策为之指引与扶持。本章将从政策融合的视角分析媒介融合的实践。随着信息传播技术的快速发展，在对信息生产的监管过程中，需要对政策与制度两个层面的资源进行整合与协同运作，即政策融合作顶层设计与指导。这些整合与协作行为发生于对现有政策的解读和修订、相关新兴媒体政策的确立与执行、机构部门的设置与合作等。要加快推进新兴媒体与传统媒体之间的融合过程，首先需要的是政策层面的融合。政策融合能够保证制度环境，也为整合优化现有资源以及监管效率提供政策保障。

在中国，对于媒介融合的呼声出现已经很久，但媒介融合在实践方面却进展缓慢。其主要原因在于既有管理制度自身的局限性。中央全面深化改革领导小组发布的政策《关于推动传统媒体和新兴媒体融合发展的指导意见》有助于突破现有的体制壁垒，加速媒体融合的进程。[1] 中国目前现有的媒体管理体制，还是以条块分割式的体制为主。其中不同形态的媒体通常由不同的主管部门进行管理，因而这些部门所制定的政策距离媒介融合的愿景还有很大的距离。值得一提的是，党的十八大、十九大以来中央对管理机构先后进行了调整，2018 年 3 月中共中央印发了《深化党和国家机构改革方案》。[2]

---

[1] 赵琬仪：《习近平强调媒体融合专家：有助突破体制壁垒》，《联合早报》2014 年 8 月 25 日。
[2] 2018 年 3 月中共中央印发的《深化党和国家机构改革方案》中，中央宣传部统一管理新闻出版工作，国家新闻出版广电总局的新闻出版管理职责划入中央宣传部。中央宣传部对外加挂国家新闻出版署（国家版权局）牌子。

第一节　中国现代媒体治理政策历程

同世界大多数国家一样，中国正在经历着媒介融合的巨大变迁过程。在全球化及传播技术高速发展背景下，时间与空间都被高度压缩，媒介环境发生了巨大的变化，为了适应新的媒介环境，相应的媒介政策制定需要考虑更多复杂的以前没有面临过的因素，并进行改变。这对任何一个国家来说都是非常重要的，因为一个国家的媒介政策将直接影响到这个国家媒介的发展同时间接影响着这个国家政治稳定、经济发展、技术进步与利用以及人的利益。

制定符合技术发展趋势、引领世界各国潮流、彰显当代中国特色的融合媒体的媒介治理政策，需要首先了解中国现代媒介治理政策经历了什么样的变化，理清影响中国媒介治理政策形成与变迁的原因，明确政策制定的内在动力与外在动因。

一　媒体政策的一般形态

广义地说，政策是指能最大化决策者或其所代表群体之利益的选择，或是为实现目标而需要的适合的手段或措施；在适用范围内，政策是对不同群体间的利益冲突的协调；政策是对不同群体的利益与他们的利益要求的区分，在任何有差别的社会，这种区分都不可避免且必要；政策服务于决策者及其所代表的群体的根本和长远利益，它同时服务于实现决策者及其所代表群体的最终价值目标。如果决策者与其所领导或体制改革代表的群体的利益相吻合，那么，其所制定的政策也代表后者的根本的和长远的利益。这里把决策者与被决策者所领导的或受其政策影响的群体的利益分别表述，是因为前者并不一定总是能代表后者的利益。[1] 在中国，决策者与被决策者是"利益一致"的，因为"共产党代表人民群众的利益，党性与群众性是统一的、一致的"[2]，所以党所做的一切都是为了"人民的利益"。

---

[1]　黄健荣：《政策、决策及其研究》，《理论探讨》2001年第1期。
[2]　方汉奇：《中国新闻通史·第三卷》，中国人民大学出版社1999年版，第341页。

依照上述分析，我们可以看出（媒介）政策要素包括：决策者（当权者）、被决策者（普通大众）、决策对象（不同的媒介）、目的（政治、经济、社会利益）以及措施或途径。同时我们也能看出政策具有阶级性（不同利益群体）、正误性、时效性与表述性等特点。

二　中国当代媒介政策的历史分期

1949 年中华人民共和国成立后，中国共产党原媒介政策至今有了很多变化，但也有其不变的主线即政治优先，媒介发展都与中国共产党的媒介政策息息相关。

中国的媒介政策随着政治、经济、技术等多方面因素的影响经历了很大的变化。中国现代媒介政策到目前为止依据其构成要素变化经历了三个阶段：政治一统政策时期（中华人民共和国成立到十一届三中全会前：1949—1978）；混和治理政策时期（改革开放到两部委合并：1978—2013）；融合治理政策期（两部委合并开始及变迁：2013 年至今）。这三个阶段对应了"中国共产党领导的一党领导体制经历的'转型''巩固''适应'三个阶段"，[①]同时每一阶段的变化都伴随着新的领导人上任而出现。

第二节　媒体政策的两个历史时期

一　政治一统媒体政策时期（1949—1978）

这个时期的政策包括各种指示和政策。不同于西方国家的媒介是以市场（产业、经济）为导向，从这时起中国的媒介政策是以政治为导向的，所有传播与技术都以政治（宣传）为中心。[②] 这个时期一直持续到毛泽东主席去世，新的国家领导人邓小平上任召开十一届三中全会为止。

---

① ［德］托马斯·海贝勒、诺拉·绍斯米特：《西方公民社会观适合中国吗?》，《南开学报》（哲学科学版）2005 年第 2 期。

② 刘健、陈昌凤：《中国当代媒体政策范式变迁》，《现代传播》2017 年第 10 期。

西方国家在经济、技术、社会高度发展背景下相对稳定的国内政治以及私有制经济下，西方媒介政策不仅受到政府的影响，更受到媒介财团的影响，媒体政策既要考虑到政治利益，也要考虑到经济利益。[①] 与之不同，在中华人民共和国成立前，中国共产党的核心问题是带领无产阶级向资产阶级夺取权力，建立中华人民共和国后，毛泽东认为中国共产党和中国的核心问题是在"阶级斗争为纲"下进行各项事业。[②] 在这样的政治背景下，从 1949 年中华人民共和国建国开始到 1978 年十一届三中全会前，中国连续进行了社会主义改造、"反右""大跃进""文化大革命"。从人口结构来看，中华人民共和国成立后社会结构相对简单，其中农民阶层占了社会总人口的 86.74% ;[③] 从阶层结构的角度看，当时的中国以同质化的政治分层为主。从社会流动的角度来看，中华人民共和国在成立初期所显示出的人口无序流动已经不存在，取而代之的是人民公社所带来的停滞与凝固；社会心理则从自我主体意识的增强到被政治化的运动所限制下的个体意识的缺失，从对民间神灵的崇拜转为对领袖的崇拜，从求富的心理到均平心理的转化。[④] 从媒体形态看，那个时期报纸、广播为大众传播媒介，电影、电报、电话属于小众传播，电视才刚刚起步基本可以忽略其影响，但这些都是从"中心"向外辐射的媒介形式，只要把握了"中心"，就控制了一切。在这样的政治、社会及技术背景下，那个时期中国政策制定是"以政治领袖的言论为主"，[⑤] 基本上是政治言论替代媒体政策。

在中华人民共和国，一切大众传播媒介都具有非常重要的政治功能，传媒的经济功能被忽略或者说被剥离。中华人民共和国成立后，报业曾呈现出多种所有制形式并存的新格局。据 1950 年 2 月的不完全统计，当时全国共有报纸 281 家，在这中间私营的报纸至少有 55 家。在新闻总署成立以后，无论所有制，所有报纸都肩负了宣传中心工作的责任，这样，私营报纸也都效仿

---

① 参见陈昌凤《美国媒体规制》，清华大学出版社 2013 年版。

② 王也扬：《"以阶级斗争为纲"理论考》，《近代史研究》2011 年第 1 期。

③ 《关于全国人口调查登记结果的公报》，新华网，http://news. xinhuanet. com/ziliao/2004 - 12/27/content_ 2384392. htm。

④ 张端：《新中国成立以来中国农民的变迁及走向》，中共中央党校，博士学位论文，2013 年。

⑤ 刘昌雄：《改革开放前中国政策制定的模式分析》，《理论探讨》2004 年第 6 期。

党报的宣传。另一方面私营报纸因为在办报业务上难以适应新的形势，在采访和获得新闻的途径上有其局限和困难，一些机关对私营报纸记者有戒心，广告收入很少等原因，经济难以维持，最终在 1952 年所有的私有报纸都实行了公私合营，都以宣传作为自己的工作重心，失去了商业报纸的特色。广播事业的基本政策是"国家经营""禁止私人经营"。在中华人民共和国成立前夕，全国大约有 100 万台收音机。中华人民共和国成立时沿用的是 1948 年 11 月中共中央颁布的关于新解放城市的原广播电台及其人员的政策决定。反共电台设备一律没收；纯私营性质，依靠广告收入及音乐娱乐维持的电台，在军事管制委员会的管理下，转播新华广播电台的节目；播送内容必须经过审查，不得有任何反对解放军及政府的宣传。外资或外国人经营的电台一律停止；私营的短波台，一律停止。对于电影来说，中华人民共和国的成立，使电影事业进入了一个新的发展时期。新闻纪录电影作为宣传工作的一个重要方面，受到的重视是前所未有的。1949 年 8 月，中共中央宣传部所发布的《关于加强电影事业的决定》中指出：电影艺术是具有最广大群众基础与最普遍的宣传效果的艺术形式，要加强电影事业，在全国乃至国际范围内更有力地宣传我党和新民主主义革命和建设事业。在电视方面，中国电视台的筹备工作直到 1957 年 8 月 17 日才正式开始，电视节目信号于 1958 年 5 月 1 日首次出现。电视新闻注重宣传，主要内容是反映党和国家领导人外事和国务活动的新闻简报和对社会主义革命与建设成就及经验的记录报道。[①] 1964 年 4 月，第八次全国广播工作会议在北京召开，会议讨论了由中央广播事业局提出的《宣传业务整改草案（提纲）——为进一步提高广播、电视宣传的质量而奋斗》。

（一）政治一统时期传媒政策特征

第一，"党性原则"不可动摇。无论何种媒介，"党性原则"是贯穿所有的，政治定位是所有政策的基本点。

第二，传媒政策对媒介职能的规定是：思想职能、直接组织职能和文化娱乐功能，传媒的经济功能被排除在外。人民是通过在党的领导下的传播与

---

① 方汉奇：《中国新闻通史·第三卷》，中国人民大学出版社 1999 年版。

媒介接受宣传与教育。

第三，如果说这个时期传媒存在过经济属性，那就是为动员社会生产提供了宣传舆论作用。传媒的产业属性是中华人民共和国成立前遗留下来的，在经过"社会主义改造"之后便基本消失。传媒本身已经不产生经济福利，传媒之间基本不存在竞争。

第四，这一时期的政策价值取向是政治浪漫主义的，传媒政策的目标只存在于理想或政策文本之中，而无法转化为现实的客观基础；政策制定主体是政治领袖和少数政治精英；政策制定权是中央高度集权；政策制定方式以经验决策为主；政策制定的动力以领袖的言论为主。[①]

（二）政治一统时期传媒政策面临的挑战

在中华人民共和国成立后的前三十年，中国进行了一系列的政治运动，这一个时期的中国就"整个政治局面来说，是一个混乱状态；就整个经济情况来说，实际上处于缓慢发展和停滞状态"。[②] 这种状态是不可持续性的，任何生存与发展都需要经济的支持。在20世纪70年代末，国际与国内政治风云变幻，中国共产党开始进入"转型"期。中国的传媒政策也随之发生了巨变，从"政治一统"时期进入了"混和治理"时期。

二 传媒政策混合治理时期（1978—2013）

"混和治理"有两个方面的意思：第一，随着技术的发展，技术革命的速度比任何历史上政治、经济和社会革命都要快很多，[③] 特别是新兴媒体网络媒体及移动媒体，在很长一段时间是一种"混"的管理状态，很多时候是技术已经发展并且应用了一段时间，才有相应的媒介政策，或者用旧媒体政策及思维来管理与运用新媒体，此时的政策虽然"混"但是并不是处于"融"的状态，政策处于探索期，并不明晰。第二，指媒介政策导向不再以政治导向为唯一标准，而且开始以经济为中心，在媒介社会福利方面也大大改善，在

---

① 刘昌雄：《改革开放前中国政策制定的模式分析》，《理论探讨》2004年第6期。
② 刘以顺：《十一届三中全会以来党在发展观问题上的重大转变》，《党史总览》2008年第1期。
③ 吉登斯：《"第三条道路"已死》，澎湃新闻网，http：//www.thepaper.cn/newsDetail_forward_1319990，2015－04－13。

政治导向、经济功能和社会福利三者之间虽然并不是一个平衡状态，但处于一个"和"的状态；这种媒介的"混和治理"政策在某种意义上说促进了中国新媒介的发展，因为如果在"摸着石头过河"一开始就用条条框框管住新媒介，那么可能就会造成新媒介发展与运用的"窒息"。

第二个时期从召开十一届三中全会、邓小平担任国家领导人的职务开始，到 2013 年组建国家新闻出版广播电影电视总局，整合原国家新闻出版总署、原国家广播电影电视总局的职责为止。在十一届三中全会十年之后苏联解体、东欧剧变，长期以来的东西方面两极冷战局面结束，同时 20 世纪 80 代末，里根和撒切尔夫人上台开始实行新自由主义，新自由主义思想开始影响中国。[1] 1978 年中国实行改革开放，以"阶级斗争为纲"转向了以"经济建设为中心"。中央领导层开始反思中华人民共和国成立以来的问题，邓小平认为："多少年来我们吃了一个大亏，社会主义改造基本完成了，还是以'阶级斗争为纲'，忽视了生产力。"[2] 中国政策价值取向开始从"政治浪漫主义"时期走向了"不管黑猫白猫，捉到老鼠就是好猫"的"实用主义"价值取向时期，媒介政策也从"政治一统"走向"混和治理"时期。这个阶段是中国传统"中心"传媒（报纸、广播、电视）从发展到繁荣再到衰弱期，也是"去中心"新媒体（网络、手机等移动媒体）快速发展并走向大发展时期。

十一届三中全会之后，改革开放的经济政策带来了中国媒介的市场化。[3] 为了更好地发挥媒体的经济属性，财政部在 1978 年批准了包括《人民日报》在内的八家中央新闻单位试行"事业单位企业化管理"的政策；1983 年，在《关于广播电视工作的汇报提纲》中，"广开财源，提高经济效益"成为广播电视改革的方针之一，同时一项被简称为"四级办"的重要政策也在此次会议上出台，即四级办广播、四级办电视、四级混合覆盖。这项政策从深层动因来看是国家财政资金不足。[4] 1985 年在《关于建立第三产业统计的报告》

① 【破土专访】《赵月枝：解构与重构"主流"》，http：//groundbreaking. cn/plus/view. php？aid = 1173。

② 刘以顺：《十一届三中全会以来党在发展观问题上的重大转变》，《党史总览》2008 年第 1 期。

③ 胡正荣：《中国媒介转型的反思》，见范敬宜、李彬主编《马克思主义新闻观十五讲》，清华大学出版社 2007 年版，第 260—270 页。

④ 杨春：《改革开放以来我国媒介经济政策演变及其调整状况》，《北方传媒研究》2008 年第 6 期。

中，文化、广播电视首次列入第三产业。1988年，《关于报社、期刊社、出版社开展有偿服务和经营活动的暂行规定》由新闻出版署、工商局下发，随后放开了报纸价格；1996年，《关于加强新闻出版广播电视业管理的通知》由中共中央办公厅、国务院办公厅下发，以"控制总量、调整结构、提高质量、增进效益"为原则，对散滥的现象进行治理，推动广播电视和新闻出版业转变发展方向，由主要依靠规模数量的扩大到主要依靠质量效益的提高；1999年，由信息产业部和国家广播电视总局下发的《关于加强广播电视有线网络建设管理的意见》中提出广播电视改革体制"四级变两级"，组建广电集团；2001年，《关于加强广播电视有线网络建设管理的意见》由中共中央宣传部、国家广播电视电影总局、新闻出版总署下发，该意见指出了文化体制改革的方向，把改革的重点和突破口定位于集团化建设，围绕发展这一主题和结构调整这一主线，在各方面积极进行探索创新，尤其是在宏观管理体制、微观运行机制、政策法律体系、市场环境、开放格局5个需要着重关注的方面，不断提升活力，增强实力，切实提高竞争力。首次明确提出积极推进集团化建设的要求，积极实行跨地区经营和跨媒体经营，提升集团的规模和实力；2003年《关于文化体制改革试点的意见》，2005年《中共中央、国务院关于深化文化体制改革的若干意见》由中共中央、国务院下发，强调文化体制改革应根据具体情况区别对待，有针对性地进行分类指导。公益性文化事业要增加投入、改善服务，经营性文化产业要创新体制、壮大实力；2009年国务院常务会议下发了《文化产业振兴规划》，强调传统媒体与数字媒体的交替、文化产业跨区跨行并且做大加强、吸引社会资本以及建立中国文化产业投资基金。① 这个时期的中国的传统媒介经历了"市场化""集团化"以及"资本化"三个阶段。

自1994年正式接入国际互联网以来，中国政府把发展互联网作为推动改革开放和现代化建设事业的重大机遇，先后制定了一系列政策，规划互联网发展，明确互联网阶段性发展重点，推进社会信息化进程。② 对于在互联网基础上产生的新的信息传播工具及传播内容基本采取"事后管理"的政策，基

---

① 喻国明、苏林森：《中国媒介规制的发展问题与未来方向》，《现代传播》2010年第1期。
② 《中国互联网状况》，中华人民共和国国务院办公室，2010年。

本是在发展中出现了新问题，然后再有相应的对应政策。

政治不能生活在真空之中，它需要物质的支持，中国媒介走上市场化道路是必然的选择。在国内媒介生存与发展需要资金，在加入 WTO 之后中国加入了"全球化"进程，无论是"意识形态"还是"文化产业"的竞争都不再是封闭的，而是进入了全球竞争之中。"后工业社会"的到来，信息革命推动全球经济的又一次转型，这是中国近代史以来唯一一次可以与世界同步转型发展的机会，这决定了这个时期中国媒介政策以经济发展为主要导向。

（一）混合治理时期传媒政策特征

第一，可以"一元体制，二元运行"来概括这一时期中国的媒介体制与结构。中国的媒介既要按照党和国家的体制要求去宣传，又要按市场规律去运行。从核心上来说中国媒介是政治的，但从它外围的这些变化来看，已经市场化了、产业化了。[①] 这个时期的媒介政策主要目的是在推动媒介产业经济的同时保证意识形态宣传。

第二，对媒介功能的认识呈现多元化趋势：对媒介功能的认识从以往单一的"喉舌"论发展为具备传播信息、普及知识、文化娱乐、舆论监督以及产业等多方面的功能。

第三，依然有"人治"痕迹，但是总的来说是由党务部门的人治转向了政府部门的法制，[②] 但管理部门在网络信任评价得分中却是倒数。[③]

第四，随着新媒介、新传播手段的不断出现以及媒介融合的加速发展，媒介政策开始有融合趋势，1998 年之后中国信息产业开始尝试"三网融合"之后，中国政府曾多次制定融合政策，但这些政策与原有政策之间冲突较多，同时对既得利益集团有冲击，政策难以落实。

第五，部门交叉管理，政出多门，管理重叠，政策之间时有冲突。

第六，政策速度跟不上新媒介出现的速度，用旧政策管新内容。政策在操作上面经常出现标准不统一。

---

① 胡正荣：《中国媒介转型的反思》，见范敬宜、李彬主编《马克思主义新闻观十五讲》，清华大学出版社 2007 年版，第 260—270 页。

② 参见何舟、陈怀林编著《中国传媒新论》，香港太平洋世纪出版社有限公司 1998 年版，第 50—53 页。

③ 喻国明、苏林森：《中国媒介规制的发展问题与未来方向》，《现代传播》2010 年第 1 期。

第七，政策媒介具有产业与事业属性，但实际操作中以产业为中心。

（二）这一时期政策面临的挑战

这一时期媒介政策促进了中国传媒大发展与大繁荣，报纸、广播、电视、电话、网络、电脑和移动终端等成为大众消费品，媒体在经济收入上也越来越独立，中国媒介平均下来，全部收入的90%是来自广告的，政府的资助只占到10.7%（2008年数据）①。人民切实得到了政治、经济及社会福利，但这一时期的挑战也更加复杂。挑战主要来自两个方面：一是国家意识形态安全受到威胁与社会凝聚力减弱；二是改革举步维艰，国内媒介集团难以做强，国际竞争力低下。

第一层面的挑战：从社会层面来看这一时期社会分层明显，贫富差距加大。改革开放后的中国人分为四个利益群体：特殊获益者群体、普通获益者群体、利益相对受损群体和社会底层群体。改革本身是社会利益结构调整，而利益结构的调整显然会使得一些集团或群体获得利益，同时会使得另一些集团损失利益，导致社会矛盾涌现；②在技术层面，中国政府前期政策更多的是促进媒介基础设施的建设及技术的发展与运用，但是对于新媒介发展之后媒介生态的改变而导致人们思想及行为的改变却疲于应对，处于"想管"与"管不了"矛盾之中，或者用管理"中心"媒介（传统媒体）思维来管理"无中心"媒介（网络等新媒体），很多政策都是在出了问题之后进行"封"和"堵"，治标不治本（门户网站"新浪网"上很多时政新闻不能评论就是典型的例子），同时"新兴媒体的裂变式发展，改变了传统的舆论引导和传播格局，传统媒体被边缘化，主流媒体难以真正掌控主流舆论"③；从政治层面来看，越来越"去意识形态化"④。这导致了舆论失去制动力。媒介融合时代的到来让人人可以实时发布消息，传统媒体的滞后使得舆论引导受到挑战，

① 胡正荣：《中国媒介转型的反思》，见范敬宜、李彬主编《马克思主义新闻观十五讲》，清华大学出版社2007年版，第260—270页。

② 李强：《当前中国社会的四个利益群体》，《学术界》2000年第3期。

③ 《解读中央深改小组第四次会议，媒体融合早有征兆》，人民网，http://media.people.com.cn/n/2014/0819/c40606-25494047.html，2016年1月17日。

④ 胡正荣：《中国媒介转型的反思》，见范敬宜、李彬主编《马克思主义新闻观十五讲》，清华大学出版社2007年版，第260—270页。

甚至处于失控状态。媒体成了各个集团斗争的战车，利益集团的代言人和舆论领袖对关键事件和问题的观点片面。政府与人民群众在网络上形成二元对立①。最后，中国改革开放以后形成了中国特色社会主义经济却没有形成大多数人认同的中国特色社会主义核心文化，社会缺乏共识与凝聚力。对于"政治文化"的传播缺乏技巧，简单直白，缺乏认同。

第二个层面的挑战：随着媒介技术的发展与融合，中国的媒介结构需要做相应的调整，其中最大的一个障碍就来自改革开放初期为了解决媒介发展的资金困难以及保证意识形态安全所形成的"四级办台"及"条块"分割管理。"四级办台"导致同质化竞争激烈，机构庞大，人员众多，导致资源的浪费。在新媒介不断涌现，很多地方台缺乏受众的情况下，当下很多地方台最大功能或许就是养活这些台里的员工。这种"四级办台"形成了当下中国传统媒介发展的"路径依赖"②，想要进行改革困难重重。这些台连着人也就连着就业，现在的改革是既要发展，还不能让大批人失业。就如"中石化在职员工有上百万人，在西方大概只要 10 万人就能完成正常生产，但是我们不可能裁掉 90 万人"③ 一样，遗留下来的问题不可能"一刀切"，这关系到公平与社会稳定问题。"条块"分割管理，在传统媒体时期导致了利益分割，阻碍了媒介跨行业跨区域发展，妨碍了媒介集团做大做强，在媒介融合时期导致媒介管理无序，政出多门，相互冲突。要进行部门之间调和进行改革触及既得利益部门，阻力非常大。这导致中国媒介之间"内耗"严重，重复建设，难以形成与国家传媒巨头向抗衡的媒介集团。2004 年，中国整个广电系统有2900 多个电视台、2600 多个频率，养了 70 万工作人员的中国广播电视，一年挣人民币 820 亿，相当于美元 100 亿。但是美国时代华纳这么一个大集团，

① 李希光：《政府如何依法管理媒体与网络》，《行政管理改革》2013 年第 3 期。
② 制度经济学用语，是指人们一旦选择了某个体制，由于规模经济（Economies of scale）、学习效应（learning Effect）、协调效应（Coordination Effect）、适应性预期（Adaptive Effect）以及既得利益约束等因素的存在，会导致该体制沿着既定的方向不断得以自我强化。一旦人们做了某种选择，就好比走上了一条不归之路，惯性的力量会使这一选择不断自我强化，并让你轻易走不出去。
③ 《中石化董事长谈油品质量：卖什么油我们说了不算》，新华网，http://news.xinhuanet.com/fortune/2015 – 03/12/c_ 1114609043. htm，2015 年 3 月 12 日。

当年的毛收入约410亿，比中国多了四倍。[①]

但是"传播技术的每一次进步都让我们更加容易地了解自己所处的世界并参与其中，我们继而挑战甚至打败那些曾经控制信息流动的旧权威，创造新权威，我们正在见证旧权威的灭亡，同时也必须意识到新权威终将出现，并取而代之"。[②] 全球化的到来，国内经济发展与政治需求以及互联网等新生媒介所带来的融合媒介倒逼着中国的媒介政策走向了第三个阶段：融合治理政策阶段。这个时期也是中国共产党执政走过"转型""巩固"两个阶段后，进入了第三个阶段，即"适应"阶段。

第三节　媒体融合时代的政策融合

一　媒体融合治理政策时期

当美国技术评定局（ US Office of Technology Assessment） 在 1990 年发表了先驱性的研究报告《临界连接》（Critical Connections） 时，媒介融合的问题就被放到了议事日程上来。[③] 但媒介融合并不是从现代才开始的，在人类文明的历史长河中，我们先后经历了四次具有时代转折意义的传播革命：从洞穴画到口语，从文字到印刷，从电报到无线电广播，从广播电视到有线电视。这些变革所产生的影响的复杂性与变革性毫不逊色于当前互联网所带来的变化。[④] 每一次变革都是一次新旧媒介的融合："任何媒介的'内容'都是另一种媒介。文字的内容是言语，正如文字是印刷的内容，印刷是电报的内容一

———————————

① 胡正荣：《中国媒介转型的反思》，见范敬宜、李彬主编《马克思主义新闻观十五讲》，清华大学出版社 2007 年版，第 260—270 页。

② ［美］比尔·科瓦奇、汤姆·罗森斯蒂尔：《真相》，陆佳怡、孙志刚译，中国人民大学出版社 2014 年版，第 29—30 页。

③ OTA（ Office of Technology Assessment）, Critical Connections: Communication for the Future. Washington, D. C.: Government Printing Office, 1990.

④ ［美］比尔·科瓦奇、汤姆·罗森斯蒂尔：《真相》，陆佳怡、孙志刚译，中国人民大学出版社 2014 年版，第 16 页。

样。"① 每一次变革都是人的选择以及意料之外的进化结果。② 以互联网为代表的新媒介进化如此的快速，对我们身处其中的现实世界改变如此大深广，是传统媒介需要成百甚至上千年才能做到的，这也使我们可以通过麦克卢汉的"后视镜"③ 能够清晰地看到当下媒介融合对以往的政治、经济、社会文化带来的巨大影响与改变。这影响到了身处其中的每一个人，每一个组织，每一个社会，每一个国家，以至现代社会已经浮现出新的社会结构，一种网络社会——1990 年后令人瞩目的新经济的主要特征就在于信息化、全球化、网络化。信息科技催动了网络社会的兴起。它不但显示了组织网络重要性和个人化的趋势，也在转化时间与空间。④ 如果要跟上这种转化的步伐，中国需要"顶层设计"即媒介政策的转化。⑤

事实上，中国进入媒体融合时代是一种主动与被动相结合的转变，一方面在第二段时期积累了大量有待解决的问题形成了巨大的压力，到了不得不变的时候。另一方面是中国政府高层高度重视新兴媒体的影响。新兴媒体已经严重弱化了传统媒体的传播效果，消解其权威，影响了舆论导向，传统媒体有被边缘化的趋势，媒体是中国共产党的喉舌，但是新媒体打破了这种喉舌功能，这点对于中国共产党管理国家形成了威胁。因此，这也可以看作是一种新媒体技术革命的推动下不得已的转变，

政策融合指的是随着信息传播技术的发展，在对信息生产的监管中需要政策与制度层面的资源整合与协同运作——这些整合与协作发生于对既有政策的解读与修订、相关新媒体政策的制定与执行、机构部门的配置与合作等。加快推进新媒体与传统媒体的融合，首先需要政策层面的融合，它可以提供制度环境的保证，也为既有资源的整合优化和监管效率提供保障。

---

① ［加］麦克卢汉：《理解媒介：论人的延伸》，何道宽译，译林出版社 2011 年版，第 18 页。

② ［美］利文森：《软边缘：信息革命的历史与未来》，熊澄宇等译，清华大学出版社 2002 年版，第 5—7 页。

③ 在此指麦克卢汉的研究方法：在考察现实的时候由于我们身处其中反而看不清楚，这个时候用一种向后看得方法，才能看清楚现在与未来的发展趋势。［加］麦克卢汉：《麦克卢汉序言》，见伊尼斯《传播的偏向》，中国人民大学出版社 2003 年版，第 1 页。

④ ［加］卡斯特：《网络社会的崛起》，夏铸九、王治宏译，社会科学文献出版社 2006 年版，第 3 页。

⑤ 杨依军：《媒体融合政策研究》，清华大学新闻与传播学院，硕士学位论文，2017 年 6 月。

虽然中国同世界大多数国家一样，媒介早就在技术形态、生产、产销——文化发生了融合，① 但是中国的媒介融合实践方面进展缓慢，其中主要原因在于现有管理制度的局限。新闻业发展的一大瓶颈就是条块分割，媒体几十年来是按照国家的行政系统组织进行管理的，即"归口管理"。对于报业来说，这种情况把报社的管理权限分割成相互封闭的条和块，跨地区的两个以上报社之间的经济联系，都必须得到各自的上级主管批准才能进行，任何跨地区、跨组织系统的行为，都是对主管单位管辖权的侵犯。尽管已有政策出台，允许跨地区的报业经营，但是各自的条块利益，使得这种跨地区的经营难以实行，在集团化大潮中报业做大规模都极其困难。一些有资本实力和人才优势的报业集团，在自己的市场饱和之际，到其他地区扩张或兼并，几乎都遭到抵制。② 报业与广播电视、互联网之间的跨界运作，从政策方面而言就更难了。

从部门管理及执行效果上看，中国媒介政策的融合是伴随中国国家领导人习近平总书记上任而来，媒介现行管理发生了"本"上的改革。习近平总书记对于媒体环境的改变以及相应的管理部门及政策改革极为重视，首先就是2013年撤销新闻出版总署、广电总局，组建国家新闻出版广播电影电视总局。这次的部门改革是在试图改变第二个政策范式时期媒体管理部门和媒体政策的混而不融的问题，其主要职责是"统筹规划新闻出版广播电影电视事业产业发展，监督管理新闻出版广播影视机构和业务以及出版物、广播影视节目的内容和质量，负责著作权管理等。国家新闻出版广播电影电视总局加挂国家版权局牌子"。③ 2014年8月18日中共中央总书记习近平主持中央全面深化改革领导小组第四次会议，审议通过了《关于推动传统媒体和新兴媒体融合发展的指导意见》，在历史上首次以极高规格的会议研究出台推动媒体融合发展的政策文件，将媒介融合问题提升到了新的高度。2014年也被称为

---

① 陈昌凤、李宏刚：《媒介融合：从政策到生产与消费的关系转型》，《新闻爱好者》2014年第10期。

② 陈力丹：《打破条块分割，做大报业》，《新闻实践》2003年第5期。

③ 中华人民共和国国家新闻出版广电总局官网：《国务院机构改革和职能转变方案公布：将组建国家新闻出版广播电影电视总局》，2013年3月11日，http://www.gapp.gov.cn/govpublic/92/161043.shtml，2016年1月1日。

"媒体融合年"。

二 媒介融合政策形成过程

中国共产党从政治、组织和思想等方面领导国家生活的各个方面，经过多年实践，中国党政系统在制定和实施重大决策的方式和步骤方面，已经形成了一整套相对稳定的程序和自成系统的做法。[①] 中国当前媒体融合政策也是在这样一套决策体系中形成的。考虑到广义的"媒体融合"包含范围可以很大，为了更好地梳理媒介融合政策的形成过程，我们以核心文件《关于推动传统媒体和新兴媒体融合发展的指导意见》所说的"推动传统媒体和新兴媒体融合发展"作为"媒体融合"的含义。可以发现，中国当前媒体融合政策的形成，是一个经过了政策议程创建、试点实践探索、施政纲领纳入、主管部门部署、调研意见综合、舆论动员引导以至核心文件出台的过程。

（一）媒体融合政策议程的创建

根据现有公开资料，习近平首次提及"传统媒体和新兴媒体融合发展"，是在 2013 年 8 月 19 日全国宣传思想工作会议的讲话中。他在讲到宣传思想工作创新时说，手段创新就是"要积极探索有利于破解工作难题的新举措、新办法，特别是要适应社会信息化持续推进的新情况，加快传统媒体和新兴媒体融合发展，充分运用新技术新应用创新媒体传播方式，占领信息传播制高点"[②]。从中可以解读出两个信息：第一，习近平是在宣传思想工作框架下考虑媒体融合发展问题的。在中国的政治和新闻体制下，新闻事业历来是党和事业的一部分，是党的喉舌和宣传工具。将新闻工作作为宣传思想工作的一部分，是中国共产党一脉相承的思想。第二，习近平是讲到宣传思想工作创新时提出加快媒体融合发展的。创新意味着改革，这为后来在十八届三中全会的全面深化改革部署中包括推动媒体融合发展的内容埋下了伏笔。

一般而言，在中国的政治体系中，要宣传和实行的政策愈重要，会议的

---

① 朱光磊：《当代中国政府过程》（修订版），天津人民出版社 2002 年版，第 56、180 页。
② 中共中央文献研究室编：《习近平关于全面深化改革论述摘编》，中央文献出版社 2014 年版，中国共产党新闻网，2014 年 8 月 8 日。

规模就越大，出席和主持会议的领导人的规格就越高。① 根据本研究对新华社多媒体数据库②的检索，以"全国宣传思想工作会议"名义召开的会议截至目前只有 4 次，分别是在 1994 年 1 月、2003 年 12 月、2008 年 1 月和 2013 年 8 月。时任中共中央总书记或出席会议发表讲话，或以与会议代表座谈的形式发表讲话。从出席会议的领导规格看，这是全国宣传思想领域最高层级的会议，具有承前启后的重要意义。政治领导人是最基本的政策议程创始者，中国的许多重大决策，特别是关系到全局的、长远的和根本性的决策，一般是由执政党主要领导人创始的。③ 国家最高领导人在全国宣传思想工作会议上提出加快传统媒体和新兴媒体融合发展的政策课题，是媒体融合政策形成过程的第一步。

（二）媒体融合试点实践探索

试点是中国政策制定和实施过程中常常经历的一个重要过程，中国党和政府所推行的任何一项较为重大的政务活动几乎都要经过试点阶段，"每改必试"是中国改革的一个显著现实特征。④ 试点，是指执政者为了验证决策的正确性、可行性，并取得实施这种决策的具体化方案，而在所辖范围内若干单位进行的一种决策局部性施行活动。

在现有公开资料中虽然没有找到媒体融合发展存在中央层面确定的试点这样的表述，但从研究的角度，可以发现客观上带有试点作用的媒体融合实践探索。上海报业集团的组建就是一个案例。全国宣传思想工作会议召开后不久的 2013 年 8 月 23 日，中共上海市委常委会议传达全国宣传思想工作会议精神和习近平讲话精神时，市委书记韩正说，上海要努力在新媒体领域有所作为，杜绝犹豫徘徊，更不能逃避退让做"鸵鸟"。⑤ 两个月后，10 月 28 日，在上海市委高层推动下，上海报业集团即宣告揭牌。虽然没有官方权威资料

① 朱光磊：《当代中国政府过程》（修订版），天津人民出版社 2002 年版，第 181 页。
② 根据新华社多媒体数据库的介绍，这一数据库的文字系统汇集了从 1948 年以来新华社播发的所有中文电讯稿，网址为：http://info.xinhua.org。
③ 胡伟：《政府过程》，浙江人民出版社 1998 年版，第 237—238 页。
④ 朱光磊：《当代中国政府过程》（修订版），天津人民出版社 2002 年版，第 182 页。
⑤ 缪毅容：《市委常委会传达全国宣传思想工作会议和习近平总书记重要讲话精神着力加强和改进宣传思想工作韩正要求加强科学理论学习坚定理想信念始终保持政治上清醒坚定》，《解放日报》2013 年 8 月 24 日第 1 版。

证实上海报业集团的组建和媒体融合发展尝试是中央的试点项目，也尚无官方权威资料证明上海报业集团的组建与后来中央和全国层面推行媒体融合发展政策的直接关联。但从时间逻辑上看，可以说上海报业集团客观上扮演了新闻宣传改革排头兵和媒体融合发展先行者的角色，特别是后来以"澎湃新闻"为代表的一系列新兴媒体项目的推出及产生的广泛影响，可以说为推进传统媒体和新兴媒体融合发展提供了具有试点意义的经验参考。

当然由于地方情况与全国情况的差异性，推动媒体融合发展的政策不可能仅仅由一个地方的实践就得出。媒体融合最早是技术更新推动的一个现象，从中央到地方的许多新闻媒体或多或少地进行着融合的探索和实践。从这个角度看，所有相关实践探索可以说都具有"试点"的作用，为此后正式出台《意见》打下了实践基础。

（三）媒体融合政策纳入施政纲领

2013 年 11 月 9 日至 12 日，中共十八届三中全会在北京召开，研究全面深化改革的若干重大问题。习近平在第一次全体会议上谈话指出："从实践看，面对互联网技术和应用的飞速发展，现行管理体制存在明显弊端，主要是多头管理、职能交叉、权责不一、效率不高。……如何加强网络法制建设和舆论引导，确保网络信息传播秩序和国家安全、社会稳定，已经成为摆在我们面前的现实突出问题。"[①]

全会通过了《中共中央关于全面深化改革若干重大问题的决定》，共分为16 个部分，在第十一部分"推进文化体制机制创新"中，提出了"整合新闻媒体资源，推动传统媒体和新兴媒体融合发展"的要求。[②] 这是继习近平当年8 月在全国宣传思想工作会议上提出媒体融合的政策课题后，执政党又一次在最高层面做出推动媒体融合发展的部署。中共中央全会在中国政治体系中的地位和作用无须赘述。"三中全会"在历史上具有特殊意义，1978 年中共十一届三中全会做出了实行改革开放的历史性决策，改变了当代中国的命运。正如习近平在十八届三中全会上所做的说明里讲的，改革开放以来历次三中

---

① 《关于〈中共中央关于全面深化改革若干重大问题的决定〉的说明》，《人民日报》2013 年 11 月 16 日第 1 版。

② 参见中共中央文献研究室《十八大以来重要文献选编（上）》，中央文献出版社 2014 年版。

全会都研究讨论深化改革问题，"说到底，就是要回答在新的历史条件下举什么旗、走什么路的问题"。① 这说明了媒体融合政策正式被纳入了施政纲领。

（四）主管部门部署、调研与意见综合

在全国宣传思想工作会议和中共十八届三中全会这两个最高领导人出席并讲话的会议上提出传统媒体和新兴媒体融合发展后，宣传思想文化领域开始不遗余力地部署、推进融合工作。2014 年 1 月 3 日，全国宣传部长会议在北京召开，中共中央政治局常委、中央书记处书记刘云山出席并讲话。② 继2013 年召开的全国宣传思想工作会议和党的十八届三中全会之后，这次会议再次明确要求，加快传统媒体和新兴媒体的融合发展。③ 从新华社多媒体数据库的检索结果中可以看到，全国宣传部长会议每年召开 1—2 次，近年来多是一位政治局常委出席会议并讲话。依照多是在年末或年初召开的时间特点和有关新闻报道的内容，全国宣传部长会议可以被看作全国宣传思想文化系统的年度会议，回顾总结上一年工作，并对新一年的工作进行安排部署。因此，全国宣传部长会议是宣传战线上地位仅次于全国宣传思想工作会议的重要会议。在这次会议上推动媒体融合发展，是对全国宣传思想工作会议和十八届三中全会精神高层次、全局性的落实。

2014 年 1 月，春节前夕，刘云山代表习近平和党中央看望文化界知名人士。新华社在报道时这样说：在看望新华社原副社长兼总编辑、著名记者冯健时，刘云山与他就进一步改进新闻宣传工作进行探讨，冯健建议要重视网络舆论引导、管好用好新媒体、促进传统媒体和新兴媒体融合发展。④ 这篇报道传递了一个信息，即 2013 年习近平在全国宣传思想工作会议以及十八届三中全会的《决定》提出媒体融合发展后，中央有关领导和有关部门可能在有意识地围绕这一课题开展调研，征求综合各方面意见，为进一步做出决策提供参考。

---

① 中共中央文献研究室《十八大以来重要文献选编（上）》，中央文献出版社 2014 年版。

② 彭波：《全国宣传部长会议在京召开刘云山出席会议并讲话》，《人民日报》2014 年 1 月 4 日第 1 版。

③ 华春雨、史竞男：《改革创新探新路——中央主要媒体积极推进媒体融合发展》，《人民日报》2014 年 4 月 14 日第 4 版。

④ 霍小光：《刘云山看望文化界知名人士代表　习近平总书记和党中央向文化工作者致以诚挚问候和新春祝福》，《人民日报》2014 年 1 月 28 日第 1 版。

　　在制定推动媒体融合发展的政策文件的过程中，充分征求、综合和吸收各方面的意见，是提高政策制定科学性和适用性的一个必要方式，也是党制定政策过程中必不可少的阶段。主管部分的调研和意见征求综合过程也同步有序进行。在这个过程中，舆论动员、集中座谈、听取汇报、实地考察等，既是意见综合的方式，也是政策推行的途径。4月14日，中共中央政治局委员、中央宣传部部长刘奇葆出席推动媒体融合发展座谈会并讲话。① 5月至6月，刘云山在陕西②、人民日报③，刘奇葆在浙江④、光明日报社⑤等地方和中央媒体的调研中，媒体融合发展都是内容之一。

（五）舆论动员引导

　　2014年4月，推动媒体融合发展的议题在官方媒体密集呈现。4月13日，新华社以"改革创新探新路"为题报道了中央主要媒体积极推进媒体融合发展的实践，人民日报14日在要闻4版刊登了新华社的报道。这篇报道写道，媒体融合发展正在"推动正面声音在网络空间进一步放大"，"人们相信，随着中央主要媒体进一步推进融合发展，其影响力将进一步增强，从而凝聚起全面建成小康社会、实现民族复兴中国梦的更多正能量"。⑥ 中央电视台13日也在新闻联播和焦点访谈栏目中分别以"中央主要媒体积极推进媒体融合发展"⑦ 和"融合：媒体发展新趋势"⑧ 为题，报道了中央媒体的融合实践。

---

　　①《刘奇葆在推动媒体融合发展座谈会上强调在媒体融合发展之路上走稳走快走好》，《人民日报》2014年4月15日第4版。

　　② 隋笑飞、娄辰、叶前、吴振东、涂铭：《网络空间越来越清朗——"扫黄打非·净网2014"专项行动让广大干部群众看到网络环境的改善》，新华网，http：／／news. xinhuanet. com/politics /2014 – 09 /05 /c_ 1112384450. htm，2014年9月5日。

　　③ 倪光辉：《刘云山在人民日报社调研时强调　充分发挥宣传舆论的积极作用扎实推进社会主义核心价值观建设》，《人民日报》2014年6月30日第1版。

　　④ 新华社：《刘奇葆在浙江调研时强调以社会主义核心价值观引领文化改革发展》，《人民日报》2014年5月19日第4版。

　　⑤ 新华社：《刘奇葆在光明日报社调研时强调用文化传播和滋养社会主义核心价值观》，《人民日报》2014年6月14日第4版。

　　⑥ 华春雨、史竞男：《改革创新探新路——中央主要媒体积极推进媒体融合发展》，《人民日报》2014年4月14日第4版。

　　⑦《中央主要媒体积极推进媒体融合发展》，央视网，http：//news. cntv. cn/2014/04/13/VIDE1397388071640715. shtml，2014年4月13日。

　　⑧《融合：媒体发展新趋势》，央视网，http://news. cntv. cn /2014 /04 /13 /VIDE1397390051959781. shtml，2014年4月13日。

4 月 14 日，刘奇葆出席推动媒体融合发展座谈会并讲话。当天，新华社、中央电视台等中央主要新闻媒体报道了这条消息和刘奇葆讲话的要点。15 日的人民日报在要闻 4 版刊登了座谈会的报道，① 并配发了题为"在融合发展中担当使命与责任"的评论员文章。文章肯定了已经开始的媒体融合发展探索，认为"有不少亮点"；同时指出，融合发展是一个"全新课题"，必须"进一步提高思想认识，加强统筹规划，制定总体思路，明确工作目标"。② 统筹规划、总体思路、工作目标，都是政策的必备要素，意味着未来可能出台专门政策文件来推动媒体融合发展。事实上，作为"喉舌"的中共中央机关报发表的这篇评论员文章已经展示了后来政策文件的框架和雏形。比如，优势互补、一体发展，坚持先进技术为支撑、内容建设为根本，坚持发展与管理并重，强化互联网思维、新型主流媒体，构建现代化的立体传播体系等，在后来出台的《意见》和领导人的讲话中都有相应的表述。

领导人发表讲话和文章是中国政治体系中执政党和政府治国理政的一个重要方式。4 月 23 日的人民日报 6 版刊登了中共中央政治局委员、中央宣传部部长刘奇葆的长篇署名文章《加快推动传统媒体和新兴媒体融合发展》。③ 这篇文章的长度和内容的详尽性、作者身份的权威性，可以确定这是截至目前对中央媒体融合政策的最详细披露。刘奇葆的这篇文章开头就表明，加快推动媒体融合发展是对 2013 年习近平在全国宣传思想工作会议上讲话和中共十八届三中全会《决定》精神的落实。文章分为五个部分，分别从重要意义、观念认识、技术运用、内容优势、体制机制等方面全面介绍了中央主管部门对传统媒体和新兴媒体融合发展的详细考虑。

在上述各项准备工作的基础上，2014 年 8 月 18 日，习近平主持召开的中央全面深化改革领导小组第四次会议审议通过了《意见》，习近平就此发表讲话。至此，中国当前推动媒体融合发展的核心政策文件正式形成。

因此，中国当前媒体融合核心政策的形成过程，是一个经过了政策议程的创建、试点与实践探索、施政纲领的纳入、主管部门的部署、调研与意见

---

① 《刘奇葆在推动媒体融合发展座谈会上强调在媒体融合发展之路上走稳走快走好》，《人民日报》2014 年 4 月 15 日第 4 版。

② 人民日报评论员：《在融合发展中担当使命与责任》，《人民日报》2014 年 4 月 15 日第 4 版。

③ 刘奇葆：《加快推动传统媒体和新兴媒体融合发展》，《人民日报》2014 年 4 月 23 日第 6 版。

综合、舆论动员与引导以至核心文件出台的政策过程。

三　当前媒介融合政策体系

中国当前媒体融合政策，是中国新闻政策的一个组成部分，是在总体新闻政策指导下兼具基本新闻政策性质和具体新闻政策内容的一个政策体系。这个媒体融合政策体系，从横向上看，是由党的政策文件、党的机关和国家机关发布的文件、国家法律法规及不属于法规的文件、领导人的重要讲话和报告文章及代表党和国家意志的新闻媒体报道等构成的有机整体；从纵向上看，与中国的国家治理纵向结构相对应，是由中央政策、地方政策和基层政策构成的有机整体。随着实践发展的不断丰富、完善，一个以《关于推动传统媒体和新兴媒体融合发展的指导意见》为核心，包含全局政策、行业政策、地方政策在内的媒体融合政策体系已初步形成。

（一）核心政策：《关于推动传统媒体和新兴媒体融合发展的指导意见》

2014 年 8 月 18 日中央全面深化改革领导小组第四次会议审议通过的《关于推动传统媒体和新兴媒体融合发展的指导意见》（以下简称《意见》），是中国当前媒体融合政策体系的核心政策，即在这个政策体系中发挥顶层设计和主导统筹作用的政策文本。之所以做出《意见》是媒体融合政策体系中核心政策的判断，首先是由于审议通过《意见》的机构——中央全面深化改革领导小组在中国政治决策体系中的角色和地位。中央成立全面深化改革领导小组，是 2013 年 11 月中国共产党第十八届中央委员会第三次全体会议通过的《决定》的内容。① 根据习近平在全会上的说明，领导小组的主要职责是：统一部署全国性重大改革，统筹推进各领域改革，协调各方力量形成推进改革合力，加强督促检查，推动全面落实改革目标任务。在中央委员会通过的《决定》中包含相关内容后，中央政治局会议予以了落实。2013 年 12 月 30日，中央政治局会议决定成立中央全面深化改革领导小组，由习近平任组长。循着这个组织结构体系，本研究认为，《意见》由领导小组会议审议通过，表

① 中共中央文献研究室编：《十八大以来重要文献选编（上）》，中央文献出版社 2014 年版，第544 页。

明了推动传统媒体和新兴媒体融合发展在全面深化改革中的重要地位，属于一项重大改革，而《意见》则是这项重大改革的核心政策文件。

对《意见》这一中国当前媒体融合政策体系核心政策的分析研究，既要对《意见》文本的内容进行分析，也要对《意见》的形成脉络与领导人关于《意见》的讲话、报告和代表政策主体意志的文章等进行研究，从而尽量全面、准确地理解这一核心政策的缘起和实质。

从习近平的讲话要点来看，2014 年 8 月 18 日新华社发出的电文虽然没有报道《意见》的具体内容，但对习近平在会上就此发表的讲话的内容作了两百多字的报道。作为党和国家的最高领导人、中央全面深化改革领导小组组长，习近平的讲话是对以《意见》为核心的中国当前媒体融合政策的最权威、最精练的表达。这个讲话内容包括七个要点：一是要遵循两个规律，即新闻传播规律和新兴媒体发展规律；二是要强化一个思维，即互联网思维；三是要坚持一体发展，即传统媒体和新兴媒体优势互补、一体发展；四是要正确处理技术和内容二者的关系，即坚持先进技术为支撑、内容建设为根本；五是要把握融合的五个方面，即推动传统媒体和新兴媒体在内容、渠道、平台、经营、管理等方面深度融合；六是要把握融合目标的三个层次，基础目标是着力打造一批形态多样、手段先进、具有竞争力的新型主流媒体，更高目标是建成几家拥有强大实力和传播力、公信力、影响力的新型媒体集团，最终目标是形成立体多样、融合发展的现代传播体系；七是强调要确保融合发展的正确方向，即两手抓，一手抓融合，一手抓管理，强调管理的重要性。

目前官方媒体对《意见》内容最直接、最全面的披露是在《意见》通过两天后的 8 月 20 日，新华社报道了《意见》的主要内容。报道从四个方面简明扼要地介绍和传达《意见》的内容。第一个方面是出台《意见》这一核心政策的背景和价值目标。这段传递的信息主要是，推动媒体融合发展是在全面深化改革总框架下宣传文化领域改革创新的重要一环；改革的目标是适应媒体格局深刻变化，提升主流媒体的传播力、公信力和影响力；实现目标的途径是融合发展，而融合发展的核心是使主流媒体掌握先进传播技术，增强传播能力。第二个方面是推动媒体融合发展的几项指导思想。即遵循两个规律：新闻传播规律、新兴媒体发展规律；强化一个思维：互联网思维；以及坚持五个方面：正确方向和舆论导向、统筹协调、创新发展、一体化发展、先进技术为支撑。第三个方面讲的是融合发展中技术和内容的关系，强调要将技术建设和内容建设摆在同等重要的位置。由于传统主流媒体普遍存在重内容、轻技术的惯性，所以这个部分实际上强调了技术建设的作用，并列举了技术建设的重点内容，提出以新技术引领媒体融合发展。同时，强调要把握内容建设这个根本，在新兴媒体上继续发挥内容优势。第四个方面讲的是融合发展的内容构成、目标构成和要坚持的原则。内容构成是指媒体融合包括内容、渠道、平台、经营、管理等方面的融合；目标构成分为三个层次，从"一批"到"几家"再到"几个"，即打造一批新型主流媒体、建成几家新型媒体集团、形成一个现代传播体系。而核心原则强调的是融合要有正确方向，确保这个正确方向的手段就是一手抓融合、一手抓管理。

通过对这几个方面的分析可以发现，传统主流媒体是《意见》的关键词，无论是关于政策制定背景、政策目标设定的表达，还是关于融合发展途径、融合发展原则的论述，都是从传统主流媒体这个角度出发的。即传统媒体与新兴媒体融合发展，核心在于在技术驱动使得新兴媒体快速发展的时代背景下，通过融合发展，使传统主流媒体变成新型主流媒体，并进一步建成新型主流媒体集团和以此为基础的现代传播体系，从而将传统主流媒体承担的意识形态功能转移到新型主流媒体集团和现代传播体系中。

（二）媒体融合政策的深入：建设县级融媒体中心

2018 年 8 月 21 日，习近平总书记在全国宣传思想工作会议上指出"要扎实抓好县级融媒体中心建设，更好引导群众、服务群众"，这个精神也可以说是 2014 年 8 月习近平总书记指出的"着力打造一批形态多样、手段先进、具有竞争力的新型主流媒体，建成几家拥有强大实力和传播力、公信力、影响力的新型媒体集团，形成立体多样、融合发展的现代传播体系"思想的深入。自此县级融合媒体建设成为媒体融合政策的一部分。2018 年 9 月 20 日，中宣部作出部署，要求 2020 年底基本实现县级融媒体中心在全国的全覆盖。这标志着推动媒体深度融合发展的新进程已经开启，县级融媒体中心建设成为这个时期媒体融合工作的重心。中宣部在县级融媒体中心建设现场推进会上强调，"努力把县级融媒体中心建成主流舆论阵地、综合服务平台和社区信息枢纽"。① 11 月 14 日，中央全面深化改革委员会第五次会议审议通过了《关于加强县级融媒体中心的意见》。2019 年 1 月 15 日中共中央宣传部和国家广播电视总局联合发布《县级融媒体中心建设规范》。

媒体融合发展的行动路线经过了一个渐进式进程：第一阶段，创新融合产品，从适应互联网传播渠道的内容产品创新入手，通过传统媒体内容产品数字化及采用互联网语态实现产品形态上的"互联网化"等手段，研发和制作能够在互联网上广泛传播的内容产品；第二阶段，建设融合平台，探索建设主流媒体自主可控的、基于互联网的新型媒体平台——以用户为核心，以数据为支撑，致力于内容生产能力的升级，努力实现与广大用户的互联网连接，并基于互联网实现内容及其他社会资源的聚合；第三阶段，构建融合体系，核心任务是构建起立体多样、融合发展的现代传播体系。主流媒体的互联网化将全面推进并形成体系，新型主流媒体平台与人民群众的联系更加广泛而深入，其自身功能将更加丰富，外在形态也将更加完整。②

县级融媒体中心建设的主要目标是什么？据悉初期关于县级融媒体建设的解读和研究，有些偏颇。③ 实际上，县级融媒体建设政策，仍是媒体党性、人民性原则的延续，县级融媒体中心最接近基层群众，能够把地理社区与网络社区结合在一起，突出本土化和接近性原则，提高信息供给质量，便利群众日常生活，将媒体服务、民生服务和政务服务整合在一起，更好地满足人民群众的信息需求，发挥主流价值传播优势，扩大主流价值观的影响力版图，让党的声音传得更开，传得更广，传得更深入持久。因此县组融媒体中心建设也被称作打通媒体融合的"最后一公里"，筑好连接群众的"最后一公里"。

（三）媒体融合政策体系

从政策体系来看，可以从全局政策、行业政策、地方政策三个层面对媒体融合政策做出分类。

---

① 《县级融媒体中心建设全面启动》，新华网，http：//www. xinhuanet. com/politics/2018 - 09/21/c_ 1123466267. htm。
② 宋建武、乔羽：《建设县级融媒体中心　打造治国理政新平台》，《新闻战线》，引自人民网2018 年 3 月 28 日，http：//media. people. com. cn/n1/2019/0328/c426163—31001056. html。
③ 笔者于 2019 年 5 月参加的一次会议的精神。

第一是全局政策，具有全局性、统领性的推动媒体融合发展的政策，在推动媒体融合发展中起着统领性的作用，指导着行业政策、地方政策的制定和施行。在全局政策层面，目前所知的公开政策文本包括三个部分：执政党颁布和实施的政策文件——主要是两个，一是中共十八届三中全会通过的《决定》，在全面深化改革的总框架下对推动媒体融合发展作出部署；二是中央全面深化改革领导小组第四次会议通过的《意见》，前文已经论述，这是当前媒体融合政策体系中的核心政策文件；执政党领导人关于推动媒体融合发展的讲话、文章等——主要有习近平在全国宣传思想工作会议上的讲话、在中共十八届三中全会上的讲话、在中央全面深化改革领导小组第四次会议上的讲话，以及刘云山和刘奇葆在相关会议的讲话、考察调研中的讲话、发表的文章等；政府等国家机构对执政党决策的落实性文件——如李克强在2015年政府工作报告提出促进传统媒体与新兴媒体融合发展；财政部在2015年预算报告也提出要促进传统媒体和新兴媒体融合发展。

第二是行业政策。根据中国记者协会2014年12月首次发布的《中国新闻事业发展报告》，在中国新闻事业的公共管理体制中，中共中央宣传部、国务院新闻办公室、国家新闻出版广电总局、国家互联网信息办公室等，是新闻事业的主管部门，分别承担不同的管理和服务职责。[①] 这些行业政策主要涉及以下几个领域：一是出版领域，2015年3月，国家新闻出版广电总局和财政部联合印发了《关于推动传统出版和新兴出版融合发展的指导意见》，在出版业具体落实中央提出的媒体融合发展任务的举措。这也是目前各主管部门在《意见》总的框架下出台的唯一一个具体行业的、明确以推动融合发展为题的政策文件。在基本原则的表述中，它强调"必须始终坚持党管出版，把坚持正确政治方向和出版导向贯穿到出版融合发展的各环节、全过程"，[②] 鲜明地画出了意识形态安全这条"红线"。二是版权规范领域，2015年4月，国家版权局办公厅发出《关于规范网络转载版权秩序的通知》，开头就表明是贯彻落实《意见》的举措。2015年5月，国家互联网信息办公室公布了可供

---

① 中华全国新闻工作者协会：《中国新闻事业发展报告》，中国记协网，http://news. xinhua-net. com/zgjx/2014-12/29/c_133880855. htm，2014年12月29日。

② 国家新闻出版广电总局：《关于推动传统出版和新兴出版融合发展的指导意见》，国家新闻出版广电总局网站，http://www. gapp. gov. cn/news/1663/248321. shtml，2015年4月9日。

网站转载新闻的 380 家新闻单位名单，包括中央新闻网站、中央新闻单位、部委网站、省级新闻单位四个部分，这些媒体涵盖了网络媒体、报刊通讯社、广播电视等，无一例外是官方主管或主办的新闻媒体。三是网络管理领域。近两年来，国家互联网信息办公室连续出台了多项举措加强对新兴媒体的管理，比较有代表性的成文文件是三个"十条"，2014 年 8 月出台的"微信十条"《即时通信工具公众信息服务发展管理暂行规定》、2015 年 2 月出台的"账号十条"《互联网用户账号名称管理规定》、2015 年 4 月出台的"约谈十条"《互联网新闻信息服务单位约谈工作规定》。

第三是地方政策。在中国的政治体系中，各级地方的政治权力结构实际上是中国政治中枢各个基本要素的放射的结果，机构设置的一条重要规律是上下对应。① 官方话语中常见的"与党中央保持高度一致"等，也体现了下对上、部门和地方对中央的服从是中国政治体系运行的一项基本规则。习近平2014 年 1 月 22 日在中央全面深化改革领导小组第一次会议的讲话中要求，各省区市要尽快建立全面深化改革领导小组。② 此后，各地建立了相应的机构。2014 年 8 月 18 日中央全面深化改革领导小组第四次会议审议通过《意见》后，各地纷纷以各种方式推进中央媒体融合发展政策的实施。通过一系列政策制定过程，以《意见》为核心的从全局到部门、从中央到地方的中国当前媒体融合政策体系逐步形成。这一体系包含各类成文和不成文的政策文件及载体等，可划分为全局政策、行业政策、地方政策三类，体现着与中国的政治治理体系结构相适应的特征。而无论是从政策的形成过程还是从政策的内容及体系构成来看，意识形态安全都是始终贯穿的一条"红线"。

因此，通过一系列政策制定过程，以《意见》为核心的从全局到部门、从中央到地方的中国当前媒体融合政策体系逐步形成。这一体系包含各类成文和不成文的政策文件及载体等，可划分为全局政策、行业政策、地方政策三类，体现着与中国的政治治理体系结构相适应的特征。

---

① 朱光磊：《当代中国政府过程》（修订版），天津人民出版社 2002 年版，第 53 页。

② 新华社：《习近平主持召开中央全面深化改革领导小组第一次会议 强调把握大局审时度势统筹兼顾科学实施 坚定不移朝着全面深化改革目标前进李克强刘云山张高丽出席》，《人民日报》2014年 1 月 23 日第 1 版。

第四节　中国与日本、美国媒介融合政策对比研究

中国的媒介融合政策迎来关键性的顶层设计时期，当下面临的问题远远超出现在出台的政策能解决的范围，这个阶段才刚刚开始，更多的探索与实践正在进行中。"顶层设计"不仅需要对本国相关情况深入把握，更要深入研究他国，特别是发达国家"顶层设计"，以作对比借鉴。本研究将中国与日本、美国等媒介融合规制做对比研究，致力于找出日本和美国等媒介融合规制特点，为中国未来媒介规制提供有益的参考。

一　美国媒介规制

（一）美国媒介融合规制的开始与制定逻辑

20世纪30年代以来，"新自由主义"思潮在美国被推崇，带来了以全球化和技术变革为特征的美国"新经济"大繁荣。面临信息社会和媒介产业融合带来的新挑战，美国政府将目光锁定在了如何保证在全球产业转型中获得"领头羊"地位上。传统媒介政策中推崇的价值观和核心理念逐渐发生了转变。

1934年的《通讯法》成立了美国联邦通讯委员会，职责是规制美国广播、电视、电缆、卫星和有线通信。根据法律规定，联邦通讯委员会的目的在于确保美国人民能够以合理的价格，在不受歧视的基础上，使用到这些技术和平台提供的快速、高效、包含全国和全球范围内的通讯服务（第1条第1款）。① 媒介融合的大部分新规定和举措由联邦通讯委员会出台和施行。

在互联网出现以前，美国政府对于媒体的管制思路是泾渭分明的：纸媒受宪法《第一修正案》保护拥有着言论自由，而广播电视媒体因为频谱资源稀缺性受到更多的政府管制。这之后出现的新的媒体与服务形态，也只是被

---

① Patricia Moloney Figliola, Federal Communications Commission—Oversight and Reform, telecommunications and media convergence, p. 11.

以"相似性"的原则归类到已有的政策类别中去。然而，互联网的巨大成功，让规制的改变路径不能再依赖于以往的惯性了。现有媒体之间的融合，让曾经泾渭分明的管理逻辑和公私分别对待方法不再适用。面对媒介融合，规制制定的总体逻辑是：为市场和经济让路。一部分旧有的、可能对融合趋势和市场发展带来阻碍的政策被废除，但同时，为平衡社会公共利益的需求出台了一定举措。

（二）美国媒介规制的方式

首先，去管制化的开始——技术进步与新自由主义的胜利。

传统上，广播业者对于无线电波频率的限制性使用，是基于无线电波资源的"稀有性"（Scarcity）和"公共性"（Public interest）这两个基本概念。[1]为了使资源利用服务于公众利益，政府必须对无线电波资源的使用进行适当管理。然而随着有线电视、卫星、网络电视等新媒介技术的不断涌现，频道资源的"稀缺性"似乎成了落后于时代的表达。

现实状况的变化，让美国政府对于电信业和广电业混业经营的态度也从原先的禁止转变为支持。1996年的《电信法》被视为"去管制化"（De-regulation）胜利的标志，为三网融合扫清了法律障碍。这一法规开启了政府拍卖频谱资源的做法，无疑认可了无线频率的商品性质。该法案第六部分为目前最新修订的《有线电视法》，取消了原本对电视业的保护措施，允许有线电视和电信业互相经营对方的业务。[2]广播电视行业成为一个与其他企业或商业并无二致的领域，同样按照市场法则进行运作。

2012年，美国出台了中产阶级减税和创造就业法案（The Middle Class Tax Relief and Job Creation Act of, 2012），该法案使得不同媒介的资源得以重新分配与合作。其第六条又被称为"频谱法案"（the Spectrum Act），主要内容为推动将频谱资源分配给移动宽带使用。《频谱法案》中的规定包括：批准激励性频谱拍卖，允许广播电视放出一部分频率拍卖给无线宽带使用者；要

---

① 陆晔、赵月枝：《美国数字电视：在权力结构与商业利益之间的曲折发展》，《新闻与传播研究》1999年第3期。
② 陈昌凤：《美国传媒规制体制》，清华大学出版社2013年版，第171页。

求将一部分联邦所持频谱资源拍卖或分配给商用等。① 这些对既有资源的拍卖和再分配，反映了技术进步带来的商业化思维的胜利。

随着频道资源的商业化，随之而来的是对于媒体所有权管制的放开。广播电视单一所有权在全国市场或地方市场占有率的上限不断被突破，各种媒介之间交叉所有的禁令也在不断放宽。

联邦通讯委员会的广播电视媒体所有权规则，对于一家企业所能够拥有或控制的本地或全国性媒体数量进行了限制。这一规定意在维护媒介环境中的竞争性（Competition）、地方主义（Localism）以及多样性（Diversity）。② 1984 年，联邦通讯委员会将原有的"全国性电视台拥有数量不得超过 7 家并且每家电视台应在不同的地理区域内"的规定，扩展到了 12 家，只要这 12 家电视台的受众数不超过全国市场的 25%。1996 年的《电信法》将同一家企业拥有的电视台受众数上限扩大到了不超过全国观众的 35%，并对电视台数量不做限制。③ 2011 年 12 月，联邦通讯委员会提出了一系列法规制定提案通知（Notice of Proposed Rule Making），其中包括：取消对于跨广播/电视所有权的规定，提议调整现有的跨报纸/广播所有权的规定，允许特定类型的媒体合并。④ 这一系列宽松的市场政策是媒介融合对媒体影响力改变的体现。随着媒介融合，单一种类媒体对于市场份额的占有不再意味着多样性的消失。同时，大型传媒集团旗下拥有不同类型的媒介，也有利于实现新闻资源与内容的高效共享。

其次，商业与公共利益的平衡——一定程度的内容管制。

在以商业化逻辑放松管制的同时，美国法律规制注重对于公共利益的平衡，这一点集中体现在对媒体内容的管制上。对于新生的媒介与服务形式，

---

① Linda K. Moore, Spectrum Policy：Provisions in the 2012 Spectrum Act, Congressional Research Service, www. crs. gov.

② Peter J. Alexander and Keith Brown, Policy Making and Policy Tradeoffs：Broadcast media regulation in the United States , The Economic Regulation of Broadcasting Markets, Paul Seabright and Juergen von Hagen, Editors, Cambridge University Press, p. 1.

③ Peter J. Alexander and Keith Brown, Policy Making and Policy Tradeoffs：Broadcast media regulation in the United States , The Economic Regulation of Broadcasting Markets, Paul Seabright and Juergen von Hagen, Editors, Cambridge University Press, p. 2.

④ Angele A. Gilroy, Coordinator, Telecommunications and Media Convergence：Selected Issues for Consideration, Congressional Research Service, www. crs. gov, p. 7.

联邦通讯委员会采用了一部分对传统媒体"公共利益"性质的要求，对内容进行规范，尤其强调保护儿童权益。例如，1998 年的《儿童在线保护法》（Child Online Protection Act）希望将网络纳入一定程度的公共利益要求范围内，而这在美国政策传统中是针对有线电视和广播电视的要求。[①] 互联网成长于自由精神的环境中，缺乏框架和规制，让人们对其产生了不可管制（Ungovernability）的印象。但对它越来越多的商业性、保密性和国家安全方面的规制，挑战了传统的互联网自由观念。

此外，对于有线电视、数字电视带来的色情信息的挑战，美国政府也出台了一系列致力于保护儿童的措施。例如，父母可以选择性安装有线电视频道，1996 年《电信法》要求电视安装 V‐chip 芯片以保护孩子等。[②] 但是随着数字电视技术的发展节目大增，控制难度提高，内容识别也更加复杂。面对新的媒介服务，以及新旧媒介的融合，究竟什么样的媒介形式才是联邦通讯委员会依法可以进行内容管制的对象，争议仍在不断出现。2009 年，《儿童在线保护法》被美国最高法院判定"违宪"，被认为"用语模糊、范围过广、侵害言论自由"。[③] 在媒介融合的大环境下，如何判定不同媒体的"公共事业"性质并加以合法管控，成为美国政府必须面对的难题。在新媒体的自由属性和公共利益的博弈之间，"管制"理念的生存范围相当受限。

最后，对媒介性质的本质思考——网络中立。

公共利益原则对于互联网的限制不仅表现在内容管制上，更体现于对互联网服务本身性质更深入的思考与争辩。在融合的过程中，商业利益需要在多大程度上向公共利益妥协，怎样的政策规制能为无限宽广的融合未来提供创新源泉与动力，这类思考让网络中立的相关条例与争议应运而生。

从 2005 年下半年开始，美国的网络中立论争愈演愈烈。这一争议点产生于产业融合的环境下，互联网企业和电信运营商之间利益和公共利益冲突的背景中，实质上是开放性主导的互联网文化思维与电信网络中封闭性传统传

①　陈昌凤：《美国传媒规制体制》，清华大学出版社 2013 年版，第 199 页。
②　Benjamin J. Bates, Scott Wells, Driving Under the Influence：The Role of Policy in Media Convergence, the IAMCR conference, Paris, July 2007, p. 3.
③　陈昌凤：《美国传媒规制体制》，清华大学出版社 2013 年版，第 222 页。

播思维的冲突。① 网络中立的内容包括：提供连接互联网服务的网络所有者不应控制用户合法使用网络的行为，对任何内容提供者接入网络的行为不应有歧视和区别对待。②

互联网的重要性在媒介融合的过程中不言而喻，随着技术的发展，新的服务平台不断出现，而它们几乎都依赖于网络对信息的传输。因此，网络中立的规定，将会更有利于宽带应用的发展，无差别、无歧视的对待政策也将更有利于应用服务提供商之间的公平竞争和创新，尤其是不同媒体间联系融合的趋势，对网络中立提出了更高的要求。

2015 年 6 月 11 日，几家宽带运营商对联邦通讯委员会提出的针对网络中立法的诉讼被否决，网络中立法在美国境内生效。这意味着互联网被定位为"公共服务"，内容提供商均可平等地使用网络接入、传输服务。但网络中立原则也意味着商业利益流失，互联网运营商的投资、创新积极性极大降低，对于提升带宽等举措缺乏积极性。

在不同信息网络融合的过程中，互联网已成为媒介融合与产业融合的重要基础，维护其自由开放的特性，并保证其对内容提供商和终端用户均能持续稳定提供服务，是融合的重要基础。但网络中立原则带来的各方博弈仍未结束，而随着媒介融合对网络的接入、网络质量等提出更高的要求，相关规制仍会在不断的争议中变革。美国网络中立取得的阶段性成果，将有助于推进电信业、互联网、广电业形成融合新格局。

（三）美国媒介规制的特点

首先，法律控制是美国传媒系统控制的重要途径。③ 其中，美国宪法《第一修正案》保障出版和其他传媒的言论自由，而电子传媒因其性质特殊性，还要由联邦通讯委员会制定相关规制，并经国会、媒体和法院的监督、审视、决断。④《宪法》是一切传媒法的原点和前提，在联邦通讯委员会以及时任政府以往提出的各项法案中，有不少因违宪而被最高法院宣判废止。

---

① 付玉辉：《美国"网络中立"论争的实质及其影响》，《国际新闻界》2009 年第 7 期。

② Angele A. Gilroy, Coordinator, Telecommunications and Media Convergence: Selected Issues for Consideration, Congressional Research Service, www. crs. gov, p. 6.

③ 陈昌凤：《美国传媒规制体制》，清华大学出版社 2013 年版，第 109 页。

④ 李盛之：《美国大众传媒法律规制问题研究》，大连海事大学，博士学位论文，2012 年。

虽然没有系统的传媒法律，但是与传媒有关的特定领域已经形成独立成文法典，如 1996 年《电信法》和 1966 年《信息自由法》等。在宪法、专门法和无数判例的统领下，美国已经形成了一套完善而牢固的传媒业法律规范。[①]

其次，媒介性质以商业和私营为主。即使是诞生之初被打上"公共资源"烙印的广播电视，其经营也由私人进行。在纯粹的商业化环境中，只要遵循法律的框架运作，媒介融合的过程便不用经历太多模糊地带，减少了体制内外的博弈与平衡、商业发展同时考虑体制利益等羁绊。

在媒介垄断程度日益提升的今天，保持媒体声望的愿望逐渐淡化，商业与新闻分离的模式被根本改变，有机的产业链条让严密的商业逻辑成为成败关键。这些媒介环境都与中国的融合背景形成了巨大差异。

最后，"公共利益"至上，公共利益一直是美国媒介规制的重要原则，保护弱势群体，从媒介之间的公平竞争，媒介内容对青少年的影响，到网络中立，至少在名义上让美国民众能够接受、认同并支持，为其法律的出台提供了合理的支持。

二　日本媒介规制

（一）日本融合规制开始与制定逻辑

在明治维新时期、"二战"前、"二战"中，日本存在着《新闻纸法》《国家总动员法》《言论集会与出版结社临时取缔法》《战时刑事特别法》《治安维持法》《治安警察法》《诽谤法》等各种限制言论的法律，但是在战后根据《波茨坦公告》第十条：日本应建立言论自由，宗教，思想，以及对基本人权的尊重，相关言论的法规均被废除。不过 GHQ（驻日盟军总司令）推出了言论及新闻自由相关备忘录、日本新闻限制相关备忘录（新闻规程），实行了事实上的传媒限制。战后，在解除 GHQ 的占领之后，实施了被称为伦理限制或者说是自主限制的事实上的传媒限制。其开端为 1946 年 7 月（昭和二十一年）推出的新闻伦理纲领。之后，出版、销售、电影、广播、广告各部门

---

① 李盛之：《美国大众传媒法律规制问题研究》，大连海事大学，博士学位论文，2012 年。

都紧接着成立了各类自主限制相关的组织或者规约。①

日本印刷媒介和美国印刷媒介一样没有系统的法制规定，但是广播、通信媒介存在着系统的法规。即现行通信、广播法制，以1950年（昭和二十五年）制定的电波法、广播法为出发点，是一种非常古老的制度。具体来说，有4部和广播相关的法：《广播法》《有限广播播放法》《有线电视广播法》《电力通信役务利用广播法》；3部和通信事业相关的法：《电气通信事业法》《有限广播电话相关法律》《日本电信电话株式会社等相关法律》；2部与传送设备相关的法：《电波法》《有限电气通信法》。日本此时的媒介法和传媒与中国的媒介政策与传媒相似，都是垂直领导的规制体系。

但是，一方面，随着媒介技术、市场、产业的发展，以网络和手机为代表的新媒体的出现，已使得通信和广播电视领域的界限日益模糊；另一方面，日本政府为了建设比其他国家更加合理、更加先进通行的广播服务，整合基础设施，使基础设施可以最大限度地灵活运用以维持经济与社会活力，进一步丰富国民生活。日本关于电视广播和手机通信的媒介融合的立法法案《信息通讯法》，由日本总务省（政府机关）、情报通信政策局在2007年6月19日公开发表。在经过三方商讨后，决定2011年开始施行此法案。该法将以上九种法规统和到新的信息法案中，使原有的以1950年制的《电波法》和《广播法》为基础的纵向垂直分类规制改变为从不同的层面进行规制，即从"内容""平台"和"传送基础设备"三个层面进行横向规制。

《信息通讯法》为日本媒介融合提供法律保障，扫除了媒体部门的顾虑和可能遇到的法律风险。

（二）日本媒介规制的方式

日本媒体新闻自由程度较高，其正当新闻报道政府不可直接干预。对报道内容的控制多由记者俱乐部实现，而因其设在政府内，便在一定程度上成为政府影响媒体的软手段。

记者俱乐部是指在设立于中央官厅、地方自治体、警察署等信息发送源地的记者室内，由特定报道机关的记者获取独占信息的一种制度。其成立之

---

① 藤井正希：『マスコミ規制の論理—憲法学を中心とした学際の考察—』，早稲田大学大学院社会科学研究科2011年3月，第31頁。

初的宗旨是让媒体由此获取信息，推动信息公开，促进国民公共权利的行使。成立之后，其目的和任务有过数次变迁。"二战"时，日本严控舆论，记者俱乐部便沦为政府舆论工具。"二战"后，情况便有好转。2002年1月17日，记者俱乐部发布《见解》，对其功能和作用做了规定：迅速而准确地报道公共信息；监督公权，推动信息公开；协调绑架类（关乎人命、人权）报道；作为各媒体的共同窗口，接受民众提供的信息。[①]

日本的记者俱乐部对记者形成了强有力间接控制，从一定程度上弱化了媒体的议程设置功能。一方面，如果记者报道了权力方负面的信息，可能会被记者俱乐部拒之门外；日本很多重要的政治信息是通过记者俱乐部发出，如果被拒之门外，记者将会失去很多重要信息。记者俱乐部成了单纯的信息传递机关，权力方极易操作、隐瞒信息。实际上，政府相关部门所召开的记者发布会，其发表什么内容，主导权完全是掌握在权力方手中的。[②] 另一方面，设置记者俱乐部的官公厅支付记者俱乐部的房租、光热费、电话费贿赂记者。同时不少媒体的记者长期在记者俱乐部"蹲点"，经常接触政府官员，往往能建立"亲密合作"的关系，为了同相关人员建立私人关系，优先获得信息，还进行接待或者赠送物品，[③] 这使得记者成为官员的附庸。

统计数据显示，日本最有影响力的5家媒体——《读卖新闻》《朝日新闻》《日本经济新闻》《每日新闻》和《产经新闻》，在很大程度上依赖着记者俱乐部。其中，在政治新闻方面，其依赖度最高接近80%，最低也在30%以上；经济新闻方面，虽其依赖度相对较低，但最高还是超过了30%，最低在10%以上。政府通过为媒体提供特定的信息，达到影响媒体内容、间接管理媒体的目的。[④]

日本媒体主要以传统媒体为主，新媒体比较少，所以无论媒体融合与否，记者俱乐部是日本政府对媒体内容的管制的一个行之有效的手段，在保证内

①　日本新闻协会网站，http：//www. pressnet. or. jp。

②　原寿雄『市民社会とメディア』（リベるタ出版、2000年）216—217页。

③　少し古い文献だが、浅野健一が著した『犯罪報道と警察』には、読売新聞社の内部文書が引用され、そこには記者が手土産を持参する場合の注意点まで記されているのは注目に值する。浅野健一『犯罪報道と警察』（三一書房、1988年）121页。

④　赵新利：《日本媒体的内容管理》，《青年记者》2008年第28期。

容不会对意识形态构成侵犯以及文化领导权不受威胁的情况下，减少风险，进行更加有效的媒介融合。

（三）日本媒介规制特点

如同美国一样，日本以《宪法》为基础，颁布了多部媒介的相关法规，时任政府以往提出的各项法案中，有不少因违宪而被宣判废止，整体上以法制手段来管理媒介。

日本媒体融合的相关法律出台相对争议和阻力较小，因为日本媒体几乎没有国营的。除日本放送协会（简称 NHK，日本公共广播电视机构）之外，其他媒体大多商业性质突出，属于社团法人或私营企业。业界独立于政府，其内部的横向管理以平等自愿的原则为基础，以第三方机构监督（如 NGO 组织、行业协会）的自律形式来进行。媒体组织内部的结构建立在现代企业制度的模式之上。由于市场竞争相对完全，为了获得更多利益，相关利益方大多希望打破媒介和市场的分割。

三　中国与日本和美国的规制对比

中国与日本、美国在媒介规制方面相同点更多是在推动媒介规制变化的技术、内容、产业结构、媒介市场和媒介用户、哲学基础等几个背景维度上。

从技术层面看，过去稀缺的资源，如频道资源等都已经不再稀缺，同时技术的发展使原来界限明晰的媒介之间开始融合，原有的相互独立的媒介规制失去了原有的合法理由也失去了管理的效用；从内容层面看，互联网的快速普及和大量使用融合了传统媒体的功能，却无法用传统媒介规制方面来进行管制，产生了大量对社会有害的信息，这推动了媒介规制规则的变化；从产业结构和市场来看，基于技术发展及对利润的追求，先前传统媒体的纵向产业结构转向纵横为特征的媒介产业结构。在过去，不同市场严于规制，使得各类媒介市场得以独立、边界清晰，其内部竞争秩序得以维系，但这样也引出了规制壁垒的问题。如今，跨领域、跨媒体等形式的媒介融合大大促进了新媒体服务的增加，这就对打破原有的规制壁垒提出了客观要求；从用户的视角出发，传统媒体时代下的单向传播（从传者到受众）模式已经发生了彻底的改变，随着数字化、融合媒介的到来，各种新旧媒介之间的界限日益模糊，它们不仅通过各种途径获取信息，同时发布信息；从哲学基础来看，新自由主义影响了全世界，日美两国都对媒介管理进行了程度不同的去管制化，这使中国的市场经济起到了非常重要的作用。

但中国与西方主要工业国家不一样，西方资本主义在与封建统治的斗争中最终胜利，资本主义在世界处于绝对的强势，在"文化领导权"方面相对更加稳定，意识形态领域相对更加安全。新中国是在一个半封建半殖民地的背景下成立，中华人民共和国成立之后，面临着复杂的国内外环境，成立之初的封闭与孤立、东欧剧变、苏联解体、中国改革开放后自由主义思潮，媒介发展等对中国执政党"文化领导权"提出了重重挑战，这一切都让中国媒介法的出台不得不慎之又慎。中国的媒介规制更多是根据中华人民共和国成立之前共产党的媒介管理经验和成立之后媒介的发展，以及面临的具体问题，在不同的阶段提出不同的政策措施。自中华人民共和国成立以来，中国媒介规制主要以中国政府部门的政策为主，中国的媒介政策变化可以划分为三个阶段：政治一统政策时期（1949—1978）；混和治理政策时期（1978—2013）；融合治理政策期（2013 年至今）。前文已对此进行详细阐释，此处不再赘述。

规制方式上，日本和美国以宪法为基础，制定了相关媒体法律，依法治理，中国主要依靠行政力量推行的政策治理；日本和美国媒体以私营媒体为主，基本没有国营媒介，政府在制定媒介法律方面更多考虑的是国家安全、公共利益、经济发展，具体的融合带来的失业等问题基本都由市场解决，因此法案的制定与推行相对阻力较小，效果理想。中国情况明显不同，主要媒体及基础设施是国营。尽管早期已有相关的政策，如 2001 年在《"十五"计划纲要》中提出的促进"三网（电信、电视和互联网）融合"，然而，无论是政策的制定还是实施都并不理想：部门管理仍因媒体形态之异而异，采用条块分割的管理模式，与目前媒介融合思路大不相同，远不能及"相融"二字。虽然目前的政策在本质上有所变革，但是仍将涉及相关权力机构和历史遗留的"路径依赖"等问题，这让政策在制定和实施阶段都困难重重，效果欠佳，很多问题不是由市场能够解决的。

中国媒介融合带有强烈的意识形态。中国新闻政策环境主要体现在政治体制和新闻体制两个方面。党将新闻工作视为意识形态工作之一予以高度重视，并从组织和人事上保证其领导机制。党的十八届三中全会制定了《中共中央关于全面深化改革若干重大问题的决定》，在全面深化改革总目标的设定中包括了"完善和发展中国特色社会主义制度"和"推进国家治理体系和治理能力现代化"两个方面。前者作为后者的前提，表明改革要在坚守意识形态的前提下进行，决不能改旗易帜。执政党高度重视意识形态工作，构建有关意识形态安全的法律制度，加强互联网的管理，强化党管媒体的原则，为促进新媒体和传统媒体的相互融合提供了良好的政治环境。但另一方面，媒体融合政策诞生、施行并发展于这样的环境中，必然留下意识形态的烙印。这在媒介融合的核心政策《关于推动传统媒体和新兴媒体融合发展的指导意见》中有着很好的体现：第一部分对技术发展带来的宏观媒体格局的调整和整体舆论生态的变化进行了分析，指明"从意识形态领域看，互联网已经成为舆论斗争的主战场，直接关系我国意识形态安全和政权安全"，论述了媒体融合发展对意识形态安全以至国家政权安全的重要性。其中强调的"新闻媒体是党和人民的喉舌""始终坚持党管媒体原则""坚持团结稳定鼓劲、正面宣传为主方针""把正确导向贯穿到融合发展的各环节、全过程""使融合后的媒体继续成为主流媒体、不断巩固壮大主流思想舆论"等内容，都体现出执政党对新闻传播事业一贯坚持的政策原则。由《意见》可以看出，当前推进媒体融合的政策方针的核心目标就在于以改革、创新媒体的管理模式来确保官方意识形态地位的不动摇。

第五节　媒体的政策融合对策

融合意味着政治、经济、社会三者之间的平衡与融合，任何不均衡的发展都不具有可持续性。媒介政治一统时期基本用领导政治言论来替代媒介政策，媒介混合治理政策时期基本用经济政策来替代媒介政策，都出现了不同程度的问题与困难：经济、政治与文化的封闭导致的灾难性后果中国自鸦片战争以来已经亲身体会，而进步从来不是以平均主义的方式进行的，自十一届三中全会以来，现代传播与媒介政策倾向于为商业利益服务，而在政治与社会目标上有所忽略，强化社会的决定性意义，而非创造社会和谐统一。媒介融合治理政策的阶段正处于探索之中，这个阶段的未知因素远远多于已知因素，未来有太多的不确定性，但在新的媒介政策制定中应该对以下问题进行回答：如何推进媒介更好地融合？

媒介政策需要创新思维，充分考虑技术、产业、文化融合中需要解决的问题，做好顶层设计，出台相关的政策规则，既要有充分的保障，也要应有的规制。

媒介政策有赖于新文化领域的建构，其中"文化领导权"①是核心。中国现代媒介发展第二个阶段解构了第一个阶段的（政治、经济、社会）文化领域。以往，当地环境及其影响局限了人们的经历，但今天它则更具有象征性、多样化、变化性。人们的三观和生活方式也不再囿于特定的时空。新媒体的出现聚合了新的权力小中心，从而引发了主导权威机构的紧张态势；另外一方面，新媒体有时候会绕开已经建立起来的媒体传输机构，发布遭到禁止或者限制的信息，通过各种方式来破坏控制社会知识的等级制度。②在中国改革开放以后，新媒体特别是网络媒介之后的媒介融合时代这种情况特别明显，公众对现实的感知不再限制在狭小的地理时空范围之内，对于政治、经济、社会文化表达途径与之前也是大不相同，从而中国的文化经历了一个解域化过程。③用吉登斯的话来说，解域化是文化结构、关系、场景和表征的部分离散。④十一届三中全会以后，中国加入了全球化与信息化的浪潮，媒介技术的发展，全球文化特别是消费文化让之前的文化解域了，在一定程度上造成了思想的混乱，从而导致主流意识形态影响的减弱。主流意识形态的减弱意味着"文化领导权"的减弱。加强"文化领导权"的掌控就需要在已经解

---

① "文化领导权"是葛兰西政治思想和意识形态学说核心，葛兰西提出的"文化领导权"思想描述了统治阶级不诉诸暴力或强制方式便能使从属阶级的意识得以重新构造的过程，其强调的是一种文化的方式，其实质就在于用一种新的意识形态和新的世界观、价值观去教育民众、争取民众"同意"的过程。见安东尼奥·葛兰西著，葆煦译《狱中札记》，人民出版社1983年版。
② ［英］卡伦：《媒体与权力》，史安斌、董关鹏译，清华大学出版社2006年版，第71页。
③ 这个概念指"文化与地理的和社会的领域的'自然'关系的破裂"或者"文化符号从时间和空间的定位中释放"。见［美］詹姆斯·罗尔，周宪、许钧编《媒介、传播、文化：一个全球性的途径》，董洪川译，商务印书馆2012年版，第278页。
④ ［美］詹姆斯·罗尔，周宪、许钧编：《媒介、传播、文化：一个全球性的途径》，董洪川译，商务印书馆2012年版，第278页。

构的文化领域中建立新的文化领域。

　　另一个策略是强调多维度融合。媒介政策应该促进媒介融合，这种融合包括基础设施、产业、部门、利益、文化终端等各维度。由于信息技术的发展，媒介融合打破了传统信息、传媒领域因介质、传播技术之异而产生的区隔，使得不同媒介间得以进行业务、渠道、终端和市场的相互融合，进而挑战传统的管理体制和政策法规，因而对政策法律问题的研究需要兼顾文化产业领域和信息通信领域之下媒介融合的背景。媒介融合对制定媒介政策带来的深刻影响根本在于它带来了传者之间、受众之间的相互融合，促进了传者、受众之间的互动，推动了受众向用户的转变，它颠覆了大众传播时代构建起来的整体传媒格局。①

　　运用新媒体进行的融合创业本身不仅是一个经济问题，更是一个宏大的政治问题，是一个将中国的传播更新换代的大问题，是对中国的对内传播、对外传播都有重要意义和影响的问题。不仅传统意义上的主流媒体才负有对内、对外传播的宏大使命，小型新型媒体或平台的作用和影响，可以发挥的传播效果，经常是主流媒体难以获得的。如果不充分利用新型媒体和平台，主流媒体的影响不仅会被削弱，甚至会事倍功半。因此在融合的大背景下发展新型媒体和平台，如何在政策层面做好顶层设计，事关党和国家赋予的传播使命，事关在全球化时代解决中国挨骂的问题。此外，在全球化背景下增强中国媒介整体实力及竞争力，无论是对内还是对外，无论是在意识形态领域还是经济领域，强大的经济实力及最先进的媒介技术永远是最基本的保障。这需要倾听及考虑更多创新者的想法，而不是既得利益者的想法。这也需要中国政府更多的改革及创新。

　　在政策融合中，既定的政策是否受到其他因素的影响而脱离原始初衷。政策的制定和实施，会在宏观上影响融合媒体的效果。政策可以成为传统媒体与新兴媒体融合发展的推动力，也有可能会成为政策隔阂，阻碍融合发展的进程。政策本身是否合理，是否符合社会和市场需要，以及政策制定并实施后是否受到了意外因素的影响，都值得深入研究。

---

　　① 李丹林：《媒介融合背景下我国传媒政策与法律研究论纲》，《南京社会科学》2014 年第 2 期。

结　语

　　2014 年 8 月 18 日中央出台《关于推动传统媒体和新兴媒体融合发展的指导意见》至今已整 5 年，以习近平同志为核心的党中央高度重视传统媒体和新兴媒体的融合发展，多次发表重要讲话做出重要指示，主管部门也作出了重要的部署。五年来媒体融合在中国作为国家战略在深入推进，先进的媒体建设了技术最先进的融合媒体平台；党报的网站开通率达 93.4%，聚合新闻客户端和微信平台的入驻率均超过 80%，76.1% 的党报建有新闻客户端；73.5% 的党报入驻微博平台；半数党报开通了抖音号（人民网数据）。多家媒体正在总结五年来的融合经历，一些团体和机构正在组织论坛和研讨会。

　　中国的媒体融合，正在以越来越丰富、前沿的实践，成为学界研究的对象。本书是在媒体变革的大背景下，以中国国家战略为指导考察媒体融合的现状和问题，结合国际国内著名的报纸、广播电视、通讯社和新型媒体平台的案例，运用参与式观察、深度访谈、文献研究等方法，从媒体融合的现状与问题、原因、策略三个层面，按照技术融合、产业融合、文化融合、政策融合四个维度，在纵横交叉点上分层次探讨传统媒体与新兴媒体融合的战略，呈现媒体融合与政治、经济、社会、技术等社会背景之间的互动关系，展示媒体变革及其催生的新型关系的历史、现状与未来。研究运用了丰富的一手调研数据、经典和新近文献，对包括数据化、移动化、智能化等新型技术在媒体融合中的运用加以分析，力求前沿性、前瞻性。

　　本书主体从 4 个融合维度的探讨，是一个个现象的结集和讨论，包括提炼总结的努力。第一，在媒体的技术融合维度，主要探讨了数据技术、智能技术、移动技术对媒体融合的影响，它们在媒体融合中运用的产品；案例包括中央厨房、新闻客户端、新闻聚合类媒体、广电云平台；探讨了数据工具在融合中的运用；探讨了技术融合的困境和策略。第二，在媒体的产业融合维度，主要探讨了产业融合的变迁、传统媒体产业融合实践、自媒体产业经营，案例涉及国际国内的报业、广电业、自媒体业；探讨了产业融合的困境和策略。第三，在媒体的文化融合（产消融合）维度，主要探讨了产消互动关系及其在媒体融合中的运用；以 UGC 为中心分析了国际经典案例建构、机制、规制，介绍了 PGC/OGC 通过教程等引领 UGC 的实践；探讨了文化融合的困境和策略。第四，在媒体的政策融合维度，从历史与现实的延承入手，探讨媒体融合政策的思想、形成和体系；在与日本、美国媒体规制的对比中探讨了中国媒体政策的独特之处；探讨了媒体政策融合的对策。

正如现在进行中的媒体融合没有一个可以复制的模板一样，我们很难给媒体融合作一个简洁概括的总结，但是它同样遵循着技术的、产业的、文化的、政策的规律，遵循着传播自身的规律，在与社会政治、经济、文化、技术等的互动关系中确定自己的发展方向，它是因地制宜的，是有基础和条件的，是不断演进的，它的规律体现在一个个生动的个案之中。

再强调一遍：媒体融合的目标是为了延续历史悠久的、承载着伟大使命和重要功能的人类新闻与传播事业，希望中国的媒体融合从这个意义上载入史册。

后 记

就在书稿杀青之际，国内关于媒体融合和媒体创新的各类研讨会、论坛的成果通过门户网、客户端、微信公众号、头条号源源不断传来，我在遥远的异国他乡也能即时获得。早年我出国期间最大的缺憾是读不到我每日订阅的报纸，听不到看不到祖国的新闻，这些缺憾如今我感受不到了，互联网早已经把它弥补了。我还不断接到多个会议邀请，因为再过十多日，就是2014年8月18日中央出台《关于推动传统媒体和新兴媒体融合发展的指导意见》五周年整了，非常值得总结和纪念，因此媒体业界和学界纷纷组织研讨会。

学者是永远的学习者。我的导师方汉奇先生93岁了还是一位充满好奇心的学习者，他是我人生的典范！如今政治、经济、社会、技术的迅速变革，对我们的知识、理论和方法的更新要求越来越高了。幸运的是，作为学者，作为一个大学教师，学习的条件真的是太优越了。我们不仅通过互联网的各种数据库、学习平台、信息载体获得丰富的学习资源，而且"老师"也越来越多了——几乎每个人都有他们独特的知识、经验和信息资源，几乎每个人都可以成为自己的老师。怀着对知识的渴求、对未知的敬畏，我的老师前辈、同行们，我的学生们、我的孩子，都成了我的老师。我教了三十年，我学了超过五十年。

所以在此我要特别感谢"凤门小伙伴"们！他们有超常的智慧、新锐的思维、多元的知识，更有远大的志向和积极向上的人生观，他们是我多年来一起学习、一起成长的伙伴。

本书是在2014年度国家社会科学基金重点项目"传统媒体与新兴媒体融合发展研究"（14AZD038）结项报告的基础上，作了大篇幅的更新、修订完成的。课题从申报到结项，得到了众多同事、同行和学生的支持和帮助，在此无法一一致谢。项目的主要参加者包括虞鑫（清华大学）、仇筠茜（中国传媒大学）、黄雅兰（暨南大学）、卢嘉（清华大学）、戴佳（清华大学）、刘扬（人民网）、李宏刚（新疆大学）、杨依军（新华社）、王宇琦（北京外国语大学）、刘健（云南师大）、吕婷（清华大学）、霍婕（搜狐网）、张蓝姗（北京邮电大学）等（有几位曾在清华就读，以现单位为准），都是年轻而新锐的学者、媒体工作者。除了他们，还有多位学生参加了媒体融合的研究，实际上早在该项目立项之前，我们就已经在开展媒体融合的研究了，曾福泉（2012届硕士）、郭一丹（2013届硕士）较早对欧美媒体案例进行了调研，鲍涵（2015届本科、2017届硕士）参加了上海报业和自媒体等多项调研，杨翘楚（2017届硕士）对自媒体案例作了调研。向以上各位，以及未及列出姓名的各位才俊，致敬致谢！

我终身感恩我挚爱的父母亲人，是他们教导我以善为美、真诚待人、踏实做事。成年以来我都是以父母为楷模，勤勤恳恳地学习和工作，以爱和善待人。近二十年来，无论是在北大创业时的筚路蓝缕时期，还是在清华接班一个成熟的事业，作为学院的管理者我白天几乎献给了管理工作和教学，但是我从未敢懈怠我的学习和研究，夜晚的灯光是我忠实的伙伴。我也养成了见缝插针、追随前沿的学习习惯，近几年注册的MOOC课程的学习，也令我受益匪浅。我是一个幸福的教师，因为有假期就有自己的时间，可以潜心学习和研究。当然这些都离不开我家人的关爱和支持！感谢善解人意、善良自敛的儿子，他给予了我太多的理解、信任和宽容。

这个世界最神奇的，是人的观念。换一种思维，你即使在黑暗的世界也能看到光和亮。不久前朋友Mark与我们一起在西班牙开会，他的手机被偷了，所有的通信联络、移动付款之类的一时都没了。他却说他唯一的希望就是那些拿了手机的人（他没有称其为"小偷"）用它享受与家人朋友通电话，如果他们卖掉手机，则希望拿那换来的钱为家人买食物或付房租。如此，他也感觉欣慰了。

爱人，人会更愉快；爱世界，世界会更美好；爱学术，学术也会爱你，让你不觉疲惫、心有欢乐。

陈昌凤

于南太平洋一岛屿

2019年8月7日